13 99

W9-BDE-152

EDITORIAL
UNILIT

Lo
COMÚN
HECHO
SANTO

CÓMO SER
CONFORMADO
A LA IMAGEN
DE DIOS

NEIL T. ANDERSON
Y ROBERT L. SAUCY

Publicado por
Editorial **Unilit**
Miami, Fl. 33172
© 1997 Derechos reservados

Primera edición 1997

Copyright © 1997, por Harvest House Publishers
Eugene, Oregon 97402
Publicado en inglés con el título:
The Common Made Holy

Traducción: Nellyda Pablovsky

Versión de la Biblia utilizada: Reina Valera 1960,
© Sociedades Bíblicas Unidas.
Usada con permiso

Producto 497393
ISBN-0-7899-0276-1
Impreso en Colombia
Printed in Colombia

Dedicado a la memoria de
Becky Saucy Hess

CONTENIDO

Lo COMÚN HECHO *Santo*

El deseo de Dios para usted

Hace mucho tiempo el infinito y eterno Creador se sentó a Su torno de alfarero como antes lo había hecho tantas veces. Todo lo que Él había hecho hasta entonces era muy bueno pero, esta vez, Él tenía otra cosa en mente. Quería crear algo a Su imagen. Algo, mejor dicho, alguien *quien* pudiera relacionarse (emparentarse) personalmente con Él. El Alfarero ya había diseñado seres vivos para habitar el planeta Tierra, pero esta nueva creación sería diferente. Mucho más importante que todos los otros vasos terrenos esta nueva creación sería fértil y se multiplicaría y se enseñorearía de todos los otros seres creados que volaban por el cielo, caminaban por la Tierra o nadaban en los mares.

Así que tomó un poco de barro y lo puso en Su torno. Al empezar a girar la rueda Él puso Sus pulgares en el centro del barro y formó las partes internas. Milagrosamente el barro empezó a tomar forma. Al ir girando la rueda cada vez más rápido el barro empezó a levantarse de la Tierra del cual fue tomado. Temible y maravillosamente Él hizo esta nueva creación que había planeado desde el comienzo del tiempo. Aún no había terminado. Algo faltaba. El barro no tenía vida. Así que Él sopló en este vaso de barro el aliento de vida y fue un ser viviente. Esta fusión de la vida divina y el barro terrenal haría diferente a esta nueva creación de todos los otros seres creados. Lo que parecía ser común y corriente era indudablemente santo y puesto aparte para hacer Su voluntad.

Todo hubiera andado bien si no hubiera sido por un ser creado anteriormente que pensaba que por lo menos debía ser igual a quien lo había hecho. Eso era naturalmente una idea absurda aunque él fuera lo más bello de todas las cosas creadas. Esta obra maestra fue creada para ser portador de luz pero, por su propia opción, este rebelde se convirtió en el príncipe de las tinieblas. No queriendo estar solo en su rebelión este arrogante ser espiritual convenció a muchos otros espíritus menores para que se le unieran. El Alfarero no pudo tolerar esta rebelión pecadora y echó a los espíritus fuera de Su presencia y ellos cayeron de su hogar celestial.

El príncipe de las tinieblas no podía soportar la idea de que una nueva creación del Alfarero fuera realmente a gobernarlo. Si tan sólo lograra que esta nueva creación actuara independientemente del Alfarero. *Ya sé lo que haré* —pensó el malvado príncipe—, *haré que este vaso novato piense que también puede ser como el Alfarero y decidir por sí mismo lo que es bueno y malo* ¡Qué mentira! ¿O no tiene potestad el alfarero sobre el barro? (Romanos 9:21) "¿Dirá el barro al que lo labra: ¿Qué haces?" (Isaías 45:9). Este diablo astuto se las arregló realmente para engañar a esta nueva creación cuestionando la palabra del Alfarero, incitándolo a hacer su propia voluntad y vivir independientemente de aquel que lo había moldeado.

Las consecuencias fueron rápidas e inmediatas. Esta nueva creación perdió el aliento divino que lo hacía vivo espiritualmente e introdujo impurezas en el barro del cual estaba hecho. Ya no tuvo más relación con el Alfarero que lo había hecho. Debido a las impurezas en su barro el vaso terrenal también se deterioraría y moriría finalmente. El Alfarero había diseñado esta nueva creación y su compañera para que se multiplicaran y llenaran la tierra, cosa que siguieron haciendo, pero toda su descendencia iba a nacer muerta en sus transgresiones y pecados, igual que sus progenitores. Ellos perdieron el dominio que tenía sobre toda la otra creación, y el príncipe de las tinieblas se convirtió en el rebelde detentor de la autoridad, que el Alfarero había concebido que tuviera el vaso y su descendencia. Ahora este rebelde príncipe de las tinieblas tenía su propio reinadito para gobernar el planeta Tierra. Él fue el dios de este mundo y príncipe de la potestad del aire. Los vasos caídos y los espíritus malignos menores quedaron bajo su autoridad y esclavizados a sus deseos pecaminosos.

Pero el Alfarero amaba lo que Él había creado, y tenía un plan para deshacer las obras de este príncipe rebelde: un plan que haría algo por las impurezas que ahora caracterizaban a toda Su creación porque Él no puede tolerar nada impuro en Su presencia. Por medio de este plan Él les daría nuevamente Su vida. El Alfarero dijo: "Os daré corazón nuevo, y pondré espíritu nuevo dentro de vosotros; y quitaré de vuestra carne el corazón de piedra, y os daré un corazón de carne. Y pondré dentro de vosotros mi Espíritu, y haré que andéis en mis estatutos, y guardéis mis preceptos, y los pongáis por obra" (Ezequiel 36:26-27).

El plan del Alfarero exigía que Él mismo tomara la forma de un vaso y le mostrara a los vasos terrenales cómo llevar una vida en total dependencia del Alfarero. El príncipe de las tinieblas puso toda tentación posible a este Vaso Divino esperanzado que Él también optara por vivir independientemente del Alfarero, pero Él resistió y declaró que los vasos no viven por las cosas de este mundo sino por todo lo que sale de la boca del Alfarero (ver Mateo 4:4). Pero Él tenía que hacer más que sólo mostrarles cómo vivir porque la consecuencia de sus impurezas era la destrucción segura.

Así que este Vaso Divino que fue enviado por el Alfarero tuvo que asumir en Sí mismo todas las consecuencias de las impurezas de los vasos caídos, para que los vasos caídos pudieran ser puros de nuevo. Todas las fuerzas del mal se pusieron contra Él, y la justa ira del Alfarero contra la impureza cayó sobre Él también muriendo. Él murió al pecado de una vez por todas por los vasos caídos que confiarían en Él. Entonces, tres días después, este Vaso Divino fue resucitado, mostrando que Su muerte había derrotado al príncipe de las tinieblas y hecho posible que todos los vasos caídos sean perdonados y reciban la vida divina si tan sólo creen en Él. La ley de la vida de este Vaso Divino era mayor que la ley de las impurezas y la ley de la muerte.

Aunque el príncipe de las tinieblas fue derrotado, el Alfarero le permitió a él y a todos sus espíritus malignos seguir rondando por el planeta Tierra hasta que les llegue su juicio final. El plan de ellos era cegar las mentes de los vasos incrédulos para que nunca pudieran escuchar la buena nueva de que el Vaso Divino había venido a morir por los pecados de ellos y a darles vida. Muchos creyeron esta mentira y nunca recibieron perdón. Otros creyeron la verdad y fueron perdonados instantáneamente y recibieron la vida ofrecida por el Vaso Divino pero el malo tentó, acusó e hizo todo lo posible dentro de su limitado poder para que los vasos perdonados creyeran sus mentiras.

A todos los vasos que oyeron la buena nueva y reaccionaron a la verdad el Alfarero envió Su Espíritu de verdad para guiarlos y dar testimonio de que eran verdaderos hijos del Alfarero, que les dijo: "He aquí que como el barro en la mano del alfarero, así sois vosotros en mi mano" (Jeremías 18:6). Debido a que estos vasos redimidos habían sido moldeados por este mundo, Él tenía que rehacerlos a Su imagen. Estas nuevas creaciones no podían rehacerse por cuenta propia sino que tendrían una parte importante que desempeñar al llegar a ser más y más como el Alfarero. Aunque ellos tendrían muchos otros propósitos útiles para permanecer en el planeta Tierra, nada era más importante para el Alfarero que liberar a todos Sus vasos redimidos de sus pasados horrorosos haciendo que llegaran a ser puros como Él.

Este libro trata de lo común y corriente que es hecho santo por las manos de Dios. Trata de los pecadores que llegan a ser santos y de los hijos de la ira que llegan a ser hijos de Dios. La expresión teológica de este cambio es *santificación*. El mandamiento dado por Dios a cada uno de Sus hijos es: "Sed santos, porque yo soy santo" (1 Pedro 1:16). Somos perdonados pero aún no hemos sido perfeccionados. No hay obra más importante en la iglesia que la santificación. Pablo dice: "a quien anunciamos, amonestando a todo hombre, y enseñando a todo hombre en toda sabiduría, a fin de presentar perfecto en Cristo Jesús a todo hombre; para lo cual también trabajo, luchando según la potencia de Él, la cual actúa poderosamente en mí" (Colosenses 1:28-29).

"Pues la voluntad de Dios es vuestra santificación" (1 Tesalonicenses 4:3). Todo lo demás es secundario para Dios. Ciertamente Él le guiará tocante a elegir una carrera pero Su interés primordial no es que usted sea carpintero, plomero o ingeniero. Su interés primordial es *la clase* de carpintero, plomero o ingeniero que usted es. Él puede efectivamente considerar necesario sacrificar su carrera para conformarlo a la imagen de Dios. El carácter es antes que la carrera y la madurez antes que el ministerio. Dios se interesa más por la pureza de la iglesia que por el crecimiento de la iglesia, porque la pureza de la iglesia es un requisito previo esencial del crecimiento de la iglesia.

Vamos a mostrar la necesidad de crecer y, luego, intentar definir la santificación. Esperamos mostrar cómo concibe Dios conformarnos a Su imagen. Con todo el fracaso moral de nuestras iglesias de hoy, no puede haber otra doctrina que importe más entender que la santificación. El mundo, la carne y el diablo pondrán todos los obstáculos y harán todo lo posible para detener este proceso de su vida, pero nosotros estamos dedicados a ayudarle a entender el deseo de Dios de que usted crezca en Cristo. Todo lo que tenemos que decir puede resumirse en un versículo: "que es Cristo en vosotros, la esperanza de gloria" (Colosenses 1:27). Creemos que el Espíritu Santo le dirigirá a toda verdad y que la verdad le liberará para ser todo lo que Dios le llamó a ser.

¿Ha decidido dejar que Dios sea Dios y desear nada más que ser la persona que Él le creó para ser? ¿Está convencido de que la voluntad de Dios para usted es buena, aceptable y perfecta (Romanos 12:2) aun antes de saber con seguridad cuál es? Tenga la certeza de que Dios ama a Sus hijos y que Él no tiene planes para usted que no sean buenos aunque, ciertamente, usted pasará por algunos momentos de prueba para poder ser purificado. Se nos advierte en 1 Pedro 4:12-14:

> *Amados, no os sorprendáis del fuego de prueba que os ha sobrevenido, como si alguna cosa extraña os aconteciese, sino gozaos por cuanto sois participantes de los padecimientos de Cristo, para que también en la revelación de su gloria os gocéis con gran alegría. Si sois vituperados por el nombre de Cristo, sois bienaventurados, porque el glorioso Espíritu de Dios reposa sobre vosotros. Ciertamente, de parte de ellos, Él es blasfemado, pero por vosotros es glorificado.*

El fuego del Refinador es necesario para que el Alfarero vuelva a moldear Sus vasos terrenales a Su imagen. Usted será tentado para que crea que no vale la pena pero indudablemente la vale. No arriesgue su herencia en Cristo por un plato de comida como hizo Esaú, ni sacrifique la eternidad por satisfacer la carne. Hay un cielo que ganar y un infierno que rehuir. Usted ha sido elegido por el Rey de reyes y Señor de señores para ser Su hijo y puesto aparte de toda otra creación para hacer Su voluntad, la cual es buena, aceptable y perfecta. El compositor lo dijo bien:

> Fuego del Refinador,
> el único deseo de mi corazón
> es ser santo
> apartado para Ti, Hacedor mío;
> listo para hacer Tu voluntad.

Diseñado para santidad

*Los cielos cuentan la gloria de Dios, y el firmamento
anuncia la obra de sus manos.*

Salmo 19:1

La fuerza y la energía que pueden gastar las gigantescas retro-excavadoras de tierra resulta fascinante. Pueden sacar muchos metros cúbicos de tierra de la superficie de la tierra en una sola palada, depositándola hábilmente en una estrecha cinta de terreno que será un camino para servir a la humanidad. Luego se usan máquinas más grandes para poner una delgada capa de concreto sobre el suelo, para completar y aparejar el camino con el fin de que se puedan conducir los vehículos cómodamente.

Sin embargo, todo lo que ha hecho la humanidad necesita una inyección continua de energía, sólo para mantener lo que se construyó al comienzo. La segunda ley de la termodinámica establece que todos los sistemas naturales del universo están deteriorándose y volviéndose crecientemente desordenados. El automóvil que se haya fabricado mejor irá a parar definitivamente a la chatarra. Hasta las autopistas de concreto serán reclamadas por la naturaleza si se las deja libradas a sí mismas.

Fíjese en las florecitas que crecen de alguna manera por el espacio estrecho de las fisuras de una autopista abandonada. Mire de más cerca cada planta que echa sus brotes. Maravíllese con el delicado diseño e intrincados dibujos de colores que constituyen cada pétalo. ¿Quién sembró la semilla que estuvo dormida por muchos años bajo ese camino de hechura humana?

¿Cuál es el poder que hay en la flor que puede aflojar al suelo y romper el concreto que la humanidad hizo con tanta energía? ¿Quién mandó la lluvia y dio la luz del sol? Claramente los cielos y la tierra muestran sin duda la gloria de Dios.

Toda la vida "creada" está diseñada para crecer. Dios le dijo a Adán y Eva: "Fructificad y multiplicaos; llenad la tierra, y sojuzgadla" (Génesis 1:28). Toda cosa viviente creada por Dios está concebida para florecer a plenitud y dar fruto para Su gloria. Desde el momento de la concepción estamos destinados a crecer en toda dimensión de nuestra existencia: física, emocional, mental, social y espiritualmente. Nuestro crecimiento físico está predeterminado por un código genético que las mentes científicas recién ahora empiezan a entender. Tenemos cierta influencia en nuestro desarrollo físico, empleando las disciplinas apropiadas del ejercicio, descanso y dieta pero nuestra características físicas básicas no se desvían de la información genética almacenada en una molécula de ADN (ácido desoxirribonucleico) que se halla en los cromosomas de cada célula de nuestros cuerpos.

Como mortales no podemos crear nada. Esto es, no podemos sencillamente hablar y sacar desde la nada algo a su existencia. Podemos ser creativos aplicando diestramente pintura a una tela o disponiendo ladrillos en forma atractiva, pero todos nuestros así llamados talentos y habilidades naturales deben acreditarse justamente a la creación de Dios. Cualquier semilla que la humanidad siembre independientemente de Dios no durará por la eternidad. "Toda planta que no plantó mi Padre celestial, será desarraigada" (Mateo 15:13).

Sin embargo, Dios nos permite participar en un acto de creación, el cual es la procreación. No tenemos poder ni habilidad para predeterminar el código genético de ninguna molécula de AND ni para calcular su potencial. Podemos contar las semillas de una manzana pero solamente Dios sabe cuántas manzanas hay en la semilla. David debe haber meneado su cabeza maravillado cuando escribió, inspirado por Dios: "Porque tú formaste mis entrañas; tú me hiciste en el vientre de mi madre. Te alabaré; porque formidables, maravillosas son tus obras" (Salmo 139:13,14).

Nacemos físicamente y de cierta manera indefensos, comparados con las criaturas del reino animal. Uno no puede dejar de maravillarse cuando ve a un corderito, desarrollado durante semanas en la matriz de su madre, que se tambalea al pararse a los pocos minutos de nacer, o a un ternero de un día de edad que mama de la ubre de una vaca. ¿Cómo hacen eso? Físicamente nos desarrollamos a ritmo mucho más lento que los animales, hecho que llevó a una persona a declarar que los seres humanos son "los hijos más huérfanos de la naturaleza". Pero, proporcionalmente el tamaño de nuestro cerebro es inmensamente mayor, cosa que nos equipa para participar en nuestro propio desarrollo en muchas formas vedadas a los animales.

El crecimiento en la dimensión relacionada con lo que el apóstol Pablo llama "el hombre interior" es cosa totalmente distinta (ver 2 Corintios 4:16). Al contrario de los animales, cuyo desarrollo está enteramente controlado por la capacidad natural o instinto divino, nosotros somos creados por Dios para desempeñar un papel mucho más significante en nuestro crecimiento espiritual. Aunque nuestro proceso de maduración está influido por nuestros padres, amistades y profesores, el papel más importante es el que nosotros desempeñamos. Muchos nos ayudarán o estorbarán tocante a la búsqueda de Dios y la santidad, pero nadie puede impedirnos ser la persona que Dios nos ha llamado a ser. Esta capacidad de participar en la formación de nuestras propias vidas, está arraigada en la verdad bíblica de que somos creados "a imagen de Dios" (Génesis 1:26,27).

No somos un poco de barro que pueda moldearse en lo que nuestros padres o profesores quieran que seamos. Antes bien, los que nos crían o educan serían sabios descubriendo los dones, talentos y personalidad única que Dios ya ha creado en cada uno de nosotros. Ninguna cantidad de crianza puede volver rosa a un tulipán pero mucho amor y tierno cuidado pueden influir mucho el brillo de los tulipanes. Cuando se trata del crecimiento espiritual es como si tuviéramos una molécula de AND espiritual que Dios ha

15

conocido desde la fundación del mundo. "Porque Somos hechura suya, creados en Cristo Jesús para buenas obras, las cuales Dios preparó de antemano para que anduviésemos en ellas" (Efesios 2:10).

Usted nunca leerá un anuncio que diga que al señor y la señora fulanos de tales les nació un doctor, un ingeniero o un abogado. La gente logra su situación profesional debido a las habilidades dadas por Dios, las oportunidades sociales, las opciones personales y el trabajo fuerte. En cierto sentido, Dios nos ha llamado a cada uno de nosotros para que participemos en el desarrollo de lo que Él concibió que lleguemos a ser. Este es un privilegio grande y una responsabilidad sobrecogedora, pues ningún otro mortal puede determinar nuestro destino final. Creados con la capacidad de pensar, estamos intrincadamente envueltos en el proceso de formarnos y determinar nuestro destino:

Quien siembre un pensamiento, cosecha una acción;
Quien siembre una acción, cosecha una costumbre;
Quien siembre una costumbre, cosecha un estilo de vida;
Quien siembre un estilo de vida, cosecha un destino.

El desafío bíblico a crecer

Las parábolas de los talentos (Mateo 25:14-30) y las minas (Lucas 19:12-27) enseñan que se nos ha dado una dote de vida y que seremos considerados responsables de dar cuentas por lo que hemos hecho con lo que Dios nos ha encomendado. La Escritura también revela que nada podemos hacer aparte de Cristo (Juan 15:5). La soberana gracia de Dios y la responsabilidad humana son los catalizadores esenciales y entretejidos del crecimiento y potencial humanos. Además, Dios ha provisto todos los recursos que necesitamos para llegar a ser todo lo que Él quiere que seamos (2 Pedro 1:3). No podemos llegar a ser alguien que no somos ni tampoco debemos tratar.

La entrada del pecado al mundo creado por Dios trajo un poder destructor que mata y destruye la vida y el crecimiento. La presencia del pecado fue introducida por un ángel magnífico cuya rebelión orgullosa le condujo a su caída: "¡Cómo caíste del cielo, oh

Lucero, hijo de la mañana! Cortado fuiste por tierra, tú que debilitabas a las naciones" (Isaías 14:12). Satanás hizo caer a muchos otros seres angélicos con él en esta rebelión impía. Luego logró engañar a Eva, lo que resultó en la caída de la humanidad. "Por tanto, como el pecado entró en el mundo por un hombre, y por el pecado la muerte, así la muerte pasó a todos los hombres, por cuanto todos pecaron" (Romanos 5:12).

Entonces llegó la buena nueva. El príncipe de las tinieblas, la muerte y la destrucción ha sido derrotado por el autor de la vida y la luz. Juan escribe. "El ladrón no viene sino para hurtar y matar y destruir; yo he venido para que tengan vida, y para que la tengan en abundancia" (Juan 10:10). Dios, por medio de Cristo, ha desencadenado una fuerza aún mayor que nos permite crecer a la plenitud de la vida para la cual fuimos creados. Pablo escribe: "Pues si por la transgresión de uno solo reinó la muerte, mucho más reinarán en vida por uno solo, Jesucristo, los que reciben la abundancia de la gracia y del don de la justicia ... para que así como el pecado reinó para muerte, así también la gracia reine por la justicia para vida eterna mediante Jesucristo, Señor nuestro" (Romanos 5:17,21).

Fíjese en el instinto de mamar del bebé pequeño, y observe el ansia de una botella de leche que tiene el bebé que crece. El ansia natural que el cuerpo tiene por conservarse y crecer, aparejada con el darse cuenta de que la comida es buena, hace que los bebés quieran más y más y lloren protestando si no lo consiguen. Hasta los instintos básicos de un niño revelan que todos los seres creados están diseñados para crecer. Pedro escribe: "Desead, como niños recién nacidos, la leche espiritual no adulterada, para que por ella crezcáis para salvación" (1 Pedro 2:2). La Escritura nos reta a crecer en variadas formas. Tenemos que crecer en nuestra fe (2 Corintios 10:15), en la gracia y el conocimiento de nuestro Salvador (2 Pedro 3:18) y en amor (Efesios 4:16). Además, nuestro crecimiento no es solamente cosa individual. Antes bien, tiene lugar con otros creyentes al crecer colectivamente la iglesia "para ser un templo santo en el Señor" (Efesios 2:21).

En la Escritura se expresa frecuentemente el crecimiento como proceso de construcción. Se nos dice que nos edifiquemos en nuestra fe (Judas 20) y nos edifiquemos unos a otros (1 Tesalonisenses 5:11). Esta edificación suele referirse a la iglesia como un todo, la cual está siendo edificada "para morada de Dios en el Espíritu" (Efesios 2:21). La iglesia —o el cuerpo— se edifica en amor al hacer su parte cada miembro (Efesios 4:16; también el versículo 12). El crecimiento colectivo de la iglesia tiene lugar solamente al crecer las personas individuales de la iglesia. Por supuesto que toda esta edificación es facultada solamente por la gracia de Dios (Hechos 20:32).

Estamos siendo "perfeccionados" (Gálatas 3:3), por tanto, "limpiémonos de toda contaminación de carne y de espíritu, perfeccionando la santidad en el temor de Dios" (2 Corintios 7:1). También estamos siendo renovados o hechos de nuevo (2 Corintios 4:16; Efesios 4:23; Colosenses 3:10; Tito 3:5). Esta renovación incluye la transformación de nuestras mentes (Romanos 12:2) y, finalmente, afecta a todo nuestro ser. "Nosotros todos, mirando a cara descubierta como en un espejo la gloria del Señor, somos transformados de gloria en gloria en la misma imagen, como por el Espíritu del Señor" (2 Corintios 3:18). Nuestro crecimiento ocurre en todas las dimensiones de la salvación pero, especialmente, en nuestra fe y conocimiento de Cristo. Nada menos que la madurez se describe así: "hasta que todos lleguemos a la unidad de la fe y del conocimiento del Hijo de Dios, a un varón perfecto, a la medida de la estatura de la plenitud de Cristo" (Efesios 4:13)[1] En otras palabras, los creyentes están creciendo a un destino caracterizado por la plenitud de la vida y el carácter de Cristo (ver Colosenses 1:28).

Ser como Cristo significa ser como Dios. Nosotros estamos siendo renovados a la imagen de nuestro Creador (Efesios 4:24; Colosenses 3:10). Es plan de Dios restaurar a la caída humanidad a su diseño original. Él hará fielmente Su parte pero ¿qué pasa si no cumplimos nuestra responsabilidad? ¿Creceremos más allá de nuestra experiencia de la salvación? Si no maduramos ¿qué efecto tendrá eso en la iglesia?

Reconociendo el crecimiento espiritual verdadero

A menudo compartimos con nuestros alumnos de seminario, que el mayor activo que tendrán en su primer ministerio es el de santos maduros. Su edad relativamente joven no será problema para estos veteranos de la vida y el ministerio. Advertimos a nuestros estudiantes, "no se alejen de esta querida gente. Ellos han crecido en el conocimiento de Dios y en Su semejanza y han aprendido cosas que solamente la experiencia puede enseñar". Por otro lado, también advertimos a nuestros alumnos que el mayor estorbo que tendrán en su ministerio son los santos que solamente envejecieron y no maduraron. Todo lo que quieren hacer es censurar y controlar. No son más amorosos, amables o pacientes ahora de lo que eran hace 20 años. En otras palabras, no son más como Cristo ahora que lo que fueron hace dos décadas.

No es nuestra intención culpar a estos santos que no crecen ni a nadie más. Probablemente ellos estén viviendo lo que les enseñaron. Muy probablemente el problema tiene su origen en el liderazgo cristiano y en la educación cristiana superior. No podemos esperar que los alumnos o los miembros de la iglesia superen a sus líderes. La Escritura enseña que "El discípulo no es superior a su maestro; mas todo el que fuere perfeccionado, será como su maestro" (Lucas 6:40). La posibilidad de que tengamos la meta equivocada es el problema más grande de la educación cristiana tanto de nuestros seminarios como de nuestras iglesias. Si hacemos de la doctrina o del conocimiento un fin en sí mismos, distorsionaremos el propósito mismo por el cual fueron concebidas. Jesús dijo que el mandamiento más grande es "Amarás al Señor tu Dios con todo tu corazón, y con toda tu alma, y con toda tu mente. Y el segundo es semejante: Amarás a tu prójimo como a ti mismo. De estos dos mandamientos depende toda la ley y los profetas" (Mateo 22:37,39,40). La instrucción bíblica apropiada debe resultar en que todos nos enamoremos de Dios y los unos de los otros.

Pablo dijo: "El propósito de este mandamiento es el amor nacido de corazón limpio, y de buena conciencia, y de fe no fingida" (1 Timoteo 1:5). Desafortunado es que muchos cristianos miden el crecimiento espiritual de otras personas basados en que conozcan bien la Biblia. Los profesores de seminario miden habitualmente el progreso de sus estudiantes en esta misma manera. Sin embargo, es posible que una persona domine el contenido de la Biblia y ni siquiera sea cristiano. La mayor evidencia de que usted es cristiano, no es su conocimiento sino su amor. Jesús dijo: "En esto conocerán todos que sois mis discípulos, si tuviereis amor los unos con los otros" (Juan 13:35).

Los líderes y los eruditos santos desempeñan un rol vital en el crecimiento de la iglesia. Si son dirigidos por el Señor no le intimidarán a usted con su intelecto y habilidades dados por Dios. Ellos le ayudarán a establecer su confianza en Dios y Su Palabra, lo liberarán en Cristo y lo pondrán en la senda recta de conocerle a Él y conformarse a Su imagen. Sin embargo, sin santidad ni humildad hasta el más brillante y mejor puede sabotear la obra de Cristo porque operan en la carne. Pablo tenía gran celo religioso y era candidato de primera, para ser el teólogo del año cuando Cristo lo derribó. Sólo cuando aprendió a no confiar en la carne fue capaz de decir: "Y ciertamente, aun estimo todas las cosas como pérdida por la excelencia del conocimiento de Cristo Jesús, mi Señor" (Filipenses 3:8). Igual que Pablo antes de su conversión, nosotros podemos llenar nuestras cabezas con conocimiento bíblico acerca de Dios y no conocerle a Él en absoluto.

No nos entienda mal. Estamos totalmente consagrados a conocer la verdad de la Palabra de Dios pero cuando la academia suplanta a la santidad, el cristianismo deja de ser una relación personal con el Dios vivo; más bien, queda reducido a un ejercicio intelectual. La Palabra de Dios no está para ser discutida intelectualmente sin apropiación personal. También es contraproducente educar intelectualmente a una persona más allá de su nivel de madurez espiritual.

Es importante notar que la teología no es necesariamente divisoria pero la arrogancia intelectual lo es. "El conocimiento envanece, pero el amor edifica" (1 Corintios 8:1). Si pensamos que teológicamente tenemos la razón entonces los demás debieran saberlo debido a nuestro amor, no a nuestra habilidad para intimidarlos y ganar las discusiones. Por eso, el carácter santo es el requisito primordial del liderazgo espiritual (1 Timoteo 3:1-13). Podemos desarrollar nuestras destrezas, ejercer nuestros dones y aprender mejores maneras para llegar a ser líderes cristianos pero aún así errar el blanco:

Si yo hablase lenguas humanas y angélicas, y no tengo amor, vengo a ser como metal que resuena, o címbalo que retiñe. Y si tuviese profecía, y entendiese todos los misterios y toda ciencia, y si tuviese toda la fe, de tal manera que trasladase los montes, y no tengo amor, nada soy.

1 Corintios 13:1,2

Visión de la santidad de Dios

Todo hijo de Dios empieza su peregrinaje espiritual como un bebé en Cristo. Una cosa es "ser" en Cristo y otra muy distinta es llegar a ser todo lo que Él nos ha creado para ser. Las personalidades, los dones y talentos determinarán nuestra calidad única en el cuerpo de Cristo, y determinarán qué debemos y podemos hacer para Su gloria, pero hay una empresa que todos tenemos en común: Tenemos que ser santos como Él es santo (1 Pedro 1:16). Debido a que estamos en el proceso de ser hechos conforme a la imagen de Dios, tenemos que saber como quien estamos tratando de llegar a ser.

La característica más significativa de Dios es Su santidad. El pueblo de Israel proclamaba en el Antiguo Testamento, "Él es santo" (Salmo 99:3). El salmista declaraba: "Santo y temible es su nombre" (Salmo 111:9). El "nombre" de Dios es Su persona y refleja todo eso que Él es y hace. Isaías se refiere especialmente a Dios como "El Santo de Israel" (1:4; 5:19, 24) por ejemplo o simplemente uno (40:25; 41:14-16).

De todas las palabras usadas para describir a Dios, "santo" habla más directamente de Su deidad. Oseas 11:9 dice: "porque Dios soy, y no hombre, el Santo en medio de ti". Nadie ni nada hay igual a "el Santo" (Éxodo 15:11; Isaías 40:25). Debido a que Dios no puede jurar por nada superior, Él jura por Sí mismo (Amós 6:8; *también* Hebreos 6:13), lo que equivale a jurar por "su santidad" (Amós 4:2; *también* Salmo 89:35).

La derivación de la palabra "santo" no es certera. Muchos eruditos han sugerido que *qadash*, el vocablo hebreo del Antiguo Testamento, (habitualmente traducido "ser santo", "Santificado" o "consagrado") viene de una raíz que significa "cortar" o "dividir" y, de este modo, significa aquello que es puesto aparte o separado. Lo que queda claro del uso de la palabra es que se refiere al ámbito de lo sagrado, como distinto de todas las otras cosas.[2] El griego de "santo" (*hagios*) connota este mismo significado en el Nuevo Testamento.

Aunque la palabra "santo" conlleva una fuerte connotación moral, ese no es su significado primario. En el primer caso, "santo" sencillamente separa la esfera de lo divino o lo sacro.[3] La misma palabra se usa para hablar de las prostitutas del culto que servían en los santuarios paganos. Eran hombres y mujeres "puestos aparte" (esto es, "santos") en relación a los dioses de la adoración pagana (como en Deuteronomio 23:17).

Hablar de la santidad de Dios es *primeramente* hablar de Su distintividad o separación de todas las demás cosas. Él es santo en Su trascendencia por sobre toda la creación. "Y exaltado sobre todos los pueblos" declara el salmista y, por tanto, "Él es santo (Salmo 99:2,3; también versículos 5, 9). Él es "el Alto y Sublime ... cuyo nombre es el Santo y que habita "en la altura y la santidad (Isaías 57:15; también 6:1).

Como el Santo que vive por encima y más allá de toda creación, Dios también está separado de todo el mal y la corrupción moral que contamina a la creación. Entonces, Su santidad se refiere, en forma secundaria y culminante, a Su absoluta perfección moral. Decimos secundariamente porque el concepto de separación del pecado fluye del primer significado de ser sencillamente aparte (trascendente) en cuanto al Creador. No decimos que la perfección moral sea un segundo significado de santidad sino que el significado de santidad culmina con Su separación del pecado. Él está ontológicamente separado por ser el Creador y, por tanto, Él está separado del pecado, siendo este último la idea más predominante de la mayoría de las referencias bíblicas a la santidad de Dios. Isaías dice: "el Dios Santo será santificado con justicia" (5:16). Como "Santo" "Muy limpio eres de ojos para ver el mal; ni puedes ver el agravio" (Habacuc 1:13). Pecar es provocar al "Santo" (Isaías 1:4).

Solamente "El limpio de manos y puro de corazón" (Salmo 24:3,4; *también* Levítico 16:30) puede estar en el lugar santo del Señor. Al leer lo que dice la Escritura sobre la santidad de Dios podemos pensar: "¿Se supone que seamos o lleguemos a ser santos como Dios? ¿Cómo?" Obviamente no podemos hacerlo aparte de la gracia de Dios. No hay forma humana posible en que podamos llegar a ser como Dios, mucho menos estar en Su presencia. Nacimos muertos en nuestros delitos y pecados "y éramos por naturaleza hijos de ira" (Efesios 2:1,3) ¿Qué esperanza tenemos? ¡Él es demasiado puro, demasiado perfecto, demasiado temible! El salmista declara: "Santo y temible es su nombre" (Salmo 111:9). No hay nadie como "el Santo" —ninguno se le iguala (Isaías 40:25). "No hay santo como Jehová" (1 Samuel 2:2).

La naturaleza temible de la santidad de Dios se ve en la visión de Isaías de los seres celestiales que rodean el trono de Dios, diciéndose uno a otro: "Santo, santo, santo, Jehová de los ejércitos; toda la tierra está llena de su gloria" (Isaías 6:3). La repetición triple de la palabra "santo" es la forma más fuerte del superlativo en el idioma hebreo (*también* la misma adscripción triple de santidad a Dios en Apocalipsis 4:8). Isaías había visto parcialmente a Aquel que es santo más allá de todos los demás dioses, Aquel que verdaderamente es distinto de todos los demás.

Ningún mortal ha visto plenamente a Dios, pero la Escritura revela que se le permitió a algunas personas experimentar desacostumbradamente Su presencia, verlo indefinidamente. Moisés rogó, "que me muestres tu gloria. Y le respondió: Yo haré pasar todo mi bien delante de tu rostro. Dijo más: No podrás ver mi rostro; porque no me verá hombre, y vivirá" (Éxodo 33:18-20). Moisés se postró sobre su cara y adoró a Dios y su semblante físico irradió la gloria de Dios. Nada —permita que repita— *nada* puede afectar tan inmediata y profundamente el carácter y la conducta de la humanidad más que ser confrontada con la gloria de Dios, que es una manifestación de Su presencia. La gente de todo el mundo se ha acobardado en presencia de manifestaciones demoníacas, pero su miedo palidecería comparado con lo que experimentarían en la presencia de Dios.

Cuando Isaías vio en su visión la gloria de la santa naturaleza de Dios, el Templo tembló y el profeta se perturbó. Pero fue algo más que el sobrecogedor esplendor de la santa naturaleza de Dios lo que afectó al profeta. La pureza absoluta de la santidad de Dios y Su carácter, fue lo que abrumó a Isaías produciéndole la aplastante convicción de su propia inmundicia y ruina: "¡Ay de mí! Que soy muerto" (versículo 5). Siglos después, cuando Pedro presenció lo tremendo de Dios desplegado en Jesús, "cayó de rodillas ante Jesús, diciendo: Apártate de mí, Señor, porque soy hombre pecador" (Lucas 5:8). Igualmente, si fuéramos llevados a la presencia del Señor, todos nos desmoronaríamos a Sus pies con una convicción abrumadora. Los cristianos que están activamente conscientes de la constante presencia de Dios en sus vidas, tienen conciencia aguda de su propio pecado. Aquellos que no practican tal toma de conciencia, suelen ver los pecados de los demás pero no los propios.

La santidad de Dios y Sus actos producen justamente terror en Sus enemigos (ver Éxodo 15:15; Apocalipsis 15:4,5). El escritor de Hebreos advirtió a los que se alejan de Dios que "¡Horrenda cosa es caer en manos del Dios vivo!" (10:31). Sin embargo, es de la misma naturaleza de es Santo que nos viene la salvación (*ver* Isaías 54:5). Lo que Dios dijo a Su pueblo del pacto del Antiguo Testamento, lo dice a todos los que le reciben en Su santa naturaleza: "Se inflama toda mi compasión. No ejecutaré el ardor de mi ira ... porque Dios soy, y no hombre, el Santo en medio de ti; y no entraré en la ciudad" (Oseas 11:8,9). Los grandes actos de Dios como redentor condujeron a la inspirada alabanza reverente de Su pueblo, que reacciona "santificarán al Santo de Jacob, y temerán al Dios de Israel" (Isaías 29:23). El salmista declara en forma similar, "Adorad a Jehová en la hermosura de la santidad; temed delante de él, toda la tierra" (Salmo 96:9).

Apartados para Dios

Debido a que Dios es santo, todo lo que se asocie con Él es también santo o santificado. El primer uso de "santo" en las Escrituras se halla cuando Moisés conoce a Dios en la zarza incandescente. A Moisés se le advierte: "No te acerques; quita tu calzado de tus pies, porque el lugar en que tú estás, tierra santa es" (Éxodo 3:5). El segundo uso de "santo" aparece en Éxodo 12:16

referido a la "santa convocación" del pueblo de Dios que fue llamado a celebrar la Pascua.

Este segundo uso apunta al empleo prominente que hace la Escritura de "santo" relacionado con el pueblo de Dios. Pactando con ellos en el monte Sinaí, Dios declaró: "Y vosotros me seréis ... gente santa" (Éxodo 19:6). Dios recuerda con frecuencia a Su pueblo que tienen que ser santos porque pertenecen a Él que es santo: "Santos seréis, porque santo soy yo Jehová vuestro Dios" (Levítico 19:2; *también* 11:44; 20:7;; 20:26;; 1 Pedro 1:16). Ellos eran el santo pueblo de Dios porque, como Dios les recuerda: "Habéis, pues, de serme santos, porque yo Jehová soy santo, y os he apartado de los pueblos para que seáis míos" (Levítico 20:26).

En el Antiguo Testamento los sacerdotes que ministraban en la adoración de Dios por cuenta del pueblo, eran "santos". Aunque todos eran el santo pueblo de Dios, estos sacerdotes se acercaban en forma especial a Dios y, por eso, eran especialmente santos en comparación con los otros. Hasta la comida de los sacerdotes era santa (Levítico 22:1,10).

El Tabernáculo y el Templo donde habitaba Dios entre Su pueblo junto con todos sus utensilios eran, todos, considerados santos (Éxodo 29:43,44; Mateo 23:17,19). Las actividades asociadas con la adoración de Dios, incluyendo las ofrendas, también eran santas (Éxodo 29:27). Los machos primogénitos de personas y animales, a la vez, eran todos consagrados a Dios o hechos santos (Éxodo 13:2; Deuteronomio 15:19). Se apartaban días o años en particular para Dios y eran hechos santos, tal como el Sabat (Génesis 2:3), los días de ayuno (Joel 1:14) y el año del jubileo (Levítico 25:10). La santidad era atribuida al cielo (el lugar donde habita Dios —Salmo 20:6), el trono de Dios (Salmo 47:8), Sion, "el monte santo" de Dios (Salmo 2:6) y la Escritura (Romanos 1:2). Hasta el beso de saludo de los cristianos era llamado "ósculo santo" (Romanos 16:16).

Los usos de la palabra *santo* referida a muchos objetos inanimados y hasta animales en el Antiguo Testamento, muestra que conllevaba un fuerte énfasis de la santidad ritual o ceremonial. Esto es, las cosas eran apartadas por estar relacionadas a Dios sin implicaciones morales o éticas. Pero también se ponía énfasis en la santidad de la esfera moral y ética. El pueblo de Dios se mantenía santo, en un nivel, evitando comer "cosas inmundas" (Levítico 11:43-47). Aunque esto podía realizarse en forma superficial sin poner el corazón en ello, la intención de Dios siempre fue que se hiciera por amor y temor de Él. El interés de Dios por la santidad moral y ética se demuestra al apartar el día de la expiación para limpieza de pecado (Levítico 16:30). También se ve en la enseñanza del salmista que dice que solamente aquellos de corazón puro y manos limpias pueden estar en el lugar santo de Dios (Salmo 24:3,4).

Aquello apartado o santificado para Dios era distinguido de lo que no era santo. Esto último correspondía al ámbito de lo profano o común, esto es, la vida humana secular fuera de la esfera de lo santo. Lo profano o común era también considerado inmundo al contrario de lo que era limpio o santo. Los dos conceptos de santidad y limpieza, y sus contrarios, están íntimamente enlazados. Por ejemplo, se decía que el altar era, a la vez, limpiado y consagrado o hecho santo (levítico 16:19). Sin embargo, los dos conceptos no son sinónimos. La *santidad* es un concepto más amplio que se asocia con la deidad. La limpieza o pureza es un aspecto de la santidad.

Era importante que el pueblo de Dios distinguiera claramente los ámbitos de lo santo y lo profano, lo limpio y lo inmundo. El muro alrededor del Templo visto en la visión de Ezequiel era "para hacer separación entre el santuario y el lugar profano" (Ezequiel 42:20). Se dieron estipulaciones a los sacerdotes "para poder discernir entre lo santo y lo profano, y entre lo inmundo y lo limpio" (Levítico 10:10). Ellos eran responsables, "y enseñarán a mi pueblo a hacer diferencia entre lo santo y lo profano, y les enseñarán a discernir entre lo limpio y lo no limpio". (Ezequiel 44:23). Fallar en mantener esta diferencia y tratar algo que era santo como si fuera común era profanar o violar la cosa santa (Levítico 18:21; *también* Éxodo 31:14). Que el pueblo de Dios viviera en pecado era profanar el nombre de Dios ante los demás (Proverbios 30:9; Ezequiel 36:20-23).

Llamados a ser santos

Si todo lo asociado con Dios es santo, entonces la conclusión lógica necesaria es que la santidad debe caracterizar a Su pueblo. La relación personal íntima con Dios es la esencia de vida. Esto es lo que significó Jesús cuando dijo: "Y esta es la vida eterna: que te conozcan a ti, el único Dios verdadero, y a Jesucristo, a quien has enviado" (Juan 17:3). "Que te conozcan a ti", como se usa en esta declaración, significa el conocimiento de la experiencia personal. Conocer a una persona en este sentido no es tener el simple conocimiento *acerca* de la persona; antes bien, es conocer a esa persona como amigo —estar en íntima relación de modo que sus vidas se influyen mutuamente.

Tener vida eterna es tener una amistad íntima con el santo Dios, la fuente de toda vida verdadera (Salmo 36:9). Debido a que Dios desea dar en abundancia Su vida a Su pueblo, los llama a la santidad y pureza proveyendo instrucciones para vivir una vida santa. Cuando el Señor le dijo a Su pueblo en el Antiguo Testamento que mantuviera la diferencia entre las cosas comunes y las santas, Él declaró: "Porque yo soy Jehová, que os hago subir de la tierra de Egipto para ser vuestro Dios: seréis, pues, santos, porque yo soy santo" (Levítico 11:44).

Cuando el pueblo de Dios buscaba la santidad ellos exaltaban la santidad de Dios. Tal como la desobediencia profanaba el nombre de Dios, la obediencia "santificaba" o declaraba "santo" el nombre de Dios. Dios dijo: "Guardad, pues, mis mandamientos, y cumplidlos. Yo Jehová. Y no profanéis mi santo nombre, para que yo sea santificado en medio de los hijos de Israel. Yo Jehová que os santifico" (Levítico 22:31,32; *también* 1 Pedro 3:15, "sino santificad a Dios el Señor en vuestros corazones"). En forma semejante cuando Isaías advirtió que confiar en potencias extranjeras en lugar de confiar en el poder de Dios era robarle Su gloria a Dios, dijo: "A Jehová de los ejércitos, a él santificad; sea él vuestro temor, y él sea vuestro miedo" (8:13).

Muchas de las leyes específicas sobre las cosas limpias e inmundas, como las comidas, terminaron con la obra de Cristo en la cruz, pero el principio de la santidad que estas leyes simbolizaban permaneció firme para el creyente del Nuevo Testamento. El apóstol

Pedro escribió: "Como hijos obedientes, no os conforméis a los deseos que antes teníais estando en vuestra ignorancia; sino como aquel que os llamó es santo, sed también vosotros santos en toda vuestra manera de vivir; porque escrito está: Sed santos, porque yo soy santo" (1 Pedro 1:14-16). El apóstol Pablo nos pedía llevar una vida pura: "Pues la voluntad de Dios es vuestra santificación" (1 Tesalonisenses 4:3). "Así que, amados, puesto que tenemos tales promesas, limpiémonos de toda contaminación de carne y de espíritu, perfeccionando la santidad en el temor de Dios (2 Corintios 7:1; *también* 1 Tesalonisenses 5:23).

La santidad o la santificación no es sencillamente mandada para el creyente. Como hemos notado antes, está claramente enlazada a la experiencia diaria de Dios en nuestras vidas. El salmista pregunta: "¿Quién subirá al monte de Jehová? ¿Y quién estará en su lugar santo? El limpio de manos y puro de corazón ... Él recibirá bendición de Jehová, y justicia del Dios de su salvación" (Salmo 24:3-5).

Dios no solamente es el Rey que permite al santo entrar a Su presencia, Él también es el anfitrión de Su hogar que invita al creyente a habitar con Él: "Jehová, ¿quién habitará en tu tabernáculo? ¿Quién morará en tu monte santo?" (Salmo 15:1). Eugene Peterson capta la idea de este versículo con su paráfrasis: "Dios ¿quién es invitado a cenar en tu casa? ¿Cómo hacer para estar en tu lista de invitados?"[4] El versículo que sigue responde la pregunta citando las cualidades de la santidad: "El que anda en integridad y hace justicia, y habla verdad en su corazón" (Salmo 15:2).

La importancia de la santidad en la vida del creyente es evidente también en la manera en que se enlaza la santidad a la misma vida. El apóstol Pablo declaraba: "porque si vivís conforme a la carne, [esto es, conforme a la propia voluntad pecadora de ustedes, que es contraria a la santidad de Dios] moriréis; mas si por el Espíritu hacéis morir las obras de la carne, viviréis" (Romanos 8:13). Así, pues, la santificación o crecimiento en santidad es visto como elemento esencial de la vida del cristiano. Luego de expresar que el resultado de las cosas que hicimos antes de ir a Cristo "es muerte", Pablo sigue diciendo: "Mas ahora que habéis sido libertados del pecado y hechos siervos de Dios, tenéis por vuestro fruto la santificación, y como fin, la vida eterna" (Romanos 6:21,22).

Entre la salvación inicial del ser libertados del pecado y el estado final de la vida eterna está el proceso de crecer en santidad o santificación. El cristiano es escogido por Dios "para salvación, mediante [el proceso de] la santificación por el Espíritu y la fe en la verdad" (2 Tesalonisenses 2:13).

La santificación o la santidad es también considerada esencial para entrar a la gloria definitiva. Jesús capturó esta verdad en la bienaventuranza: "Bienaventurados los de limpio corazón, porque ellos verán a Dios" (Mateo 5:8). La misma idea es elaborada más plenamente por el escritor de los Hebreos cuando dice: "Seguid la paz con todos, y la santidad, sin la cual nadie verá al Señor" (12:14). El glorioso hogar final de todos los creyentes es el lugar donde "no entrará en ella ninguna cosa inmunda" (Apocalipsis 21:27).

Claramente la Escritura revela que Dios nos ha llamado a ser santos como Él es santo. Sin esta santidad, moriremos en el infierno. Pero hablando humanamente, ¿por qué debemos ser santos? ¿Por qué debemos dejar de satisfacer los anhelos naturales de la carne para vivir una vida santa? ¿Qué tiene de divertido ser santo? ¿Qué placer hay en llevar una vida santa? ¿Qué sacamos con ello? ¿Por qué inclinarnos ante una autoridad superior cuando podemos ser nuestro propio dios y determinar nuestro propio destino? Frank Sinatra cantó el tema de la canción de todo humanista: "lo hice a mi manera". Trágico. "Hay camino que al hombre le parece derecho; pero su fin es caminos de muerte" (Proverbios 14:12).

Es fácil considerar restrictivos a los mandamientos de Dios pero, en realidad, son *protectores*. Ellos nos protegen del dios de este mundo y de la vida egocéntrica, que solamente conduce a la destrucción y la muerte. Sólo en la voluntad de Dios puede satisfacerse los anhelos profundos de nuestros corazones. Y, al contrario de lo que algunas personas pudieran pensar, una vida santa no es una vida aburrida. En una aventura excitante en que seguimos a Dios al mañana y a la eternidad que es conocida únicamente por Él ¿Por cuál cosa cambiaría usted el fruto del Espíritu, esto es, amor gozo, paz, paciencia, benignidad, bondad, fe, mansedumbre, templanza (Gálatas 5:22,23)? ¿Por un automóvil nuevo o una casa cara? ¿Por fama y fortuna? ¿Por un título terrenal o uno académico? No hay nada inherentemente malo en ninguna de esas cosas, pero ellas no le darán lo que puede darle una vida de santidad llena del

Espíritu. Únicamente esta clase de vida puede darle a todos y cada uno lo que anhelan. Aparte de Dios realmente no sabemos qué es lo mejor para nosotros, como lo expresa el siguiente poema:

Le pedí fuerza a Dios para hacer cosas:
    fui debilitado, para que aprendiera humilde a obedecer.
Le pedí ayuda para hacer cosas mayores:
    me dio enfermedad, para que hiciera cosas mejores.
Le pedí riquezas, para ser feliz:
    me dio pobreza, para que fuera sabio.
Le pedí todas las cosas para disfrutar la vida:
    me dio vida, para que disfrutara de todas las cosas.
Nada obtuve de lo que pedí: sino todo lo que esperaba;
    Casi a pesar de mí mismo, mis oraciones inexpresadas
    fueron contestadas.
¡Soy el más ricamente bendecido de todos los seres humanos!

—Autor anónimo

Así que, ¿cómo crecemos en santidad o santificación? ¿Qué parte desempeñamos nosotros y qué parte desempeña Dios? ¿Qué medios usa Dios en nuestra santificación? ¿Crecer es difícil o fácil? ¿Qué nos ayuda o nos estorba para crecer? Estas y otras preguntas son parte de entender cómo crecemos como cristianos —o, cómo lo común es hecho santo.

Lo COMÚN HECHO Santo

2

Siendo salvado y santificado

*Mas ahora que habéis sido libertados del pecado y hechos
siervos de Dios, tenéis por vuestro fruto la santificación,
y como fin, la vida eterna. Porque la paga del pecado
es muerte, mas la dádiva de Dios es vida eterna en
Cristo Jesús Señor nuestro.*

(Romanos 6:22,23)

La esclavitud en los Estados Unidos de Norteamérica fue abolida por la Decimotercera Enmienda del 18 de diciembre de 1865 ¿Cuántos esclavos había el 19 de diciembre? En realidad, ninguno, pero muchos siguieron viviendo como esclavos. Otros siguieron esclavos porque nunca supieron la verdad. Otros lo supieron y hasta creyeron que en realidad eran libres, pero optaron por seguir viviendo como habían sido siempre enseñados, como esclavos.

Muchos propietarios de plantaciones se devastaron con esta proclama de emancipación "¡Estamos arruinados! La esclavitud ha sido abolida. Hemos perdido la batalla para conservar nuestros esclavos". Pero su principal vocero respondió astutamente: "No necesariamente. En la medida en que esta gente piense que siguen esclavos, la proclamación de la independencia no tendrá efecto práctico. Tú ya no tienes más derecho legal a ellos pero muchos no lo saben. Impide que tus esclavos sepan la verdad y tu control de ellos ni siquiera será objetado".

"Pero ¿qué pasa si la noticia se difunde?"

"No caigas en el pánico. Tenemos otra bala en nuestro revólver. Puede que no podamos impedirles que oigan la noticia pero todavía podemos impedir que la entiendan. No me dicen el padre de mentira por nada. Aún tenemos la posibilidad de engañar a todo el mundo. Tan sólo diles que entendieron mal la Decimotercera Enmienda. Diles que van a ser libres, no que ya son libres. La verdad que oyeron está justamente en dependencia del contexto pero no es real. Puede que algún día reciban los beneficios pero no ahora".

"Pero ellos esperarán que les diga eso. No me creerán".

"Entonces escoge unas cuantas personas persuasivas que estén convencidas de que aún son esclavos y deja que ellos hablen por ti. Recuerda, la mayoría de esta gente recién libertada nació esclava y ha vivido como esclava toda su vida. Todo lo que tenemos que hacer es engañarlos para que sigan pensando como esclavos. En tanto que sigan haciendo lo que hacen los esclavos, no costará convencerlos de que deben seguir siendo esclavos. Ellos conservarán su identidad de esclavos debido a las cosas que hacen. En el momento en que traten de confesar que no son más esclavos, sólo susurra en sus oídos, "¿cómo puedes siquiera pensar que no eres más esclavo cuando sigues haciendo cosas que hacen los esclavos?" Después de todo, tenemos la capacidad de acusar a los hermanos día y noche".

Años más tarde, muchos esclavos aún no han escuchado la maravillosa noticia de que han sido libertados así que, naturalmente, continúan viviendo en la forma en que siempre han vivido. Algunos esclavos han oído la buena noticia pero la evalúan por lo que están haciendo y sintiendo actualmente. Razonan, "razonan todavía: sigo en la esclavitud, haciendo las mismas cosas que siempre he hecho. Mi experiencia me dice que no debo ser libre. Me siento de la misma manera que antes de la proclamación, así que no debe ser verdad. Después de todo, los sentimientos siempre dicen la verdad". Así, pues, siguen viviendo conforme a lo que sienten ¡sin querer ser hipócritas!

Sin embargo, un ex esclavo oye la buena nueva y la recibe con gran gozo. Comprueba la validez de la proclamación y halla que la más elevada de todas las autoridades originó el decreto. No sólo eso sino que le costó personalmente a esa autoridad un tremendo precio, que él pagó gustoso para que el esclavo pudiera ser libre. Como resultado, la vida del esclavo es transformada. Razona correctamente que sería hipócrita creer sus sentimientos y no la verdad. Decidido a vivir por lo que sabe que es cierto, sus experiencias empiezan a cambiar más bien espectacularmente. Se da cuenta de que su antiguo amo no tiene autoridad sobre él y que no tiene que obedecerle. Sirve alegremente al que lo libertó.[1]

La buena nueva es la "proclama de la emancipación" para todo pecador vendido a la esclavitud del pecado. Toda persona que llega a este mundo nace muerta en sus delitos y pecados (Efesios 2:1) y, por naturaleza es hijo de ira (Efesios 2:3). La buena nueva es que los que somos cristianos ya no somos más esclavos del pecado. Ahora estamos vivos en Cristo y muertos al pecado (Romanos 6:11). Hemos sido libertados en Cristo. Ya no somos más pecadores en manos de un Dios iracundo. Somos santos en manos de un Dios amoroso. Somos hijos de Dios perdonados, justificados, redimidos y renacidos. Puede que no nos sintamos así, puede que no nos comportemos como tales y los demás pueden decirnos que lo somos pero hemos sido santificados en Cristo y estamos siendo santificados en Él.

Cuando éramos esclavos del pecado no podíamos liberarnos a nosotros mismos. Ahora, como creyentes, no podemos hacer por cuenta nuestra lo que Cristo ya hizo por nosotros. No entender lo que Cristo ya ha realizado por nosotros, ha resultado en que muchos cristianos traten desesperadamente de llegar a ser alguien que ya son. Por otro lado, algunas personas claman una perfección que aún no ha sido realizada. Si queremos madurar en nuestra relación con Dios, necesitamos entonces, comprender la diferencia entre lo que Cristo ya ha cumplido por nosotros y lo que aún tiene que hacerse. También tenemos que saber qué parte desempeña Cristo en nuestra santificación y qué parte desempeñamos nosotros.

Entendiendo el Evangelio

La idea de libertad es gran parte del significado de salvación en el Antiguo Testamento. La palabra primaria del Antiguo Testamento para *salvación* (hebreo *yasa*) significa "ser espacioso o amplio, ancho. Puesto que esto (hacer espacio para el que está constreñido) tiene lugar por la intervención salvadora de una tercera parte a favor del oprimido y opuesto a su opresor, obtenemos el sentido de "ir al rescate" y "experimentar el rescate"[2]

La idea de salvación en el Nuevo Testamento conlleva el significado de liberación y libertad. Pablo dijo: "Estad, pues, firmes en la libertad con que Cristo nos hizo libres, y no estéis otra vez sujetos al yugo de esclavitud" (Gálatas 5:1).

En otras palabras, no se vuelva a poner bajo la ley como medio por el cual usted se relaciona a Dios, porque usted ha sido libertado en Cristo.

La raíz de *salvación* (griego, *sozo*) comunica la idea de integridad, solidez y salud . Esta palabra del Nuevo Testamento para salvación nos sirve para entender que la santidad no es simplemente desembarazarse del pecado. Más bien, la santidad está liberándonos de todos los estorbos que nos impedirían ser todo para lo que fuimos creados. En su sentido más amplio salvación comprende liberación de todo lo que estorba a la caída humanidad, para llegar a ser completa en Cristo conforme al creativo diseño de Dios.

No osemos perdernos este importante concepto de salvación. Lo que Adán y Eva perdieron como resultado de su pecado fue vida. Ellos murieron espiritualmente —esto, es, perdieron su relación con Dios y se esclavizaron al pecado. Desde ese tiempo toda persona nace físicamente viva pero espiritualmente muerta. La muerte física sería también consecuencia del pecado de Adán y Eva, pero no por cientos de años.

Al no tener relación con Dios, Adán y Eva comenzaron una búsqueda desesperanzada de significado. Ellos, como todos sus descendientes, trataron de entender el propósito y significado de la vida en su estado natural de existencia. Ellos se preguntaban, como lo hace hoy el hombre natural, *¿Quiénes somos y por qué estamos aquí?* Sin embargo, buscando una respuesta la caída humanidad cambió "la verdad de Dios por la mentira, honrando y dando culto a las criaturas antes que al Creador, el cual es bendito por los siglos. Amén" (Romanos 1:25).

Al carecer de respuesta adecuada, la gente ha aceptado su identidad a partir de su aspecto físico, su posición social y los papeles que desempeñan.

Tratar de darle sentido a la vida independientemente de Dios es fútil y nadie lo epitomó más que Salomón. Él tuvo evidentemente todo: poder, posición, situación, riqueza y sexo (tuvo 1000 esposas y concubinas) ¡Era dueño del mundo! Tuvo todo eso por lo que pelean y matan los hombres pero algo faltaba. Creyendo que era el amo de su destino y rey de su alma, procuró encontrar el propósito y el sentido de la vida en forma independiente de Dios. No sólo tuvo Salomón la posición y la oportunidad de buscar el significado de la vida, sino que también tuvo a su disposición más sabiduría dada por Dios que cualquier otro mortal. Escribió su conclusión en el libro del Eclesiastés: "Vanidad de vanidades, dijo el Predicador; vanidad de vanidades, todo es vanidad" (1:2).

En su mayor parte la iglesia del mundo occidental ha comunicado solamente una parte del mensaje del evangelio. Jesús es presentado como el Mesías que murió por nuestros pecados. Si lo recibimos en nuestros corazones Él nos perdonará nuestros pecados y nosotros iremos al cielo cuando muramos.

Hay dos cosas malas en esa presentación. Primero, da la impresión de que la vida eterna es algo que obtenemos cuando morimos. Eso no es verdad. Todo hijo de Dios nacido de nuevo tiene vida eterna ahora mismo. "El que tiene al Hijo, tiene la vida; el que no tiene al Hijo de Dios no tiene la vida" (1 Juan 5:12).

Segundo, si usted va a salvar a una persona muerta ¿qué haría? ¿Darle vida? Si eso fuera todo lo que hiciera, solamente volvería a morir. Hay dos requisitos para salvar a una persona muerta: Uno, tiene que curar la enfermedad que le hizo morir. La Biblia dice que "la paga del pecado es muerte" (Romanos 6:23 a). Por eso Jesús fue a la cruz y murió por nuestros pecados. Dos, la otra mitad del cuadro queda completa cuando usted termina el versículo: "Mas la dádiva de Dios es vida eterna en Cristo Jesús Señor nuestro" (Romanos 6:23b).

La venida del Señor Jesucristo para nuestra redención cumplió un propósito doble. Primero: "Para esto apareció el Hijo de Dios, para deshacer las obras del diablo" (1 Juan 3:8). Satanás había engañado a Eva y, Adán pecó. Consecuentemente, perdieron su relación con Dios y Satanás se convirtió en el rebelde que retenía la autoridad terrenal. Jesús afirmó esto cuando se refirió a Satanás como "el príncipe de este mundo" (Juan 14:30). Debido a lo que cumplió Cristo, "el príncipe de este mundo ha sido ya juzgado" (Juan 16:11). Jesús "nos ha librado de la potestad de las tinieblas, y trasladado al reino de su amado Hijo, en quien tenemos redención por su sangre, el perdón de pecados" (Colosenses 1:13,14).

El segundo propósito de la venida de Jesús fue expresado por el mismo Cristo: "Yo he venido para que tengan vida, y para que la tengan en abundancia" (Juan 10:10). Él no hablaba de nuestra vida física actual, a la que va a hacer plena dándonos abundancia de cosas físicas. Él hablaba de nuestra vida espiritual que es nuestra relación con Dios. La plenitud de vida es el fruto del Espíritu que es, amor, gozo, paz, paciencia, benignidad, bondad, fe, mansedumbre, templanza. (Gálatas 5:22,23). Él hablaba de la humanidad redimida que está plenamente viva en Cristo ¡Qué evangelio maravilloso!

La salvación es pasada, presente y futura

Muchos cristianos se confunden fácilmente tocante a los conceptos de salvación y santificación porque ambos son presentados en la Escritura con los tiempos verbales pasado, presente y futuro. En otras palabras, la Biblia dice que hemos sido salvados, estamos siendo salvados actualmente y seremos plenamente salvados algún día. Fíjese en los tiempos verbales de los siguientes versículos que declaran que "hemos sido salvados en Cristo".

Pero Dios, que es rico en misericordia, por su gran amor con que nos amó, aun estando nosotros muertos en pecados, nos dio vida juntamente con Cristo (por gracia sois salvos). Porque por gracia sois salvos por medio de la fe; y esto no de vosotros pues es don de Dios" (Efesios 2:4,5,8).

...sino participa de las aflicciones por el evangelio según el poder de Dios, quien nos salvó y llamó con llamamiento santo, no conforme a nuestras obras, si no según el propósito suyo y la gracia que nos fue dada en Cristo Jesús antes de los tiempos de los siglos (2 Timoteo 1:8,9).

Pero cuando se manifestó la bondad de Dios nuestro Salvador, y su amor para con los hombres, nos salvó, no por obras de justicia que nosotros hubiéramos hecho, sino por su misericordia, por el lavamiento de la regeneración y por la renovación en el Espíritu Santo (Tito 3:4,5).

Estos pasajes enseñan claramente que cada hijo de Dios ha experimentado salvación. Hemos nacido de nuevo; por consecuencia, ahora estamos espiritualmente vivos. Jesús dijo: "Yo soy la resurrección, y la vida; el que cree en mí, aunque esté muerto, vivirá" (Juan 11:25).

En otras palabras, debido a nuestra creencia, ahora estamos espiritualmente vivos y seguiremos así aunque muramos físicamente. Según este pasaje nosotros nunca moriremos espiritualmente.

Sin embargo, la Escritura también nos dice que estamos "siendo salvados" actualmente como lo indican los siguientes pasajes:

Porque la palabra de la cruz es locura a los que se pierden; pero a los se salvan, esto es, a nosotros, es poder de Dios (1 Corintios 1:18).

Porque para Dios somos grato olor de Cristo en los que se salvan, y en los que se pierden (2 Corintios 2:15).

Por tanto, amados míos, como siempre habéis obedecido, no como en mi presencia solamente, sino mucho más ahora en mi ausencia, ocupaos en vuestra salvación con temor y temblor (Efesios 2:12).

Nosotros no trabajamos *para* nuestra salvación sino que somos llamados a *realizar* aquello que Dios ha hecho nacer en nosotros. Como veremos más adelante, hay un aspecto progresivo en la santificación que es conceptualmente similar al proceso continuo de la salvación. Esto es, "estamos siendo salvados" y actualmente estamos siendo hechos conforme a la imagen de Dios. Charles Hodge, profesor de Biblia, aclara esta conexión entre la santificación y la salvación con las siguientes palabras:

la salvación consiste principalmente en la transformación del corazón. Jesús es el Salvador porque Él salva a Su pueblo de sus pecados. El estado de salvación es el estado de santidad. Ambas cosas son inseparables porque la salvación no es mera redención de la pena del pecado sino la liberación de su poder. Es liberación de la esclavitud de los apetitos del cuerpo y las malas pasiones del corazón; es la introducción al favor y confraternización de Dios, la restauración de la imagen divina al alma, de modo que ame a Dios y deléitese en Su servicio. Por tanto, la salvación empieza siempre en la tierra.[3]

Nuestra salvación empieza en la tierra pero es completada en el cielo. Por eso la Escritura habla de un aspecto futuro de la salvación. Lea los siguientes pasajes que enseñan que "seremos salvos":

Pues mucho más, estando ya justificados en su sangre, por él seremos salvos de la ira. Porque si siendo enemigos, fuimos reconciliados con Dios por la muerte de su Hijo, mucho más, estando reconciliados, seremos salvos por su vida (Romanos 5:9,10).

Y esto, conociendo el tiempo, que es ya hora de levantarnos del sueño; porque ahora está más cerca de nosotros nuestra salvación que cuando creímos (Romanos 13:11).

así también Cristo fue ofrecido una sola vez para llevar los pecados de muchos; y aparecerá por segunda vez, sin relación con el pecado, para salvar a los que le esperan (Hebreos 9:28).

Todavía no hemos sido salvados de la ira que está por venir, pero tenemos la seguridad de que lo seremos. "y habiendo creído en él, fuisteis sellados con el Espíritu Santo de la promesa, que es las arras de nuestra herencia hasta la redención de la posesión adquirida, para alabanza de su gloria" (Efesios 1:13,14).

Tal como el de la salvación, el concepto bíblico de santificación nos lleva a todos desde nuestro nuevo nacimiento en Cristo a la perfección final de la glorificación. La Escritura habla claramente de la santificación del creyente como ya cumplida, siendo cumplida y, finalmente, siendo completada en el futuro. Estos suelen ser aludidos como los tres tiempos de la santificación. En el próximo capítulo vamos a identificar y explicar estos tres tiempos y, entonces, dedicaremos el resto del libro a considerar la manera en que nosotros como cristianos somos conforme a la imagen de Dios.

Lo
COMÚN
HECHO
Santo
3

Ser hecho santo

Cuando yo era niño, hablaba como niño, pensaba como niño, juzgaba como niño; mas cuando ya fui hombre, dejé lo que era de niño. Ahora vemos por espejo, oscuramente; mas entonces veremos cara a cara. Ahora conozco en parte; pero entonces conoceré como fui conocido. Y ahora permanecen la fe, la esperanza y el amor, estos tres; pero el mayor de ellos es el amor.

1 Corintios 13:11-13

Todo organismo vivo pasa por las tres etapas progresivas de nacer, crecer y madurar. Cada etapa tiene su propio aporte, característica, ámbito y límites tocante a lo que puede suplir al propósito general del organismo. Por ejemplo, quién o qué será la persona, animal o planta, quedará establecido al nacer. Desde esa etapa en adelante, ninguna criatura o planta puede ser otra cosa fuera de lo que el Creador concibió si es que va a cumplir su propósito. La etapa del crecimiento no puede alterar al organismo; únicamente puede asegurar que el organismo alcance su mayor potencial.

Nuestro nuevo nacimiento de cristianos —o de convertirnos en hijos de Dios— es una parte crítica de nuestra salvación como asimismo de nuestra santificación. Estamos identificados y apartados como nuevas criaturas en Cristo desde el momento en que nacimos de nuevo. Todo aquel que sea cristiano ya ha nacido como hijo de Dios. Luego, en el proceso está el crecimiento, que nos llama a dejar las cosas infantiles y crecer en nuestra relación con Dios. Como lo indica el apóstol Pablo en 1 Corintios 13:12, nuestra santificación no es completa en esta vida porque en este momento vemos obscuramente. Estamos actualmente creciendo en santificación —cada etapa de crecimiento se edifica sobre la anterior— hasta el momento de nuestra glorificación.

Al considerar este proceso de crecimiento, tenemos que tomar conciencia de que hay tres tiempos de santificación: pasado, presente y futuro. Es importante que nosotros entendamos los tres para poder ver cómo Dios nos ha hecho santos, sigue haciéndonos santos y, definitivamente, nos asegura la santidad perfecta.

Santificación en tiempo pasado

Se suele hablar del tiempo pasado como de santificación *de situación,* porque habla de la situación o status santo que tiene el creyente "en Cristo". La verdad en cuanto a situación de quienes somos en Cristo, es verdad real y es la única base de la santificación *progresiva* (tiempo presente) que sigue. Tal como la *realidad* de la salvación en tiempo pasado es la base del *realizar* nuestra salvación en tiempo presente, así también nuestra *posición* en Cristo es la base de nuestro *crecimiento* en Cristo. En la salvación el creyente es puesto aparte o es separado para Dios y, de este modo, participan en la santidad de Dios. Fíjese cómo Pedro muestra esta causa y efecto:

Como todas las cosas que pertenecen a la vida y a la piedad nos han sido dadas por su divino poder, mediante el conocimiento de aquel que nos llamó por su gloria y excelencia, por medio de las cuales nos ha dado preciosas y grandísimas promesas, para que por ellas llegaseis a ser participantes de la naturaleza divina, habiendo huido de la corrupción que hay en el mundo a causa de la concupiscencia.(2 Pedro 1:3,4).

Cuando oímos o leemos que la santificación suele estar conectada con el tiempo presente: nuestro presente crecimiento cristiano. Pero en la Escritura las palabras "santificación", "santificar", "santos" y "santo" suelen ser muy frecuentemente usadas en el tiempo pasado. Por ejemplo, en su discurso inicial a los creyentes de Corinto, Pablo habla de ellos como de "los santificados en Cristo Jesús" (1 Corintios 1:2). Al describir el cambio que tuvo lugar en la salvación, Pablo dice: "ya habéis sido lavados, ya habéis sido santificados, ya habéis sido justificados en el nombre del Señor Jesús, y por el Espíritu de nuestro Dios" (1 Corintios 6:11).

Al mismo tiempo Pablo escribía severamente a los creyentes de Corinto porque ellos tenían muchos problemas. Así que cuando Pablo decía que estaban santificados no querían decir que los corintios estuvieran viviendo rectamente o que fueran maduros de carácter. Más bien, ellos eran santos porque eran "en Cristo".

Cuando vamos a Cristo se nos da "herencia con todos los santificados" (Hechos 20:32). En forma similar Jesús dijo a Pablo: "librándote de tu pueblo, y de los gentiles, a quienes ahora te envío, para que abras sus ojos, para que se conviertan de las tinieblas a la luz, y de la potestad de Satanás a Dios; para que reciban, por la fe que es en mí, perdón de pecados y herencia entre los santificados" (Hechos 26:17,18). Conforme a ambos pasajes, por nuestra fe en Cristo pertenecemos a la compañía de los creyentes que son descritos como *ya* santificados.

El status de quienes han sido santificados es especialmente destacado en el libro de los Hebreos, donde Cristo es retratado como el gran Sumo Sacerdote que es superior al antiguo sacerdocio de los levitas. Como vimos en el capítulo uno, la santidad era la preocupación primordial de las leyes del Antiguo Testamento que servían los sacerdotes levitas. Así pues, la santidad es central en el sacerdocio de Cristo en Hebreos. Por medio de Su ministerio sacerdotal los creyentes han sido perfeccionados: "En esa voluntad somos santificados mediante la ofrenda del cuerpo de Jesucristo hecha una vez para siempre" (Hebreos 10:10). Declaraciones semejantes se hallan en Hebreos 10:29 y 13:12.

¿Pecador o santo?

No sólo se dice que los creyentes son santificados sino que también el Nuevo Testamento los describe como "santos" que significa "los santos" (por ejemplo, Romanos 1:7; 2 Corintios 1:1. Filipenses 1:1) Ser santo no refleja necesariamente el nivel presente del crecimiento del carácter sino que identifica a los que están rectamente relacionados a Dios. En la versión [inglesa] King James de la Biblia, se llama "santos" o "justos" a los creyentes más de 240 veces. Por el contrario, los incrédulos son llamados "pecadores" más de 330 veces. Claramente el vocablo "santo" se usa en la Escritura para referirse al creyente y "pecador" se usa referido al incrédulo.

Aunque el Nuevo Testamento nos da muchas pruebas de que el creyente es capaz de pecar, nunca identifica claramente al creyente como pecador. La referencia que Pablo hace de sí mismo en la que declara, "yo soy el primero" de los pecadores suele mencionarse como excepción (1 Timoteo 1:15). No obstante, pese al empleo del tiempo verbal presente que hace Pablo en sus palabras, es probable que su autodescripción como el primero de los pecadores sea una referencia a su oposición al Evangelio, anterior a su conversión. Tomando esto como una declaración veraz, podemos concluir que, indudablemente, él fue el principal de todos los pecadores. Nadie se opuso a la obra de Dios con más celo que Pablo a pesar del hecho de que él podía jactarse de ser "en cuanto a la justicia que es en la ley, irreprensible" (Filipenses 3:6). Hay varias razones por las que creemos que 1 Timoteo 1:15 alude a lo que era Pablo antes de ir a Cristo.

Primero, la referencia a sí mismo como pecador apoya la primera parte del versículo "que Cristo Jesús vino al mundo para salvar a los pecadores" (1 Timoteo 1:15). La referencia a "los impíos y pecadores" hecha pocos versículos antes (9), junto con los otros usos que hace el Nuevo Testamento de la palabra "pecadores" para aludir a los que están fuera de la salvación,[1] muestra que "los pecadores" a quienes Cristo vino a salvar, son personas fuera de la salvación más que creyentes que todavía pueden optar por pecar.

Segundo, la referencia a sí mismo como pecador que hace Pablo va seguida inmediatamente por las palabras, "pero por esto" (versículo 16) señalando claramente a la ocasión pasada de su conversión. Pablo no podía superar la misericordia que Dios había mostrado para con él que era el peor de los pecadores. Pablo efectúa una autoevaluación similar basada en el pasado cuando dice: "Porque yo soy el más pequeño de los apóstoles, que no soy digno de ser llamado apóstol, porque perseguí a la iglesia de Dios" (1 Corintios 15:9). Debido a sus acciones pasadas Pablo se consideraba indigno de lo que habían hecho de él la gracia y misericordia de Dios: un apóstol que "y pienso que en nada he sido inferior a aquellos grandes apóstoles" (2 Corintios 11:4; *ver también* 12:11).

Tercero, aunque Pablo declara que él es el peor pecador, unos pocos versículos antes también declara que Cristo lo había fortalecido para el ministerio, habiéndole considerado "fiel" o confiable para el servicio al cual fue llamado (1 Timoteo 1:12).

Todo nos lleva a concordar con la conclusión de George Knight, comentarista de la Biblia: "Pablo considera esta clasificación de sí mismo como "el peor de los pecadores" todavía válida (tiempo verbal presente) aunque está plenamente perdonado, considerado como fiel y puesto al servicio, sigue siendo el notorio oponente que así es recibido.[2] El término "pecador" de 1 Timoteo 1:15 no describe entonces a Pablo en cuanto creyente sino que está usándose, más bien, en recuerdo de lo que fue antes que Cristo se encargara de él.

Los únicos otros lugares de la Escritura que se referirían a los cristianos como pecadores se hallan en el libro de Santiago. El primero: "Pecadores, limpiad las manos" (4:8) es uno de los diez mandamientos orales que instan a todos los lectores de esta epístola general a efectuar un corte decisivo con la vieja vida. Creemos que esto se entiende mejor como llamado para el lector a arrepentirse y, así, a la salvación. El segundo uso de "pecador" (Santiago 5:20) parece ser también una referencia a los incrédulos. Se debe hacer volver al pecador del error de su camino y, así, ser salvado de la "muerte". Puesto que este versículo se refiere muy probablemente a la muerte *espiritual*, sugiere que la persona no era creyente. En ambos casos Santiago usaba el término "pecador" como era usado en particular por los judíos para hablar de aquellos que "rechazaban la ley de Dios y se mofaban de las normas de moralidad".

El hecho que estos pecadores se cuenten entre aquellos, a quienes se dirigía Santiago no significa necesariamente que fueran creyentes, pues la Escritura enseña que los incrédulos pueden hallarse entre los santos (*ver* 1 Juan 2:19), como seguramente están hoy en nuestras iglesias. Tratarlos de pecadores, corresponde a la descripción habitual de aquellos que no han llegado al arrepentimiento y fe en Dios, puesto que el resto de la Escritura identifica claramente a los creyentes como santos que todavía tienen la capacidad de pecar.[3]

El status de "santo" es paralelo al concepto de ser "llamado" "escogido" por Dios. Los creyentes son aquellos que son "amados por Dios" ...llamados a ser santos" (Romanos 1:7; *ver también* 1 Corintios 1:2). Son "escogidos de Dios, santos y amados" (Colosenses 3:12). Son "escogido... "mediante la santificación por el Espíritu" (2 Tesalonisenses 2:13; 1 Pedro 1:2). Dios los escogió y apartó del mundo para que sean Su pueblo. Como resultado, los creyentes son "hermanos santos" (Hebreos 3:1).

Por la "elección" y "llamado" de Dios, nosotros, los que somos creyentes, somos puestos aparte para Él y pertenecemos a la esfera de Su santidad. Aunque empecemos nuestro caminar con Dios como bebés inmaduros en Cristo, somos incuestionablemente hijos de Dios. Somos santos que pecan, pero en Cristo, tenemos todos los recursos que necesitamos para no pecar. Pablo combinó estos dos conceptos de santidad cuando escribió a los efesios. Tratándolos de "santos" en Efesios 1:1 prosigue, en el versículo 4, diciendo que Dios "nos escogió en él antes de la fundación del mundo, para que fuésemos santos y sin mancha delante de él". Dios optó por hacer a estos creyentes ya santos en Cristo pero Su intención era que maduren su carácter al ir siendo formados a la imagen de Dios.

Hecho santo por medio de Cristo

Nuestra situación de santidad como creyentes se debe únicamente a que somos nueva creación en Cristo. La fe que cree nos une a Cristo de modo que, ahora compartimos en todo lo que Cristo es, incluyendo Su santidad. Como dice Pablo: "Mas por él estáis vosotros en Cristo Jesús, el cual nos ha sido hecho por Dios sabiduría, justificación, santificación y redención" (1 Corintios 1:30).

Nuestra santidad en relación a Cristo está ilustrada por el sumo sacerdote del Antiguo Testamento, que era un tipo del venidero sacerdocio perfecto de Cristo. El sacerdote del Antiguo Testamento representaba al pueblo ante Dios. En su frente llevaba una placa en la cual estaba inscrito, "SANTIDAD A JEHOVÁ" (Éxodo 28:36). Estas palabras proclamaban que él y el pueblo que representaba, como también los servicios que desempeñaba por cuenta del pueblo, eran completamente santos para el Señor. En forma similar Cristo representa a Su pueblo ante Dios. Como Aquel que es totalmente "santo" (Marcos 1:24; Hechos 4:27; Apocalipsis 3:7), Él representa a Su pueblo que, ahora, es santo en Él.

Cuando el sacerdote del Antiguo Testamento iba a la presencia de Dios representando a un pueblo que había pecado, tenía que ofrecer un sacrificio. Era solamente basado a la expiación del pecado del pueblo que el sacerdote podía ir ante un Dios santo. Así también con Cristo. Él no tuvo que hacer sacrificio por Sí mismo sino lo hizo para llevarnos a nosotros a la presencia santa de Dios. El autor de los Hebreos destaca que nuestra santificación o relación con Dios se fundamenta en el sacrificio perfecto de Cristo por nuestros pecados: "...somos santificados mediante la ofrenda del cuerpo de Jesucristo hecha una vez para siempre ... porque con una sola ofrenda hizo perfectos para siempre a los santificados ... Por lo cual también Jesús, para santificar al pueblo mediante su propia sangre, padeció fuera de la puerta" (Hebreos 10:10,14; 13:12).

La santificación en tiempo pasado significa, entonces, que nosotros como creyentes hemos sido llevados por Dios a la esfera de Su santidad o pureza. Hemos sido llevados a confraternizar con un Dios santo. La Escritura dice que solamente aquellos que son limpios y santos pueden entrar en Su presencia para adorar y confraternizar con Él y, como pecadores nosotros no podíamos entrar en Su presencia. Pero por fe en Cristo, que se sacrificó para limpiarnos de nuestro pecado, somos unidos a Él y hemos sido invitados al mismo "Lugar Santísimo" del cielo para tener comunión con Dios. El sacrificio de Cristo por nuestros pecados significa que Dios no tiene más en contra nuestra la inmundicia de nuestros pecados. Ahora Él nos acoge en Su santa presencia porque estamos vestidos con la santidad de Cristo.

¿Qué pasa con el pecado?

Como creyentes tenemos todavía la capacidad de pecar cuando optamos por creer las mentiras de Satanás y caminar conforme a la carne. Pero debido a Cristo y Su sacrificio, esta desafortunada opción no nos expulsa de la presencia de Dios: "porque en cuanto murió, al pecado murió *una vez por todas*" (Romanos 6:10, subrayado del autor). Usted puede preguntarse, "yo puedo aceptar la verdad de que Cristo me ha perdonado por mis pecados pasados pero, ¿qué pasa con mis pecados futuros?" Cristo murió "una vez por todas": ¡por todos sus pecados! Hebreos 10:14 nos dice que "con una sola ofrenda (Cristo) hizo perfectos para siempre a los santificados". Aunque efectivamente pecamos, Dios dice que: "Así que, hermanos, teniendo libertad para entrar en el Lugar Santísimo por la sangre de Jesucristo, por el camino nuevo y vivo que él nos abrió a través del velo, esto es, de su carne, y teniendo un gran sacerdote sobre la casa de Dios, acerquémonos con corazón sincero, en plena certidumbre de fe, purificados los corazones de mala conciencia, y lavados los cuerpos con agua pura" (Hebreos 10:19-22).

La santificación en tiempo pasado no significa que no pequemos o no tengamos pecado. "Si decimos que no tenemos pecado, nos engañamos a nosotros mismos, y la verdad no está en nosotros" (1 Juan 1:8). Importa saber que "tener" pecado y "ser" básicamente pecador por naturaleza son dos cosas totalmente diferentes. Algunas personas dicen que efectuar esa distinción niega la doctrina de la depravación: la que enseña que el hombre está en plena actitud indefensa en su estado de pecado. Eso no es verdad. El esclavo fue sin duda esclavo y nada podía hacer al respecto. Debemos recordar que la doctrina de Juan Calvino sobre la depravación era doctrina del perdido, no del salvo. Decir que los cristianos siguen siendo depravados es como si el dueño de la plantación dijese a sus esclavos que no son realmente libres sino que algún día lo serán.

Algunos sugieren que decir a la gente quienes son en Cristo les da licencia para pecar. Insisten en identificar a los cristianos como pecadores salvados por gracia pero, luego, esperan que ¡ellos se comporten como santos!

No estamos de acuerdo con esa idea, y creemos firmemente que decir a la gente quienes son en Cristo les motiva realmente a llevar una vida santa. "El Espíritu mismo da testimonio a nuestro espíritu, de que somos hijos de Dios" (Romanos 8:16). Éramos pecadores con toda seguridad necesitados desesperadamente de la gracia de Dios, pero "ahora somos hijos de Dios, y aún no se ha manifestado lo que hemos de ser; pero sabemos que cuando él se manifieste, seremos semejantes a él, porque le veremos tal como él es. Y todo aquel que tiene esta esperanza en él, se purifica a sí mismo, así como él es puro" (1 Juan 3:2-3).

Éramos depravados cuando estábamos muertos en nuestros delitos y pecados pero ¿aún somos tan depravados? Si fundamentalmente somos aún pecadores por naturaleza entonces, ¿no debiera ser el patrón dominante de nuestra vida el de vivir en pecado? ¿Eso es lo que hacen los santos? No. Juan dice que aquellos que entienden que son hijos de Dios y tienen puesta su esperanza en Jesús, se purifican a sí mismos. Ellos viven conforme a quienes son realmente: hijos de Dios.

Santificación en tiempo presente

Dios realizó una obra de gracia cuando nos sacó de las tinieblas a Su luz maravillosa, y nos otorgó el status de santidad por virtud de nuestra unión con Cristo. Él hizo esto para que Él pudiera ejecutar Su obra de hacernos santos. El proceso de crecimiento desde la carnalidad a la semejanza de Cristo, es comúnmente conocido como santificación en tiempo presente o *santificación progresiva*. También se la denomina, a veces, *santificación vivencial*. Pablo dice: "Mas ahora que habéis sido libertados del pecado y hechos siervos de Dios, tenéis por vuestro fruto la santificación, y como fin, la vida eterna" (Romanos 6:22).

El concepto de la santificación progresiva es el foco presente de la obra de Dios en nuestras vidas, así que importa que lo entendamos. Podemos definirlo como Dios que obra en las vidas de Su pueblo, librándolos de la esclavitud del pecado y renovándolos progresivamente a la imagen de Su propia santidad en actitud, carácter y acciones de la vida. El Catecismo de Westminster define la santificación como "la obra de la gracia gratuita de Dios por la cual somos renovados en el hombre íntegro conforme a la imagen de Dios y somos capacitados más y más para morir al pecado y vivir para la rectitud".

Importa que diferenciemos esta santificación de la justificación. Dios declara en la justificación que el creyente es justo debido a la justicia de Cristo, la cual es acreditada (imputada) al creyente. La justificación es acto de juez. Quita del pecador la condenación que merecía por la *culpa* del pecado. Sin embargo, la santificación es más acto de sacerdote tratando la *contaminación* del pecado. Como lo explica Louis Berkhof, teólogo reformado: "es esa operación de gracia continua del Espíritu Santo por la cual Él libra al pecador justificado de la contaminación del pecado, renueva toda su naturaleza conforme a la imagen de Dios y le capacita para hacer buenas obras"[4]

La justificación y la santificación son conceptos distintos: el primero se relaciona más a la culpa del pecado y el último, a su contaminación, pero ambos están relacionados vitalmente. Cuando somos unidos a Cristo por medio de la fe, somos vestidos en Su justicia y, por ella, estamos justificados ante Dios. En la justicia de Cristo estamos en la relación recta con Dios tocante a Su recta ley. Como vimos al tratar la santificación en tiempo pasado, nosotros estamos también santificados situacionalmente. Somos aceptados en la presencia de Dios como limpios y puros en la santidad en Cristo. Y, en el mismo momento en que fuimos justificados y santificados situacionalmente, el Espíritu de Dios vino a nuestras vidas y empezó el proceso de transformar nuestro carácter por medio de la santificación progresiva o crecimiento cristiano.

La Escritura presenta la santificación progresiva como un reto para los creyentes. "Así que, amados míos, puesto que tenemos tales promesas, limpiémonos de toda contaminación de carne y de espíritu, perfeccionando la santidad en el temor de Dios" (2 Corintios 7:1). Se nos insta a la pureza sexual porque "pues la voluntad de Dios es vuestra santificación" (1 Tesalonisenses 4:3). En otro pasaje se nos dice: "Seguid la paz con todos, y la santidad, sin la cual nadie verá al Señor" (Hebreos 12:14).

Conformados a imagen de Dios

Aunque la Biblia habla de la santificación en tiempo pasado, con mucha más frecuencia que de la santificación en tiempo presente, el concepto de ser hecho progresivamente santo es tema dominante en la Escritura. Las palabras como "crecimiento", "edificación", "construcción", "transformación", "purificación", "renovación" y otros afines, están todos relacionados: se refieren al proceso de ser conformados a imagen de Dios. Miremos dos pasajes de la Biblia que muestran este proceso de conformación y veamos lo que revelan al respecto.

Colosenses 2:2.7 —Por tanto, de la manera que habéis recibido al Señor Jesucristo, andad en él; arraigados y sobreedificados en él, y confirmados en la fe, así como habéis sido enseñados, abundando en acciones de gracias.

La frase "arraigados y sobreedificados en él" se refiere a la santificación en tiempo pasado. Esto indica cuán necesario es, primero, estar firmemente arraigado en Cristo antes de que podamos ser edificados en Él. Desafortunadamente pocas personas de nuestras iglesias están firmemente arraigadas en Cristo. La mayoría no tienen idea de quienes son en Cristo, ni qué significa ser hijos de Dios. Muchos están tratando de crecer por esfuerzo propio, pero aparte de Cristo nada pueden hacer (Juan 15:5). Todos somos salvados por fe y somos santificados por fe. No podemos crecer espiritualmente por cuenta propia.

Toda esperanza que tenemos de vivir la vida cristiana, viene únicamente de la gracia y vida de Dios. Toda la teología de Pablo está arraigada en Cristo. Él escribió a la iglesia de Corinto: "Por esto mismo os he enviado a Timoteo, que es mi hijo amado y fiel en el Señor, el cual os recordará mi proceder en Cristo, de la manera que enseño en todas partes y en todas las iglesias" (1 Corintios 4:17). Los términos como "en Cristo", "en Él" o "en el Amado" están entre las frases más repetidas de las epístolas. Confirman que nosotros, en cuanto somos nuevas criaturas, estamos en unión con Dios: estamos vivos en Cristo.

1 Juan 2:12-14 —Os escribo a vosotros, hijitos, porque vuestros pecados os han sido perdonados por su nombre, os escribo a vosotros, padres, porque conocéis al que es desde el principio. Os escribo a vosotros, jóvenes, porque habéis vencido al maligno. Os escribo a vosotros, hijitos, porque habéis conocido al Padre. Os he escrito a vosotros,

padres, porque habéis conocido al que es desde el princi-
pio. Os he escrito a vosotros, jóvenes, porque sois fuertes,
y la palabra de Dios permanece en vosotros, y habéis
vencido al maligno.

En Colosenses dijo Pablo que uno tiene que estar arraigado en
Cristo antes de poder ser edificado en Él. Juan usa las metáforas de
hijitos, jóvenes, y padres para describir el proceso de crecimiento.
Los hijitos son aquellos que han accedido al conocimiento de Dios
y cuyos pecados han sido perdonados. Ellos han superado la
penalidad del pecado. Los padres, que son más maduros, han tenido
un entendimiento y conocimiento de Dios desde hace largo tiempo.
Los jóvenes conocen la Palabra de Dios, son fuertes y son caracte-
rizados como aquellos que han vencido al maligno. En otras palabras, han vencido el poder del pecado.

¿Cómo vamos a ayudar al hermano creyente a madurar en la
fe si no saben quienes son en Cristo y, básicamente, ignoran las
tretas de Satanás? En todos los años que llevamos ayudando gente
a hallar su libertad en Cristo, el único denominador común de toda
persona que vive en derrota era, que no sabían quienes eran como
hijos de Dios. Ellos eran como los esclavos que habían oído las
noticias de que eran libres, pero que seguían siendo rehenes del
dueño de la plantación con su escopeta de dos cañones. La Escritura
advierte continuamente contra el enceguecedor engaño del enemigo. Lo que él hace contra el impío es lo que sigue haciendo con
nosotros si lo dejamos: "en los cuales el dios de este siglo cegó el
entendimiento de los incrédulos, para que no les resplandezca la luz
del evangelio de la gloria de Cristo, el cual es la imagen de Dios" (2
Corintios 4:4).

Una aclaración clave

Pablo afirmó la santificación en tiempo pasado y en presente
en la misma epístola. En Colosenses 1:28 él dijo: "a quien anunciamos, amonestando a todo hombre, y enseñando a todo hombre
en toda sabiduría, a fin de presentar perfecto en Cristo Jesús a todo
hombre". Más adelante Pablo escribió: "y vosotros estáis completos en
él, que es la cabeza de todo principado y potestad" (Colosenses 2:10).
En el primer versículo Pablo estaba amonestando a los colosenses

para que fueran completos en Cristo y en el segundo versículo dice que ya estaban completos en Cristo ¿Cómo reconciliamos estos dos versículos? En Colosenses 1:28 la palabra "perfecto", significa "maduro" o "completo" y se refiere a la santificación en tiempo presente. Pablo usó una palabra griega diferente para "completo" en Colosenses 2:10, la cual significa "llenar". El punto del apóstol es que "en Cristo" somos completos —tenemos todo lo que corresponde a la *salvación*. Entonces, ese pasaje se refiere a la santificación en tiempo pasado.

La Escritura presenta claramente ambos aspectos, pasado y presente, de la santificación. Confundiremos nuestro camino con Dios si destacamos una verdad a expensas de la otra. Un extremo dice que nuestra santificación ya ha sido plenamente completada. No es necesaria ninguna actividad de nuestra parte para llegar a ser como Cristo. Este punto de vista extremado ha conducido a que algunos crean que no han pecado desde que llegaron a ser cristianos. Estas personas no logran entender la doctrina de la santificación en tiempo presente.

En el otro extremo están los que no entienden quienes son en Cristo. Por tanto, no logran creer lo que ya ha sucedido en la salvación o no reconocen la santificación en tiempo pasado. Estas personas están tratando por cuenta propia de llegar a ser alguien que ya son. Pero no podemos hacer por nosotros mismos lo que Cristo ya ha hechos por nosotros. Ya estamos completos en Cristo y la obra continua de salvación es "presentar perfecto en Cristo Jesús a todo hombre" (Colosenses 1:28).

El hombre nuevo: Llegando a ser plenamente humano

Estamos tan acostumbrados al pecado y a la imperfección como características de la vida humana que, a veces, pensamos que ser humano es ser defectuoso. Pero no es así. Llegar a ser santo no es sencillamente ser conformado a semejanza de Dios, también es ser hecho plenamente humano. En el estado de salvación en tiempo presente, la santificación es el proceso por el cual Dios nos hace los seres humanos íntegros que Él nos creó para ser. Él está restaurando una humanidad caída.

El pecado no solamente distorsiona la imagen de Dios en la persona humana, asimismo distorsiona a la persona humana. Esa es la conclusión necesaria puesto que ser humano como Dios nos creó es existir a imagen de Dios. En la salvación el creyente se ha puesto "el nuevo sí mismo" que, literalmente, es "hombre nuevo" (Colosenses 3:9,10; *ver también* Efesios 4:24). Veremos más adelante que "el nuevo hombre" puede referirse tanto al individuo como a la nueva humanidad de la cual Cristo es la cabeza. Lo que ahora importa es entender que la novedad de la santificación es también novedad de nuestra humanidad. Es la renovación de nuestra humanidad, de modo que seamos plenamente humanos como Dios lo concibió en Su creación original. Máximo, el Confesor, teólogo del siglo séptimo, explicaba que somos verdaderamente humanos solamente en comunión con nuestro Creador: ...la comunión con el Verbo es precisamente el estado natural de la humanidad verdadera. El hombre es verdadero hombre cuando participa de la vida divina y realiza en sí mismo la imagen y semejanza de Dios, y esta participación no disminuye en absoluto su existencia auténticamente humana, su energía y voluntad humana"[5]

Vemos un cuadro claro de lo que significa ser humanamente santo cuando miramos a Jesús hombre. Como lo dice J. I. Packer, la santidad "es simplemente la vida humana vivida como lo concibió el Creador —en otras palabras, es humanidad perfecta e ideal, y existencia en la cual están completamente unidos los elementos de la persona humana en una forma que honra totalmente a Dios y satisface la naturaleza"[6]

La santificación o la santidad suele ser retratada como algo sombrío, lo cual es verdad en el sentido de que comprende la muerte de la antigua vida pecadora de modo que la nueva vida pueda surgir. ¡Pero hay gran gozo en llegar a ser santo porque estamos accediendo a la *plenitud* de nuestra humanidad! Entonces, la santidad no se trata de conformarse a las reglas de un legislador autoritario. Más bien, "se trata de la celebración de nuestra humanidad"[7]

La santificación en tiempo futuro

El tiempo futuro de la santificación es bellamente expresado en la Escritura por la explicación dada por Pablo sobre la obra y la meta del sacrificio de Cristo por nosotros: "Cristo amó a la iglesia, y se entregó a sí mismo por ella, para santificarla, habiéndola purificado en el lavamiento del agua por la palabra, a fin de presentársela a sí mismo, una iglesia gloriosa, que no tuviese mancha ni arruga ni cosa semejante, sino que fuese santa y sin mancha" (Efesios 5:25-27). En la salvación Cristo nos pone aparte para Él mismo a fin que pueda finalmente hacernos perfectamente santos.

En sus oraciones por otros creyentes, Pablo mencionaba frecuentemente esta meta final. Como tal hubiera sido también la meta de su ministerio. Su deseo era la perfección definitiva de los creyentes:

> *Y el Señor os haga crecer y abundar en amor unos para con otros y para con todos, como también lo hacemos nosotros para con vosotros, para que sean afirmados vuestros corazones, irreprensibles en santidad delante de Dios nuestro Padre, en la venida de nuestro Señor Jesucristo con todos sus santos* (1 Tesalonisenses 3:12,13 (Fíjese el lugar central del amor en la santificación).

> *Y el mismo Dios de paz os santifique por completo; y todo vuestro ser, espíritu, alma y cuerpo, sea guardado irreprensible para la venida de nuestro Señor Jesucristo. Fiel es el que os llama, el cual también lo hará (1 Tesalonisenses 5:23,24).*

Este concepto de santificación definitiva está asimismo expresado en otras formas. Pablo dijo esto de Dios en Filipenses 1:6 "el que comenzó en vosotros la buena obra, la perfeccionará hasta el día de Jesucristo [esto es, Su venida otra vez]". Este compartir en la gloria de Dios incluye aquella perfección final de separación del pecado y participación en la santidad de Dios (*ver* Romanos 8:30; 2 Tesalonisenses 2:14). Quizá esto se exprese más claramente culminando en términos del ser como Cristo. El destino de los creyentes es ser "hechos conformes a la imagen de su Hijo [de Dios]" (Romanos 8:29); "traeremos también la imagen del celestial [hombre o Jesús]" (1 Corintios 15:49).

El ámbito de la santificación

La Escritura nos revela que llegar a ser santo es algo que abarca todo. Involucra la transformación de toda faceta de nuestro ser. Como el crecimiento en el ámbito natural, el crecimiento espiritual sano abarca el crecimiento de cada parte en equilibrio apropiado. Pablo oró que Dios santificara a los creyentes de Tesalónica "por entero" queriendo decir con eso "íntegra o completamente". Él oró que "todo vuestro ser, espíritu, alma y cuerpo, sea guardado irreprensible para la venida de nuestro Señor Jesucristo" (1 Tesalonisenses 5:23). Cuando Pablo hablaba de espíritu, alma y cuerpo no pretendía resaltar que hubiera tres partes diferentes en la persona. Antes bien, él sencillamente miraba a la persona por entero. La santificación final de la que habla este versículo, abarca la santidad completa de todos los aspectos de nuestro ser. Nuestra santificación en esta vida comprende el progreso de todas las partes hacia esa meta. Una expresión semejante de la integridad de la santificación se encuentra en la oración de Pablo por la limpieza de "toda contaminación de carne [esto es, del cuerpo] y de espíritu" (2 Corintios 7:1).

La mente tiene que ser transformada en conocimiento y disposición (Romanos 12:2; Efesios 4:24; Colosenses 3:10). La voluntad tiene que inclinarse más y más a la voluntad agradable y perfecta de Dios (Romanos 12:2). Los sentimientos tienen que ser purificados y transformados en su amor. Nuestros cuerpos físicos tienen que ser ofrecidos a Dios para que los use en acciones de amor y justicia (Romanos 8:13,23; 1 Corintios 6:19,20).

Entonces, pues, la santificación fluye desde el nuevo corazón del creyente y, puesto que el corazón es el centro de la persona del cual fluye toda vida, la santificación verdadera no puede dejar de tocar cada aspecto de la vida. Charles Hodge, profesor y comentarista de la Biblia, lo dijo bien:

Todo depende de este progreso armonioso. Si los brazos conservaran sus proporciones infantiles, mientras que el resto del cuerpo avanzara a la madurez, el resultado sería: estaríamos deformes e indefensos. O si el juicio y el sentir adquirieran su fuerza plena mientras que la memoria y la conciencia permanecieran como en la infancia, la mente se trastornaría completamente. La misma ley de desarrollo simétrico está impresa en la vida del alma. Si existe en absoluto, se manifiesta a sí misma en todas las formas de bondad. Puede haber algunas formas de excelencia donde las otras estén ausentes pero, entonces, aquella excelencia no tiene su fuente en la vida divina; o en un corazón nuevo; pues éste, en su misma naturaleza, incluye toda excelente moral. Nos parece que es contradictorio decir que él es un buen hombre que, aunque justo, es poco amable; porque la bondad incluye a ambas, justicia y benevolencia. Y no es menos contradictorio decir que un hombre es religioso pero no es honesto, porque la religión incluye honestidad como asimismo piedad. Sencillamente, no se concibe que la palabra religión abarque y exprese todas las formas de la excelencia moral, sino que el significado de la religión, o el hombre nuevo, los principios de la gracia o de la vida divina en el corazón, incluye en sí mismo todas las formas de bondad.[8]

Lo
COMÚN
HECHO
Santo

4

La relación cambiada

*Pero ahora, aparte de la ley, se ha manifestado la justicia de
Dios, testificada por la ley y por los profetas; la justicia de
Dios por medio de la fe en Jesucristo, para todos los que creen
en él.*

Romanos 3:21,22

Hay una sola cosa que separa al hombre del Dios santo, ésta es el pecado. Sin embargo hay dos orientaciones en que la gente tiene que pecar, las que están diametralmente opuestas entre sí y ambas debilitan.

La primera categoría de gente es la de aquellos que parecen no tener una conciencia moral o alguna conciencia de su propio pecado. "¿Se han avergonzado de haber hecho abominación? Ciertamente no se han avergonzado, ni aun saben tener vergüenza" (Jeremías 6:15). Esta clase de gente no tienen obviamente relación con Dios.

No obstante, resulta especialmente trágica la otra orientación al pecado, sostenida por quienes tienen relación con Dios. Ellos saben que están totalmente justificados ante los ojos de Dios, pero al mismo tiempo, están abrumados por sus pecados y no parecen aceptar el perdón de Dios. Se sienten obligados a ganarse el favor de Dios haciendo el bien y, de esta manera, se atrapan a sí mismos en la esclavitud del legalismo, plagados de pensamientos condenadores provenientes de Satanás, el acusador de los hermanos (Apocalipsis 12:10) y, consecuentemente, cuestionan su salvación. Intelectualmente saben que "ninguna condenación hay para los que están en Cristo Jesús" (Romanos 8:1) pero no pueden descansar en esa verdad. El siguiente testimonio de un misionero revela esta lucha:

> Aunque soy cristiano por muchos años nunca entendía el perdón de Dios y mi legado espiritual. He luchado por años con un pecado en particular. Estaba en el seminario bíblico cuando empecé esta costumbre horrible. Nunca pensé que este infierno viviente fuera a terminar. Me hubiera suicidado si no hubiera pensado que era pecado. Sentía que Dios me había dado la espalda y que estaba condenado al infierno debido a que no podía vencer este pecado. Me odiaba. Me sentía un gran fracasado.
>
> El Señor me llevó a comprar su libro *Victoria sobre la oscuridad*. Ahora me siento como cristiano nuevo, como si recién hubiera nacido. Mis ojos están ahora abiertos al amor de Dios y me doy cuenta de que soy un santo que opta por pecar. Finalmente puedo decir que estoy libre —libre de la atadura de Satanás y consciente de las mentiras con que él me ha estado alimentando.
>
> Antes me confesaba a Dios y rogaba Su perdón cuando pecaba, pero la próxima vez caía más profundamente en las garras de Satanás, porque no podía aceptar el perdón de Dios y no me podía perdonar a mí mismo. Siempre pensé que la respuesta era acercarse más a Dios pero llegaba a Él confuso, creyendo que era pecador que no podía amar *¡Nunca más!* Mediante la Escrituras y la forma en que usted me las presentó ya no soy un cristiano derrotado. Ahora sé que estoy vivo en Cristo, muerto al pecado y que soy esclavo de la justicia. Ahora vivo por fe conforme a lo que Dios dice que es verdad. El pecado no tiene poder sobre mí; Satanás perdió su sostén en mí.

La verdadera naturaleza del pecado

El crecimiento de la vida cristiana depende totalmente de la presencia de la gracia de Dios en nuestra vida; por tanto, para crecer debemos relacionarnos correctamente con Él. Antes de recibir a Cristo el pecado nos enajena del Dios justo y santo. Como lo declara el profeta Isaías: "Vuestras iniquidades han hecho división entre vosotros y vuestro Dios" (59:2). Nuestro estado natural es calificado por el apóstol Pablo como "muertos en vuestros delitos y pecados" (Efesios 2:1), consecuentemente, "ajenos de la vida de Dios" (Efesios 4:18). Entonces, antes que una persona pueda crecer, debe relacionarse con Dios. Esto exige tratar la realidad del pecado.

La Escritura declara que toda la gente es naturalmente pecadora: "por cuanto todos pecaron, y están destituidos de la gloria de Dios" (Romanos 3:23). "Todos están bajo pecado" que es un poder ajeno que domina la vida de ellos conllevando culpa y condenación ante Dios como uno mismo (Romanos 3:9; Gálatas 3:22). Horatius Bonar dice correctamente en su estudio del camino de santidad de Dios: "aquel que conozca la santidad debe entender el pecado".[1]

Nos cuesta mucho captar la verdadera naturaleza del pecado debido a varias razones. Primera, siempre estamos personalmente involucrados en el pecado y vivimos en un ambiente condicionado por el pecado. Nos es difícil, si es que no imposible, darnos cuenta completamente de la diferencia entre vivir en pecado y vivir en justicia, porque nunca hemos experimentado la justicia y santidad perfectas. Nuestra comprensión está limitada también por nuestra mente finita; sencillamente no podemos entender el pecado en toda su profundidad.

Segunda, nuestra comprensión está tergiversada debido a nuestra propia pecaminosidad. La mayoría de las personas tienden a pensar menos de su pecado de lo que debieran a fin de disculparse a sí mismas. Antes que confesar el mal hecho hacen lo contrario al racionalizarlo: "bueno, ¡todos hacen lo mismo!" o "no soy tan malo como aquella persona". Esa clase de comparación son todas relativas y opuestas a la comparación de nosotros con Dios que es sin pecado. La gente farisaica no se da cuenta de que sus buena obras son para Dios como trapo inmundo (Isaías 64:6).

Tercera, nuestra conciencia de lo que es pecador puede mellarse con facilidad, por la tolerancia de y por estar expuestos al pecado. El lenguaje obsceno y las relaciones sexuales explícitas que hoy se aceptan comúnmente en la televisión y el cine, no se hubieran tolerado hace 40 años. No sé quién escribió este poema pero lo expresó bien:

El pecado es un monstruo de tan horrenda servidumbre;
Que para ser odiado no necesita verse.
No obstante, demasiado a menudo es vista su cara familiar;
Primero lo toleramos, luego le compadecemos y,
entonces, lo acogemos.

Cuarta, ningún ser humano ha experimentado aún el peso total de las consecuencias del pecado. Si todos recibiéramos en este momento lo que merecemos, seríamos arrojados de inmediato al infierno. Si solamente supiéramos el daño causado por los pecados que creemos podemos cometer, nos taparíamos la cara de vergüenza. El pecado secreto en la tierra es escándalo público en el cielo. Y a pesar de los juicios ocasionales que Dios hace del hombre pecador en el curso de la historia, las consecuencias plenas del pecado aún no han sido echadas sobre nadie. Por todas estas razones nos cuesta entender por entero la naturaleza del pecado.

Para comprender mejor la naturaleza verdadera del pecado, debemos mirar la cruz de Cristo. Ahí el poder del pecado se desencadenó desde el infierno por medio de los hombres pecadores intentando odiar y matar a la persona más justa y más amorosa que haya caminado sobre la faz de la tierra. La cruz también demuestra el poder del pecado y sus consecuencias completas —la muerte espiritual o enajenación de Dios.

La Escritura no solamente muestra lo odioso del pecado sino también lo revela como un poder superior a todo esfuerzo humano. "Reina" como rey sobre la caída humanidad llevando a la muerte (Romanos 5:21). En cuanto tal, el problema del pecado y de su poder sobre nuestras vidas no puede ser vencido por medios naturales. El pecado no es la simple ignorancia que puede superarse con educación. El pecado es más que las malas costumbres que pueden superarse practicando las disciplinas morales. Es más que una personalidad desviada que puede superarse con la psicología natural. El pecado es una potestad que nos esclaviza. El grito de Pablo representa la realidad de toda la gente dominada por el pecado: "¡Miserable de mí! ¿quién me librará de este cuerpo de muerte? Gracias doy a Dios, por Jesucristo Señor nuestro" (Romanos 7:24,25). Únicamente el poder superior de Dios en Cristo puede rescatarnos del poder reinante del pecado.

La relación rota por el pecado

En la creación Adán y Eva tuvieron relación con Dios. Este es el concebido estado "natural" de la humanidad —vivir en comunión con Dios. En esta relación Adán y Eva fueron diseñados para crecer en toda forma a la plena madurez de seres humanos. Sin embargo, el pecado rompió esa relación y tomó el lugar de Dios. El pecado original de Adán y Eva revela la esencia de lo que es el pecado. La tentación (como toda tentación) fue un intento de Satanás para que Adán y Eva ejercieran sus voluntades independientemente de Dios. Ellos desobedecieron a Dios al comer el fruto prohibido del árbol "de la ciencia del bien y del mal". La esencia real del pecado se entiende en las palabras de Satanás "serán abiertos vuestros ojos, y seréis como Dios, sabiendo el bien y el mal" (Génesis 3:5).

Saber el bien y el mal significa ser el origen o lo determinante de lo bueno o malo y de lo que es verdad o mentira. Así, pues, cuando Adán y Eva optaron por comer del árbol prohibido, estaban diciendo: "Rechazamos a Dios como Aquel que determina lo que es bueno y malo. Nosotros decidiremos por nosotros mismos lo que es bueno para nosotros, y pensamos que comer este fruto es, efectivamente, para nuestro bien". Asumieron para ellos la prerrogativa de determinar lo que es bueno o malo. Ellos se pusieron en las manos del diablo que es el engañador y el padre de las mentiras.

Satanás tenía razón en forma torcida. Adán y Eva actuaron como dioses al determinar por sí mismos lo que era bueno. Pero lo que determinaron *no era* bueno y más que acoger la verdad que les preservaría la libertad, creyeron la mentira que les conducía a la muerte y a la esclavitud del pecado. Todo pecado es la consecuencia inevitable de la rebelión para con Dios "todo lo que no proviene de fe, es pecado" (Romanos 14:23). El pecado es la "inclinación que no se endereza que tiene toda persona que no posee la vida que Dios da"[2]

Como Dios es la única fuente de vida, vivir separado de Dios solamente puede significar muerte. Al ser enajenados de Dios Adán y Eva y todos sus descendientes tuvieron que buscarse los propios medios para sobrevivir. En definitiva, cada acto de pecado surge de los intentos de la gente por satisfacer sus necesidades, establecer su propia identidad, recibir la aceptación de los demás, buscar la seguridad personal y procurarse sentido independientemente de Dios. Actuando como dioses luchamos por conseguir aceptación, seguridad y sentido por medio de la apariencia física, del desempeño y del status. Toda amenaza a nuestra seguridad se convierte en fuente de ansiedad o ira. Toda manifestación de pecado, desde las malas actitudes a las acciones dañinas, surge de la raíz única del pecado —a saber, el deseo de ser el dios de nuestra vida.

El cambio de nuestra relación legal

Dios, que creó el universo y todo lo que es y está (hay) en él, ha establecido leyes morales —un orden moral divino para la relación armoniosa de todos los seres creados. La comunión con Dios y los demás se experimenta viviendo conforme a las leyes de Su orden moral. El pecado es el quebrantamiento de las justas leyes de Dios, lo cual produce la ruptura de la comunión con Dios. Podemos decir que el pecado es la ruptura de nuestra "relación legal" con Dios. Somos culpables de quebrantar Sus leyes y, por tanto, no seguimos en relación recta con Él.

Como resultado de ello, el pecado está bajo la condena de Dios por romper la ley: "Maldito todo aquel que no permaneciere en todas las cosas escritas en el libro de la ley, para hacerlas" (Gálatas 3:10). Aunque la declaración de Pablo se refiere específicamente a la Ley de Moisés del Antiguo Testamento, se aplica a todas las personas tocante a las leyes morales de Dios. En la Biblia se dice que toda la gente está "encerrada", "aprisionada" o "bajo pecado" lo que significa que están bajo el poder y la condena del pecado (Gálatas 3:22).

Pablo escribió en Romanos 3:19, "Pero sabemos que todo lo que la ley dice, lo dice a los que están bajo la ley, para que toda boca se cierre y todo el mundo quede bajo el juicio de Dios". La expresión "todo el mundo quede bajo el juicio" de este versículo "describe el estado de una persona acusada que no puede defenderse en el juicio iniciado en su contra, porque ha agotado todas las posibilidades de refutar la acusación cargada en su contra y así evitar la condena y sus consecuencias que siguen [inevitablemente]"[3]

Un efecto de quebrantar las leyes morales de Dios es que quedamos bajo Su juicio o condena. Esto no es sencillamente un resultado de un decreto arbitrario emitido por Dios. El universo moral exige leyes morales y las leyes morales exigen que los transgresores sean castigados. Si se tratara en igual forma la obediencia y desobediencia de la ley no habría, entonces, diferencia entre el bien y el mal. Ambos serían lo mismo.

Otro efecto del pecado es que no sólo produce culpa ante Dios sino que también pudre y contamina la vida del pecador. Convierte lo puro y santo en podrido e impuro. Toma lo ordenado y bello desfigurándolo y afeándolo. La naturaleza moral del pecador es, entonces, lo opuesto de la naturaleza moral de Dios. La Biblia enseña que no podemos tener comunión con Dios a menos que seamos puros y limpios. Pablo pregunta "¿y qué comunión la luz con las tinieblas?" (2 Corintios 6:14).

Solamente la gente con "manos limpias y corazón puro" puede estar en la santa presencia de Dios (Salmo 24:3,4). David pedía un corazón puro para poder vivir en la presencia de Dios y de Su Espíritu Santo (Salmo 51:10,11). La impureza de Isaías necesitó el toque limpiador de una brasa de carbón del ángel (6:5-7). Santiago manda "acercaos a Dios, y él se acercará a vosotros" peor prosigue agregando lo necesario: "Pecadores, limpiad las manos... purificad vuestros corazones" (4:8). Es "el puro de corazón" el que "verá a Dios" o experimentará la comunión íntima con Él (Mateo 5:8).

En resumen, el pecado rompe nuestra relación legal con Dios haciendo que seamos culpables y estemos bajo la condena de Dios. El pecado también rompe nuestra relación moral personal con Él haciendo que nuestra naturaleza sea impura y contraria a la santidad y pureza de Dios.

Restaurando la relación

Supongamos que un empleado al cual usted entrenó personalmente, para que administrara su fortuna decide súbitamente rebelarse contra usted. Esto sucede porque su competidor más formidable ha estado contándole un montón de mentiras y cortejándolo para que se pase a su bando. De ello resulta que se rompe la relación que usted había cultivado y nutrido cuidadosamente por el bien del empleado. Su competidor somete entonces a su empleado a una existencia servil en una mina de carbón, cosa que definitivamente, conduce a la muerte negra. ¿Cuántos estaríamos dispuestos a hacer lo necesario para ayudar a salvar a una persona así? Nuestra respuesta más natural sería decir: "ese traidor interesado obtuvo su merecido. Que se pudra en la mina de carbón". Con toda probabilidad no estaríamos dispuestos a tomar la iniciativa para recuperarle a gran costo, especialmente si tuviéramos que ¡sacrificar la vida de nuestro propio hijo!

Ninguna ilustración puede aproximarse a captar el amor increíble, que Dios demuestra cuando Él toma la iniciativa para restaurar la relación de una persona con Él; especialmente cuando la falta es por entero el pecado de la persona. "Porque de tal manera amó Dios al mundo, que ha dado a su Hijo unigénito, para que todo aquel que en él cree, no se pierda mas tenga vida eterna" (Juan 3:16). *Dios* fue quien buscó a Adán y Eva en el Jardín de Edén después que ellos pecaron. Él siempre toma la iniciativa. Sin embargo, nosotros queremos escondernos de Dios o pretender que Él no existe cuando tratamos de tapar nuestra culpa y vergüenza.

Hablando del cristiano dice Bonar: "todo lo que él puede decir por sí mismo es que ha 'conocido y creído el amor que Dios tiene para con nosotros' (1 Juan 4:16) y, por creer, ha hallado aquello que lo hace no un mero hombre *feliz* sino *santo*. Ha descubierto el manantial de la vida santa"[4] La comprensión adecuada de nuestra relación restaurada con Dios es absolutamente esencial para nuestro crecimiento, el cual es posible solamente en Cristo. No podemos empezar a crecer a menos que sea restaurada la relación con el Autor de la vida.

Nuestra relación legal es restaurada por medio de lo que la Escritura llama 'justificación'. *Justificación*, en este sentido, es la sentencia de un juez tocante a la situación correcta de una persona ante la ley. El significado de *justificación* en cuanto declaración de justicia más que hacer justo a alguien se aclara a partir de su empleo como opuesto de "condenación" (Romanos 8:33,34); *ver también* (Deuteronomio 25:1). Cuando un juez condena a alguien no *hace* pecadora a la persona sino que sencillamente *declara* que ese es el caso. Así también es con nuestra "justificación, Dios no nos *hace* inherentemente justos, Él *declara* que estamos en la situación correcta ante Su ley.

Nuestra justificación es, pues, la declaración de nuestra justicia o situación correcta ante Dios, que hace Él como Legislador moral del universo. La condenación debida a nuestros pecados ha sido eliminada. Este cambio de relación legal es, por entero, un regalo de Dios debido a la obra de Cristo en la cruz por nosotros. Romanos 3:21-26 deja clara esta verdad:

> *Pero ahora, aparte de la ley, se ha manifestado la justicia de Dios, testificada por la ley y por los profetas; la justicia de Dios por medio de la fe en Jesucristo, para todos los que creen en él. Porque no hay diferencia, por cuanto todos pecaron, y están destituidos de la gloria de Dios, siendo justificados gratuitamente por su gracia, mediante la redención que es en Cristo Jesús, a quien Dios puso como propiciación por medio de la fe en su sangre, para manifestar su justicia, a causa de haber pasado por alto, en su paciencia, los pecados pasados, con la mira de manifestar en este tiempo su justicia, a fin de que él sea el justo, y el que justifica al que es de la fe de Jesús.*

Varias verdades de este pasaje son importantes de notar. Primera, la justicia que provee la base para que Dios nos declare justos es Suya y no nuestra. Es una "justicia de Dios, aparte de la ley" o aparte de que guardemos Su ley. No vamos a ser salvados por nuestra conducta sino por nuestra manera de creer.

Segunda, la justicia puesta a nuestra disposición es la justicia que es en Cristo Jesús. Esta justicia se basa en la obra de Cristo por nosotros. El versículo 24 dice que nuestra justificación es "mediante la redención que es en Cristo Jesús". Más adelante, se explica más cómo la redención es en Cristo que fue un sacrificio de expiación o "propiciación" más literalmente. Él fue un sacrificio que satisfizo la ira y el juicio de Dios en contra nuestra por haber roto Su ley moral. Pablo dice en Gálatas 3:13: "Cristo nos redimió de la maldición de la ley, hecho por nosotros maldición" (Gálatas 3:13).

Pero el perdón de nuestros pecados por medio del pago de la penalidad hecho por Cristo no es todo lo necesario para que Dios nos declare justos. Expliquémonos: Cristo nos perdonó asumiendo las consecuencias de nuestros pecados. El perdón borra la penalidad del pecado pero no nos da una justicia positiva por la cual Dios pueda declararnos justos. Nuestra necesidad de verdadera justicia es suplida por la obediencia total de Cristo para con Dios. Sabemos esto porque Pablo dice: "por la obediencia de uno, los muchos serán constituidos justos" (Romanos 5:19)[5] Debido a la obra de Dios "estáis vosotros en Cristo Jesús, el cual nos ha sido hecho por Dios sabiduría, justificación, santificación y redención" (1 Corintios 1:30). Esta última declaración sirve para esclarecer toda la situación: Cristo es "nuestra justificación" porque nosotros estamos "en él". Somos, como lo dice Isaías, vestidos "con vestiduras de salvación... de manto de justicia" (61:10). Este aspecto de nuestra justificación es, entonces, provisto por la imputación o reconocimiento de la justicia de Cristo a nosotros, de modo que "en él" estamos perfectamente justos ante Dios.

Tercera, debido al perdón y justicia que recibimos es todo de Dios, nuestra justificación es por completo cuestión de la gracia de Dios. Somos "justificados gratuitamente por su gracia" (Romanos 3:24).

Por último, nuestra justificación o situación correcta ante Dios nos llega solamente por medio de la fe en Jesucristo. "La justicia de Dios por medio de la fe en Jesucristo, para todos los que creen en él". Dios justifica a "los que creen en él" [Jesucristo]; versículo 22: *ver también* versículos 26,30). Que la justificación es por la sola fe, se deduce lógica e inevitablemente de todos los puntos anteriores. La persona dominada por el pecado no puede suplir su propia justicia por la cual ser justificado. El perdón de pecados y la justicia positiva en Cristo, son el regalo de la gracia de Dios a lo cual el pecador nada puede agregar pues nada más se necesita. Todo lo 'requerido' de parte del hombre pecador es recibir el regalo gratis de la vida eterna, aceptar agradecidamente el perdón de Dios y creer que estamos plenamente justificados ante Dios en virtud de la sangre del Señor Jesucristo.

Los resultados de nuestra restauración

El cambio de la relación legal producido por el regalo de la gracia de Dios, que es la justificación da resultados absolutamente esenciales como fundamento de vida con Dios, lo cual es el único medio del crecimiento y la santificación. Pablo escribe: "Justificados, pues, por la fe, tenemos paz para con Dios por medio de nuestro Señor Jesucristo; por quien también tenemos entrada por la fe a esta gracia en la cual estamos firmes, y nos gloriamos en la esperanza de la gloria de Dios" (Romanos 5:1-3; subrayado del autor). Estos versículos apuntan a los frutos de la justificación que dan la base del crecimiento de la vida cristiana.

Es importante fijarse en el uso que Pablo hace del tiempo verbal pasado en este pasaje: "Justificados". Demasiados cristianos viven bajo una falsa condena. Caminan como pisando huevos esperando que Dios no sepa cómo son en realidad. Cuando cometen un pequeño error en la vida piensan, *¡ahora voy a recibir mi merecido!* Viven en temerosa anticipación de que el martillo de Dios caiga en cualquier momento. Querido cristiano, el martillo ya cayó. Cayó en Cristo. Esa es la buena nueva. Dios le ama. "En el amor no hay temor, sino que el perfecto amor echa fuera el temor; porque el temor lleva en sí castigo. De donde el que teme, no ha sido perfeccionado en el amor" (1 Juan 4:18).

Paz con Dios. Debido a que hemos sido justificados, tenemos paz con Dios. Antes de la justificación éramos enemigos, enajenados de Dios (*ver* Romanos 5:9,10). Ahora estamos en la relación correcta con Él. Estamos reconciliados y, por tanto, salvados de Su ira. Ahora nadie puede condenarnos (Romanos 8:33,34). Bonar escribe:

El ajuste de la relación de nosotros y Dios es un preliminar indispensable tanto de parte de Dios como de la nuestra. Debe haber amistad entre nosotros antes que *él* pueda dar o *nosotros* podamos recibir su Espíritu que habita pues, por un lado, el Espíritu no puede hacer su habitación en el no perdonado y, por el otro, el no perdonado debe estar tan ocupado con la sola cuestión del perdón que no tiene tiempo libre para atender a otra cosa, hasta que esto haya sido finalmente arreglado a su favor.[6]

Es significativo que los conceptos de paz y justicia estén a menudo entrelazados en la Escritura (por ejemplo, Salmo 72:3; 85:10; Isaías 9:6,7; 32:17; 48:18; 60:17). Este principio fundamental está especialmente manifestado en la justificación. Dios no puede hacer la paz con el pecado pero, a través de Su don de gracia estamos justificados en Cristo, siendo revestidos con Su justicia. Por tanto, tenemos paz con Dios.

Si usted es un pecador en las manos de un Dios iracundo, ¿quisiera acercarse a Él? La mayoría probablemente no quisiera. Los israelitas tuvieron miedo cuando vieron a Dios como fuego consumidor en el monte Horeb. La ocasión fue la de dar la Ley Mosaica, y vemos la reacción de ellos en Éxodo 20:18-21:

Todo el pueblo observaba el estruendo y los relámpagos, y el sonido de la bocina, y el monte que humeaba; y viéndolo el pueblo, temblaron, y se pusieron de lejos. Y dijeron a Moisés: Habla tú con nosotros, y nosotros oiremos; pero no hable Dios con nosotros, para que no muramos. Y Moisés respondió al pueblo: No temáis; porque para probaros vino Dios, y para que su temor esté delante de vosotros, para que no pequéis. Entonces el pueblo estuvo a lo lejos, y Moisés se acercó a la oscuridad en la cual estaba Dios.

Los israelitas temían porque querían evitar el castigo. Ellos prefirieron una experiencia de segunda mano con Dios. Desafortunadamente eso rige hoy para muchos cristianos. Ellos van a la iglesia con la suficiente frecuencia para que Dios no les caiga encima. En cuanto tienen su "póliza contra incendios" tocante al infierno, basta. Algunas personas se sienten totalmente ineptas para acercarse a Dios así que piden a, o esperan de su pastor o a terceras personas que lo hagan por ellos, tal como los israelitas le pidieron a Moisés que intercediera por ellos. Pero no podemos tener una relación de segunda mano con Dios. El pastor no es un mediador. Solamente hay un mediador entre Dios y los seres humanos y ése es Jesucristo (1 Timoteo 2:5).

Nosotros, como cristianos, no tenemos que vivir bajo ningún sentido de condenación ni tampoco tenemos que pedir a otras personas que intercedan ante Dios por nosotros. Aunque hay lugar para tener un adecuado temor del castigo de Dios si persistimos en pecar, la mayor motivación para vivir una vida santa no debiera ser la amenaza del dolor. Antes bien, debiéramos ser impelidos a acercarnos a Él por amor, amor nacido de la gratitud por lo que Él ha hecho por nosotros. Podemos correr a Él sabiendo que Él es nuestro santuario. Permítame que lo ilustre (Neil).

La escuela de la pequeña comunidad rural donde fui criado acostumbraba a dejar que los alumnos salieran más temprano los martes por la tarde para que se efectuara la enseñanza religiosa. Quienes preferían no ir a la iglesia, iban a la sala de estudios de la escuela. El resto nos dirigíamos a las respectivas iglesias para asistir a una hora de estudio de la Biblia. Un martes por la tarde un amigo y yo decidimos que no iríamos al estudio bíblico, y nos fuimos a jugar en el foso de la grava. Al día siguiente me llamó el director para confrontarme con mi ausencia a clases; concluyó sus comentarios diciendo que había dispuesto que me quedara en casa el jueves y el viernes de esa misma semana. Me quedé paralizado pensando: *¡No puede ser! Me suspende dos días de clases por faltar a la clase de religión.*

Iba aterrado esa tarde en el ómnibus, de regreso a mi hogar. Caminé lentamente el largo sendero que llevaba a la casa, temeroso de la ira de mis padres. Pensé fingir una enfermedad por esos dos días o vestirme para ir a la escuela, como siempre, pero, ocultarme en el campo cercano todo el día. No, no podía hacer eso a mis padres. Mentir no era la solución.

Mientras iba por ese sendero tenía gran desazón en mi corazón; no había forma de ocultar a mis padres lo que había hecho, por haber sido suspendido dos días de clases. Cuando, por fin, se los dije, mamá se sorprendió inicialmente y luego, empezó a sonreír. Sin que yo lo supiera ella había hablado con el director, a comienzos de la semana, para pedirle permiso para que yo ayudara dos días con la cosecha de otoño teniendo que faltar a la escuela. ¡Yo ya había sido justificado por faltar a la escuela esos dos días! ¿Increíble?[7]

Si yo hubiera sabido que estaba ya justificado para quedarme en casa el jueves y el viernes, ¿hubiera temido enfrentar a mis padres? ¿La vuelta a casa hubiera sido una experiencia agonizante? ¡No, yo me hubiera precipitado por esa vereda esperando gozoso ver a mi madre y mi padre!

Querido cristiano, si tan sólo descansáramos en la verdad de que hemos sido plenamente justificados, iríamos corriendo a nuestro Padre celestial. Debido a que hemos sido plenamente justificados, y por medio de la fe en Él podemos acercarnos a Dios con libertad y confianza (Efesios 3:12), entonces, "acerquémonos con corazón sincero, en plena certidumbre de fe, purificados los corazones de mala conciencia" (Hebreos 10:22).

Acceso a Dios. La justificación por medio de la dádiva de la justicia de Dios en Cristo no sólo conlleva la finalización de la enemistad entre el creyente y Dios y la situación correcta ante Él, sino que también conlleva el privilegio de entrar a Su presencia. Antes que Cristo hiciera disponible la justicia de Dios para la humanidad por medio de Su obra, solamente el sumo sacerdote levita, sobre la base del sacrificio animal, tenía entrada a la presencia de Dios en el Lugar Santísimo. Ahora, debido al sacrificio de Cristo, todos los creyentes "en Él" pueden ir directamente a la santa presencia de Dios.

Encontraremos amor y aceptación incondicionales cuando vayamos a Su presencia. Pablo describe esto como una entrada "por la fe a esta gracia en la cual estamos firmes" (Romanos 5:2). La misma idea está expresada en Hebreos 4:16: "Acerquémonos, pues, confiadamente al trono de la gracia, para alcanzar misericordia y hallar gracia para el oportuno socorro".

¡Qué buena noticia increíble! Bonar escribió:

El evangelio es la proclamación del amor gratuito; la revelación de la caridad sin límites de Dios. Nada menos que esto le serviría a nuestro mundo; nada menos es probable de tocar el corazón, de bajar a las profundidades más grandes de la humanidad depravada, que la seguridad

de que el pecador ha sido *amado*; amado por Dios; amado
con amor justo; amado con amor gratuito que no negocia
tocante al mérito, a la idoneidad, o la bondad.[8]

Lutero dijo: "no estar bajo la ley es hacer el bien y abstenerse
del mal, no por la compulsión de la ley sino por el libre amor y con
alegría.[9] Tyndale dijo: "si alguien me pregunta, ¿si la fe me justifica, por qué trabajo?, respondo que el amor me impulsa pues en la
medida en que mi alma sienta ese amor que Dios me ha mostrado
en Cristo, no puedo sino amar a Dios de nuevo, su voluntad y
mandamientos y ponerlos por obra por amor; ni pueden parecerme
difíciles".[10]

El cambio de nuestra relación moral personal

Además del cambio de la *relación legal* que tiene lugar en la
justificación, hay también otro cambio que es básico para el crecimiento cristiano: un cambio de lo que pudiera llamarse *relación
moral*. Hemos visto que Dios es santo y puro y que solamente
aquellos que son semejantes pueden disfrutar la comunión e intimidad con Él. Debido a que la caída humanidad es inmunda e impía
por naturaleza, se requiere un cambio.

El cambio que nos permite a nosotros, los que somos impíos y
corrompidos por el pecado, tener comunión con el Dios santo suele
ser llamado, muy a menudo, santificación situacional. Como vimos
en el capítulo dos, esto se refiere a nuestra posición o situación
santa "en Cristo". Así como el creyente en Cristo está vestido con
Su justicia, así también está vestido con Su santidad. El creyente
es declarado justo no debido a su propia santidad sino, más bien,
por la santidad de Cristo a quien ha sido unido por medio de la fe.

La santificación situacional no es ficción; hay un cambio *real*
que ha tenido lugar en la relación con nuestra santidad. Por gracia
de Dios y Su llamamiento a nosotros a Sí mismo, hemos sido
apartados del pecado y puestos aparte para Él. Como parte de esta
realidad, el poder del pecado sobre nosotros ha sido roto. Tenemos
que considerarnos vivos en Cristo y muertos al pecado (Romanos
6:11). Considerarlo así no hace que sea así, sino que tenemos que

considerarlo así porque es así. Debido a que estamos vivos en Cristo el pecado no tiene más autoridad legítima sobre nosotros. Pertenecemos a un nuevo amo y estamos legalmente liberados de la esclavitud del pecado. Por esta razón, algunas personas prefirieron usar el calificativo *definitiva* en lugar de *situacional* tocante a la santificación para describir este concepto básico de la santificación.[11]

La santificación *definitiva* significa que somos una nueva creación en Cristo. Ya no somos más en Adán; somos en Cristo. Podemos decir junto con Pablo: "Con Cristo estoy juntamente crucificado, y ya no vivo yo, mas vive Cristo en mí; y lo que ahora vivo en la carne, lo vivo en la fe del Hijo de Dios, el cual me amó y se entregó a sí mismo por mí" (Gálatas 2:20). Esta santificación definitiva que tiene lugar en el momento de nuestra salvación en Cristo, es el punto indispensable desde el cual crecemos ahora en la santificación progresiva o vivencial. La santificación progresiva empieza con la toma de conciencia de nuestra posición nueva y el cambio definitivo de relación a Dios y el pecado en las experiencias de la vida real.

Esto no es teología de miel y hojuelas o una expresión de deseos. Todo hijo de Dios ha sido reconciliado a Dios. Tampoco es asunto periférico del proceso de santificación. Es el asunto central —nuestra relación con Dios, aparte de la cual no puede haber crecimiento ulterior. Considere estas palabras de Pablo:

Pues todos sois hijos de Dios por la fe en Cristo Jesús; porque todos los que habéis sido bautizados en Cristo, de Cristo estáis revestidos. Ya no hay judío ni griego; no hay esclavo ni libre; no hay varón ni mujer; porque todos vosotros sois uno en Cristo Jesús. Y si vosotros sois de Cristo, ciertamente linaje de Abraham sois, y herederos según la promesa... Y por cuanto sois hijos de, Dios envió a vuestros corazones el Espíritu de su Hijo, el cual clama: ¡Abba, Padre! Así que ya no eres esclavo, sino hijo; y si hijo, también heredero de Dios por medio de Cristo" (Gálatas 2:26-29; 4:6,7).

Nuestra justificación por medio de la justa obediencia de Cristo elimina la condena de la culpa del pecado, y nuestra santificación en la santidad de Cristo hace posible que andemos en comunión con Dios. Antes de la salvación no podíamos confraternizar con Dios pues la luz no puede tener compañerismo con las tinieblas. Antes éramos "tinieblas" pero ahora somos "luz en el Señor" (Efesios 5:8) y podemos tener comunión con un Dios Santo que es luz. Podemos acercarnos a Él y entrar al "Lugar Santísimo" de Su presencia con confianza, debido a nuestra santificación en la santidad de Cristo (Hebreos 10:19,22).

Reconociendo nuestra nueva identidad

La paz y aceptación de Dios es lo que nos hace posible experimentar la santificación *práctica*. El verdadero crecimiento espiritual acontece solamente cuando tenemos una relación personal con Dios. Debido a que nosotros, en cuanto cristianos, ya no estamos enemistados con Dios y estamos libres del miedo de Su juicio condenador, podemos disfrutar una relación en que somos formados más y más a Su semejanza.

Este crecimiento no puede tener lugar, sin embargo, si seguimos viéndonos como esclavos del pecado y vivimos bajo el miedo de ser condenados. Solamente cuando nos vemos como hijos e hijas de Dios podemos crecer realmente en santidad (*ver* Romanos 8:15). Solamente en cuanto estamos libres de la tarea de tratar de conseguir relacionarnos con Dios por nuestra propia justicia o limpieza, estaremos libres para apropiarnos de Su justicia y santidad para nuestro crecimiento.

Jesús eligió a Sus discípulos para que dieran fruto (Juan 15:16). Fíjese que este reto se les planteó cuando *ya* estaban injertados a la vid. Ellos tenían que crecer desde la posición que tenían en Cristo, no obtenerla. Ellos tenían que crecer desde una posición de "limpieza" ("ya vosotros estáis limpios" —Juan 15:3). No tenían que trabajar para limpiarse. Oigamos de nuevo a Bonar:

> Toda planta debe tener suelo y raíz a la vez... La santidad debe tenerlos. La raíz es "paz con Dios"; el suelo

en que se afirma esa raíz y del cual saca la savia vital es el gratuito amor de Dios en Cristo Jesús nuestro Señor. "Arraigados en amor" (Efesios 3:17) es la descripción de un hombre santo que hace el apóstol.[12]

Jesús enseñó que el sumo de nuestra santificación es el amor de Dios y nuestro prójimo (Mateo 22:37-40). Pero no podemos amar a menos que reconozcamos y recibamos el amor de Dios por nosotros. "Nosotros le amamos a él, porque él nos amó primero" (1 Juan 4:19), y "el amor de Cristo nos constriñe" (2 Corintios 5:14).

Pablo dice, finalmente, que somos "transformados a Su imagen" (la de Cristo) al volver nuestros rostros hacia el Señor y al reflejar Su gloria (2 Corintios 3:18). Pero volveremos nuestros rostros hacia Él solamente si somos amigos. Bonar dijo: "la reconciliación es indispensable para el parecido; la amistad personal debe empezar la vida santa"[13] Por medio de Cristo somos amigos: "Ya no os llamaré siervos, porque el siervo no sabe lo que hace su señor; pero os he llamado amigos, porque todas las cosas que oí de mi Padre, os las he dado a conocer" (Juan 15:15).

Como amados de Dios tenemos la seguridad de que Dios suplirá todas nuestras necesidades "conforme a sus riquezas en gloria en Cristo Jesús" (Filipenses 4:19). Las necesidades más críticas que tenemos todos, que son maravillosamente suplidas en Cristo, son las necesidades del "ser". Son la vida misma, la identidad, la aceptación, la seguridad y el significado. Lea la lista de pasajes bíblicos de la página siguiente, tomada del libro de Neil, *Viviendo Libre en Cristo*.

Quien soy en Cristo

Soy aceptado en Cristo

Juan 1:12	Soy hijo de Dios
Juan 15:15	Soy amigo de Cristo
Romanos 5:1	He sido justificado
1 Corintios 6:17	Estoy unido con el Señor y soy uno con Él en Espíritu
1 Corintios 6:20	He sido comprado por un precio; le pertenezco a Dios
1 Corintios 12:27	Soy miembro del Cuerpo de Cristo
Efesios 1:1	Soy santo
Efesios 1:5	He sido adoptado como hijo de Dios
Efesios 2:18	Tengo acceso directo a Dios a través del Espíritu Santo
Colosenses 1:14	He sido redimido y perdonado de mis pecados
Colosenses 2:10	Estoy completo en Cristo

Estoy seguro en Cristo

Romanos 8:1,2	Estoy libre de condenación
Romanos 8:28	Estoy seguro de que todas las cosas ayudan a bien
Romanos 8:33-34	Estoy libre de cualquier cargo en mi contra
Romanos 8:35	No puedo ser separado del amor de Dios
2 Corintios 1:21	He sido confirmado con vosotros en Cristo
Colosenses 3:3	Estoy escondido en Cristo
Filipenses 1:6	Tengo confianza en que la buena obra que Dios ha empezado en mí será perfeccionada
Filipenses 3:20	Soy ciudadano del cielo
2 Timoteo 1:7	No me ha sido dado un espíritu de cobardía, sino de poder, amor, y dominio propio
Hebreos 4:16	Puedo encontrar gracia y misericordia en tiempo de necesidad
1 Juan 5:18	Soy nacido de Dios y el maligno no puede tocarme

Tengo significado en Cristo

Mateo 5:13-14	Soy la sal y la luz de la tierra
Juan 15:1-5	Soy un pámpano de la vid verdadera
Juan 15:16	He sido escogido y señalado para llevar fruto
Hechos 1:8	Soy un testigo personal de Cristo
1 Corintios 3:16	Soy templo de Dios
2 Corintios 5:17-20	Soy un ministro de la reconciliación
2 Corintios 6:1	Soy colaborador de Dios
Efesios 2:6	Estoy sentado con Cristo en los lugares celestiales
Efesios 2:10	Soy hechura de Dios
Efesios 3:12	Puedo acercarme a Dios con libertad y confianza
Filipenses 4:13	Todo lo puedo en Cristo que me fortalece

Lo
COMÚN
HECHO
Santo

5

Una nueva persona
con un nuevo corazón

Porque según el hombre interior, me deleito en la ley de Dios.

Romanos 7:22

Todo agricultor entiende la causa y el efecto. Si usted no alimenta las ovejas, se mueren. Si no siembra semillas en la primavera, no habrá nada que cosechar en el otoño. Yo, (Neil) viví en una granja en Minnesota y, después de haber terminado el octavo grado, mi familia se mudó a Arizona. Recuerdo lo entusiasmado que estaba por ver palmeras y árboles frutales cítricos. La fruta fresca no estaba a disposición en la mayor parte de los lugares en aquella época, así que la idea de cortar una naranja de un árbol de nuestro propio patio era emocionante. Lo que no sabía era que teníamos un naranjo decorativo que era hermoso para mirar, pero la fruta no era buena para comer. Los naranjos decorativos eran fuertes, así que la municipalidad los usaba en los parques y para decorar las avenidas.

Aprendí más adelante que estos árboles eran usados para servir de raíz. Se permitía que el naranjo decorativo creciera a una cierta altura, entonces lo cortaban completamente y se le injertaba una nueva vida (tal como una naranja tipo 'navel'). Todo lo que crecía por encima del injerto adoptaba la naturaleza del naranjo nuevo y dulce y todo lo de abajo del injerto conservaba las características físicas del naranjo decorativo.

El producto final era un solo árbol con raíces firmes, profundamente metidas en el suelo por el agua y el alimento y ramas que daban naranjas dulces. Lo que crecía por encima del injerto adoptaba solamente la naturaleza de aquello injertado. Todo lo que crecía de esa simiente daba fruto. Aunque la analogía aquí dada es algo diferente del cuadro que Jesús dio de la vid en Juan 15:1-5, estamos seguros que usted captará las similitudes que son significativas:

> *Yo soy la vid verdadera, y mi Padre es el labrador. Todo pámpano que en mí no lleva fruto, lo quitará; y todo aquel que lleva fruto, lo limpiará, para que lleve más fruto. Ya vosotros estáis limpios por la palabra que os he hablado. Permaneced en mí, y yo en vosotros. Como el pámpano no puede llevar fruto por sí mismo, si no permanece en la vid, así tampoco vosotros, si no permanecéis en mí. Yo soy la vid, vosotros los pámpanos; el que permanece en mí, y yo en él, éste lleva mucho fruto; porque separados de mí nada podéis hacer.*

El crecimiento espiritual de la vida cristiana requiere una relación con Dios que es la fuente de la vida espiritual. Solamente por medio de esta relación, podemos dar nueva fuerza a la semilla en la raíz de vida. Como en la naturaleza, a menos que haya una semilla o raíz de vida dentro de un organismo, no puede haber crecimiento. Así que, a menos que haya una raíz de vida en el creyente, esto es, algún núcleo de vida espiritual, el crecimiento es imposible. No hay nada que crezca.

El nuevo nacimiento

Adán y Eva nacieron física y espiritualmente vivos. Debido al pecado murieron espiritualmente. Fueron separados de Dios. Desde esa época en adelante todo el que viene a este mundo nace físicamente vivo pero espiritualmente muerto (Efesios 2:1). En ese estado el hombre es completamente incapaz de discernir las cosas de Dios (1 Corintios 2:14). Como un naranjo decorativo, puede lucir bien, pero el fruto que da es amargo. Para lo único que sirve es para caer al suelo y dar más semilla natural que solamente lucirá bien por una temporada.

Toda persona está básicamente compuesta de cuerpo (o naturaleza física) y la persona interior (o la naturaleza espiritual). Conforme a la Escritura el centro de la persona es el corazón, que tiene las capacidades de pensar, sentir y elegir, porque somos creados a imagen de Dios. En nuestro estado natural, "engañoso es el corazón más que todas las cosas, y perverso" (Jeremías 17:9). Es engañoso porque nació enajenado de Dios con una tendencia innata a ser su propio dios. Ha sido condicionado, desde el nacimiento, por el engaño de un mundo caído más que por la verdad de la Palabra de Dios. Según Proverbios 4:23, el corazón es "el manantial de la vida" en el cual no debe permitirse que arraigue la maldad. Por eso tenemos que perdonar de todo corazón y no dejar que surja una raíz de rencor por la cual muchos serán corrompidos. Aunque no hay un diagrama bidimensional que sea adecuado para mostrar quienes somos, el siguiente es un retrato funcional del hombre natural:

Una de las profecías más grandes tocante a nuestra salvación está dada en Ezequiel 36:26: "Os daré corazón nuevo, y pondré espíritu nuevo dentro de vosotros; y quitaré de vuestra carne el corazón de piedra, y os daré un corazón de carne". En el nuevo pacto (bajo el cual vive todo cristiano) Dios dice: "Pondré mis leyes en sus corazones" (Hebreos 10:16). Jesús vino para que nosotros tuviéramos vida, y el creyente recibe vida espiritual en el momento de la salvación: "Mas a todos los que le recibieron, a los que creen en su nombre, les dio potestad de ser hechos hijos de Dios" (Juan 1:12). En otras palabras, "todos los naranjos decorativos que optaron por poner su confianza en Dios y creer Su Palabra se convertirán en naranjos de fruta".

En el momento en que usted fue injertado en la vid, fue santificado o puesto aparte como hijo de Dios. "Vosotros ya estáis limpios" (Juan 15:3), y seguirá siendo santificado al podarle Él a usted para que pueda crecer y dar fruto. Ahora usted está vivo en Cristo, que es el fundamento y fuente del crecimiento espiritual. De hecho, usted es descrito como nueva creación con nueva vida, que tiene nuevos deseos y una nueva dirección. El siguiente diagrama muestra a todo hijo de Dios nacido de nuevo:

Lo nuevo que tenemos como creyentes en Cristo es expresado en varias formas significativas en la Escritura. El cambio de nuestro viejo estado de muerte espiritual, resultante del pecado, es tan grande que la salvación es descrita como nuevo nacimiento. Dios nos "hizo renacer para una esperanza viva, por la resurrección de Jesucristo de los muertos" (1 Pedro 1:3). Nosotros "siendo renacidos... por la palabra de Dios que vive y permanece para siempre" (1 Pedro 1:23; *ver también* Santiago 1:18). A los cristianos nuevos se los llama "niños recién nacidos" y se les reta a "desead la leche espiritual no adulterada, para que por ella crezcáis para salvación" (1 Pedro 2:2).

La referencia mejor conocida del nuevo nacimiento del creyente se halla en lo que Jesús enseña a Nicodemo: "De cierto, de cierto te digo, que el que no naciere de nuevo, no puede ver el reino de Dios... Os es necesario nacer de nuevo" (Juan 3:5,7). Las palabras griegas que Jesús usa se refieren probable y simultáneamente a nacer de nuevo y nacer de lo alto.[1] Es un nacimiento desde el cielo por el Espíritu (versículo 8). Este nuevo nacimiento del creyente también es presentado como *regeneración*; hemos sido salvados "por el lavamiento de la regeneración" (Tito 3:5). La idea de la regeneración es la de "un nuevo comienzo".

Nuestra identificación con Cristo

Otra manera con que las Escrituras describen nuestra renovación en la salvación, es con conceptos relacionados a la muerte y resurrección de Cristo. La fe no sólo une al creyente con Cristo sino que también le une con la muerte y resurrección de Cristo. El apóstol Pablo dijo: "¿O no sabéis que todos los que hemos sido bautizados en Cristo Jesús, hemos sido bautizados en su muerte? Porque somos sepultados juntamente con él para muerte por el bautismo, a fin de que como Cristo resucitó de los muertos por la gloria del Padre, así también nosotros andemos en vida nueva" (Romanos 6:3,4). Pablo también escribió: "Dios... aún estando nosotros muertos en pecados, nos dio vida juntamente con Cristo" (Efesios 2:4,5).

En su testimonio Pablo escribió: "Con Cristo estoy juntamente crucificado, y ya no vivo yo, mas vive Cristo en mí; y lo que ahora vivo en la carne, lo vivo en la fe del Hijo de Dios, el cual me amó y se entregó a sí mismo por mí (Gálatas 2:20). Pablo decía: "yo morí pero vivo obviamente como una persona nueva y diferente" (*ver también* Colosenses 3:1-3). En otras palabras, "mi antiguo árbol decorativo fue cortado. Yo ya no vivo como naranjo decorativo; ahora vivo como un nuevo naranjo de fruta. Nosotros tenemos nueva identidad como cristiano, la cual procede de quienes somos en Cristo no de lo que fuimos en Adán. El apóstol Pablo identificaba consistentemente a cada creyente con Cristo:

- En Su muerte   Romanos 6:3,6; Gálatas 2:20
                        Colosenses 3:1-3
- En Su entierro   Romanos 6:4
- En Su resurrección   Romanos 6:5,8,11
- En Su ascensión   Efesios 2:6
- En Su vida   Romanos 6:10,11
- En Su poder   Efesios 1:19,20
- En Su herencia   Romanos 8:16,17;
                        Efesios 1:11,12

Nuevo hombre

"De modo que si alguno está en Cristo, nueva criatura es; las cosas viejas pasaron; he aquí todas son hechas nuevas" (2 Corintios 5:17). Se puede traducir "nueva criatura es" como "hay una nueva creación". Pablo enseñaba en esta declaración que por medio de la muerte y resurrección de Cristo se ha efectuado una nueva creación en que todas las cosas, incluyendo todo lo de la creación, la tierra y los cielos, serán hechos de nuevo definitivamente (Apocalipsiss 21:1; *ver también* Isaías 65:17; 66:22; 2 Pedro 3:13). El creyente que ha muerto y ahora vive en Cristo es parte de esta nueva creación.

Comparable al concepto de ser una nueva creación es la doctrina de que el creyente se ha puesto, muy literalmente, "el nuevo hombre" (Colosenses 3:9,10). La expresión "el nuevo hombre" se refiere a veces tanto al nuevo individuo (o yo) en Cristo como asimismo a la nueva humanidad. F. F. Bruce, el erudito de la Biblia, dice: "el nuevo hombre que es creado es la nueva personalidad que cada creyente llega a ser cuando nace de nuevo como miembro de la nueva creación cuya fuente de vida es Cristo"[2]

¿Qué significa ser un "nuevo hombre"? ¿Significa que todo aspecto del creyente se hace nuevo? Esto puede confundir porque todavía tenemos el mismo aspecto físico y aún tendremos muchos de los mismos pensamientos, sentimientos y vivencias. Imagine, por un momento, un naranjo decorativo al cual se le acaba de injertar una ramita nueva. El naranjo no luce tan diferente pero, llegará la hora en que, sabremos que hay una diferencia cuando saboreemos la naranja buena.

Como tanto parece ser lo mismo cuando llegamos a ser cristianos, algunas personas dicen que lo nuevo de nosotros se refiere solamente a nuestra situación en Cristo. Dicen que lo nuevo de nosotros se refiere solamente a que somos declarados justos (justificación) y a nuestra santificación situacional. No hay un cambio real en nosotros hasta que somos glorificados finalmente. Sin embargo, eso es como enseñar justificación sin regeneración (somos perdonados pero no hay nueva vida). Si seguimos siendo naranjos decorativos aun después de la salvación, entonces, ¿cómo puede ser que podamos dar naranjas buenas? *Tenemos* que creer que nuestra nueva identidad está en la vida de Cristo y consagrarnos a crecer en forma concordante. Una obra primaria del Espíritu Santo es la de dar testimonio a nuestro espíritu de que somos hijos de Dios (Romanos 8:16).

A pesar del hecho de que, a veces vivimos conforme al viejo hombre, en realidad somos personas nuevas: nuevas en relación a Dios y nuevas en nosotros mismos. El cambio que ocurre en nosotros cuando vamos a Cristo comprende dos dimensiones: Primera, tenemos un amo nuevo. Como mortales no tenemos opción sino la de vivir sometidos a una potestad espiritual, sea nuestro Padre celestial o el dios de este mundo. Pero en la salvación experimentamos un cambio de la potestad que domina la vida. Segunda, hay un cambio real de la "naturaleza" del creyente, de modo que las propensiones de su vida o los deseos más profundos de su corazón ahora están orientados a Dios más que a sí mismo y el pecado. Todos estos cambios se resumen en una identidad nueva para la persona "en Cristo".

Un amo nuevo

En la salvación cuando uno se identifica con Cristo en Su muerte y resurrección, usted se transforma en una nueva persona y adquiere una nueva humanidad. En este cambio usted se puso bajo una potestad nueva que domina su vida. En ninguna parte se expresa esto con más claridad que en Romanos 6:5-7:

Porque si fuimos plantados juntamente con él en la semejanza de su muerte, así también lo seremos en la de su resurrección; sabiendo esto, que nuestro viejo hombre fue crucificado juntamente con él, para que el cuerpo del pecado sea destruido, a fin de que no sirvamos más al pecado.

La expresión "viejo hombre" en este pasaje significa literalmente eso, "viejo hombre". El "viejo hombre" relacionado al creyente ha sido crucificado en Cristo y él se ha puesto "el nuevo hombre" (Colosenses 3:10).

El concepto bíblico del hombre nuevo tiene también un significado colectivo referido al conjunto de la humanidad, esto es, a la vieja humanidad relacionada a Adán y la nueva humanidad relacionada a Cristo. Esta última es el "nuevo hombre" creado en Cristo (Efesios 2:15). Este sentido colectivo es evidente cuando Pablo habla del "nuevo hombre" como un *lugar*[3] o *esfera* "donde no hay griego ni judío, circuncisión ni incircuncisión, bárbaro ni escita, siervo ni libre, sino que Cristo es el todo, y en todos" (Colosenses 3:11). La persona individual o "yo" no queda excluida, sin embargo, de este sentido colectivo pues toda persona existe y tiene su identidad sea de la vieja humanidad estando dominada por las características de ésta, o son regenerados y pertenecen a la nueva humanidad estando bajo su dominio.

Tenemos que entender nuevamente que esta es una realidad que ya ha acontecido. Pablo dice en Romanos 6:6: "nuestro viejo hombre fue crucificado" (tiempo verbal pasado). Algunos tratamos y tratamos de matar el viejo hombre sin poder hacerlo. ¿Por qué no? Porque ya está muerto. No podemos hacer lo que Cristo ya hizo por nosotros. Como muchos cristianos no viven la vida abundante, razonan incorrectamente: "¿qué tiene que sucederme para que pueda experimentar la vida del nuevo hombre?" Lo único que tiene que pasar ya aconteció hace casi 2000 años y el único camino por el cual usted puede acceder a esa vivencia es la fe.

Un pastor que aprecio supo de nuestro ministerio y me pidió una reunión. Dijo: "he luchado por 22 años en el ministerio y, por fin, pienso que sé cuál es la respuesta. Me topé con el siguiente pasaje: "porque habéis muerto, y vuestra vida está escondida con Cristo en Dios" (Colosenses 3:3). Eso es, ¿no es así?" Le aseguré que así era. Entonces preguntó: "¿Cómo hago eso?" Le sugerí que leyera el pasaje más despacio. Este querido hombre había estado 22 años tratando desesperadamente de llegar a ser alguien que ya era, y muchos son los creyentes que han estado haciendo lo mismo. *Lo que* hacemos no determina quienes somos sino *quienes* somos determina lo que hacemos. No trabajamos en la viña esperando que algún día Dios nos ame. Dios ya nos ama y por eso trabajamos en la viña. No servimos a Dios con la esperanza de que algún día Él nos acepte. Ya estamos aceptados en el Amado y por eso le servimos a Él.

Demasiados cristianos tratan de demostrar que la Biblia es verdadera por el estilo de vida que llevan. Eso nunca les servirá. Creemos que es verdad lo que Dios dice y vivimos concordantemente por fe y, entonces, eso sirve en nuestra experiencia. Si tratamos de hacerlo verdad por nuestra experiencia nunca lo lograremos. Pablo señala la futilidad de esta idea en Gálatas 3:2: "Esto solo quiero saber de vosotros: ¿Recibisteis el Espíritu por las obras de la ley, o por el oír con fe? ¿Tan necios sois? ¿Habiendo comenzado por el Espíritu, ahora vais a acabar por la carne?

Somos salvados por fe y caminamos o vivimos por fe. Hemos sido santificados por fe y ahora estamos siendo santificados solamente por la fe. No somos salvos ni santificados por nuestra manera de comportarnos sino por cómo creemos.

Libertad del pecado y la muerte

Cuando llegamos a ser nueva creación en Cristo hay un cambio del dominio en nuestras vidas. Ambas esferas de vida, la vieja y la nueva, o el viejo hombre y el nuevo hombre, son esferas del existir que están determinadas por sucesos y las potestades a ellos asociadas. El viejo hombre está determinado por el pecado de Adán y, por tanto, dominado por el poder del pecado. El nuevo hombre está determinado por la obediencia justa de Cristo y está gobernado por el poder de la nueva vida resucitada de Cristo. Morir a la esfera vieja significa morir a las potestades que la dominaban, e ir a una nueva vida bajo una nueva potestad.

El cambio de potestad en nuestras vidas de creyentes está descrito por el apóstol Pablo en Romanos 6:6,7. Nuestro viejo hombre, esto es, nuestro ser degenerado individual existente en la vieja esfera natural de la pecaminosidad, fue crucificado "para que el cuerpo de pecado sea destruido, a fin de que no sirvamos más al pecado". Antes de ser nuevas creaciones en Cristo éramos esclavos del pecado (*ver también* 6:16,17; *ver también* Romanos 7:23,25, "la ley del pecado") o "a la inmundicia y a la iniquidad" (Romanos 6:19). No teníamos opción porque nacimos físicamente vivos, pero espiritualmente muertos y la Escritura dice que "el pecado reinó para muerte" (Romanos 5:21) y, de ese modo, la muerte reinaba sobre nosotros (5:14,17). Vivir en la esfera del viejo hombre incluía esclavitud a la ley (*ver* Romanos 7:1-6; Gálatas 4:9,10). Esto no quiere decir que la ley sea pecado sino que al vivir en la esfera del viejo hombre y del pecado estábamos bajo la maldición de la ley (Gálatas 3:13).

Pero nuestra esclavitud al pecado y la muerte y las diversas servidumbres involucradas, han terminado por medio de nuestra muerte y resurrección en Cristo. La meta de nuestra crucifixión con Cristo fue "para que el cuerpo de pecado sea destruido, a fin de que no sirvamos más al pecado" (Romanos 6:6). El "cuerpo de pecado" se refiere a la persona u hombre (viviendo en la forma corporal presente) bajo el gobierno del pecado. Esta persona fue destruida al ser crucificada con Cristo. La palabra griega aquí traducida "destruida" puede significar "vuelta inefectiva o impotente", "destruida" "llevada a su fin" o "liberada de".[4] La *Nueva Biblia de Jerusalén* traduce las palabras de Pablo como sigue: "sabiendo que nuestro hombre viejo fue crucificado con él, a fin de que fuera destruido este cuerpo de pecado". En otras palabras, el viejo yo que estaba esclavizado al pecado, por tanto, utilizaba toda su existencia corporal sirviendo al pecado y su dominio, murió con Cristo. Ahora existe un yo nuevo que ya no está más bajo el dominio de pecado. Este nuevo yo puede ahora usar todo su ser como instrumento de justicia al servicio de Dios (Romanos 6:11-13).

Libre para vivir abundantemente

Fíjese en que el camino a la meta de la libertad del pecado pasa por la muerte (Romanos 6:6). El pecado reina por medio de la muerte pero cuando muere la persona, el pecado pierde su dominio sobre esa persona. Debido a que el creyente ha muerto *con Cristo* (participado con Él en Su muerte al pecado), está libre del dominio del pecado y vive una nueva vida de libertad. Esta nueva libertad del pecado está expresada con mucha fuerza por Pablo:

> *Que así como para iniquidad presentasteis vuestros miembros para servir a la inmundicia y a la iniquidad, así ahora para santificación presentad vuestros miembros para servir a la justicia. Porque cuando erais esclavos del pecado, erais libres acerca de la justicia. ¿Pero qué fruto teníais de aquellas cosas de las cuales ahora os avergonzáis? Porque el fin de ellas es muerte. Mas ahora que habéis sido libertados del pecado y hechos siervos de Dios, tenéis por vuestro fruto la santificación, y como fin la vida eterna. (Romanos 6:19-22).*

Debido a nuestra unión con Cristo en Su muerte y resurrección, también nosotros vivimos espiritual y eternamente en vida nueva —vida sobre la cual la muerte no tiene dominio (incluyendo la muerte física). Pablo aclara esta verdad en Romanos 6:8-9: "Y si morimos con Cristo, creemos que también viviremos con él; sabiendo que Cristo, habiendo resucitado de los muertos, ya no muere; la muerte no se enseñorea más de él". Pablo tiene tanta confianza en esta verdad que escribe: "para mí el vivir es Cristo, y el morir es ganancia" (Filipenses 1:21). Ponga otra cosa en la fórmula y no funciona: para mí el vivir es mi carrera, entonces morir sería pérdida, o, para mí el vivir es mi familia y, de nuevo, morir sería pérdida.

Como la muerte ya no le domina más, todo lo que pasará cuando usted muera físicamente es que recibirá un cuerpo resucitado y será introducido a la presencia de Dios. La persona que está libre del miedo a la muerte está realmente libre para vivir la vida abundante en Cristo, "porque la ley del Espíritu de vida en Cristo Jesús me ha librado de la ley del pecado y de la muerte" (Romanos 8:2).

Tal como la proclamación de la emancipación trajo libertad a los esclavos en los Estados Unidos de Norteamérica, así también el Evangelio nos trae libertad. Pablo dice: "Mas ahora que habéis sido libertados del pecado y hechos siervos de Dios, tenéis por fruto la santificación, y como fin, la vida eterna" Romanos 6:22). El dios de este mundo es para nosotros como eran los propietarios de las plantaciones para los esclavos. Ambos quieren seguir siendo servidos y ninguno quiere que usted sepa de su libertad en Cristo. Ellos tratarán de impedirle que sepa la verdad que le liberta.

Pero, ¿por qué sigo pecando aún?

Si ahora estamos libres en Cristo y somos nueva persona, entonces, ¿por qué seguimos pecando tanto? Veamos si podemos explicar parcialmente el porqué aún servimos, a veces, a las viejas esclavitudes del pecado y la muerte. Puesto que nacimos físicamente vivos pero espiritualmente muertos, no teníamos la presencia de Dios en nuestras vidas ni el conocimiento de Sus caminos. Así que, durante esos años de formación de nuestras vidas, aprendimos cómo vivir independientemente de Dios en cuanto persona natural. Cuando fuimos a Cristo nacimos de nuevo y llegamos a ser una nueva creación por entero en Él. Desafortunadamente, todo lo que estaba previamente programado en nuestras mentes seguía allí. Nadie apretó el botón para "borrar" o "limpiar" como se hace cuando se borra información de una computadora. Por eso Romanos 12:2 dice: "No os conforméis a este siglo, sino transformaos por medio de la renovación de vuestro entendimiento". Aún como cristianos podemos optar todavía por conformarnos a este mundo leyendo libros malos, pensando cosas malas, yendo a ver películas malas y teniendo amigos malos.

Cuando estuve en la marina norteamericana, el capitán del barco era aludido como "el Viejo". En mi primer viaje fui asignado a un barco que tenía un "Viejo" imposible en realidad. Bebía todas las noches con los oficiales subordinados enrolados, pasando por alto a sus oficiales de planta. Era un comandante al que costaba mucho servir. Pero si yo iba a tolerar, triunfar o sobrevivir a bordo de ese barco tenía que hacerlo bajo esa autoridad aunque lo viera como mi "Viejo".

Entonces un día le llegó el traslado a otro barco. No tuve más relación con él y dejé de estar bajo su autoridad. Nos llegó un nuevo capitán que era bueno pero ¿cómo creen que seguí sirviendo en ese barco? Pues de la manera en que estaba entrenado bajo el mando del *viejo* "Viejo" hasta que llegué a conocer al *nuevo* "Viejo".

Pablo escribió sobre el contraste entre el viejo hombre y el nuevo hombre en su propia vida. Él estaba entrenado bajo la ley: "hebreo de hebreos; en cuanto a la ley, fariseo" (Filipenses 3:5). Luego de su conversión el viejo hombre murió, y él escribió: "Y ciertamente, aun estimo todas las cosas como pérdida por la excelencia del conocimiento de Cristo Jesús, mi Señor" (Filipenses 3:8).

Tenemos un amo nuevo que ha venido a libertar a los cautivos del pecado y la muerte. Dios "nos ha librado de la potestad de las tinieblas, y trasladado al reino de su amado Hijo" (Colosenses 1:13). Peter O'Brien, comentarista de la Biblia, observa:

> Como poderoso rey que fue capaz de expulsar pueblos de sus hogares ancestrales y trasplantarlos ... a otro reino, Dios sacó a los colosenses (cristianos) de la tiranía de las tinieblas ... donde reinan las potestades malignas (Lucas 22:53) y donde se ejerce la autoridad de Satanás (Hechos 26:18), trasladándolos al reino en que impera Su amado Hijo.[5]

Bajo el dominio de Dios y Su Hijo, la gracia y la justicia de Dios dominan nuestras vidas. Efectivamente, "nos hemos vuelto siervos de la justicia: que conduce a la santidad y, finalmente a nuestro reinado en la vida (Romanos 5:17; 6:18,19). Esta verdad muestra que no intercambiamos sencillamente un dominio por otro. Realmente nuestra nueva servidumbre de Dios conduce a una plenitud de vida que puede catalogarse de nuestro reinado en la vida.

Cuando decimos que nuestro ser está bajo otro dominio, recuerde que no hablamos de eliminar nuestra responsabilidad o poder de elegir. Dentro de la esclavitud de ambos bandos hay cierta libertad de parte del ser humano para "presentarse" al amo (Romanos 6:13,19; 12:1). Sin embargo, la persona está tan dominada que no puede escapar del dominio bajo el cual vive.

Nueva persona con nuevos deseos

Identificarse con Cristo en Su muerte y resurrección es algo que abarca más que un cambio externo de amo. También involucra una transformación dentro de nosotros mismos. Nuestro mismo ser es cambiado en su nivel más profundo, de modo que ahora tenemos nuevos deseos y nuevas disposiciones de vida que prevalecen. Describiendo esto como "cambio de naturaleza" usamos la palabra *naturaleza* en el sentido de nuestras características o disposiciones prevalecientes, pero no en el sentido de nuestra naturaleza de seres humanos. Todos los seres humanos tienen la misma naturaleza humana, pero esa naturaleza puede tener diferentes pretensiones y fuerzas obrando en ella. Así que cuando hablamos de un cambio de naturaleza nos referimos a un cambio de la orientación, propensiones, deseos o dirección *fundamentales* de nuestra persona incluyendo nuestros pensamientos y acciones.

Lo nuevo de nuestra persona o yo, se ve claramente en el hecho que se nos ha dado un nuevo corazón. Según la Escritura: según es nuestro corazón así es que somos realmente como personas.[6] "Como en el agua el rostro corresponde al rostro, así el corazón del hombre al del hombre" (Proverbios 27:19). Tal como el agua quieta da un reflejo exacto de lo que parecemos, así también mirar en el corazón proporciona un reflejo exacto de quienes somos realmente.

Dios sabe quienes somos en realidad porque Él mira el corazón. En el Antiguo Testamento Samuel no podía entender por qué Dios había pasado por alto a los hijos mayores de Isaí favoreciendo a David pero Dios replicó: "Jehová no mira lo que mira el hombre; pues el hombre mira lo que está delante de sus ojos, pero Jehová mira el corazón" (1 Samuel 16:7). En el Nuevo Testamento Pedro exhorta a las mujeres santas a que hagan su belleza de las cualidades de lo "interno, el del corazón, en el incorruptible ornato de un espíritu afable y apacible, que es de grande estima delante de Dios" (1 Pedro 3:4).

Se nos ha dado un corazón nuevo porque hemos sido hechos nueva creación en Cristo. Efectivamente, es el corazón nuevo el que hace nueva a la persona. Nuestro nuevo nacimiento significa "nuevo corazón" (Ezequiel 11:19; 36:26; *ver también* Deuteronomio 30:5,6). "Pues no es judío el que lo es exteriormente, ni es la circuncisión la que se enseñorea de la carne; sino que es judío el que lo es en lo interior, y la circuncisión es la del corazón, en espíritu, no en letra; la alabanza del cual no viene de los hombres, sino de Dios" (Romanos 2:28,29).

La necesidad de un corazón justo es el mensaje básico del Sermón del Monte. Por ejemplo, Jesús dijo: "yo os digo que cualquiera que mira a una mujer para codiciarla, ya adulteró con ella en su corazón" (Mateo 5:28). Él no decía que una persona cometiera adulterio por mirar sino que mirar lujuriosamente a una mujer es la evidencia de que una persona ya ha cometido adulterio en su corazón. Lo que debe cambiarse es el corazón. El corazón no sólo refleja quienes somos sino que también dirige nuestra vida. Vivimos conforme a la condición de nuestro corazón. Por eso Proverbios 4:23 nos dice: "Sobre toda cosa guardada, guarda tu corazón; porque de él mana la vida".

La última parte de Proverbios 4:23 en hebreo significa, literalmente "pues de ahí salen los asuntos o cosas de la vida". El corazón no es solamente el manantial de la vida sino también controla el curso de nuestra vida. La dirección que toma nuestra vida está determinada por el corazón. Esto se ve en Eclesiastés 10:2 donde leemos: "El corazón del sabio está a su mano derecha, mas el corazón del necio a su mano izquierda".

Jesús enseñó que lo que hacemos sale de nuestro corazón: "Porque de la abundancia del corazón habla la boca. El hombre bueno, del buen tesoro del corazón saca buenas cosas; y el hombre malo, del mal tesoro saca malas cosas" (Mateo 12:34,35).

Toda nuestra vida surge así de nuestro corazón. Todos nuestros pensamientos, motivos, palabras, sentimientos, actitudes y acciones se originan en nuestro corazón. Como dijo alguien, el corazón es el "centro de control de la misión de la vida humana".[7] El creyente en Cristo, por medio de la muerte y resurrección con Él, ha recibido un corazón nuevo y, de este modo, tiene un nuevo centro de control de la vida.

La propensión del corazón

Corresponde a la naturaleza del corazón humano ser controlado por un amo externo. Como explica Robert Jewett: "una característica del corazón como centro del hombre es su apertura inherente a los impulsos externos, a su direccionalidad, su propensión a darse a un amo y a vivir tendiendo a una meta deseada".[8] Por supuesto, esto se debe a que no somos la fuente de nuestra vida. No tenemos la fuente de vida en nosotros mismos. El corazón y el alma del hombre nunca fueron diseñados por Dios para que funcionen como amo. Nosotros somos criaturas dependientes y, por tanto, buscamos fuera de nosotros la vida. Vivir egoístamente buscando la propia ventaja, justificándose a sí mismo, glorificándose a uno mismo, centrado en uno mismo y confiado en uno mismo es, en realidad, servir al dios de este mundo.

El corazón no sólo está abierto a recibir desde afuera sino, como sugiere lo dicho por Jewett, lo que el corazón deja entrar se convierte también en su amo, sellando el corazón con su carácter. Jesús instruyó a Sus discípulos que almacenaran tesoros que no pudieran ser destruidos, concluyendo con la declaración de que: "Porque donde esté vuestro tesoro, allí también estará vuestro corazón" (Mateo 6:21). D. A. Carson, profesor de la Biblia, capta el significado de esta doctrina cuando dice: "El punto es que las cosas más atesoradas ocupan el 'corazón', el centro de la personalidad... y, de este modo, el tesoro más querido sutil peor infaliblemente controla las direcciones y los valores de toda la persona".[9]

El cambio de amos desde el dominio del pecado al reinado de Dios y Su Hijo, que sucedió cuando llegamos a ser cristianos, ha efectuado de este modo un cambio real en nosotros y nuestras vidas. Comentando la doctrina del apóstol Pablo sobre nuestro traslado desde el dominio de las tinieblas al del reino de Cristo, Peter O'Brien dice: "Este cambio de dominio descrito tan vívidamente con las categorías de 'luz' y 'tinieblas', que ha tenido lugar en las vidas de los colosenses (junto con otros cristianos, incluyendo a Pablo —'nosotros') en su conversión fue 'absolutamente determinante de la vida del creyente... Ahora son 'hijos de luz' (1 Tesalonicenses 5:5) y tienen que comportarse en forma condicente".[10]

Deseando el cambio

El Antiguo Testamento reveló que el corazón es engañoso por sobre todo y sin remedio (Jeremías 17:9). Aunque el corazón de la nueva persona aún arrastra restos del viejo hombre, el cuadro del corazón hecho por Jeremías no es el cuadro dominante en el nuevo corazón del creyente. Conforme a la Escritura, el deseo más profundo del creyente ha sido cambiado. Esta verdad se ve en palabras de Pablo a los gálatas: "Y por cuanto sois hijos, Dios envió a vuestros corazones el Espíritu de su Hijo, el cual clama: ¡Abba, Padre!" (4:6). El clamor, "¡Abba, Padre!" es típico del hijo que habla íntimamente con su Padre y representa la relación más básica del creyente con Dios. Este grito está determinado por la presencia del Espíritu, que pone a Cristo, el Hijo, en el centro de nuestra personalidad para vivir dentro de nuestros corazones. Como explica Jewett: "El centro del hombre es, así, su corazón; la intención del corazón (o deseo) está determinada por la potestad que lo gobierna. En el caso del cristiano, la dirección de la intención del corazón está determinada por el Espíritu de Cristo".[11]

El deseo o intención del corazón humano es, en realidad, su amor. Y es nuestro amor lo que finalmente determina nuestra identidad. La identidad del creyente es, así, una persona que, en su centro, ama a Dios más que al pecado.

Alguien dijo una vez que si pudiéramos ver el centro mismo del corazón del cristiano, lo encontraríamos siempre orando. Esto corresponde con la verdad bíblica de que, bajo el nuevo pacto, Dios escribiría Su ley en el corazón del creyente y esta es la ley del amor: "Dios es amor; y el que permanece en amor, permanece en Dios, y Dios en él. En esto se ha perfeccionado el amor en nosotros, para que tengamos confianza en el día del juicio; pues como él es, así somos nosotros en este mundo" (1 Juan 4:16,17).

La presencia del pecado en la vida del creyente, indica que persisten restos del viejo amor desordenado por uno mismo. Pero esos restos están ahora en la periferia del núcleo real de la persona que está orientada a Dios y, de esa forma, inclinada a la justicia en su naturaleza. Como lo dice Calvino: "Dios empieza Su buena obra en nosotros, por tanto, despertando amor y deseo y celo por la justicia en nuestros corazones; o, para decirlo con mayor corrección, doblando, formando y dirigiendo nuestros corazones a la justicia".[12]

Este núcleo de la persona nueva suele no ser evidente en la vida consciente, pero sigue siendo el aspecto dominante de su ser. Como lo nota Franz Delitzsch, comentarista de la Biblia:

Hay una clase de voluntad de la naturaleza que básicamente no se refleja en la conciencia. Esta profunda voluntad de la naturaleza antecede a las acciones conscientes de la persona y, en el creyente, ha sido cambiada por medio de la regeneración a pesar del hecho de que persisten aún efectos residuales de la vieja persona, que siguen expresándose en la práctica de la vida.

Podemos decir con Delitzsch que la acción de la regeneración es dirigida no tanto a "nuestra voluntad ocasional, como a la sustancia de nuestra voluntad, esto es, a la naturaleza y esencia de nuestro ser espiritual".[13]

Así pues, el cristiano real, en lo profundo de su corazón tiene una naturaleza que está orientada a Dios. Aunque pueda aún pecar, este pecado se relaciona a un nivel más superficial de su ser, el cual aún puede actuar contrariamente a la persona real del corazón. Pero esas acciones superficiales son transitorias y no cambian la naturaleza real del corazón y, de esta forma, la identidad de la persona. Efectivamente, este mismo asunto puede ser la forma más certera para determinar si una persona es o no cristiana. Si alguien hizo algo contrario a la naturaleza de Dios y no sintió remordimientos ni convicción de pecado, entonces podemos cuestionar legítimamente su salvación. Por otro lado, he conversado con cientos de personas que cuestionan su propia salvación porque luchan en su caminar cristiano. En casi todos los casos, luego de escuchar los testimonios de estas personas, hago lo que puedo para asegurarles de su salvación porque eso con que están luchando ni siquiera los molestaría si no fueran cristianos.

Nuestros corazones afectan nuestras acciones

La relación de la naturaleza nuclear real del corazón humano, con sus actividades más de superficie se ve en el estudio de Pedersen sobre 'el alma' o lo que pudiera denominarse mejor, 'el corazón':

(El alma) o el corazón es una unidad completa, según las cosas de esta vida que le puedan interesar, él puede subdividirse y dedicar todo hacia eso que le interesa, pero todas esas subdivisiones son la unidad completa que se puede subdividir. Cuáles sean las entidades o divisiones que haya hecho, puede fusionarse y esta acción de fusionarse es algo dependiente del constante intercambio de vida. [Nosotros sugeriríamos que las entidades enteras que se fusionan en nuestro corazón se basan en lo que amamos, puesto que el amor procura unirse con su objeto].
Cada vez que el alma se fusiona en una nueva entidad entera, se forman en ella nuevos centros de acción pero son creados por situaciones temporales que solamente están en la superficie y desaparecen rápidamente. Hay otras entidades enteras a las cuales pertenece el alma y que viven en ella con una profundidad y firmeza completamente diferentes, porque constituyen el núcleo mismo del alma. Así, pues, puede haber una diferencia entre los puntos de gravedad momentáneos y estables del alma. Pero ninguno de los centros momentáneos de acción puede nunca anular o contrarrestar a aquellos que yacen más profundos. Los contenidos del alma que yacen a mayor profundidad están, es cierto, siempre ahí pero no siempre se hacen sentir por igual.[14]

Este concepto del corazón humano sirve para explicar la práctica del pecado en la vida del creyente, como así también del 'bien' en la vida del pecador incrédulo: La verdadera naturaleza de una persona no siempre se expresa plenamente en su vida. Pero la identidad básica de esa persona está ahí y, en el caso del creyente, es positiva para con Dios. Esto es claramente evidente en la descripción que hace Pablo del creyente en Romanos 7:14-25, la cual consideraremos ahora.

Amor por Dios, odio por el pecado

La identidad de la persona descrita en este pasaje ha sido muy debatida. ¿Se refiere a sí mismo como incrédulo o creyente? Si como creyente, ¿la descripción es la de un creyente del Antiguo Testamento que vivía bajo la Ley Mosaica antes de Cristo? O ¿es esta descripción del "miserable" que lucha por conocer la nueva vida del creyente pero lo hace aparte del poder disponible del Espíritu Santo?

Porque sabemos que la ley es espiritual; mas yo soy carnal, vendido al pecado. Porque lo que hago, no lo entiendo; pues no hago lo que quiero, sino lo que aborrezco, eso hago. Y si lo que no quiero, esto hago, apruebo que la ley es buena. De manera que ya no soy yo quien hace aquello, sino el pecado que mora en mí. Y yo sé que en mí, esto es, en mi carne, no mora el bien; porque el querer el bien está en mí, pero no el hacerlo. Porque no hago el bien que quiero, sino el mal que no quiero, eso hago. Y si hago lo que no quiero, ya no lo hago yo, sino el pecado que mora en mí. Así que, queriendo yo hacer el bien, hallo esta ley: que el mal está en mí. Porque según el hombre interior, me deleito en la ley de Dios; pero veo otra ley en mis miembros, que se rebela contra la ley de mi mente, y que me lleva cautivo a la ley del pecado que está en mis miembros. ¡Miserable de mí! ¿qué me librará de este cuerpo de muerte? Gracias doy a Dios, por Jesucristo Señor nuestro.

*Así que, yo mismo con la mente sirvo a la ley de Dios, mas
con la carne a la ley del pecado (Romanos 7:14-25).*

En nuestra opinión parece que este pasaje describe a alguien
que ha experimentado la gracia renovadora de Dios pero, también,
pareciera mostrar a esta persona en relación a la ley de Dios aparte
de la obra capacitadora del Espíritu de Dios. El pasaje muestra por
cierto la impotencia de la ley para libertarlo. Así, pues, podría
referirse a la experiencia de un cristiano que vive según la carne o
en su propia fuerza,[15] o a la experiencia del judío piadoso que vive
bajo la ley, vista desde una perspectiva cristiana.[16]

Podemos estar seguros de que esta persona, no es un incrédulo
debido a sus gustos y disgustos o sus propensiones de vida. Cuando
consideramos las acciones de la persona que habla en el pasaje,
encontramos que todas las tres dimensiones que normalmente se
consideran constituyentes de la personalidad, esto es, pensamientos, emociones y voluntad, están orientados a Dios y Su justa ley.
Por ejemplo, dice, "no entiendo lo que hago" (versículo 15) o, quizá
mejor, "no apruebo lo que hago".[17] En otras palabras, su pensamiento se opone a su acción pecadora. Esto se vuelve a ver cuando
dice: "yo mismo soy esclavo de la ley de Dios en mi mente pero en
la naturaleza pecadora —literalmente, la carne— soy esclavo de la
ley del pecado" (versículo 25).

Sus emociones son igualmente vistas en el lado de Dios opuestas al pecado cuando dice: "aborrezco lo que hago" (versículo 15).
Como dice James Dunn, comentarista de la Biblia: "él detesta y
aborrece totalmente lo que hace".[18] Si el odio es la emoción opuesta
al amor podemos, entonces, concluir que el amor del que habla está
dirigido a la justicia. Una expresión emocional ulterior se ve
cuando dice: "en mi ser interior me deleito en la ley de Dios"
(versículo 22). Y, por fin, su voluntad es también la voluntad de
Dios: "no hago lo que quiero …deseo hacer lo que es bueno"
(versículos 15,18; *ver también* versículo 21).

Solamente un creyente, como regla general, desea hacer lo que
es bueno. ¿Se deleita el hombre natural en la ley de Dios? Cuando
nosotros, los cristianos, adoptamos posturas públicas en aras de la
justicia y rectitud conforme a la Palabra de Dios, ¿los incrédulos

que nos rodean "concuerdan en que la ley es buena"? (versículo 16).

Aquellas descripciones de los atributos personales del que habla lo definen claramente como alguien con naturaleza positiva pero, más que eso, Pablo llega al extremo de absolver de pecado finalmente al que habla, "si hago lo que no quiero hacer no soy más yo quien lo hace sino es el pecado que vive en mí" (versículos 16,17; *ver también* la misma idea en el versículo 20).

Dentro del mismo pasaje vemos claramente al "yo" o, el que habla como sujeto de acciones pecadores como asimismo opuesto al pecado, así que Pablo no trata de evadir la responsabilidad personal por el pecado del que habla. Recuerde que nuestra responsabilidad es no permitir que el pecado reine en nuestros cuerpos mortales (Romanos 6:12). Pero fíjese que cuando el "yo" o el que habla es relacionado al pecado, nunca se le describe en términos de las funciones de la personalidad. No hay declaraciones iguales de pensamiento, emoción y voluntad por parte del pecado. El que habla no dice: "yo quiero hacer la voluntad de Dios pero también quiero pecar". Tampoco dice: "amo la ley de Dios pero también amo pecar". El cristiano verdadero odia el pecado que lo esclaviza. Así, pues, el "yo" que está positivamente orientado a Dios es la persona, en el sentido más profundo de su personalidad o identidad. Él es el yo "del hombre interior" (Romanos 7:22), el "yo" que es el sujeto de la "mente" de Romanos 7:25.

La aseveración de que no es más "yo" sino el pecado que realmente peca, se asemeja a otras declaraciones aparentemente contradictorias del Apóstol en que él apunta al poder dominante que lo gobierna: "y ya no vivo yo mas vive Cristo en mí" (Gálatas 2:20); "pero no yo, sino la gracia de Dios conmigo" (1 Corintios 15:10). En estas declaraciones Pablo no pretende desconocer la responsabilidad de un agente libre, sino afirmar la existencia en él mismo de una potestad que ejerce influencia dominante en él. El corazón del creyente voluntariamente asiente a esta potestad dominante. En el caso de pecado, como en el pasaje de Romanos 7, el "yo" real se opone y puede así ponerse en contra. Aquí, el ego o "yo" real del creyente es considerado como tan contrario al pecado, que pueden aislarse uno de otro. Y el cometido actual del pecado, en lugar de acción del ego, puede considerarse como acción del pecado que esclaviza al ego contrario a su voluntad. Como dice Delitzsch: "el Yo, no es más uno con el pecado —es libre de eso; el pecado reside aún en el tal hombre tan sólo como potestad ajena".[19]

Romanos 7:14-25 presenta así la persona real del creyente que tiene propensiones positivas hacia Dios. Aunque a veces cometa pecado de pensamiento y acto, el pecado y la rectitud no caracterizan en forma alguna a la persona real del creyente en igual forma. El creyente es capaz de experimentar doble servidumbre, como lo indican las palabras de Pablo: "Así que, yo mismo con la mente sirvo a la ley de Dios, mas con la carne a la ley del pecado" (versículo 25).[20] Esta declaración, junto con el pasaje entero, confirma que la persona real del creyente sirve voluntariamente a Dios.

La naturaleza de todo creyente tiene propensiones positivas, cosa verdadera aún del cristiano más derrotado. Este puede tener aún restos de sus viejos deseos pero ya no son dominantes. Su corazón ha sido cambiado de modo que su deseo más profundo es ahora de Dios y Su camino. La nueva disposición prevaleciente es amor por Dios y amor por eso que es Dios —esto es, Su Hijo, Su pueblo y Sus caminos rectos. Charles Hodge comparte la naturaleza de este amor por Dios:

Las Escrituras dan especial preeminencia al amor de Dios como la más integral e importante de todas las manifestaciones de esta vida espiritual interior. Estamos constituidos en forma tal que nos deleitamos en objetos aptos para nuestra naturaleza; y la percepción de cualidades adaptadas a nuestra constitución en los objetos externos, produce complacencia ('complacencia' —satisfacción calmada o segura con la suerte de uno o con uno mismo) y deseo. El alma reposa en ellas como un bien a ser amado por sí mismo; y mientras más elevadas estas cualidades, más puros y elevados son los afectos que suscitan. El efecto de la regeneración es el de capacitarnos para percibir y amar la infinita y absoluta perfección de Dios, que integra todas las clases de excelencia, y tan apta para las potestades más superiores y las capacidades más aumentadas de nuestra naturaleza. Por tanto, tan pronto como el corazón es renovado se vuelve a Dios y descansa en Su excelencia como objeto supremo de complacencia y deseo.

Sin embargo, el amor a Dios no es mera complacencia en la excelencia moral. Es el amor de un ser personal que está en las relaciones más íntimas con nosotros, como autor de nuestra existencia, preservador y rey nuestro, padre nuestro, que con amor consciente nos vigila, nos protege, suple todas nuestras carencias, mantiene comunión con nosotros, manifestándose a nosotros como no lo hace con el mundo. Los sentimientos de dependencia, obligación y relación, entran grandemente en ese afecto integral llamado el amor de Dios.[21]

Concepto vital

El creyente "en Cristo" es una persona nueva con naturaleza nueva. Esto significa que sus deseos más profundos y la propensión de su vida están dirigidos a Dios. Por medio de la muerte y resurrección con Cristo, la "persona interior del corazón" real ha nacido de nuevo. Una nueva semilla de vida ha sido plantada en el corazón cuya tendencia natural, como pasa con todas las semillas, es crecer. Es absolutamente vital que el creyente entienda esta realidad como fundamento del crecimiento. De lo contrario, es imposible el crecimiento de la vida cristiana y la victoria sobre el pecado.

No entender quienes somos en Cristo puede estorbar verdaderamente nuestro caminar con Dios. El siguiente testimonio de uno de nuestros ex alumnos ilustra esta verdad. Él era uno de los estudiantes más dotados, atractivo e inteligente a quien hayamos tenido el privilegio de enseñar. Asistió a uno de los seminarios de Neil y, más tarde, le mandó la siguiente carta:

Siempre me figuré que era un pecador hediondo, sucio, nada bueno y podrido, salvado por gracia pero fallándole miserablemente a Dios cada día. Y todo lo que podía esperar era una vida de disculparme cada noche por no ser el hombre que sé Él quiere que yo sea, "pero mañana

de ganarse la aprobación de padres con elevadas expecta-
tivas, me he relacionado con Dios en la misma forma. Él
no podía amarme tanto como ama a otros creyentes 'mejores'. Oh, por cierto, yo soy salvado por gracia por medio
de la fe pero realmente estoy soportando hasta que Él se
canse de soportarme aquí y me lleve a casa para detener,
por fin, el fracaso progresivo. ¡Ay, qué rutina!

Cuando usted dijo: "usted no es un pecador, usted es un
santo" refiriéndose a nuestra nueva identidad primordial,
¡me dejó totalmente estupefacto! ¿No es raro que un tipo
pueda pasar bien por un buen seminario y nunca captar la
verdad de que él es, sin duda, una nueva creación en
Cristo? Yo estoy convencido de las grabaciones antiguas,
impresas en la temprana infancia, pueden estorbar verdaderamente nuestro progreso en comprender quienes somos
en Cristo.

Gracias por su clara enseñanza en este aspecto. Ha sido
tan útil y libertadora para mí. Estoy empezando a salir de
mis viejos pensamientos negativos sobre mí mismo y Dios.
No me lo figuro más constantemente decepcionado de mí.
He sido tan profundamente tocado por lo que aprendí que
estoy conduciendo algunas personas por un estudio de
Efesios para que podamos entender quienes somos *en
Cristo* y lo que tenemos como creyentes *en Cristo*. Mi
prédica es diferente y nuestra gente está beneficiándose
mucho, siendo edificada en fuerza y confianza. Cada día
de servicio es una dádiva directa de Dios y yo atesoro cada
uno cuidadosamente en la bóveda del cielo para toda la
eternidad, ¡a la honra y gloria de mi Salvador!

Lo
COMÚN
HECHO
Santo
6

Haciendo real a la nueva persona

*Os ruego que andéis como es digno de la vocación
con que fuisteis llamados.*

Efesios 4:1

La vida cristiana está llena de lo que parecen paradojas para la persona natural. La senda que conduce a la glorificación es la muerte (Juan 12:23-26) y el camino a la exaltación es la humillación (Filipenses 2:8,9). El primero será el último (Lucas 13:30) y el que desea salvar su vida debe perderla. Entender la verdad de esta última declaración evidentemente paradójica es el fundamento del crecimiento y el vivir cristianos. Considere las palabras de Jesús a Sus discípulos en Mateo 16:24-26:

> *Si alguno quiere venir en pos de mí, niéguese a sí mismo, y tome su cruz, y sígame. Porque todo el que quiera salvar su vida, la perderá; y todo el que pierda su vida por causa de mí, la hallará. Porque ¿qué aprovechará al hombre, si ganare todo el mundo, y perdiere su alma? ¿O qué recompensa dará el hombre por su alma?*

La falta de comprensión de esta doctrina central de los cuatro Evangelios, podría catalogarse como "la gran omisión". Si lo que el Señor dice no se entiende ni se apropia personalmente, entonces no será posible cumplir la gran comisión (ir a todo el mundo y hacer discípulos) ni el gran mandamiento (amar a Dios y al prójimo como a uno mismo).

La ocasión en que Jesús dijo estas palabras de Mateo 16, fue inmediatamente después de la gran confesión que hace Pedro de que Jesús era el Cristo, el Hijo del Dios viviente (Mateo 16:16). Jesús le aseguró a Pedro que carne ni sangre le habían revelado esa verdad sino, más bien, Su Padre que está en los cielos.

Entonces, Jesús predijo Su muerte y resurrección en Jerusalén. Pedro no podía creer lo que oía y reprendió a Jesús, diciendo: "Señor, ten compasión de ti; en ninguna manera esto te acontezca" (Mateo 16:22). Jesús contestó diciendo: "¡Quítate de delante de mí, Satanás!; me eres tropiezo, porque no pones la mira en las cosas de Dios, sino en las de los hombres" (Mateo 16:23). Pedro, el noble confesor de la verdad fundamental de que Jesús es el Cristo (Mesías), el Hijo del Dios viviente, súbitamente se halla en la liga de las potestades de las tinieblas: vocero de Satanás, el engañador.

Esta reprimenda memorable parece despiadadamente severa, pero la atribución de fuente a Satanás que hace Cristo, describe exactamente la fuente del consejo dado por Pedro que, esencialmente es esto: "Sálvate a toda costa, sacrifica el deber en aras de tu propio interés, y la causa de Cristo a tu conveniencia personal". Este consejo es verdaderamente satánico en principio, pues toda la meta de Satanás es lograr que el interés propio sea reconocido como el fin principal del ser humano. Satanás es llamado "el príncipe de este mundo" (Efesios 6:12) porque el propio interés reina en este mundo. Se le llama "el acusador de los hermanos" (Apocalipsis 12:10) porque no cree que, ni siquiera, los hijos de Dios tengan algún motivo más elevado:

¿Job o Jesús sirven a Dios por nada? El autosacrificio, sufrir en aras de la justicia, consagrarse a la verdad aun so pena de muerte: esto es puro romance y sentimentalismo juvenil o, en el mejor de los casos, hipocresía. No existe tal cosa como rendir la vida inferior en aras de la vida superior; todos los seres humanos son egoístas de corazón y tienen su precio. Algunos pueden resistir más que otros pero, al final, todo hombre preferirá lo propio a las cosas de Dios.

Ese es el credo de Satanás mientras que el hombre le sirve involuntariamente engañado al pensar que se está sirviendo a sí mismo. Jesús contrarresta esto compartiendo el camino de la cruz: "Si alguno quiere venir en pos de mí, niéguese a sí mismo, y tome su cruz, y sígame" (Mateo 16:24). Tal declaración parece demasiado austera: como si el Señor estuviera exigiendo todo sin prometer mucho. Nada puede distar más de la verdad porque, sin embargo, aquel que quiera salvar su vida la perderá definitivamente. Todo aquel que procure su identidad, su realización o su propósito para vivir en el mundo natural, perderá todo. Uno no puede llevarse consigo lo que ganó en la tierra. Cualquiera sean los tesoros que usted haya podido acumular en el planeta Tierra, se quedarán aquí después que usted muera físicamente.

Por el contrario, si usted crucifica la carne y busca su vida en Cristo, tendrá el beneficio de conocerle a Él ahora y por toda la eternidad. Si usted apunta a este mundo se perderá el próximo, pero si apunta al mundo venidero, realmente recibirá los beneficios de vivir en Cristo ahora mismo (como también en la eternidad). Pablo dice: "Desecha las fábulas profanas y de viejas. Ejercítate para la piedad; porque el ejercicio corporal para poco es provechoso, pero la piedad para todo aprovecha, pues tiene promesa de esta vida presente, y de la venidera" (1 Timoteo 4:7,8). Él no dice que no nos cuidemos físicamente sino que eso vale poco comparado con el disciplinarnos espiritualmente a nosotros mismos.

Negarse a sí mismo es la única manera de volver a poner a Cristo en el centro de nuestra vida. Algunas personas piensan que el señorío es una doctrina negativa pero no lo es. Hacer de Jesús el Señor de nuestra vida es nuestra única esperanza para ahora y para toda la eternidad. Si le hacemos el Señor de nuestra vida, entonces, él es el Señor de nuestro pasado, presente y futuro. También es el Señor de todos nuestros problemas y podemos echar "toda vuestra ansiedad sobre él, porque él tiene cuidado de vosotros" (1 Pedro 5:7). Dios no está dedicado a perseguirnos sino que Él está para redimirnos, restaurarnos al estado en que Adán fue originalmente creado.

Por alguna razón desconocida, la humanidad tiene la gran ambición de ser felices como animales en lugar de ser bendecidos como hijos de Dios. Las recompensas de esta última opción son mucho mayores. Cuando usted se niega a sí mismo, se identifica con Cristo y le sigue diariamente, usted sacrifica el placer de las cosas pero gana el placer de la vida. Usted sacrifica lo temporal para ganar lo eterno. ¡Qué sacrificio! Únicamente el necio sacrificaría su alma para ganar en este mundo eso que no puede llevarse consigo. Jim Elliott, el misionero martirizado en Ecuador, dijo: "No es necio quien entrega lo que no puede conservar para ganar lo que no puede perder".

Así, pues, ¿qué hacemos nosotros, los esclavos liberados, para vivir como gente libre? No empezamos negando la realidad del pecado. Empezamos por crecer mediante el darnos cuenta de quienes somos en Cristo. La Escritura enseña en muchas formas que la santificación progresiva es hacer crecientemente real nuestra situación en Cristo y lo nuevo de nuestra persona por medio de la regeneración. Esto involucra el proceso de dejar la actitud y costumbre de pecar, junto con todos sus efectos negativos en la vida, adoptando la actitud y costumbre de la justicia con todos sus efectos positivos.

La presencia del pecado en la vida del creyente

Juan aclara en 1 Juan 1:7-10 que los creyentes siguen metidos con el pecado:

> *Pero si andamos en luz, como él está en luz, tenemos comunión unos con otros, y la sangre de Jesucristo su Hijo nos limpia de todo pecado. Si decimos que no tenemos pecado, nos engañamos a nosotros mismos, y la verdad no está en nosotros. Si confesamos nuestros pecados, él es fiel y justo para perdonar nuestros pecados, y limpiarnos de toda maldad. Si decimos que no hemos pecado, le hacemos a él mentiroso, y su palabra no está en nosotros.*

Al andar en la luz de Cristo, nuestros pecados diarios son borrados totalmente. Andar en luz no puede significar perfección sin pecado porque el versículo 8 dice que nos engañamos si decimos que no tenemos pecado.

Resulta absolutamente vital reconocer a estas alturas que "tener pecado" y "ser pecado" son dos cosas diferentes. Andar en luz es vivir en un acuerdo moral continuo y consciente con nuestro Padre celestial. Esencialmente es lo mismo que *confesar* que quiere decir "ponerse de acuerdo con Dios". Este pasaje no instruye pedir perdón a Dios porque ya estamos perdonados pero sí debemos vivir honesta y abiertamente ante Dios. Si es necesario que los creyentes sean continuamente limpiados de pecado, entonces, de alguna forma deben tener pecado. Decir que somos sin pecado indica que no tenemos la verdad en nosotros.[1] El teólogo Juan Calvino dijo que "queda en el hombre regenerado una ceniza humeante del mal, de lo cual surgen continuamente deseos para atraerlo y espolearlo a cometer pecado".[2]

Que el pecado está presente en la persona nueva es también afirmado por la descripción que hace Pablo de la continua batalla en el creyente: "Digo, pues: Andad en el Espíritu, y no satisfagáis los deseos de la carne. Porque el deseo de la carne es contra el Espíritu, y el del Espíritu es contra la carne; y éstos se oponen entre sí, para que no hagáis lo que quisiereis" (Gálatas 5:16,17). El verbo traducido como "éstos se oponen entre sí" está en tiempo presente indicando un antagonismo continuo entre la "carne" (o la vieja tendencia a vivir independientemente de Dios) y el Espíritu (que vive en nosotros y procura conducirnos en santidad). El campo de combate de esta guerra es la vida de cada creyente; este combate con el pecado es visto cuando Pablo nos habla de hacer continuamente "morir las obras de la carne" (Romanos 8:13).

Para ayudarnos a alejarnos del pecado, nuestro Padre celestial nos disciplina como hijos suyos para que podamos participar en Su santidad y recoger una cosecha de justicia y paz (Hebreos 12:5-11). Se nos dice con frecuencia que dejemos varios pecados (por ejemplo, Efesios 4:25-32; Colosenses 3:5-9) y procuremos la santidad y la pureza (2 Corintios 7:1). El apóstol Pablo, por grande que fue, reconoció que todavía seguía corriendo hacia la meta de conocer más completamente a Cristo y que aún no era perfecto (Filipenses 3:12).

Todos estos pasajes indican que aunque somos personas nuevas en Cristo con deseos dominantes nuevos de Dios y Su santidad, aún pecamos. El pecado ya no reina más en nosotros pero sigue habitando dentro de nosotros. Calvino tiene razón al decir que "el pecado solamente deja de reinar pero no deja de habitar en ellos (los creyentes). Decimos concordantemente que el viejo hombre fue así crucificado (Romanos 6:6) y así abolida la ley del pecado en los hijos de Dios, pero quedan algunos vestigios; no para reinar en ellos sino para humillarlos con la conciencia de sus propias debilidades".[3] El crecimiento en santidad significa ir despojándose crecientemente de los deseos pecadores y sus acciones, mediante la diaria toma de conciencia creciente de nuestra calidad de nuevos y de la verdad de que realmente somos en Cristo.

Usted ya fue cambiado

Vimos en Romanos 6:6 que nuestro viejo hombre fue crucificado con Cristo cuando fuimos unidos con Él por la fe. Este fue un acto decisivo y definitivo del pasado del creyente. Colosenses 3:9,10 reitera esa verdad; ahí Pablo exhorta a los creyentes a que dejen de vivir en los viejos pecados de su vida pasada "habiéndoos despojado del viejo hombre con sus hechos, y revestido del nuevo".[4] El crecimiento en santidad tiene lugar cuando proclamamos la realidad de estos sucesos pasados y actuamos basado en ellos.

Eso es lo que Pablo señala en Efesios 4:22-24 cuando dice:

> En cuanto a la pasada manera de vivir, despojaos del viejo hombre, que está viciado conforme a los deseos engañosos, y renovaos en el espíritu de vuestra mente, y vestíos del nuevo hombre, creado según Dios en la justicia y santidad de la verdad.[5]

Como lo explica Andrew Lincoln, comentarista bíblico, este pasaje desafía a los creyentes a que hagan reales en el presente los actos pasados:

> Visto que Romanos 6:6 y Colosenses 3:9 (cf. O'Brien, *Colossians*, 188-189) afirman que el corte definitivo con el viejo hombre fue hecho en el pasado, Efesios amplía la tensión entre el indicativo y el imperativo llevándola a la

noción del despojarse del viejo hombre. El despojo de la vieja persona ya tuvo lugar por medio del bautismo que trasladó a los creyentes al nuevo orden. *Esta observación no exhorta a los creyentes para que repitan ese hecho sino para que sigan viviendo su significado rindiendo esa vieja persona que ya no son. Ellos son gente nueva que debe volverse en la práctica lo que Dios ya los hizo, y eso involucra la resolución de despojarse del viejo estilo de vida que intenta imponerse. Eso es aclarado por la frase calificadora que precede a la mención del viejo hombre, "en cuanto a la pasada manera de vivir".*[6]

Tenemos que renovar nuestras mentes con la verdad de que ha ocurrido un cambio en nosotros y, entonces, vivir concordantemente por fe, con la confianza de que esto funcionará en nuestra experiencia. Aunque Romanos 6:6 y Colosenses 3:9 miran al acto pasado definitivo, las exhortaciones del contexto nos instan en presente a dejar el pecado y vivir conforme a este acto pasado. Aceptar la tensión entre el acto pasado (el indicativo) y la vida actual (el imperativo) nos faculta para entender mejor el cambio del viejo hombre en Adán al nuevo hombre en Cristo.

Revistiéndose de Cristo

Tal como vestirse con el nuevo hombre es, a la vez, acto pasado y reto presente, también vestirse con Cristo es cosa pasada y presente. Pablo dice en Gálatas 3:27: "todos los que habéis sido bautizados en Cristo, de Cristo estáis revestidos", (la palabra griega traducida, "estáis revestidos" es la misma palabra traducida "revestidos" tocante al nuevo hombre en Gálatas 3:27, Efesios 4:24 y Colosenses 3:10 y puede traducirse como "revestirse de Cristo").

Vestirse de o ponerse una persona "significa tomar las características, virtudes y, o intenciones de aquella a quien se refiere y, de esta forma, llegar a ser como esa persona".[7] Entonces Pablo dice que cuando vamos a Cristo somos unidos a Él —fuimos hechos vivos en Él. Llegamos a ser partícipes de la naturaleza divina (2 Pedro 1:4) y empezamos el proceso de llegar a ser como

Él ¡Dios sencillamente no nos dio el poder de imitarle sino que, realmente, nos reconcilió a Él para que nuestra alma esté en unión con la Suya!

Las repercusiones de este acto pasado son expresadas aun con más fuerza cuando Pablo exhorta a los creyentes a "vestirse del Señor Jesucristo" en Romanos 13:14. James Dunn, comentarista bíblico explica que esto es:

> ...una manera de describir la transformación espiritual que tiene comienzo definitivo en la conversión-iniciación, pero que difícilmente es completa o final. El indicativo tiene que mantenerse en tensión con el imperativo (de ahí, Colosenses 3:3-5; 3:10-12 y Efesios 4:24). Debido a que la referencia primaria de la metáfora, es a una transformación espiritual efectuada por el Espíritu, más que un acto de una vez por todas ... Pablo debe equilibrar el indicativo (Gálatas 3:27) con el imperativo (aquí).[8]

Las siguientes citas de Gálatas 3:27 que hace F. F. Bruce, erudito en Nuevo Testamento, resumen la forma en que el despojarse del viejo hombre en Adán y vestirse con el nuevo hombre en Cristo, constituyen el proceso santificador que hace real ese cambio definitivo que ocurrió en la salvación:

> "vestirse de Cristo" es para Pablo otra manera de expresar la incorporación en Él. El paralelo más próximo de .#%)¢ u:%% (se han vestido con Cristo) es Romanos 13:14 u:%%)¢ :# %ú% (vístanse con el Señor Jesús) pero ahí se exhorta a los creyentes a que hagan lo que aquí se les dice que ya han hecho. Esta oscilación de indicativo e imperativo no carece de paralelos en Pablo. "Sean lo que son" dice efectivamente significando "en la práctica corriente sean lo que la gracia de Dios les ha hecho".[9]

En resumen, tenemos que asumir la responsabilidad de llegar a ser lo que ya somos en Cristo por la gracia de Dios.

La metamorfosis espiritual

Dios nos da muchas analogías en la naturaleza para mostrarnos la maravillosa transformación que conlleva la salvación. Consideremos la maravilla de la oruga. Se arrastra sobre la superficie de la tierra con patas que tienen como pequeñas ventosas succionadoras. Cuatro veces en su vida se sale de su piel, tratando de avisar lo que está por llegar. Este gusanito peludo come también lo que ha dejado porque es rico en proteínas. Lo que era desempeña un papel en lo que será.

Un día, como llevado por el instinto, sube lo más que puede con su propia fuerza, habitualmente por la rama o la ramita de un árbol. Allí cose un botoncito que forma un sostén para el capullo que teje alrededor de sí mismo mientras cuelga cabeza para abajo. Entonces la oruga deja de existir y ocurre una transformación milagrosa. En lugar de la oruga hay una mariposa que, cuando llegue el momento, luchará por salirse del capullo y aprenderá a volar y a viajar por el jardín. La oruga "se crucificó" para "ser resurrecta" como mariposa. Rindió la seguridad de sus propios recursos limitados y la existencia pegada a la tierra para volar en los lugares celestes. Aunque pareciera que la oruga es más fuerte que una mariposa, no puede huir de la ley de gravedad. La mariposa es la criatura más frágil pero puede subir con gracia y libertad. La oruga entregó todo lo que era para llegar a ser todo lo que el Creador la diseñó para ser. Rindió sus cortas patas a cambio de alas bellas.

Ahora, imagine lo que pasaría al crecimiento de la nueva mariposa si opta por vivir como si aún fuera una oruga y caminara en vez de volar. Ni siquiera se aproximaría a alcanzar su potencial. Igualmente, cuando nosotros, los nuevos en Cristo, percibimos que seguimos siendo el hombre viejo, no experimentaremos la plenitud de la vida cristiana como Dios nos concibió.

A propósito, igual como la oruga no tiene méritos por volverse mariposa, no podemos darnos crédito por la obra de Cristo que nos es imputada por la gracia de Dios. Solamente podemos recibir la obra de Cristo por fe y debemos optar continuamente por creer lo que ya somos en Cristo, a fin de llegar a ser lo que fuimos creados para ser. Si pensamos y actuamos como orugas el Señor no recibirá gloria por lo que hizo por nosotros.

Para que usted pueda comprender mejor quien es en Cristo, hemos incluido esta lista de Escrituras, citadas en el libro de Neil, "Victoria sobre la oscuridad".[10]

¿Quién soy?

Mateo 5:13	Soy la sal de la tierra.
Mateo 5:14	Soy la luz del mundo.
Juan 1:12	Soy hijo de Dios. (Parte de Su familia —ver Romanos 8:16)
Juan 15:1,5	Soy parte de la vid verdadera, un canal (rama) de la vida de Cristo.
Juan 15:15	Yo soy amigo de Cristo.
Juan 15:16	Soy elegido por Cristo para llevar Su fruto.
Romanos 6:18	Soy siervo de la justicia.
Romanos 6:22	Soy hecho siervo de Dios.
Romanos 8:14,15	Soy hijo de Dios; espiritualmente, Dios es mi Padre —ver Gálatas 3:26 y 4:6.
Romanos 8:17	Soy coheredero con Cristo, compartiendo Su herencia con Él
1 Corintios 3:16; 6:19.	Soy templo —morada—de Dios. Su Espíritu y Su vida moran en mí.
1 Corintios 6:17	Estoy unido con el Señor, y soy un espíritu con Él.
1 Corintios 12:27	Soy miembro del cuerpo de Cristo (ver Efesios 5:30).
2 Corintios 5:17	Soy una nueva creación.
2 Corintios 5:18,19.	Estoy reconciliado con Dios y soy ministro de reconciliación
Gálatas 3:26,28	Soy hijo de Dios y uno con Cristo.

Gálatas 4:6,7	Soy heredero de Dios, pues soy hijo de Dios.
Efesios 1:1;	Soy un santo (ver 1 Corintios 1:2; Filipenses 1:1; Colosenses 1:2)
Efesios 2:10.	Soy hechura de Dios –Su obra especial– nacido de nuevo en Cristo para hacer Su obra.
Efesios 2:19	Soy conciudadano del resto de la familia de Dios.
Efesios 3:1; 4:1	Soy prisionero de Cristo.
Efesios 4:24	Soy justo y santo.
Filipenses 3:20;	Soy ciudadano del cielo, sentado en el cielo ahora mismo (ver Efesios 2:6).
Colosenses 3:3.	Estoy escondido con Cristo en Dios.
Colosenses 3:4	Soy la expresión de la vida de Cristo porque É; es mi vida.
Colosenses 3:12; 1 Tesalonicenses 1:4	Soy escogido de Dios, santo y entrañablemente amado
Hebreos 3:1	Soy santo partícipe del llamamiento celestial.
Hebreos 3:14	Soy partícipe de Cristo; comparto Su vida.
1 Pedro 2:5.	Soy una de las piedras vivas de Dios, siendo edificado en Cristo como una casa espiritual.
1 Pedro 2:9,10.	Soy miembro del linaje escogido, un sacerdocio real, una nación santa, un pueblo adquirido por Dios.
1 Pedro 2:11	Soy extranjero en este mundo en el cual vivo temporalmente.

1 Pedro 5:8.	Soy enemigo del diablo.
1 Juan 3:1,2	Soy hijo de Dios y seré como Cristo cuando Él regrese.
1 Juan 5:18	Soy nacido de Dios, y el maligno — el diablo—no puede tocarme.

No soy el gran "YO SOY" (Éxodo 3:14; Juan 8:24,28,58) "pero por la gracia de Dios, soy lo que soy" (1 Corintios 15:10).

Viviendo lo que usted es realmente

La idea del crecimiento cristiano, en cuanto al proceso de vivir lo que nos pasó en la salvación, también se ve en varias exhortaciones a vivir conforme a lo que Dios ya hizo por y en nosotros. Pablo dice: "yo, pues, preso en el Señor, os ruego que andéis como es digno de la vocación con que fuisteis llamados" (Efesios 4:1). La palabra griega por "dignos" da la idea de "subir el otro lado de la balanza", por tanto, "equivalente".[11] La palabra se emplea para indicar el motivo y la meta de la acción cristiana que responden a la acción precedente de Dios y, así, se distinguen de las obras legalistas.

Andrew Lincoln dice: "La vocación de Dios es la actualización histórica de Su propósito de elegir lo que comprende la iniciativa de Dios para poner a una persona en relación con Él".[12] Librados a nuestros medios, no seríamos más que orugas sin otro propósito en la vida que "comamos y bebamos porque mañana moriremos" (1 Corintios 15:32). Pero Dios nos ha trasladado de las tinieblas a la luz. Lincoln comenta:

> Los elevados privilegios de la llamada fueron esbozados en la primera parte de la carta (a los Efesios). Los creyentes han sido llamados a todas las bendiciones de la salvación y a experimentar el poder del Dios que resucitó a Cristo de los muertos y que los llevó de muerte a vida y a compartir en el reino de Cristo en los lugares celestiales. Ellos han sido convocados a la nueva humanidad hecha de judíos y gentiles, al nuevo templo, al único cuerpo de la

iglesia (cf. Colosenses 3:15, "llamados en un solo cuerpo") y, de este modo, llamados a ser parte de los propósitos de Dios para la unidad cósmica. Al exhortar a un modo de vivir que corresponde a tal llamamiento, este primer versículo (4:1) da un marco referencial diseñado para asegurar que lo que sigue no sea entendido como mero consejo moral sino como llamada a la experiencia que el lector tenga del corazón teológico del evangelio.[13]

El punto que tratamos de marcar es que los creyentes, en santificación, están actualizando su nueva situación en Cristo y su relación con Dios al vivir su "vocación". Pedro dice:

Mas vosotros sois linaje escogido, real sacerdocio, nación santa, pueblo adquirido por Dios, para que anunciéis las virtudes de aquel que os llamó de las tinieblas a su luz admirable; vosotros que en otro tiempo no erais pueblo, pero que ahora sois pueblo de Dios; que en otro tiempo no habíais alcanzado misericordia, pero ahora habéis alcanzado misericordia (1 Pedro 2:9,10).

¿Puede imaginarse el regocijo de salir de la oscuridad del capullo a la luz? He visto ese mismo regocijo en los rostros de miles de personas cuando encontraron su libertad en Cristo y se dieron cuenta de quienes son como hijos de Dios.

Siendo un pueblo escogido y un real sacerdocio es, a la vez, un privilegio y una responsabilidad. Markus Barth dice esto sobre nuestra llamada:

Ambas (elección y llamada) comprenden el nombramiento para y el equipo para la tarea a desempeñar en otros pueblos o personas... La llamada de Dios encomienda al hombre un elevado status con las correspondientes responsabilidades y tareas elevadas... La naturaleza y el efecto del llamamiento pueden compararse con otorgar un titulo o una licencia de nobleza.[14]

117

Los siguientes pasajes nos exhortan a vivir en forma digna de nuestra llamada: "Solamente que os comportéis como es digno del evangelio de Cristo" (Filipenses 1:27); "para que andéis como es digno del Señor (Colosenses 1:10); y "os encargábamos que anduvieseis como es digno de Dios, que os llamó a su reino y gloria" (1 Tesalonicenses 2:12).

Entendiendo la transformación

Clara prueba de que la santificación es darse cuenta de que ya somos nueva persona se ve en la doctrina bíblica de la transformación. Pablo escribe: "Porque el Señor es el Espíritu; y donde está el Espíritu del Señor, allí hay libertad. Por tanto, nosotros todos, mirando a cara descubierta como en un espejo la gloria del Señor, somos transformados de gloria en gloria en la misma imagen, como por el Espíritu del Señor" (2 Corintios 3:17,18). En otro pasaje Pablo escribe: "Transformaos por medio de la renovación de vuestro entendimiento" (Romanos 12:2). Estamos en el proceso de transformación (los verbos de ambos pasajes están en presente).

La palabra "transformar" se refiere al cambio en que se muestra por fuera el cambio de la condición interna verdadera de la persona. Un comentarista dice que el mandamiento de Pablo "transformaos" concierne a "la nueva vida moral en el Espíritu en cuanto obligación" 'Llegar a ser lo que eres'.[15] Harrisville dice tocante a la comparación de "conforméis" y "transformaos" de Romanos 12:2: "Conforméis' se refiere a una postura o actitud que puede ser cambiada a voluntad mientras que 'formaos' del núcleo de 'transformaos' se refiere a lo que surge necesariamente de una condición interior".[16]

La transformación nos es ilustrada en la transfiguración de Jesús (Mateo 17:1-3). La palabra griega para *transfiguración* (metamorfou) relativa a Jesús es la misma que se usa para "transformaos" de Romanos 12:2 (y "transformados") de 2 Corintios 3:18. Esa palabra es el origen del inglés *metamorphose* (y del español *metamorfosis*) que significa "ser cambiado de forma o carácter". En la transfiguración de Jesús no hubo cambio de Su naturaleza. Él siguió siendo Dios y hombre. Jesús estaba, más bien, dejando que Su verdadera naturaleza de deidad brillara o fuera vista. Él fue visto como quien realmente era. Su naturaleza divina quedó de manifiesto. En forma similar, cuando Pablo escribió sobre ser transformados, no estaba hablando de un cambio de nuestra naturaleza real o quienes somos realmente. Antes bien, se refería a que lleguemos a ser por fuera (en nuestra conducta y caminar) lo que somos realmente en la profundidad de nuestro ser, una nueva persona interior.

Muriendo y resucitando con Cristo

El mismo concepto de santificación —esto es, experimentar el cambio o novedad que es una realidad para la persona en su ser interior— es visto en la continua aplicación que hace el creyente de su muerte y resurrección con Cristo. Todo cristiano ha muerto con Cristo y ha sido resucitado con Él. Pero no nos hemos dado cuenta totalmente en nuestra experiencia creciente de la realidad plena de esos sucesos. Así, pues, el patrón de la muerte y resurrección de Cristo es presentado en la Escritura como la esencia de la transformación. Esos sucesos por los cuales pasamos en nuestra persona interior, ahora determinan nuestra vida y conducta. Ser transformados en la imagen de Cristo o tener a Cristo formado en nosotros (Gálatas 4:19) significa que Cristo efectúa en nosotros lo que tuvo lugar en Él.

La esencia de la santificación es morir para que podamos vivir. Este fue la senda de Cristo; también es el camino a la gloria para el creyente. Encontramos una analogía de esto en la naturaleza, en los inviernos del norte de los Estados Unidos de Norteamérica. Cuando era niño (Neil) yo, solía ir a caminar por los bosques observando los árboles helados que parecían muertos. Quebraba una ramita por la mitad y me preguntaba si había vida en ella. Luego, en la primavera la nueva vida estallaba de eso que parecía muerto. (La resurrección de Cristo de los muertos, que celebramos en la Pascua, ¡tuvo que haber sucedido en primavera!)

Otra analogía es la nueva vida que sale de toda semilla que se planta. Si usted quisiera cultivar un roble gigantesco, ¿qué haría? ¿Plantar un roble? No, usted plantaría una bellota. Si pudiera observar el proceso vería que esa pequeña bellota moriría para que pudiera crecer de ella un roble majestuoso. La bellota puede aislarse y existir para sí misma pero nunca llegaría a realizar el plan con que fue concebida. En forma similar, la semilla para llegar a ser lo que Dios quiere que seamos tiene que ser sembrada en cada hijo de Dios.

Jesús dijo: "Ha llegado la hora para que el Hijo del Hombre sea glorificado. De cierto, de cierto os digo, que si el grano de trigo no cae en la tierra y muere, queda solo; pero su muerte lleva mucho fruto" (Juan 12:23,24). Como la oruga que se adosa voluntariamente al árbol para colgar cabeza para abajo, debemos darnos cuenta de que la senda hacia arriba primero es para abajo. Para ser glorificado Jesús tuvo que morir primero. También nosotros tenemos que morir a quienes fuimos en Adán y rendir todos nuestros sueños de autoglorificación en la carne, optando gozosamente por glorificar a Dios en nuestros cuerpos.

No dolor, no ganancia

Si todos conociéramos perfectamente la verdad nadie optaría por vivir su vida independientemente de Dios. Ninguno de nosotros se robaría las bendiciones de Dios para satisfacer temporalmente a la carne. Todos nos negaríamos regocijados, tomaríamos nuestra cruz diariamente y le seguiríamos. Inspirado por Dios, Pablo supo que nosotros no entenderíamos plenamente todo lo que tenemos en Cristo, "que nos bendijo con toda bendición espiritual en los lugares celestiales en Cristo" (Efesios 1:3). Así que, después de hacer la lista de todas estas bendiciones, Pablo dice que oró, "alumbrando los ojos de vuestro entendimiento, para que sepáis cuál es la esperanza a que él os ha llamado, y cuáles las riquezas de la gloria de su herencia en los santos" (Efesios 1:18).

El problema es que el "yo" nunca echará fuera al "yo". Tenemos que ser conducidos a hacer eso por el Espíritu Santo. Eso es lo que Pablo quiso decir con "porque nosotros que vivimos, siempre estamos entregados a muerte por causa de Jesús, para que también la vida de Jesús se manifieste en nuestros cuerpos" (2 Corintios 4:11). Esto es, a menudo tenemos que luchar por vencer el pecado aunque hayamos muerto ya a él. Tal lucha puede parecer como cosa negativa pero realmente es para nuestro beneficio. Permita que ilustre con otra analogía. Si usted viera una mariposa que lucha por salir de su capullo, ¿le ayudaría? Eso pareciera ser lo amable de hacer, pero no lo es porque esa lucha es, en parte, lo que da a la mariposa la fuerza para volar. Usted interferiría en realidad el potencial de vuelo de la mariposa. Lo mismo rige para un pichón de águila que esté saliendo de su huevo.

Que andemos con los pavos o nos remontemos con las águilas a los lugares celestes es algo muy relacionado con nuestra voluntad de vencer los efectos residuales de nuestro pasado. Juan escribe. "El que venciere heredará todas las cosas, y yo seré su Dios, y él será mi hijo" (Apocalipsis 21:7). No dolor, no ganancia, parece ser un principio de la vida. Por tanto, "si soportáis la disciplina, Dios os trata como hijos" (Hebreos 12:7).

Si no tuviéramos una parte en vencer el poder del pecado entonces, probablemente, todos nos revolcaríamos en él. Que nuestro crecimiento espiritual está conectado con nuestros esfuerzos para vencer el pecado queda claro en 1 Juan 2:12-14, donde leemos que los "hijitos" superaron la penalidad del pecado pero los "jóvenes" en la fe han vencido al malo y el poder del pecado. Debemos recordar siempre que el dios de este mundo y el príncipe de la potestad del aire está siempre rondando, como león hambriento que busca a quien devorar. Aprender cómo resistir al diablo y crucificar la carne es parte crítica de crecer en Cristo. La carne desea pecar pero nuestra naturaleza nueva en Cristo desea vivir justamente. Juan Calvino escribió:

> La vida del cristiano es un esfuerzo y ejercicio continuos por mortificar la carne hasta que esté supremamente muerta y el Espíritu de Dios reine en nosotros. Por tanto, pienso que aprovecha mucho aquel que haya aprendido a estar muy desagradado consigo mismo, para no pegarse fácilmente en este lodo y no progresar más, sino más bien, se precipita a Dios y le anhela para que, habiendo sido injertado en la vida y muerte de Cristo, pueda prestar atención al arrepentimiento continuo. Verdaderamente, aquellos sostenidos por un aborrecimiento real, del pecado no pueden hacer otra cosa. Pues nadie odia el pecado si no ha sido previamente tomado por el amor a la justicia.[17]

Como cristianos ya no estamos en Adán porque estamos en Cristo. "Porque así como *en Adán* todos mueren, también *en Cristo todos serán vivificados*" (1 Corintios 15:22, énfasis del autor). Debido a nuestra posición en Cristo ya no estamos más "en la carne" pero como la carne permanece después de la salvación, podemos aún optar por andar conforme a ella (esto es, podemos elegir vivir como hombre natural, en la forma en que lo hicimos antes de nacer de nuevo). Pablo dijo: "Fue hecho el primer hombre Adán alma viviente; el postrer Adán, espíritu vivificante" (1 Corintios 15:45). Podríamos resumir quienes somos mirando el gráfico siguiente:

Quienes somos

En Adán		En Cristo
(1 Corintios 15:22a)		(1 Corintios 15:22b)
viejo hombre	*por ancestro*	nuevo hombre
pecador (Efesios 2:1-3)	por naturaleza	partícipe de la naturaleza divina (2 Pedro 1:4)
en la carne (Romanos 8:8)	*por nacimiento*	en el Espíritu (Romanos 8:9)
andar según la carne (Gálatas 5:19-21)	*por opción*	andar según el Espíritu (Gálatas 5:22,23) o según la carne.

El papel clave del amor en la santificación

Si una persona fuera un hijo de Dios plenamente santificado, estaría libre de su pasado y sería como Cristo en Su carácter, el cual es amor. Pablo dice: "Pues el propósito de este mandamiento es el amor nacido de corazón limpio, y de buena conciencia, y de fe no fingida" (1 Timoteo 1:5). La santificación no es nada a menos que Dios viva en nosotros para perfeccionar Su naturaleza en nosotros.

El hecho que Dios sea amor, hace del amor el centro de nuestra vida cristiana. Conocer a Dios y unirse con Él por medio de Cristo significa llevar una vida de amor. Glenn Hinson comenta:

> ¿Qué podemos hacer para obtener pureza de corazón? La respuesta a esto es: rendirse, abandonarse, someterse, entregarse, humillarse, darse a Dios. Por aptos que seamos en la educación, la comprensión de uno mismo o la formación, no podemos transformar lo impuro en puro, lo pecador en lo santo, lo no amable en lo amable. Dios sólo puede hacer eso. El solo amor de Dios puede realizar el milagro requerido. Si nos entregamos el amor vendrá y limpiará y purificará y transformará.[18]

Jesús dijo: "Un mandamiento nuevo os doy: Que os améis unos a otros, como yo os he amado, que también os améis unos a otros" (Juan 13:34). ¿Por qué era un mandamiento nuevo? ¿No fue siempre mandado amarse uno a otro? En realidad, apartados de Cristo no podemos. Lo que hace tan diferente el amor de Cristo de nuestro amor natural, es que Su amor no depende de su objeto. Dios nos ama, no porque seamos amables sino porque Su naturaleza es amarnos —"Dios es amor" (1 Juan 4:8). Esta es la única explicación de la seguridad de que el amor de Dios es incondicional. Por el contrario, el amor humano es selectivo: "Porque si amáis a los que os aman, ¿qué mérito tenéis? Porque también los pecadores aman a los que los aman" (Lucas 6:32). El amor de Dios, cuando llega a nosotros, nos faculta para amar como Él. "Amamos porque Él nos amó primero" (1 Juan 4:19). En otras palabras, debido a que hemos llegado a ser partícipe de la naturaleza divina, que es amor, podemos, por gracia de Dios, amar al que no es amable.

Podemos entender mejor el significado de la palabra *ágape* (amor) de la Escritura cuando nos damos cuenta de que puede usarse simultáneamente como verbo y sustantivo. Cuando se emplea como sustantivo (*ágape*) se refiere al carácter de Dios porque Dios es amor, por ejemplo, "el amor es paciente, el amor es amable" (1 Corintios 13:4) porque Dios es paciente y amable. Cuando se usa como verbo (*ágape*) describe entonces las acciones sacrificadas hechas por aquel que procura suplir las necesidades del prójimo: "Porque de tal manera amó Dios al mundo, que ha dado a su Hijo unigénito..." (Juan 3:16). El único propósito de Jesús era hacer la voluntad de Dios (Juan 4:34) hasta el extremo de sufrir como sufrió en Getsemaní: "Padre... no se haga mi voluntad, sino la tuya" (Lucas 22:42).

Podría decirse que la evidencia de Juan 3:16 que se cumple en nuestras vidas está descrita en 1 Juan 3:16-18:

En esto hemos conocido el amor, en que él puso su vida por nosotros; también nosotros debemos poner nuestras vidas por los hermanos. Pero el que tiene bienes de este mundo y ve a su hermano tener necesidad, y cierra contra él su corazón, ¿cómo mora el amor de Dios en él? Hijitos míos, no amemos de palabra ni de lengua, sino de hecho y en verdad.

Este pasaje subraya un punto importante: La capacidad de hacer cosas amorosas por otras personas surge de la naturaleza y carácter de Dios dentro de nosotros. No somos llamados primero a hacer lo que parecen ser cosas amorosas por el prójimo; somos llamados primero a ser como Cristo. Las obras de amor fluyen de nuestra nueva naturaleza en Cristo.

Jesús dijo que el mandamiento más grande es: "Amarás al Señor tu Dios con todo tu corazón, y con toda tu alma, y con toda tu mente. Este es el primero y grande mandamiento. Y el segundo es semejante: Amarás a tu prójimo como a ti mismo. De estos dos mandamientos depende toda la ley y los profetas" (Mateo 22:37-40). El último versículo implica que el propósito final de toda la palabra profética de Dios es enamorarse de Él y la humanidad. El amor por Dios es lo que debe impeler todas nuestras acciones. Henry Scougal comenta:

El amor es esa pasión potente y prevaleciente por la cual son determinadas todas las facultades e inclinaciones del alma, y de las cuales depende su perfección y felicidad. El valor y la excelencia de un alma debe medirse por el objeto de su amor. El que ama cosas malas y sórdidas se vuelve, por ello, bajo y vil pero el afecto noble y bien depositado avanza y mejora el espíritu a un conformarse con las perfecciones que ama. La imagen de ésta se presentan frecuentemente a la mente y, por una fuerza y energía secretas, se insinúan en la constitución misma del alma y la moldean y modelan a su propia semejanza ... La verdadera manera de mejorar y ennoblecer nuestras almas es fijando nuestro amor en las perfecciones divinas, para que las tengamos siempre delante de nosotros y derivemos una impresión de ellas en nosotros mismos.... [19]

El amor es lo que fundamentalmente nos mueve. "Agustín dijo que todo mal viene del amor desordenado, pues es el amor el que me mueve adonde voy. El amor es mi fuerza de gravedad" *Amor meus, pondus meum*, "Mi amor es mi peso". Voy donde mi amor me mueva. Por eso todas las personas van o a Dios y el cielo o se alejan de Dios hacia el infierno".[20] Peter Kreeft dice: "Mi identidad y mi destino eterno están determinados por mi amor. Lo que amo se vuelve mi fin y mi fin es mi destino..." Más adelante manifiesta que la historia de la vida es:

> El drama de dos amores, la vieja historia del "eterno triángulo": ¿Con quién me casaré? ¿Dios, mi verdadero amado? O ¿con algún ídolo y, de este modo, finalmente conmigo mismo? Esa es la opción fundamental, la pregunta fundamental de toda vida humana. Eso es lo que decide el cielo o el infierno. Comparados con esto hasta la claridad del pensamiento y el sentirse feliz resultan triviales.[21]

En Efesios 5:22-33 leemos que la iglesia santificada es la novia de Cristo. El Señor Jesús quiere "presentársela a sí mismo, una iglesia gloriosa, que no tuviese mancha ni arruga ni cosa semejante, sino que fuese santa y sin mancha" (versículo 27). El lenguaje de aquí y el de El Cantar de los Cantares es el de un afecto sin freno entre dos amantes, entre Dios y Su pueblo. Esta intimidad y expresión de tanta franqueza en el amor viene con la consagración justa. Henry Scougal dice:

> El *amor* de Dios es una sentido delicioso y afectuoso de la perfección divina que hace que el alma renuncie y se

sacrifique enteramente a Él, deseando por sobre todo complacerle y deleitarse en nada que no sea la confraternización y la comunión con Él, y en estar listo para hacer o sufrir cualquier cosa en aras de Él o a Su placer.[22]

El amor es el punto de partida

La Escritura pinta al amor como el cumplimiento de todos los mandamientos y actos de justicia que demostramos para con el prójimo. Si tal es el caso, entonces es crucial que nosotros nos enfoquemos en el carácter de Dios que es amor. Cuando nos enfocamos en la fuente de vida daremos fruto y el fruto del Espíritu es amor (Gálatas 5:22). Fíjese que el fruto del Espíritu es *singular* (esto es, el versículo no dice frutos), el cual es amor. Los otros rasgos de la lista de Gálatas 5:22-23: gozo, paz, paciencia, etcétera, son características del amor. La característica de la nueva persona (o la característica primordial de la santificación) es el amor.

El amor es el cumplimiento de todos los mandamientos éticos. No es hacer esto o aquello sino amar de tal manera que el hacer fluya. Pablo dice: "El que ama al prójimo, ha cumplido la ley" (Romanos 13:8). Peter Kreeft observa esto:

> Una de las cosas que queremos decir cuando decimos que el amor es el cumplimiento de la ley, es que cuando no amamos a una persona, nos es difícil o imposible cumplir la ley moral tocante a esa persona; pero cuando amamos a alguien, es posible, hasta fácil, aun inevitable y positivamente delicioso hacer lo que nos manda la ley moral. Cuesta mucho hacer buenas obras a quien uno desprecia, pero es gozo hacer las mismas obras para quien uno ama.[23]

El contraste entre los actos de la naturaleza vieja (la carne) y el fruto del Espíritu es la diferencia entre vida y muerte. Las obras hechas en la carne sin vida son actos muertos; el fruto sólo es producido por algo vivo. La carne puede realizar ciertos actos pero el fruto del Espíritu produce carácter.

Ser perfeccionado en amor es la meta última del ser santificado en Cristo. San Juan de la Cruz dijo: "En el ocaso de nuestras vidas, seremos juzgados por la manera en que hemos amado".[24] El poder y la centralidad del amor en la santificación se aprecia en el himno, "Jesús, yo te amo":

> *Jesús yo te amo que mío eres sé.*
> *Ya todo pecado por ti dejaré...*

En cuanto nos enamoramos de Dios y todo lo que es verdadero y bueno, naturalmente (mejor dicho, sobrenaturalmente) nos enamoraremos de todos los demás creados a imagen de Dios. "El que ama a Dios, ame también a su hermano" (1 Juan 4:21). El amor de Dios sencillamente nos impele a hacer eso. Henry Scougal escribió: "Un alma así poseída con el amor divino debe ampliarse para con toda la humanidad en un afecto sincero ilimitado, debido a la relación que tienen con Dios siendo Sus criaturas y teniendo algo de Su imagen estampada en ellos".[25]

La naturaleza del amor santo corresponde con el morir al viejo hombre y llegar a ser el nuevo. Nos movemos desde un tipo carnal de amor, que ama al prójimo debido a lo que ellos hacen por nosotros. Ese "amor" busca satisfacer sus propias lujurias. En realidad, es amor por sí mismo, que procura satisfacer sus propias necesidades. Es condicional porque dice "te amo si me amas". Depende mucho de su objeto. Por el contrario, el amor santificado es sacrificado y no depende de su objeto. Henry Scougal captó bien esa verdad con las siguientes palabras:

> El amor perfecto es una especie de irse a la deriva de uno mismo, un deambular fuera de nosotros mismos; una especie de muerte voluntaria en que el amante muere a sí mismo y a todo su propio interés, sin pensar ni interesarse más en eso, sin importarle nada sino la manera en que puede complacer y gratificar al ser amado. Así, pues, éste está completamente indefenso a menos que encuentre reciprocidad de afecto; si se descuida y el otro no considera su afecto, puede sufrir mucho. Pero si es amado, es como si reviviera y vive en el alma y afecto de la persona a quien

ama; y ahora empieza a preocuparse de sus propios intereses no tanto porque sean suyos sino porque al amado le complace tener intereses en ellos. Él se vuelve querido para sí mismo porque lo es para el otro.[26]

Lo
COMÚN
HECHO
Santo
7

Los agentes de la santificación

Como todas las cosas que pertenecen a la vida y a la piedad nos han sido dadas por su divino poder, mediante el conocimiento de aquel que nos llamó por su gloria y excelencia..

2 Pedro 1:3

Cuando yo (Neil) crecí en una granja de Minnesota, la primavera era una época atareada de preparar el suelo y sembrar nuestras semillas. Un método de siembra se llamaba *transmisión*. Sencillamente se echan las semillas sobre la superficie de la tierra. Por supuesto, algunas semillas nunca echaron raíz pero la mayoría lo hacían si llovía. Para diseminar las semillas usábamos una sembradora de válvula trasera que montábamos en la parte de atrás de un carro. Un tractor tiraba el carro que hacía la transmisión. Este trabajo requería, por lo menos dos personas, uno que manejara el tractor y otro que se sentara en el carro para mantener llena la sembradora.

Aunque la sembradora hacía realmente la transmisión, la fuerza para sembrar la semilla estaba en el tractor, no en la sembradora. Si se paraba el tractor, se paraba la siembra. Pero la siembra también se detenía si la sembradora se atascaba o no funcionaba. Si pasaba esto último, el tractor todavía podía seguir supliendo toda la fuerza y mantener una senda recta pero estrecha hacia el final del surco.

Nosotros, como cristianos, somos como la sembradora. Tenemos el privilegio de sembrar la semilla, cultivarla y regar las plantas pero Dios hace crecer. Fíjese que ambos, nosotros y Dios, estamos metidos en el proceso: si nosotros no plantamos y no regamos nada crece, pero si Dios no lo hace crecer, no habrá cosecha. Él también proporciona la semilla que somos llamados a sembrar: "Y el que da semilla al que siembra, y pan al que come, proveerá y multiplicará vuestra sementera, y aumentará los frutos de vuestra justicia" (2 Corintios 9:10). En su primera carta a los corintios Pablo dice:

> *Yo planté, Apolos regó; pero el crecimiento lo ha dado Dios. Así que ni el que planta es algo, ni el que riega, sino Dios, que da el crecimiento. Y el que planta y el que riega son una misma cosa; aunque cada uno recibirá su recompensa conforme a su labor. Porque nosotros somos colaboradores de Dios, y vosotros sois labranza de Dios, edificio de Dios (1 Corintios 3:6-9).*

Desde la germinación a la cosecha, nuestra santificación es primero y principalmente obra de Dios. Él es Aquel que maneja el tractor, que suple toda la fuerza y Él también proporciona toda la semilla. Él es la fuente de la vida divina que es necesaria para nuestro crecimiento. No tenemos recursos en nosotros mismos, para vencer el poder del pecado aún presente en nuestras vidas. La Escritura manifiesta muy claramente que la santificación es la obra de Dios. Al mismo tiempo, la escritura también enseña la necesidad de que asumamos nuestra responsabilidad por el continuo proceso de santificación. Eso es exactamente lógico puesto que la santificación involucra el cambio de nuestro propio yo, lo cual incluye nuestro pensamiento, nuestras emociones y nuestra voluntad.

Hay una distinción real entre lo que Dios ha hecho y hará y lo que es nuestra responsabilidad. En el siguiente gráfico hay una línea dibujada. Todo lo del lado izquierdo es responsabilidad de Dios y todo lo del derecho es nuestra responsabilidad.

Gracia soberana de Dios	Responsabilidad del hombre

No podemos hacer lo que Dios ya ha hecho y hará por nosotros. Podemos tratar de salvarnos pero no haremos nada. No debemos tratar de ser la conciencia de otra persona ni hacer promesas que solamente Dios puede hacer. Podemos y debemos descansar en la obra terminada de Cristo, confiar en la gracia soberana de Dios para ser fiel a Su Palabra, y tener confianza en que Él seguirá siendo y haciendo todo eso que dijo, que sería y haría.

Al lado derecho de la línea está nuestra responsabilidad, que ha sido claramente revelada en la Palabra de Dios. Él no hará por nosotros lo que Él nos ha llamado a hacer. En un sentido muy real no puede. Él puede hacer solamente eso que es consistente con Su santa naturaleza y no puede desviarse de Su Palabra. Él tiene que permanecer veraz a Su Palabra. Nada hay sino derrota y desencanto para los cristianos que tienen la expectativa de que Dios haga por ellos lo que Él les ha mandado hacer. Ellos estarán tan derrotados como si trataran de hacer por sí mismos lo que Dios y únicamente Dios puede hacer. Por ejemplo, suponga que hay un 'cristiano' muy difícil en su iglesia. Varias personas se reúnen a orar y le piden a Dios que lo saque. Nada pasa. Así que preguntan, "¿por qué no Dios? Esta es Tu iglesia, ¿por qué no haces algo?"

¿Por qué Dios *no* hace algo? Porque el Señor nos ha dicho claramente que es *nuestra* responsabilidad ir a la persona, primero en forma privada. Si no se arrepiente, entonces tenemos que ir con otros dos testigos y seguir adelante el proceso de disciplina esbozado por Jesús para nosotros en Mateo 18:15-17. La disciplina de la iglesia es nuestra responsabilidad y la convicción interior de pecado es la responsabilidad de Dios.

Si usted llega a meterse a intentar la solución de un conflicto espiritual, entonces se vuelve aun más crítica la necesidad de conocer su responsabilidad en asuntos espirituales. Suponga que alguien sufre un aterrador ataque demoníaco en su cuarto por la noche. Casi paralizado de miedo clama a Dios y le pide que haga algo, pero no parece que Dios hace algo. Así que la persona pregunta, "¿por qué no Dios? Tú eres todopoderoso y sabes lo que estoy pasando justo ahora ¿Por qué no me ayudas? ¡Tú puedes hacer que esto pare!" Cuando el ataque continúa, la persona empieza a cuestionar el amor e interés de Dios por ella y, quizá hasta se pregunte por su salvación. Después de todo, si realmente es hijo de Dios, entonces, ¿su amante Padre celestial no se encargaría de cuidarla?

Por supuesto que sí pero ¿de quién es la responsabilidad de someterse a Dios y resistir al diablo? Dios ha hecho todo lo que Él tiene que hacer para que nosotros vivamos una vida cristiana victoriosa. Él ha derrotado al diablo, perdonado nuestros pecados y nos ha dado vida eterna. Él nos ha equipado con Su Espíritu Santo y ahora estamos sentados con Cristo en los lugares celestiales. Desde esa situación de autoridad tenemos que seguir la obra de Cristo en el planeta Tierra. ¿Tiene que huir de nosotros el diablo si no le resistimos? ¡Probablemente no! Usted no puede estar pasivo tocante a tomar su lugar en Cristo. Usted debe tomar, "toda la armadura de Dios, para que podáis resistir en el día malo, y habiendo acabado todo, estar firmes" (Efesios 6:13).

Cuando fallamos en reconocer los asuntos espirituales por los cuales somos responsables, entonces quedamos listos para decepcionarnos pues pensaremos que, o Dios no está obrando en nuestra vida o que somos unos fracasados espirituales porque las cosas no salen de la manera en que esperamos.

El papel de Dios Padre en nuestra santificación

Dios es el agente primario de nuestra santificación porque Él es la única fuente de vida, justicia, santidad, amor, verdad y así por el estilo. Efectivamente, la santificación es el proceso de Dios que comparte Su vida con y por medio de nosotros. Pablo oró: "Y el mismo Dios de paz os santifique por completo; y todo vuestro ser, espíritu, alma y cuerpo, sea guardado irreprensible para la venida de nuestro Señor Jesucristo. Fiel es el que os llama, el cual también lo hará" (1 Tesalonicenses 5:23,24). La verdad de que Dios es el agente primario de santificación también está demostrada en 2 Pedro 1:3-9 que procede a detallar específicamente el papel de Dios y nuestra responsabilidad.

Lo que Dios ha hecho

Como todas las cosas que pertenecen a la vida y a la piedad nos han sido dadas por su divino poder, mediante el conocimiento de aquel que nos llamó por su gloria y excelencia, por medio de las cuales nos ha dado preciosas y grandísimas promesas, para que por ellas llegaseis a ser participantes de la naturaleza divina, habiendo huido de la corrupción que hay en el mundo a causa de la concupiscencia (versículos 3,4).

Lo que nosotros debemos hacer

Vosotros también, poniendo toda diligencia por esto mismo, añadid a vuestra fe, virtud; a la virtud, conocimiento; al conocimiento, dominio propio; al dominio propio, paciencia; a la paciencia, piedad; a la piedad, afecto fraternal; y al afecto fraternal, amor. Porque si estas cosas están en vosotros, y abundan, no os dejarán estar ociosos ni sin fruto en cuanto al conocimiento de nuestro Señor Jesucristo. Pero el que no tiene estas cosas tiene la vista muy corta; es ciego, habiendo olvidado la purificación de sus antiguos pecados (versículos 5-9).

Dios nos ha dado todo lo que necesitamos para la vida y la piedad; Él ha repartido por igual a todos Sus hijos porque cada cristiano ha sido hecho participante de Su naturaleza divina. Nuestra responsabilidad es hacer todo esfuerzo para agregar a nuestra fe las cualidades del carácter de la bondad, el conocimiento, el dominio propio, la perseverancia, la piedad, el afecto fraternal y el amor. Si lo hacemos así, viviremos vidas efectivas y productivas. Los que no hacen esto han olvidado que están vivos en Cristo y muertos al pecado. ¿Qué deben hacer entonces? ¿Esforzarse más? ¡No! Deben afirmar de nuevo el fundamento de su fe de quienes son en Cristo y consagrarse al crecimiento de su carácter: "Por lo cual, hermanos, tanto más procurad hacer firme vuestra vocación y elección; porque haciendo estas cosas, no caeréis jamás" (2 Pedro 1:10).

Una pregunta que algunos hacen es: "Dios puede habernos dado todo lo que necesitamos pero ¿qué hay del hecho de que Dios no distribuye por igual los dones o talentos espirituales?"

No tenemos que preocuparnos por el monto de la dote espiritual que tengamos porque Dios es justo con todos Sus hijos y no hará que nuestra efectividad y productividad dependa de aquello que Él no ha repartido por igual. Segunda de Pedro 1:3-9 no menciona los dones espirituales para que sepamos que nuestra efectividad no se mide sobre esa base.

Volviendo a nuestra discusión anterior, todo lo que hemos recibido de Dios tiene valor eterno. "Porque somos hechura suya" (Efesios 2:10) y "y la supereminente grandeza de su poder" (Efesios 1:19) obran en nosotros para producir una nueva creación. La palabra griega traducida "hechura es usada a menudo en la Septuaginta (traducción del Antiguo Testamento al griego que se hizo antes de la época de Cristo en la tierra) para referirse a la creación como obra de Dios. Pablo dice en Romanos 14:20 que los creyentes son·"la obra de Dios".

La doctrina bíblica de que varios aspectos de la naturaleza de Dios son dados al creyente es una prueba fuerte, de que la santificación es verdaderamente obra de Dios. Él entra al creyente y lo transforma por Su misma presencia. La santificación es la creciente experiencia de "vida" o "vida eterna" de la cual Dios es la única fuente (*ver* Salmo 36:9; Juan 17:3; Efesios 4:18). Por tanto, nuestra santificación debe ser obra de Dios.

Dios nos disciplina para que podamos participar en Su santidad. En el libro de Hebreos se nos exhorta: "Si soportáis la disciplina, Dios os trata como a hijos; porque ¿qué hijo es aquel a quien el padre no disciplina ?... y aquellos, ciertamente por pocos días nos disciplinaban como a ellos les parecía, pero ésta para lo que nos es provechoso, para que participemos de su santidad" (Hebreos 12:7,10:). Dios no nos castiga por hacer algo malo; Él nos disciplina para nuestro bien para que participemos de Su santidad. Nuestra santidad viene de participar en Su santidad. El hombre no tiene fuente de santidad en sí mismo aparte de Cristo.

Llegar a ser un participante de la santidad de Dios no significa que llegaremos a ser deificados. En otras palabras, no llegamos a ser Dios o un dios. Más bien, recibimos una santidad que es como la de Dios: una santidad que producirá justicia y paz. En la Escritura se nos dice que: "Seguid la paz con todos, y la santidad, sin la cual nadie verá al Señor" (Hebreos 12:14).

Aunque Dios Padre es el agente primario de nuestra santificación, Cristo y el Espíritu Santo también desempeñan papeles en nuestra santificación. Todos, los tres miembros de la Trinidad tienen parte en hacernos santos.

El papel de Cristo en nuestra santificación

Jesús vino para que tengamos vida (Juan 10:10). Para hacer posible eso, los creyentes son unidos a Cristo de modo que Él es la vida de ellos. Todas las frases preposicionales, tan a menudo repetidas, "en Cristo", "en Él", y "en el amado" significan que nuestra alma está unida a Dios. Indican que ahora mismo estamos "vivos en Cristo". Cada faceta del ministerio cristiano depende de esta verdad gloriosa, pues aparte de Cristo nada podemos hacer. Pablo escribió: "Por esto mismo os he enviado a Timoteo, que es mi hijo amado y fiel en el Señor, el cual os recordará *mi proceder en Cristo, de la manera que enseño en todas partes y en todas las iglesias*" (1 Corintios 4:17; énfasis del autor). Richard Longenecker comenta:

En el lenguaje paulino esa realidad de la comunión personal entre los cristianos y Dios, se expresa desde un lado de la ecuación como estando o siendo "en Cristo", "en Cristo Jesús o Jesucristo", "en Él" o "en el Señor"...(unas 172 veces incluyendo las epístolas pastorales). Visto desde el otro lado de la ecuación, la manera habitual con que Pablo expresa esa relación entre Dios y los suyos es con alguna frase como estas: "Cristo por su Espíritu" o "el Espíritu de Dios" o, sencillamente, "el Espíritu" que vive "en nosotros" o "en ustedes o en ti" aunque unas pocas veces dice directamente "Cristo en mí" (como aquí en 2:20; cf. Colosenses 1:27,29; ver también Efesios 3:16,17) o "Cristo en ustedes" (cf. el intercambio de expresiones en Romanos 8:9-11)[1].

Por cada versículo que dice que Cristo está o es en ustedes, hay aproximadamente diez versículos que dicen que usted está o es en Cristo. Según Robert Tannehill, la frase "en Cristo" se refiere a "acción o existencia como es caracterizada por una potestad particular, el poder de Cristo y de Sus actos salvíficos"[2] Esto concuerda con el hecho de que no hay versículos en la Biblia que nos instruyan a procurar el poder, porque ya lo tenemos en Cristo. Pablo dijo en Efesios 1:18,19: "Alumbrando los ojos de vuestro entendimiento, para que sepáis cuál es la esperanza a que él os ha llamado, y cuáles las riquezas de la gloria de su herencia en los santos, y cuál la supereminente grandeza de su poder para con nosotros los que creemos".

Procurar algo que uno ya tiene, puede solamente llevarlo por el camino equivocado. El poder para el cristiano se halla en la verdad, y el poder del diablo está en la mentira. Si usted denuncia las mentiras de Satanás, destruirá su poder porque él es un enemigo verdaderamente derrotado. Satanás ha engañado a todo el mundo (Apocalipsis 12:9); consecuentemente, el mundo está en el poder del malo. Sin embargo, Satanás nada puede hacer tocante a su posición en Cristo. Pero sí puede hacer que usted piense que su posición en Cristo no es real, entonces usted vivirá como si no lo fuera. "Porque no tenemos lucha contra sangre y carne, sino contra principados, contra potestades, contra los gobernadores de las tinieblas de este siglo, contra huestes espirituales de maldad en las regiones celestes" (Efesios 6:12). No se puede exagerar la importancia que tiene para nosotros saber quienes somos en Cristo. El apóstol Juan señala precisamente eso en 1 Juan 5:18-21:

Sabemos que todo aquel que ha nacido de Dios, no practica el pecado, pues Aquel que fue engendrado por Dios le guarda, y el maligno no le toca. Sabemos que somos de Dios, y el mundo entero está bajo el maligno. Pero sabemos

*que el Hijo de Dios ha venido, y nos ha dado entendimiento
para conocer al que es verdadero; y estamos en el verdadero, en su Hijo, Jesucristo. Este es el verdadero Dios, y
la vida eterna. Hijitos, guardaos de los ídolos. Amén.*

Podemos decir entonces que Cristo es el mediador de la obra
santificadora de Dios. Él es el mediador de la nueva creación tal
como fue el original (*ver* Colosenses 1:16; Hebreos 1:2). "Porque
somos hechura suya, creados en Cristo Jesús para buenas obras, las
cuales Dios preparó de antemano para que anduviésemos en ellas"
(Efesios 2:10). La nueva creación "en Cristo" también se ve efectuada en la solidaridad de la unión con Él en cuanto cabeza o
representante de la nueva humanidad. James Dunn comenta:

En cuanto concierne a Pablo, su experiencia religiosa
total se caracteriza por depender de Jesús como Señor; no
es meramente la experiencia filial sino la experiencia filial
de Jesús hecha posible por el Espíritu; no es meramente la
experiencia de la gracia sino la experiencia de la gracia de
Cristo; no es meramente la experiencia del Espíritu, de la
vida y la muerte sino la experiencia del Espíritu de Cristo,
la experiencia de esa muerte que Jesús murió, de esa vida
que Jesús vive. En resumen, es experiencia de Jesús, conciencia de Cristo, esto es, el reconocimiento de la impresión del carácter de Cristo en la experiencia de Pablo y su
obra: formación de vida y muerte que reproduce la muerte
y la vida de Jesús, no precisamente de modo accidental sino
como acción intencional del poder divino. Consecuentemente, Jesús no es meramente el primer cristiano, Él es el
Cristo; Él no es meramente el hombre típico atrapado en el
pasar de los siglos, Él es el hombre arquetípico, el último
Adán. Al final del día la experiencia religiosa del cristiano no
es meramente experiencia como la de Jesús, es experiencia
en que todas las características y puntos distintivos derivan
de Jesús el Señor y que solamente tiene sentido cuando se
reconoce este carácter derivado y dependiente.[3]

El continuo proceso de santificación es un caminar con Dios "en Cristo". Fíjese en lo que dijo Jesús en la invitación más grande que se haya extendido a la humanidad: "Venid a mí todos los estáis trabajados y cargados, y yo os haré descansar. Llevad mi yugo sobre vosotros, y aprended de mí, que soy manso y humilde de corazón; y hallaréis descanso para vuestras almas; porque mi yugo es fácil, y ligera mi carga" (Mateo 11:28-30). Jesús no dijo que fuéramos a la sinagoga o nos sometiéramos a un programa. Dijo: "Venid a Mí" —vengan a Mi presencia y yo les daré descanso. "Por tanto, queda un reposo para el pueblo de Dios. Porque el que ha entrado en su reposo, también ha reposado de sus obras como Dios de las suyas" (Hebreos 4:9,10). Este reposo tan necesario en el Señor no es abdicar de nuestra responsabilidad ni cesar de trabajar. Más bien, es practicar la presencia de Dios y vivir por fe en el poder del Espíritu Santo. Si tratamos de servir al Señor caminando conforme a la carne, nos quemaremos.

Cuando Jesús enseñaba principios espirituales, a menudo usaba ilustraciones a las cuales podía relacionarse con la gente de Su época. Él estaba especialmente familiarizado con las ilustraciones y las metáforas referidas a la carpintería, pues fue criado en el hogar de un carpintero. Los carpinteros de aquella época hacían yugos y puertas, ideas ambas que usa el Señor para hablar de Sí mismo. El yugo de Mateo 11:28-30 era una pesada barra de madera que se ponía sobre los lomos de dos bueyes. La única forma en que el yugo pudiera funcionar era si ambos bueyes estaban unidos y tiraban juntos. Si sólo uno trataba de usar el yugo, era cosa para irritarse, trabarse y no podía trabajar. Cuando un agricultor tenía que domar a un buey nuevo, lo unía al yugo con un buey más viejo y experimentado que había aprendido a obedecer por las cosas que sufrió (*ver* Hebreos 5:8). El buey más viejo sabía que había por delante todo un día de trabajo y sabía que era mejor caminar que correr. Sabía que no debía desviarse a derecha o izquierda porque esos desvíos solamente traían más trabajo y castigo.

El buey joven a menudo se inquieta porque piensa que el ritmo es un poco lento, así que puede probar de adelantarse sólo para agotarse antes de mediodía. Y si se tienta a desviarse a la izquierda o derecha, pronto tendrá un cuello dolorido. No pasa mucho tiempo para que el buey joven se dé cuenta que quizá el buey más viejo sabe lo que hace, así que es mejor tranquilizarse y aprender de aquel que sabe donde va y cómo llegar allí.

¿Qué aprendemos de todo esto? Vivir un día por vez. Aprender la prioridad de las relaciones. Y aprender las maneras bondadosas de Dios.

¿No has sabido, no has oído que el Dios eterno es Jehová, el cual creó los confines de la tierra? No desfallece, ni se fatiga con cansancio, y su entendimiento no hay quien lo alcance. Él da esfuerzo al cansado, y multiplica las fuerzas al que no tiene ninguna. Los muchachos se fatigan y se cansan, los jóvenes flaquean y caen; pero los que esperan a Jehová tendrán nuevas fuerzas; levantarán alas como las águilas; correrán, y no se cansarán; caminarán, y no se fatigarán (Isaías 40:28-31).

El papel del Espíritu Santo en nuestra santificación

No parece haber muchas referencias bíblicas que enseñen explícitamente que la santificación progresiva es hecha por el Espíritu Santo. Algunas de estas referencias a la obra santificadora del Espíritu parecen destacar solamente el aspecto situacional, esto es, la persona es puesta aparte para Dios por la obra del Espíritu. Por ejemplo, Pablo dice en 2 Tesalonicenses 2:13: "Dios os haya escogido desde el principio para salvación, mediante la santificación por el Espíritu y la fe en la verdad". Sin embargo, hay algunos eruditos como F. F. Bruce, que creen que 2 Tesalonicenses 2:13 se refiere al aspecto presente de nuestra santidad. Comentando este versículo Bruce dice: "La santificación es la obra presente del Espíritu en los creyentes; será completada en la *parusía*, cuando Cristo "venga en aquel día para ser 'glorificado' en sus santos" (1:10)"[4]

Sin embargo, es claro que Pablo *atribuye* el proceso continuo de santificación directamente al Espíritu Santo (1 Tesalonicenses 4:3-8). En el versículo 3 expresa que Dios nos ha llamado a "ser santificados". En los versículos 7,8 leemos que Dios no nos ha llamado a inmundicia "sino a santificación". El versículo 8 prosigue entonces a conectar la presencia del Espíritu Santo con la discusión de Pablo sobre nuestra santificación: "Así que, el que desecha esto, no desecha a hombre, sino a Dios, que también os dio su Espíritu Santo".

Aunque la palabra "santificación" en el presente sentido progresivo no es a menudo enlazada directamente al Espíritu, esa conexión *es* implícita en muchas referencias. Por ejemplo, el fruto real de la santificación es producido por el Espíritu como dice Gálatas 5:22,23; el amor de Dios es derramado en nuestra vida por medio del Espíritu Santo (Romanos 5:5), las exigencias de la ley son obradas por medio del Espíritu (Romanos 8:4); es por el Espíritu que matamos las malas obras del cuerpo (Romanos 8:13,14) y somos renovados por el Espíritu (Tito 3:5).

Jesús, en Su preocupación de que aún vivimos en un mundo caído rogó esto al Padre: "No ruego que los quites del mundo, sino que los guardes del mal. No son del mundo, como tampoco yo soy del mundo. Santifícalos en tu verdad; tu palabra es verdad" (Juan 17:15-17). Es el Espíritu Santo quien nos guía a toda verdad (Juan 16:13). Este puede ser el ministerio más grande del Espíritu Santo, que es primero y principalmente "el Espíritu de verdad" (Juan 14:17). Como veremos en el próximo capítulo, la verdad es el medio por el cual somos santificados.

La obra de nuestra santificación, entonces, tiene todo su origen en Dios. Comprende al Padre, al Hijo y al Espíritu en su habitual relación de obra como Trinidad. Podemos decir que 1) el Padre es el iniciador de la santificación; 2) Cristo es el mediador cuya obra salvífica en la muerte y la resurrección proporciona la base de nuestra santificación; y, 3) es el Espíritu Santo quien realmente viene a toda creación a sustentarla y vivificarla. Él es Aquel que habita al creyente para aplicar la obra santificadora de Cristo y producir la unión personal con todos los miembros de la Trinidad

Nuestro papel en nuestra santificación

Puesto que somos lo que somos por la gracia de Dios y Él es el agente primario de nuestra santificación, ¿debiéramos sencillamente soltar todo y dejar que Dios se encargue de hacernos santos? ¿El papel que nosotros desempeñamos en nuestra santificación es únicamente pasivo? La Escritura enseña claramente que este no es el caso. Ambas dimensiones, la divina y la humana, son vistas en el pasaje del Antiguo Testamento, Levítico 20:7,8: "Santificaos, pues, y sed santos, porque yo Jehová soy vuestro Dios. Y guardad mis estatutos, y ponedlos por obra. Yo Jehová que os santifico". La misma verdad es enseñada en el Nuevo Testamento en Filipenses 2:12,13: "Ocupaos en *vuestra* salvación con temor y temblor, porque Dios es el que en vosotros produce así el querer como el hacer por su buena voluntad" (énfasis del autor). Aunque es verdad que somos salvados cuando nacemos de nuevo y puesto en Cristo, de todos modos se nos exhorta a participar activamente en nuestra restauración a la integridad o santidad.

La palabra griega para "ocupaos" (*katergazomai*) significa "ejecutar, producir, crear".[5] Moses Silva, comentarista de la Biblia, dice: "Es imposible atenuar la fuerza con que Pablo señala aquí a nuestra actividad consciente en la santificación... nuestra salvación, la cual confesamos que es de Dios de principio a fin, es aquí descrita como algo que nosotros debemos producir".[6]

Pablo describe, más adelante en Filipenses, su propia actividad en su crecimiento con los términos de un corredor: "Hermanos, yo mismo no pretendo haberlo ya alcanzado; pero una cosa hago: olvidando ciertamente lo que queda atrás, y extendiéndome a lo que está delante, prosigo a la meta, al premio del supremo llamamiento de Dios en Cristo Jesús" (3:13,14). El premio al cual están convocados todos los creyentes, es "la culminación de toda la obra de salvación".[7] Esta meta o premio es la completación de nuestra santificación o nuestra conformación a Cristo.

Haciendo nuestra parte

Hay un relato sobre un pastor que se regocijaba mucho en trabajar en el jardín. Un raro día libre, uno de sus diáconos lo encontró trabajando en su jardín: "Vaya, el Señor ciertamente le dio un bello jardín— dijo al pastor—. Éste respondió: —¡Bueno, le agradezco mucho pero usted debiera haberlo visto cuando Dios lo tenía para Él!" En forma similar, cuando se trata de sembrar y cosechar para el reino de Dios, el Señor ha optado soberanamente por permitirnos participar en Su obra.

La iglesia, que está compuesta de todos los creyentes, tiene algo en común con una tienda de artefactos eléctricos. Cada artefacto es creado para un propósito específico, pero ninguno puede hacer nada sin electricidad. Vienen en todas las formas y todos los colores, pero nunca cumplirán su propósito a menos que reciban corriente eléctrica de una estación generadora. Por sí mismo ni siquiera sirven como buenos muebles o adornos para la casa, pero con el movimiento de una palanca o un botón reciben energía para cumplir su propósito. El tostador hace tostadas, la cafetera filtra café, y el refrigerador conserva nuestra comida. Sería necio decir que un artefacto es mejor que otro, pues todos fueron diseñados con un propósito diferente.

Esa ley rige para todos los cristianos también, y se supone que no mantengamos oculta nuestra obra. El Señor no recibirá gloria si no hacemos buenas obras o no dejamos que brille nuestra luz. Tampoco recibirá gloria si atraemos la atención a nosotros tratando de hallar una existencia con sentido sin estar 'enchufados' en Él. Jesús dijo: "Vosotros sois la luz del mundo; una ciudad asentada sobre un monte no se puede esconder. Ni se enciende una luz y se pone debajo de un almud, sino sobre el candelero, y alumbra a todos los que están en la casa. Así alumbre vuestra luz delante de los hombres, para que vean vuestras buenas obras, y glorifiquen a vuestro Padre que está en los cielos" (Mateo 5:14-16).

Un esfuerzo combinado

¿Cuánto se cumpliría para gloria de Dios en esta actual edad de la iglesia si tratáramos de hacer todo por nosotros mismos? ¡Nada! ¿Cuánto se cumpliría si nos sentáramos en cierta "santa piedad" y esperáramos que Dios lo hiciera todo? Evidentemente nada, porque Dios ha querido que todo se haga por medio de la iglesia. Pablo escribió:

Para que la multiforme sabiduría de Dios sea ahora dada a conocer por medio de la iglesia a los principados y potestades en los lugares celestiales, conforme al propósito eterno que hizo en Cristo Jesús nuestro Señor, en quien tenemos seguridad y acceso con confianza por medio de la fe en él; por lo cual pido que no desmayéis a causa de mis tribulaciones por vosotros, las cuales son vuestra gloria (Efesios 3:10-13 énfasis añadido).

No podemos tomar nuestro lugar en Cristo pasivamente, ni tampoco resistir pasivamente al maligno. Se nos dice: "Vestíos del Señor Jesucristo, y no proveáis para los deseos de la carne" (Romanos 13:14). ¿Qué pasa si no tomamos activamente nuestro lugar en Cristo? ¿Qué pasa si hacemos provisión para la carne? Se nos dice que tomemos toda la armadura de Dios, ¿qué pasa si no la tomamos? El Señor dice que no usemos nuestros cuerpos como instrumentos de injusticia (Romanos 6:12,13), ¿qué pasa si lo hacemos? Se nos dice que llevemos cautivo todo pensamiento a la obediencia de Cristo (2 Corintios 10:5), ¿qué pasa si no lo hacemos? En el mejor de los casos ciertamente dejaremos de llevar fruto y, en el peor, seremos completamente derrotados.

Porque Dios obra, nosotros obramos

Somos salvados por fe y santificados por fe pero la fe sin obras es muerta según nos dice Santiago:

Hermanos míos, ¿de qué aprovechará si alguno dice que tiene fe, y no tiene obras? ¿Podrá la fe salvarle?...Así tambié la fe, si no tiene obras, es muerta en sí misma. Pero alguno dirá: Tú tienes fe, y yo tengo obras. Muéstrame tu fe sin tus obras, y yo te mostraré mi fe por mis obras (2:14,17,18).

Si una persona es un verdadero cristiano entonces lo demostrará por los frutos y por la manera en que vive. Lo que la persona hace, sus actos, no son más que el resultado de todo lo que ha creído que debe hacer, teniendo en cuenta también el análisis de todo lo que le han dicho que haga. En las Escrituras se nos enseña que en la santificación hay justicia y obras "nuestras" o "suyas", esto es, las obras son aquellas del creyente y no sólo de Dios. Por ejemplo,

Deuteronomio 6:25 dice: "Y *tendremos* justicia cuando cuidemos de poner por obra todos estos mandamientos delante de Jehová nuestro Dios, como él nos ha mandado" (énfasis del autor). Pablo dice que Aquel que le da las semillas para sembrar "aumentará los frutos de *vuestra* justicia" (2 Corintios 9:10; énfasis añadido) y también habla "de la obra de *vuestra* fe" (1 Tesalonisenses 1:3; énfasis del autor). Juan dice: "el que hace justicia es justo" (1 Juan 3:7).

En el proceso de santificación estamos unidos con Cristo y debemos tirar juntos bajo Su dirección y por Su poder. Inapropiado resulta hablar de sinergia, esto es Dios hace una parte y el hombre hace la otra parte. La obra de Dios siempre es iniciativa y primaria y nuestra obra depende de Él. Aun así, la Escritura muestra claramente la necesidad de nuestra obra. La relación entre la obra de Dios y nuestra obra está bien establecida por John Murray:

> La obra de Dios en nosostros no se suspende porque nosotros obremos, ni nuestro obrar se suspende porque Dios obre. Tampoco es la relación estrictamente de cooperación como si Dios hiciera Su parte y nosotros la nuestra, de modo que la conjunción o coordinación de ambas produjera los resultados requeridos. Dios obra y nosotros también obramos. Todo obrar ocupado en la salvación por parte nuestra, es el efecto de la obra de Dios en nosotros....Aquí tenemos no solamente la explicación de toda actividad aceptable de nuestra parte sino también tenemos el incentivo para nuestro querer y hacer....Mientras más persistentemente activos seamos al obrar, más persuadidos seremos de que toda la gracia y poder energizantes son de Dios.[8]

Según Efesios 2:10, nuestras buenas obras ya están preparadas, pero nosotros debemos andar en ellas. Comentando este pasaje Karl Barth dijo: "Lo distintivo de la ética cristiana o teológica es que no tenemos que ejecutar nada sin recordar que somos llevados".[9] El hecho de que la obra de Dios sea anterior y primaria significa que la santificación es, en última instancia, cuestión de fe, tal como es la justificación. No partimos de la esfera de la fe cuando nos movemos de la justificación a la santificación. No somos justificados por fe y, luego, santificados por obras. Si tomamos por esa ruta Pablo saldría de su tumba a decir de nuevo: "¡Oh, gálatas insensatos! ¿quién os fascinó.... Esto sólo quiero saber de vosotros: ¿Recibisteis el Espíritu por las obras de la ley, o por el oír con fe? ¿Tan necios sois? ¿Habiendo comenzado por el Espíritu, ahora vais a acabar por la carne? (3:1-3).

Qué hace Cristo y qué hacemos nosotros

La doctrina bíblica de la santificación comprende la verdad maravillosa de que la obra de Cristo en la salvación es substitutiva. Su vida sin pecado y Su muerte fueron un sustituto *de* nosotros. Pero la obra del Espíritu al aplicar el fruto de la sustitución de Cristo no es hecha como sustituto. Antes bien, Dios obra *en* nosotros el querer como el hacer, pero Él no quiere ni hace *por* nosotros (*ver* Filipenses 2:13). Debemos ejercer activamente nuestra voluntad y hacer buenas obras. ¿Por qué? La santificación substitutiva destruiría a la persona humana individual aislada. Que el Espíritu hiciera realmente la obra de santificación sin la participación activa de la persona, supondría la absorción mística de la persona en Dios y destruiría al individuo. Si es Cristo o el Espíritu quien lo hace todo, entonces no queda persona humana.

La verdad es lo que dice Pablo en Gálatas 2:20, ("y ya no vivo yo, mas vive Cristo en mí") no puede interpretarse como sustitución en el sentido que Cristo vive mi vida *en lugar* mío. De alguna manera Cristo vive en mí y, de todos modos, yo vivo también activamente. Pablo sigue: "y lo que ahora vivo en la carne, lo vivo en la fe del Hijo de Dios, el cual me amó y se entregó a sí mismo por mí" (Galatas 2:20). El "yo" que sigue viviendo está aún intacto pero ahora está completo en Cristo. Entonces, la santificación es realmente la restauración del verdadero yo o sí mismo. Como tal llama a actuar a las facultades humanas de la persona (mente, emoción y voluntad) para que puedan ejercerse y crecer en santidad. Dios no pisotea nuestra humanidad; Él nos libera en Cristo para ser plenamente humanos.

Lo que decimos es que nuestro pensar, nuestro sentir y nuestra voluntad activa son parte nuestra. Esas capacidades deben ser renovadas en la santificación. Y Dios no puede renovarlas sin obrar por medio de ellas, lo que significa que ellas deben ser activas. Así, pues, debemos creer y obedecer pensando, eligiendo y sintiendo. Estas cosas no pueden ejecutarse pasivamente pues, en ese caso, habría parte nuestra sin funcionar y, así, quedaría fuera de nuestra renovación total. Por ejemplo, no hay manera de renovar una voluntad sino ejercitando esa voluntad. En ese punto es que Dios, de alguna forma, renueva la persona retándola y proveyendo el poder para que la persona ejerza activamente su voluntad y otras capacidades.

El lugar del corazón en la santificación

El profeta Ezequiel desafiaba a sus audiencias a hacerse "un corazón nuevo y un espíritu nuevo" (Ezequiel 18:31) pero sabía que la gente depende de Dios para que esto suceda. El mismo Dios dijo en Ezequiel 11:19: "Y les daré un corazón, y un espíritu nuevo pondré dentro de ellos; y quitaré el corazón de piedra de en medio de su carne, y les daré un corazón de carne". Más adelante, y en Ezequiel 36:26, Dios dijo: "Os daré corazón nuevo, y pondré espíritu nuevo dentro de vosotros". De estos pasajes podemos ver claramente que el nuevo corazón y el nuevo espíritu son dádivas de Dios y, sin embargo, somos convocados a tener una parte en recibir estos regalos.

Jeremías aúna proféticamente nuestra relación con Dios y la dádiva de un nuevo corazón, en Jeremías 24:7, "Y les daré corazón para que me conozcan que yo soy Jehová; y me serán por pueblo, y yo les seré a ellos por Dios; porque se volverán a mí de todo su corazón". Este es un corazón para conocer o experimentar a Dios. En el pacto nuevo, bajo el cual todo hijo de Dios tiene el privilegio de estar, el Señor dice: "Daré mi ley en su mente, y la escribiré sobre su corazón; y yo seré a ellos por Dios, y ellos me serán por pueblo. Y no enseñará más ninguno a su prójimo, ni ninguno a su hermano, diciendo: Conoce a Jehová; porque todos me conocerán, desde el más pequeño de ellos hasta el más grande" (Jeremías 31:33,34).

El corazón es la persona real (Proverbios 27:19 (y el lugar desde el cual mana toda vida, Proverbios 4:23). El corazón es, así, el lugar de la personalidad, del intelecto, la emoción y la voluntad. Y la promesa pactada de Dios es un corazón cambiado: "Y haré con ellos pacto eterno, que no me volverá atrás de hacerles bien, y pondré mi temor en el corazón de ellos, para que no se aparten de mí" (Jeremías 32:40). También vemos esto reflejado en las palabras con que ora Pablo: "Y el Señor encamine vuestros corazones al amor de Dios, y a la paciencia de Cristo" (2 Tesalonisenses 3:5).

La santificación es el proceso de cambiar el corazón, el cual es realmente el cambio de la persona total (esto es, la mente, la emoción y la voluntad o actos). La Biblia retrata el corazón como el centro donde se unen todos estos elementos de la persona. No sólo se unen en el corazón todos estos elementos, sino que también no pueden ser separados dentro del corazón. Exploraremos la manera en que la verdad debe penetrar el corazón para tocar las emociones y nuestra conducta pero, primero, debemos entender que la santificación es *total*, esto es, la persona íntegra está involucrada.

El corazón y nuestro intelecto

Al contrario del pensamiento popular, la función dominante del corazón no es emocional. El corazón, según las Escrituras, primero es el lugar donde el ser humano piensa; segundo, donde quiere (con su voluntad) y, sólo en tercer lugar, donde siente. Esto fue confirmado por H. Wheeler Robinson, que contó 822 usos de la palabra *corazón* para denotar alguna faceta de la personalidad humana. Conforme a su categorización, 204 de esos 822 usos se refieren a la actividad intelectual, 195 al aspecto volitivo (de la voluntad) y 166 a un estado emocional.[10] Hans Wolff, erudito en Biblia, escribió en su estudio de las referencias al corazón en el Antiguo Testamento: "En la inmensa mayoría de casos se adscriben funciones racionales, intelectuales al corazón, esto es, precisamente lo que nosotros adscribimos a la cabeza, más exactamente, al cerebro...."[11]

Una buena ilustración de esta clase de uso de la palabra "corazón" se ve cuando Moisés dice a los israelitas: "Pero hasta hoy Jehová no os ha dado corazón para entender, ni ojos para ver, ni oídos para oír" (Deuteronomio 29:4). Tal como los ojos son para ver, los oídos para oír, así también es el corazón para conocer. Cuando Job quiere decir a sus así llamados amigos que él no es inferior a ellos en intelecto, literalmente dice: "También tengo yo un corazón como vosotros". La Biblia traduce: "También tengo yo entendimiento como vosotros" (Job 12:3). El "hombre de corazón" de la Biblia no es una persona de profundos sentimientos sino hombre "de entendimiento" (Job 34:10,34). La locura es un problema del corazón (Eclesiastés 9:3), y carecer de razón es tener el "corazón" de una bestia (Daniel 5:21).[12] Aunque nosotros entendemos corrientemente que el corazón es la sede de las emociones, los versículos que acabamos de considerar muestran que es más exacto entender al corazón como sede de la reflexión.

La actividad esencial del corazón está manifestada en Proverbios 15:14: "El corazón entendido busca la sabiduría". En este aspecto interesa decir que la palabra "corazón" se halla con mucho mayor frecuencia en las partes de la Biblia que se conocen como la literatura sapiencial (por ejemplo, 99 veces en Proverbios y 42 veces en Eclesiastés) como también en el "fuertemente didáctico libro del Deuteronomio"[13] (51 veces). Estas partes de la Escritura nos instruyen en los caminos de la sabiduría de Dios, los cuales tenemos que conocer y entender con nuestros corazones. Así, pues, la meta de la vida es un corazón sabio (Salmo 90:12).[14]

Muchas funciones mentales están relacionadas al corazón. Creemos con el corazón (Romanos 10:10; Hebreos 3:12); meditamos con el corazón (Salmo 19:14; 49:3); consideramos y nos preocupamos en nuestros corazones (Salmo 14:1; 15:2; Lucas 12:45; Romanos 10:6); y eso que memorizamos es guardado en el corazón (Salmo 119:11; Proverbios 6:21; Lucas 2:51).

El Antiguo Testamento usa consistentemente la palabra "corazón" en lugar de pensamiento porque el vocabulario hebreo no tenía palabra para "mente". El Nuevo Testamento tiene otra palabra para mente, la cual se relaciona a conocer y razonar. Eso no significa, sin embargo, que el Nuevo Testamento cambiara el significado de "corazón" separando las funciones de la mente de aquellas del corazón. El uso de mente es bastante limitado en el Nuevo Testamento, siendo empleada principalmente por el apóstol Pablo para hablar en el entorno griego.[15] Y, más importante aún, al contrario de la fiosofía griega, que tendía a separar la capacidad humana de razonar de las otras dimensiones del alma, el uso de mente en el Nuevo Testamento conservó el significado del Antiguo Testamento: en que la esfera intelectual estaba anclada firmemente en toda la persona, especialmente la voluntad.[16]

El Nuevo Testamento conecta el concepto de la mente con el corazón en varias partes; esto sugiere que la mente es, en realidad, la función de pensar del corazón. Se dice que la gente "entiende" (*noeo*) con su corazón (Juan 12:40). En Romanos 1:21, las especulaciones futiles llevan a un corazón entenebrecido, y en Efesios 4:17,18, el mismo problema de la mente fútil (*nous*) involucra un entendmiento (*dianoia*) entenebrecido. La similitud de corazón y mente es aun más evidente en Hebreos 10:16, que cita la promesa del nuevo pacto dada en Jeremías 31:33: "Daré mi ley en su mente, y la escribiré sobre su corazón". La relación de corazón y mente también se ve en el comentario de Robert Jewett sobre las palabras de Pablo referidas a la paz de Dios que guarda corazón y mente. Dice: "Conservando el supuesto de un centro personal unificado en el corazón, Pablo supone que los pensamientos fluyen desde el corazón y concibe la mente como una constelación de pensamientos y conocimiento".[17]

Así, pues, pese al uso de una palabra diferente para "mente" en el Nuevo Testamento, es evidente que la mente aún representa a la función intelectual del corazón.

El corazón y nuestra voluntad

Además de ser el lugar donde pensamos, el corazón es también el lugar donde queremos (con la voluntad) o nos proponemos. Deseamos y elegimos en nuestro corazón. David se regocijaba en Dios porque decía que Dios le había dado el deseo de su corazón (Salmo 21:1,2). Cuando Dios probó a Su pueblo en el desierto, Moisés dijo que era "para probarte, para saber lo que había en tu corazón, si habías de guardar o no sus mandamientos" (Deuteronomio 8:2). Dios miró en sus corazones para ver si optarían por obedecer o no. Eso se debe a que el corazón es el lugar de todos los propósitos y planes, de todos los motivos e intenciones y de todas las resoluciones.[18]

Fuera de la presencia de Dios en nuestra vida, la capacidad de elegir u optar es el poder más grande que poseemos. Podemos optar por creer o no. Podemos elegir caminar por el Espíritu o por la carne. Por eso podemos decir que la vida cristiana exitosa nace en el ejercicio de la voluntad.

El corazón y nuestras emociones

El corazón es también el lugar donde experimentamos emoción. Se considera que amor y odio, gozo y pena, valor y miedo, y todas las otras emociones son del corazón. Por ejemplo, tenemos que amar a Dios con todo nuestro corazón (Deuteronomio 6:5); gritar gozosamente a Él con un corazón alegre (Isaías 65:14) e impedir que nuestro corazón sea turbado al creer en Cristo (Juan 14:1).[19]

La Escritura demuestra especialmente en relación con las emociones, la naturaleza integral de la persona humana. Las emociones no son simples experiencias del psiquismo o persona interior. Se sienten físicamente, en el corazón especialmente. El Antiguo Testamento expresa muy vivamente que las emociones son como movimientos del corazón. Si una persona pierde valor, su corazón tirita como hojas en el viento (Isaías 7:2); es débil (Deuteronomio 20:8); se derrite como cera (Salmo 22:14) o se vuelve agua (Josué 7:5). El miedo es descrito como que el corazón de una persona se le sale (Génesis 42:28), dejándolo (Salmo 40:12) o cayéndose (1 Samuel 17:32). Por el contrario, el valor es el fortalecimiento del corazón (Salmo 27:14).

Esta relación entre las emociones y el cuerpo físico es la razón por la cual las Escrituras enseñan que hasta la salud física es afectada por nuestros estados emocionales. Por ejemplo, en Proverbios 14:30 leemos: "El corazón apacible es vida de la carne; mas la envidia es carcoma de los huesos". Nehemías afirmó que las emociones positivas son verdaderamente sanadoras para el cuerpo cuando dijo: "El gozo de Jehová es vuestra fuerza" (8:10).

Entonces, el corazón es el lugar del saber, el querer y el sentir. Es el centro de nuestra personalidad. Es el lugar donde Dios se dirige a nosotros y desde el cual respondemos como personas totales. Por eso es que su función de conocer es la primera, pues la función definitiva del corazón es buscar la sabiduría y el conocimiento prestando atención a la Palabra de Dios.

Todo está en el corazón

A menudo concebimos el pensar, el sentir y el querer (de la voluntad) como funciones separadas. Por ejemplo, podemos caracterizar a alguien de racional, de cerebro izquierdo o cerebral, sugiriendo que la persona tiende a razonar mucho y tener leves emociones. O, quizá, decimos que alguien tiene la tendencia a vivir primordialmente por sus emociones sin pensar. Pero estas separaciones son contrarias al pensamiento bíblico. Pensar, sentir y querer se unen todas en el corazón formando una unidad integral.

Que estas diferentes funciones están todas estrechamente relacionadas es algo que puede verse en la Biblia donde "conocer" algo es captarlo en tal forma que afecta a la personalidad total. Pedersen explica este concepto bíblico de conocer cuando dice:

> Para el israelita *pensar no era resolver problemas abstractos. Él no enlaza eslabón con eslabón ni estipula premisas mayores y premisas menores de las cuales extraer conclusiones. Para él, pensar es captar una totalidad. Él dirige su alma (Pedersen usa "alma" incluyendo el corazón; efectivamente, para él, el corazón" es el centro del alma, o "el alma en su valor interior") hacia el asunto principal, aquello que determina la totalidad y lo recibe en su alma (corazón); de este modo, el alma es inmediatamente estimulada y guiada en cierta dirección.*[20]

Que el alma o corazón sea estimulado y guiado, como dice Pedersen, indica que tal pensar no es solamente un asunto intelectual; también abarca las emociones y la voluntad. Un ejemplo interesante de conocimiento que comprende la voluntad o conducta real se ve en la declaración de Isaías: "El buey conoce a su dueño, y el asno el pesebre de su señor; Israel no entiende, mi pueblo no tiene conocimiento" (Isaías 1:3). Aunque los bueyes y los asnos no son muy inteligentes, conocen a quien los cuida y responden concordantemente. Pero Israel no conocía a su dueño. Su falta de conocimiento, como dice un experto de la Biblia, "No es ignorancia teorética sino, más bien, falla de practicar la relación filial en que está con Dios".[21]

Otro lugar donde vemos los pensamientos conectados con las emociones y la voluntad es Génesis 4:1: "Conoció Adán a su mujer Eva, la cual concibió y dio a luz a Caín". Podemos tener la certeza de que el conocimiento de Eva por parte de Adán abarcaba sentimiento y conducta real.

Reconocer que el pensamiento, la emoción y la voluntad están unidos dentro del corazón reviste importancia crítica para entender pasajes de la Biblia que hablan de nuestro conocimiento de Dios y Su conocimiento de nosotros (Mateo 7:22,23; Juan 10:27; Gálatas 4:9). Por eso la vida eterna puede describirse como conocer a Dios por medio de Su Hijo Jesucristo (Juan 17:3). Este concepto de "conocer" es lo que también da sentido a la promesa de nuestro Señor de que "conoceréis la verdad, y la verdad os hará libres" (Juan 8:32). Los creyentes conocen tan a menudo la verdad pero no son libres. Eso se debe a que no saben la verdad en sus *corazones*: no la conocen emocional, ni en la conducta, como tampoco intelectualmente.

Otros ejemplos bíblicos de la unidad encontrada en el saber, sentir y querer se ven en los conceptos de oír, proponerse y amar. "Oír" algo en la Escritura, tal como la voz de Dios, no es sencillamente escuchar reflexivamente. Es escuchar y obedecer con la voluntad. Una persona no oye realmente algo hasta que eso toca sus pensamientos, sentimientos y voluntad. Tocante al "proponerse" podemos decir que todas las palabras hebreas más corrientemente usadas en referencia a la función de pensar, incluyen el movimiento del corazón a la actividad.[22] Y, finalmente, el concepto de amor claramente abarca nuestros pensamientos, emociones y actividades. A menos que todos estén comprendidos, no estamos experimentando el amor bíblico.

La santificación en resumen

Dios es el agente primario de nuestra santificación porque Él nos dio un corazón nuevo de modo que nos volviéramos a Él. Cuando lo hacemos, nos convertimos en agentes de nuestra propia santificación y nuestro corazón es conformado a imagen de Dios. En el corazón están unidas nuestra mente, emociones y voluntad en el vivir centrado en Cristo. Cuando volvemos nuestros corazones a Dios, empezamos a amar a Él y al prójimo. Henri Nouwen lo dijo bien:

> De algún modo en el curso de los siglos hemos llegado a creer que lo que nos hace humanos es nuestra mente. Mucha gente que no sabe nada de latín demuestran, no obstante, saber la definición de ser humano como animal racional; *rationale animal est hommo* (Séneca). Pero Adán (una persona con una capacidad mental grave) sigue diciéndome repetidamente que lo que nos hace humanos no es nuestra mente sino nuestro corazón, no nuestra habilidad para pensar sino nuestra habilidad para amar. Quien hable de Adán como criatura vegetal o animalesca se pierde el misterio sagrado de que Adán es plenamente capaz de recibir y dar amor. Él es plenamente humano, no un poquito humano, no medio humano, no casi humano sino plena y completamente humano porque es todo corazón. Y nuestro corazón es lo que está hecho a imagen y semejanza de Dios.[23]

Lo
COMÚN
HECHO
Santo

8

Transformados por medio de la renovación del entendimiento

No os conforméis a este siglo, sino transformaos por medio de la renovación de vuestro entendimiento, para que comprobéis cuál sea la buena voluntad de Dios, agradable y perfecta.

Romanos 12:2

Una estudiante de una universidad cristiana me fue enviada (Neil) para consejería por el director de su facultad. Me dijo que ella no iba a aprobar el semestre si no le ayudaban. No podía concentrarse en su trabajo y su semblante revelaba una derrota total. Ella era de familia mormona que se dividió por la mitad cuando su madre se dio cuenta, luego de mucha investigación y estudio diligente, que Joseph Smith era un falso profeta. Luego de seguir la guía de su madre para aceptar a Cristo, se inscribió en una buena universidad cristiana. El primer año anduvo bien, pero ahora se hallaba en una batalla espiritual por su entendimiento.

Después de escuchar su historia, me di cuenta de que no se avenía completamente con su pasado. Así que la dirigí por un proceso integral de arrepentimiento usando "Los pasos a la libertad en Cristo".[1] Su lucha más grande era tener que encarar las falsas creencias y costumbres religiosas de su familia mormona. Por fin, optó por la verdad y renunció a todas las ceremonias religiosas en que había participado, tal como bautizar y casar muertos. El cambio espectacular de su rostro reveló que la verdad la había liberado. La exhorté a que fuera al baño a refrescarse y darse una buena mirada en el espejo. "¿Por qué? ¿Me veo tan mal? —preguntó. "No —respondí— ¡se ve tan bien!" Mi secretaria la acompañó y, más tarde, me contó que cuando ella se miró al espejo, dijo atónita, "¡Vaya, soy bonita!"

Reprogramando nuestro entendimiento

Indudablemente la verdad nos libertará y transformará nuestro carácter. Para entender cómo, tenemos que empezar por darnos cuenta de que hubo una transformación cuando nacimos de nuevo espiritualmente, la cual es mayor que la que ocurrirá cuando muramos físicamente. La salvación no es una adición; es transformación. Como cristianos estamos física y espiritualmente vivos mientras residamos en el planeta Tierra. Cuando morimos físicamente nos ausentaremos del cuerpo y estaremos presentes con el Señor. Nuestros cansados y viejos cuerpos físicos regresarán al polvo y nosotros recibiremos cuerpos resurrectos, pues la carne y la sangre no pueden heredar el reino de Dios (1 Corintios 15:50-54). Hasta entonces, Pablo nos insta a que no usemos nuestros cuerpos como instrumentos de injusticia (Romanos 6:12-14) porque si lo hacemos permitiremos que el pecado reine ahí. Se nos insta por las misericordias de Dios a que presentemos nuestros cuerpos a Él como sacrificios vivos (Romanos 12:1). Pablo nos amonesta luego a ser transformados por medio de la renovación de nuestros entendimientos (12:2) porque, antes de ir a Cristo nuestra mente estaba programada para vivir independientemente de Dios. En la santificación progresiva tenemos que asumir nuestra responsabilidad de volver a programar nuestro entendimiento con la verdad de la Palabra de Dios.

Como la computadora nuestro cerebro graba (guarda) las experiencias que tenemos en la vida. Los recién nacidos llegan a este mundo con la página en blanco. El único mundo que conocen es lo que pueden ver, oír, sentir, saborear, y oler. Nada ha sido programado en su computadora. No tienen vocabulario y, en consecuencia, forma de comunicarse con quienes están encargados de cuidarlos. No tienen la presencia de Dios en sus vidas ni el conocimiento de Sus caminos. Así, que, durante sus primeros años de formación, aprenden a vivir independientemente de Dios.[2] En los años tardíos, cuando estas personas van a Cristo, sus mentes siguen programadas para vivir independientes de Dios. No hay un botón "borrar" o "limpiar" que pueda apretarse para desembarazarse de los viejos patrones de pensamiento; de ahí que es necesario renovar (reprogramar) sus mentes.

Algunos niños son afortunados al tener padres santos que los crían conforme a Sus principios y cuando van a Cristo, no ven una diferencia drástica entre el viejo hombre y el nuevo hombre. Pero no se equivoque con esto, estos niños necesitan la salvación tanto como los niños que fueron criados por padres incrédulos. Ambos tipos de niños pasarán de la muerte espiritual a la vida en Cristo cuando experimenten la salvación. Y ambos tendrán aún momentos en que exhiban conducta carnal que se opone al Espíritu de Dios.

Lleva tiempo renovar nuestros entendimientos y reemplazar las mentiras que hemos creído con la verdad de la Palabra de Dios. Pero eso no debe descorazonarnos pues tenemos todos los recursos que necesitamos para hacer que eso suceda. El Señor nos ha dado el Espíritu Santo, que es el Espíritu de verdad (Juan 14:17) y Él nos guiará a toda la verdad (Juan 16:13). También, debido a que somos uno con Dios, "tenemos la mente de Cristo" (1 Corintios 2:16). Y, finalmente, Pablo nos dice que tenemos un armamento superior a disposición nuestra para ganar la batalla por nuestras mentes:

> *Pues aunque andamos en la carne, no militamos según la carne; porque las armas de nuestra milicia no son carnales, sino poderosas en Dios para la destrucción de fortalezas, refutando argumentos, y toda altivez que se levanta contra el conocimiento de Dios, y llevando cautivo todo pensamiento a la obediencia a Cristo (2 Corintios 10:3-5).*

Pablo no habla de un armamento defensivo; él habla de armamento ofensivo que destruye fortalezas que hayan sido erigidas contra el conocimiento de Dios. Una fortaleza es un patrón negativo de pensar que ha sido grabado en nuestra mente sea por el reforzamiento habitual o debido a ciertos traumas que hemos vivido.

El problema de las fortalezas

¿Cómo se levantan estas fortalezas en nuestra mente? Hay un acuerdo básico del desarrollo teórico en que nuestro vocabulario, cosmovisión y actitudes sobre la vida se asimilan primordialmente del ambiente en que somos criados. Nuestros temperamentos y personalidades están establecidos, básicamente, para cuando llegamos a los seis años de edad.

Esta programación de nuestra mente tiene lugar en dos formas. La primera es a través de experiencias prevalecientes que tuvimos en la temprana infancia —tal como la familia en que fuimos criados, las iglesias a que fuimos o no, los vecindarios donde crecimos, las comunidades a que pertenecimos, las amistades que tuvimos o no tuvimos, y así por el estilo. Todos estos factores externos tuvieron efecto sobre nuestro desarrollo.

Sin embargo, no es tan sólo el ambiente lo que determina cómo nos desarrollamos. Puede criarse a dos niños en el mismo hogar, tener los mismos padres, comer los mismos alimentos, tener los mismos amigos, ir a la misma iglesia y reaccionan diferentemente. Nuestro ambiente no es todo lo que nos da forma porque cada uno de nosotros tiene una manera diferente de interpretar al mundo en que vivimos. Además, Dios, nos ha creado a cada uno en forma única de una manera que Él planeó aun antes de la fundación del mundo (Efesios 1:4; 2:10). Jacob y Esaú salieron de la misma matriz pero fueron muy diferentes de temperamento y personalidad.

Junto con las experiencias prevalecientes que hemos tenido, el segundo mayor aporte al desarrollo de fortalezas son las experiencias traumáticas. Por ejemplo, puede que usted haya sido violado cuando era niño; puede haber tenido padres que no se llevaban bien y se divorciaron o, quizá, alguien cercano murió inesperadamente. Esa clase de experiencias no son asimiladas por nuestra mente en el transcurso del tiempo; antes bien, son grabadas a fuego en ellas debido a su intensidad.

Todas estas experiencias han sido almacenadas en nuestra memoria como un archivo en una computadora. Consecuentemente, toda clase de fortalezas mentales han sido erigidas contra el conocimiento de Dios. Y en el momento de la salvación, no hubo un botón "borrar" para eliminar toda la información que ha sido programada en nuestra mente.

Al luchar para volver a programar nuestro entendimiento, también nos vemos confrontados diariamente con un sistema del mundo que no es bueno. Recuerde, Pablo nos advirtió: "No os conforméis a este siglo" (Romanos 12:2). Obviamente podemos seguir, aun como cristianos, dejando que el mundo en que vivimos afecte nuestra mente. Por eso Pablo también nos advirtió: "Mirad que nadie os engañe por medio de filosofías y huecas sutilezas, según las tradiciones de los hombres, conforme a los rudimentos del mundo, y no según Cristo" (Colosenses 2:8).

Aunque tenemos el Espíritu de verdad para guiarnos, podemos aún optar por seguir los caminos del mundo. El derecho y la responsabilidad de elegir es el poder más grande que poseemos, además de la presencia de Dios en nuestra vida. Podemos optar por orar o no orar, por leer nuestra Biblia o leer libros que no son edificantes. Todo hijo de Dios puede optar por andar según el Espíritu o andar según la carne.

Tratando con la tentación

Como vivimos en este mundo, siempre vamos a enfrentar la realidad de la tentación. Sin embargo, tenga presente que no es pecado ser tentado. Si así lo fuera, entonces el peor pecador que haya vivido sería Cristo porque Él "fue tentado en todo según nuestra semejanza, pero sin pecado" (Hebreos 4:15).

Cuando Satanás quiere tentarle a usted, ¡sabe exactamente cuál botón apretar! Él conoce sus debilidades como asimismo las nuestras. Las cosas que pueden tentarle a usted pueden no tentarnos en absoluto a nosotros. Y la meta de Satanás con la tentación es lograr que todos vivamos nuestra vida independientemente de Dios — esto es, que andemos según la carne más que según el Espíritu (*ver* Gálatas 5:16-23).

Algunos cristianos parecen pensar que una buena manera de tratar la tentación es sencillamente enclaustrarse del mundo. Pero esa no es una opción real ni tampoco es el llamado de Cristo a nosotros. Además, aunque tratemos de aislarnos del mundo, aún seguiríamos enfrentando la tentación porque hay tanta basura ya programada en nuestros bancos de memoria, que podríamos ser tentados durante años sin tener que salir de nuestras casas. Esto es especialmente cierto tocante a la tentación sexual. Una vez que se erigen fortalezas sexuales en la mente, las impresiones mentales están ahí para ser recordadas instantáneamente.

Si vamos a tomar por "la vía de escape" que Dios nos proporciona, debemos llevar cautivos nuestros pensamientos a la obediencia de Cristo. Si dejamos que los pensamientos tentadores sean rumiados por nuestras mentes, llegará el momento en que tomaremos el camino que lleva a la destrucción.

El apóstol Santiago nos dice esto sobre la tentación:

> *Cuando alguno es tentado, no diga que es tentado de parte de Dios; porque Dios no puede ser tentado por el mal, ni él tienta a nadie; sino que cada uno es tentado, cuando de su propia concupiscencia es atraído y seducido. Entonces la concupiscencia, después que ha concebido, da a luz el pecado; y el pecado, siendo consumado, da a luz la muerte (1:13-15).*

Entendiendo al nuevo hombre

La mente y el nuevo hombre

Para entender mejor cómo nos afecta la tentación, por favor, mire el siguiente gráfico que retrata al hombre nuevo. La Escritura dice que tenemos un hombre exterior y uno interior (2 Corintios 4:16). El hombre exterior es nuestro cuerpo físico que se relaciona con el mundo. Nuestro cerebro físico es una parte del hombre exterior. Nuestra mente, por otro lado, es una parte del hombre interior. Hay una diferencia fundamental entre nuestro cerebro y nuestra mente: Nuestro cerebro es sustancia orgánica. Cuando muramos físicamente nuestro cerebro volverá al polvo.

Estaremos ausentes del cuerpo y presentes con el Señor pero no estaremos sin mente.

El hombre nuevo

Sólo sería sensato que Dios creara al hombre exterior para correlacionarse con el interior. La correspondencia evidente de mente y cerebro constituye una operación computarizada muy sofisticada. El cerebro funciona muy parecido a una computadora digital que tiene millones de transistores de cambio, que codifican toda la información en un sistema de numeración binaria de O y 1. En forma similar, cada neurona opera como una palanquita que prende y apaga. Cada neurona tiene muchos cables que la alimentan (dendritas) y solamente uno de salida que canaliza los neurotransmisores a otras dendritas.

Millones y millones de éstas componen la parte física (*hardware*) de la computadora o el cerebro. Nuestra mente, por otro lado, representa la parte lógica (*software*). El cerebro recibe datos del mundo externo por medio de los cinco sentidos del cuerpo. La mente es el compilador y opta por interpretar los datos por cualquier medio que le hayan sido programados. Hasta que vamos a Cristo, ha sido programada por fuentes externas y opciones internas hechas sin el conocimiento de Dios ni el beneficio de Su presencia.

La tendencia de nuestro mundo occidental es suponer que los problemas mentales son causados primordialmente por un cerebro defectuoso. Incuestionablemente un síndrome orgánico cerebral —la enfermedad de Alzheimer o problemas orgánicos menores como desequilibrios hormonales o químicos— puede estorbar nuestra habilidad para funcionar. Y poco puede hacerse para corregir el cerebro defectuoso. El mejor programa no funcionará si la computadora (cerebro) se apaga o se echa a perder. Sin embargo, nuestro problema primordial no es el cerebro sino el programa. Aparte de someter nuestro cuerpo a Dios como sacrificio vivo y cuidarnos físicamente, poco podemos hacer por arreglar el cerebro pero *podemos* cambiar el programa. Ahora que estamos vivos en Cristo, se nos ha dado la mente de Cristo, un corazón nuevo y el Espíritu Santo nos guiará a toda verdad.

El sistema nervioso y el hombre nuevo

El cerebro y la médula espinal constituyen el sistema nervioso central que se ramifica en un sistema nervioso periférico (como se muestra en el diagrama anterior). El sistema nervioso periférico tiene dos canales: los sistemas nerviosos autónomos y el somático. El sistema nervioso somático regula nuestros movimientos musculares y esqueléticos tales como el hablar, los gestos, y así por el estilo. En otras palabras, aquellos sobre lo cual tenemos control volitivo. Este sistema se correlaciona con nuestra voluntad.

Cómo nos afectan nuestros pensamientos

Nuestro sistema nervioso autónomo regula nuestras glándulas. No tenemos control volitivo sobre nuestras glándulas. No le decimos a nuestro corazón, "late, late, late" o a las glándulas suprarrenales, "adrenalina, adrenalina, adrenalina" ni a la tiroides, "tir, tir, tir". Ellas funcionan automáticamente. En sentido general, tampoco tenemos control volitivo de nuestras emociones. Usted no puede obligarse a querer a alguien que emocionalmente no le atrae. Sin embargo, sí controlamos lo que pensamos y *podemos* decidir creer que lo que Dios dice es verdad. Tal como nuestras glándulas están reguladas por nuestro sistema nervioso central, así también nuestras emociones son un producto de nuestros pensamientos. No son las circunstancias de la vida las que determinan cómo sentimos. Más bien, cómo sentimos está básicamente determinado por la manera en que interpretamos los sucesos de la vida. Entre el estímulo externo (lo que pasa) y nuestra respuesta emocional está nuestro cerebro (el receptor) y nuestra mente (el intérprete). Esto es, nuestro cerebro y mente evalúan el mundo que nos rodea y nuestras emociones responden a esa información. En el capítulo 9 exploraremos más esta interacción entre la mente, la voluntad y las emociones.

Apliquemos todo esto al problema del estrés. Cuando las presiones externas formulan demandas a nuestro sistema físico, las glándulas suprarrenales responden secretando hormonas como la cortisona a nuestro cuerpo físico. Esta es la respuesta natural tipo "lucha o fuga" a las presiones de la vida. Si las presiones persisten mucho tiempo y las suprarrenales no pueden resistir, entonces el estrés se vuelve tensión. El resultado puede ser una enfermedad física, o podemos ponernos irritables por cosas que no nos molestarían física ni emocionalmente en momentos de menor tensión.

Esto suscita una pregunta clave: ¿Por qué dos personas pueden reaccionar en forma diferente a la misma situación de tensión? Algunas personas realmente florecen cuando están presionadas mientras que otras se desarman. ¿Cuál es la diferencia entre ellas? ¿Algunas personas tienen glándulas suprarrenales superiores? No pensamos eso. Aunque toda persona pueda diferir considerablemente en su constitución física, la diferencia principal no está en los factores externos. Todos enfrentamos las presiones de los plazos fatales, los horarios, los traumas y las tentaciones. La diferencia principal es el programa que tengamos en el cerebro, esto es, cómo interpretamos mentalmente al mundo externo y procesamos los datos que recibe el cerebro.

Cuando encontramos una dificultad nuestra mente puede optar por reaccionar confiando en Dios con la certeza de la victoria o viéndonos como víctimas indefensas de las circunstancias. Los soldados israelitas veían a Goliat en el marco referencial de ellos mismos y se pusieron muy tensos. El joven David vio al mismo gigante con referencia a Dios y triunfó en la misma situación que había derrotado a soldados expertos.

La fe en Dios afecta grandemente cómo interpretamos y reaccionamos a las presiones de este mundo. Y no importa lo que suceda en la vida, pues siempre podemos descansar en la seguridad de que "y sabemos que a los que aman a Dios, todas las cosas les ayudan a bien, esto es, a los que conforme a su propósito son llamados" (Romanos 8:28).

El poder de elegir

Nuestras glándulas sexuales son también parte de nuestro sistema nervioso autónomo. Funcionan aparte de nuestra voluntad y regulan el funcionamiento sexual normal conforme a nuestra identidad sexual. Por ejemplo, las mujeres adultas no controlan su ciclo menstrual pero la mayoría lo tiene. Nuestra identidad y funcionamiento sexual dados por Dios no son la causa de una falta de dominio sexual propio. Esto es, nuestras glándulas sexuales no son la causa de la inmoralidad sexual. Pero si cargamos nuestras mentes con imágenes pornográficas y usamos nuestros cuerpos como instrumentos de injusticia, haremos que nuestras glándulas sexuales se recarguen. Indudablemente tenemos control de lo que optamos por pensar, creer y, consecuentemente, hacer.

Cuando permitimos que nuestra mente sea estimulada externamente o recordando experiencias que tuvimos, una señal autónoma hace que una hormona llamada *epinefrina* se segregue al torrente sanguíneo, lo cual graba en nuestra memoria cualquier estímulo presente en el momento de la excitación emocional. Esta reacción nos hace recordar involuntariamente hechos cargados emocionalmente, tanto negativos y traumáticos como los positivos. Por eso las imágenes y experiencias pornográficas pueden permanecer en nuestra memoria por meses y hasta años, mientras que los aburridos hechos académicos que tenemos que estudiar pueden desvanecerse de nuestra mente antes de dar el examen final. El beneficio positivo de esto es que pensar en los buenos recuerdos puede ayudar a mejorar el estado de ánimo.[*]

En toda situación de tentación tenemos una opción. Podemos reaccionar conforme a la carne (la manera en que aprendimos a reaccionar antes de ir a Cristo) o podemos reaccionar conforme al Espíritu. Gálatas 5:17 nos dice que los dos se oponen recíprocamente, porque la carne está programada para vivir independientemente de Dios y el Espíritu Santo depende de Dios Padre. ¿Cómo saber cuál ha elegido usted: "Manifiestas son las obras de la carne" (Gálatas 5:19-21) y así lo es "el fruto del Espíritu" (Gálatas 5:22,23). Nuestro semblante y conducta revelan las opciones que hemos hecho.

Suponga que usted opta por andar "conforme a los rudimentos del mundo, y no según Cristo" (Colosenses 2:8). Si sigue haciendo eso por unas seis semanas, establecerá un hábito que lleva a la formación de una fortaleza. Como dijimos antes, las fortalezas mentales son patrones negativos de pensamientos que han sido

---

[*] Para una explicación más completa del entendimiento y resolución en Cristo de las adicciones químicas —a las drogas— y las ataduras sexuales, vea los libros de Neil, *Libertad de la adicción* y *Una vía de escape* ambos publicados por esta editorial.

grabados a fuego en nuestra mente, por el esfuerzo habitual de estímulos externos o debido a ciertos traumas que hemos vivido. El resultado es algo menos que un temperamento como el de Cristo. Por ejemplo, los sentimientos de inferioridad son una fortaleza contra la cual lucha la mayoría de los cristianos. ¿Cómo desarrollaron ese complejo de inferioridad? ¿Nacieron con eso? No, fue desarrollado con el paso del tiempo debido a las presiones impuestas por el círculo en que se desenvuelven. No todos sacan calificaciones perfectas ni entran al equipo de fútbol ni ganan el concurso de belleza. ¿Significa eso que son inferiores? El mundo da el mensaje de que lo son, pero Dios no hace eso. Él ama lo mismo a *todos* Sus hijos, aunque Él no ha distribuido por igual los dones espirituales, los talentos, o la inteligencia.

Hay un incontable número de fortalezas que han sido erigidas en contra del conocimiento de Dios. Las filosofías de este mundo han afectado la forma en que pensamos, lo que afecta a la forma en que sentimos, lo que resulta en un carácter menos que santo. La santificación obra en forma opuesta. Empieza por recibir perdón, la vida de Cristo y un corazón nuevo. Sigue a medida que renovamos nuestra mente eligiendo la verdad, lo que afecta nuestras emociones y transforma nuestro carácter.

La santificación situacional nos asegura que somos una nueva creación en Cristo y que necesitamos apropiarnos diariamente de esa verdad por la fe. La santificación progresiva se basa en el fundamento de que ya somos hijos de Dios y que el hombre "interior no obstante se renueva de día en día" (2 Corintios 4:16). Al mismo tiempo, estamos aún contendiendo con el mundo, la carne y el diablo. Debido a que fuimos creados a imagen de Dios, tenemos la capacidad de elegir a quién serviremos: al dios de este mundo o al solo y único Creador de todas las cosas. Buena parte de la santificación progresiva es la lucha de optar entre las influencias externas acopladas con las fortalezas mentales internas erigidas en contra del conocimiento de Dios, y la presencia interna de Dios acoplada con la ayuda externa del cuerpo de Cristo. La integridad y la verdadera salud mental vienen cuando optamos por la verdad, nos la adueñamos por fe y andamos por el Espíritu.

Lo
COMÚN
HECHO
Santo
9

La verdad: El significado de la santificación

Y conoceréis la verdad, y la verdad os hará libres.

Juan 8:32

No ruego que los quites del mundo, sino que los guardes del mal ... Santifícalos en tu verdad; tu palabra es verdad.

Juan 17:15,17

Me preguntó (Neil) un marido desesperado, si yo podía visitar a su esposa, legalmente internada en un hospital psiquiátrico. Esta joven madre de dos niños, se había graduado en una magnifica universidad cristiana pero, ahora, era considerada como enferma mental debido a sus miedos irracionales y las voces condenatorias que oía en su cabeza. Tuve el privilegio de ayudar a esta joven a hallar su libertad en Cristo. Ninguna manipulación con drogas sea en cantidad o clase, puede curar a una persona con enfermedad mental si el problema es del *software* (programa de una computadora, ideas o patrones de conducta) y no del *hardware* (computadora, cerebro). Tomar remedios para curar el cuerpo es recomendable pero tomar drogas para curar el alma es deplorable.

Esto plantea una pregunta muy importante: ¿Qué es la salud mental? Los expertos seculares en salud mental, definen la salud mental como estar en contacto con la realidad y relativamente libre de ansiedad. Esas son normas racionales pero cualquiera que esté enredado en una batalla espiritual por su mente perderá el contacto con ambas.

Creemos que las personas mentalmente sanas son aquellas que tienen un verdadero conocimiento de Dios, saben quienes son como hijos de Dios y tienen una equilibrada cosmovisión bíblica, que incluye la realidad del mundo espiritual. Si usted supiera que Dios le amó, que fue perdonado, que Él se fue delante de usted para preparar lugar para usted por toda la eternidad, que usted no tiene que temer la muerte y que tiene la paz de Dios resguardando su corazón y mente, ¿sería una persona mentalmente sana? ¡Por supuesto que sí! Pero agreguemos rápidamente que la gente mentalmente enferma suele tener un concepto distorsionado de Dios y una percepción terrible de sí mismos. Si usted no cree que esto es cierto, vaya a un hospital psiquiátrico y verá allí algunas de las personas más religiosas que haya conocido, pero cuyo concepto de Dios y de sí mismos están muy distorsionado.

La realidad presentada en la Escritura es definida más plenamente que la realidad del mundo. La Biblia presenta, en realidad, el mundo invisible espiritual y eterno como más real que el mundo temporal que ahora vemos y en el cual existimos: "No mirando nosotros las cosas que se ven, sino las que no se ven; pues las cosas que se ven son temporales pero las que no se ven son eternas" (2 Corintios 4:18).

Lo que es realidad es verdad y Dios es la Verdad y el revelador de la verdad. La verdad en las Escrituras es aquello que es genuino, real y confiable. En algunos versículos de la Biblia, el concepto de ser fiel o confiable es más significativo y, en otros versículos la idea de ser genuino o real prevalece más. Pero el concepto total incluye tanto lo que es real y confiable. Todo lo que se oponga a Dios y Su revelación entonces es irrealidad o mentira. La vida verdadera, según la Escritura, puede venir solamente por medio de vivir en armonía con Dios y Su voluntad, que es verdad.

El hombre natural está espiritualmente muerto; está separado de Dios. Su mente ha sido programada por el mundo y, consecuentemente, su corazón es engañoso. Pablo dice: "Pero el hombre natural no percibe las cosas que son del Espíritu de Dios, porque para él son locura, y no las puede entender, porque se han de discernir espiritualmente" (1 Corintios 2:14). Por otro lado, "Sabemos que somos de Dios, y el mundo entero está bajo el maligno. Pero sabemos que el Hijo de Dios ha venido, y nos ha dado entendimiento para conocer al que es verdadero; y estamos en el verdadero, en su Hijo Jesucristo. Este es el verdadero Dios, y la vida eterna" (1 Juan 5:19,20).

La Trinidad y la verdad

En el capítulo anterior vimos que cada miembro de la Deidad es la fuente de nuestra santificación y vida. Cada uno de estos agentes primarios también es descrito como *verdadero* o *verdad*. (En los versículos que siguen, damos énfasis a esas palabras clave a fin de destacarlas).

El profeta Jeremías nos dice: "Mas Jehová es el Dios *verdadero*; él es Dios vivo" (10:10). Jesús ora: "Y esta es la vida eterna: que te conozcan a ti, el único Dios *verdadero*" (Juan 17:3 —fíjese en la conexión que hace Jesús entre verdad y vida). El salmista dice que Dios es el, "Dios de *verdad*" (Salmo 31:5). Juan dice: "Dios es *veraz*" (Juan 3:3).

Dios es veraz y lo que Él dice es verdadero, sea que la caída humanidad lo crea o no. Pablo formula la pregunta: "¿Pues qué, si algunos de ellos han sido incrédulos? ¿Su incredulidad habrá hecho nula la fidelidad de Dios? De ninguna manera; antes bien sea Dios veraz, y todo hombre mentiroso" (Romanos 3:3,4). Dios es verdad y lo que Él dice es verdadero sin que importe si nosotros lo creemos o no.

Cristo, la revelación final de Dios, es la verdad encarnada. "Y aquel Verbo fue hecho carne, y habitó entre nosotros (y vimos su gloria, gloria como del unigénito del Padre), lleno de gracia y de *verdad*" (Juan 1:14). Jesús dijo: "Yo soy el camino, y la *verdad*, y la vida" (Juan 14:6). Él es el camino a Dios porque Él es la verdad y la verdad es vida. Pablo dice: "Si en verdad le habéis oído, y habéis sido por él enseñados, conforme a la *verdad* que está en Jesús" (Efesios 4:21). Cuando Jesús completó Su obra, dijo: "Y yo rogaré al Padre, y os dará otro Consolador, para que esté con vosotros siempre: el Espíritu de *verdad*" (Juan 14:16,17). Después, agregó: "Pero cuando venga el Espíritu de *verdad* os guiará a toda la *verdad*" (Juan 16:13; subrayado del autor). El Espíritu Santo es Dios que habita en los creyentes para ejecutar realmente la obra de santificación y santidad en sus vidas.

En resumen, entonces el Dios trinitario es la fuente de la santificación. Él es la realidad final (verdad) y, por tanto, la fuente de toda verdad. Él santifica a la gente dándose a conocer Él mismo y Su verdad a la humanidad —objetivamente ante el mundo en la persona de Su Hijo, y luego dentro del corazón humano por el Espíritu que habita al creyente. Debido a que Dios es verdad y vida, conocer la vida de Dios en la santificación, es conocer la verdad en el ser más interior de uno. Cuando David ofreció una oración de arrepentimiento en el Salmo 51, dijo: "He aquí, tú amas la *verdad* en lo íntimo, y en lo secreto me has hecho comprender sabiduría" (versículo 6). Esta obra es cumplida por Dios mismo por medio de Cristo y Su Espíritu Santo. La persona cuyo andar es irreprochable y que vive rectamente es una persona "que anda en integridad y hace justicia, y habla *verdad* en su corazón" (Salmo 15:2).

La verdad es la que nos cambia

Una y otra vez las Escrituras enseñan que somos cambiados o santificados por la verdad. La verdad es lo que lleva hasta Dios a las personas y luego da fruto en ellos: "La palabra *verdadera* del evangelio que ha llegado hasta vosotros, así como a todo el mundo, y lleva fruto y crece también en vosotros, desde el día que oísteis y conocisteis la gracia de Dios en *verdad*" (Colosenses 1:5,6). "Que Dios os haya escogido desde el principio para salvación, mediante la santificación por el Espíritu y la fe en la *verdad*" (2 Tesalonicenses 2:13). Pablo también habla de aquellos que "no recibieron el amor de *verdad* para ser salvos" (2 Tesalonicenses 2:10).

Como creyentes tenemos que vivir por la *verdad* o *practicar la verdad* (1 Juan 1:6). Pablo dice: "En cuanto a la pasada manera de vivir, despojaos del viejo hombre que está viciado conforme a los deseos engañosos, y renovaos en el espíritu de vuestra mente, y vestíos del nuevo hombre, creado según Dios en la justicia y santidad de la *verdad*" (Efesios 4:22-24). La última parte del versículo 24 es más literal "en la justicia y santidad de la *verdad*". Muchos comentaristas dicen que la verdad debe ser entendida como la fuente de la justicia y santidad, que están siendo creadas en la persona nueva. Andrew Lincoln escribe:

> Los malos deseos que caracterizaban a la vieja persona surgían del engaño (versículo 22). Ahora, en cambio, las virtudes que caracterizan a la nueva persona, puede decirse que, vienen de la verdad. Esta verdad es, en última instancia, realidad divina que ha sido develada en el evangelio y la tradición apostólicas (cf. 1:13; 4:21).[1]

El comentarista John Eadie concuerda y, luego agrega que: "Esta verdad en Jesús (versículo 21) tiene una influencia vivificante en el corazón, produciendo, fomentando y sosteniendo tal rectitud y piedad (justicia y santidad).[2]

Entonces, como cristianos tenemos la verdad y la vida dentro de nosotros, podemos recuperar terreno perdido al ir siendo renovados en el hombre interior. Agreguemos al gráfico de la página 162 y veamos cómo la santificación progresiva renueva paulatinamente la mente y, sana las emociones dañadas al ser guiada la voluntad por el Espíritu (ver página 172).

Superar los efectos del mundo, la carne y el diablo es posible únicamente por nuestra 'co-crucifixión' con Cristo. Primero, somos *crucificados para la ley*: "Porque yo por la ley soy muerto para la ley, a fin de vivir para Dios. Con Cristo estoy juntamente crucificado, y ya no vivo yo, mas vive Cristo en mí; y lo que ahora vivo en la carne, lo vivo en la fe del Hijo de Dios, el cual me amó y se entregó a sí mismo por mí" (Gálatas 2:19,20).

Segundo, debido a la gran obra de Cristo, hemos sido *crucificados para el mundo*. Pablo dijo: "Pero lejos esté de mí gloriarme, sino en la cruz de nuestro Señor Jesucristo, por quien el mundo me es crucificado a mí, y yo al mundo" (Gálatas 6:14). Aún vivimos *en* este mundo caído pero no somos más *de* aquí. Nuestra ciudadanía está en el cielo.

Tercero, hemos sido *crucificados al pecado*: "Sabiendo esto, que nuestro viejo hombre fue crucificado juntamente con él, para que el cuerpo del pecado sea destruido, a fin de que no sirvamos más al pecado. Porque el que ha muerto, ha sido justificado del pecado" (Romanos 6:6,7). Todo esto ha sido cumplido para nosotros por Cristo.

Cuarto, por nuestra propia opción consciente, hemos *crucificado la carne*: "Pero los que son de Cristo han crucificado la carne con sus pasiones y deseos. Si vivimos por el Espíritu, andemos también por el Espíritu" (Gálatas 5:24,25). Romanos 8:13,14 nos dice: "Porque si vivís conforme a la carne, moriréis; mas si por el Espíritu hacéis morir las obras de la carne, viviréis. Porque todos los que son guiados por el Espíritu de Dios, éstos son hijos de Dios". La muerte es el final de una relación no una existencia. El mundo, el diablo y la carne todavía existen pero tenemos una nueva relación en Cristo, que ha vencido a todos los adversarios que nos mantenían esclavizados.

Despojándose del viejo hombre

La renovación de nuestra mente empieza con el arrepentimiento auténtico. Juan el Bautista predicaba: "Arrepentíos, y creed en el evangelio" (Marcos 1:15). Lucas 24:45-47 dice de Jesús: "Entonces les abrió el entendimiento para que comprendiesen las Escrituras; y les dijo: Así está escrito, y así fue necesario que el Cristo padeciese, y resucitase de los muertos al tercer día; y que se predicase en su nombre el arrepentimiento y el perdón de pecados en todas las naciones, comenzando desde Jerusalén".

La palabra "arrepentimiento" (griego, *metanoia* del Nuevo Testamento es una combinación de *meta* que significa "después" e implica cambio y *noia* que significa "percibir". *Noia* viene de la raíz *nous* que habitualmente se traduce "mente". Entonces, el arrepentimiento significa literalmente un cambio de mente pero en la Escritura esto significa más que un mero cambio de pensamiento intelectual. Es un cambio de disposición o actitud. Así, pues, el arrepentimiento implica un cambio que afecta a toda la persona. Esto es confirmado en Mateo 3:7,8 que menciona a unos fariseos y saduceos que vinieron a ser bautizados por Juan: "Les decía: ¡Generación de víboras! ¿Quién os enseñó a huir de la ira venidera? Haced, pues, frutos dignos de arrepentimiento". Juan discernía que el arrepentimiento de ellos no era verdadero. Ellos querían las bendiciones de Dios sin tener que abandonar sus hábitos, tradiciones, costumbres, posiciones mundanas y prácticas religiosas.

Cuando se daba una profesión de fe en la iglesia primitiva, los conversos se ponían de pie, mirando al oeste y hacían la siguiente declaración en público: "Yo renuncio a ti Satanás y a todas tus obras y a todos tus caminos". Cada obra de Satanás tenía que renunciarse para que el arrepentimiento fuese completo. Estos conversos entendían la necesidad de renunciar a todas las malas prácticas y creencias que habían estado sucediendo en sus sinagogas, familias y vidas personales. La iglesia de los primeros tiempos predicaba: "Así que, arrepentíos y convertíos, para que sean borrados vuestros pecados; para que vengan de la presencia del Señor tiempos de refrigerio" (Hechos 3:19). Pablo dijo a Agripa: "Anuncié primeramente a los que están en Damasco, y Jerusalén, y por toda la tierra de Judea, y a los gentiles, que se arrepintiesen y se convirtiesen a

Dios, haciendo obras dignas de arrepentimiento" (Hechos 26:20). Pedro dijo que el Señor no quiere: "Que ninguno perezca, sino que todos procedan al arrepentimiento" (2 Pedro 3:9).

El arrepentimiento es el primer paso para renovar nuestra mente. Sin el arrepentimiento, los efectos del viejo hombre aún están en nuestra mente. La santificación progresiva se ve detenida porque seguimos creyendo las mentiras de este mundo mientras que, al mismo tiempo, profesamos creer la verdad. Las personas que expresan fe en Dios pero sin manifestar cambio sustancioso en sus vidas están atrapadas entre dos reinos. Ellos están realmente en el reino de la luz pero aún creen al padre de mentiras. Satanás no puede hacer nada sobre nuestra situación en Cristo, pero sí puede lograr que creamos que esa no es real, viviremos como si no lo fuera.

La mentira mata

La doctrina más fundamental de que la mentira mata y se asocia con la injusticia, se ve en el paradigma del pecado en la caída. Ahí la verdad de Dios está en juego. Satanás se opuso flagrantemente a la verdad de Dios cuando dijo: "No moriréis" (Génesis 3:4). Adán y Eva creyeron la mentira. El resultado es que la humanidad muere. Este primer pecado es el cuadro real de todo pecado. Surge de la mentira y conduce a la destrucción de la vida verdadera. Los efectos se ven en la culpa, el miedo, la vergüenza, la enajenación, la miseria y la muerte (3:7-24).

Jesús lo confirma todo en la doctrina de Juan 8. Claramente demuestra que el asesinato surge de la mentira. Así, pues, mentir no es sencillamente un pecado más entre otros pecados, como el asesinato. Es la *raíz* de todos los otros pecados, así que es la raíz del asesinato. El diablo "ha sido homicida desde el principio, y no ha permanecido en la verdad, porque no hay verdad en él" (versículo 44). También es importante notar que los enemigos de Jesús procuraban matarlo porque ellos no recibían la verdad (versículos 40,45).

La conexión entre la mentira y la injusticia y su consecuencia, (la muerte), también es resaltada en el libro de Romanos: "Porque la ira de Dios se revela desde el cielo contra toda impiedad e injusticia de los hombres que detienen con injusticia la verdad" (1:18). Este pasaje demuestra que la verdad es una potestad que puede tener efectos transformadores de la vida. Pero mucha gente limita la verdad o la rechazan con el resultado de que son afectados por lo opuesto de la verdad, la mentira. Esta, a su vez, produce impiedad y maldad lo que conlleva la ira de Dios y, finalmente, la muerte.

Engañosidad del pecado

La enfermedad real del corazón es su engañosidad (Jeremías 17:9). La conexión básica entre pecado y mentira también se ve en la relación entre pecado y engaño. Fíjese cómo Pablo trata esto en los siguientes versículos: "El pecado ... me engañó" (Romanos 7:11); "y con todo engaño de iniquidad para los que se pierden" (2 Tesalonicenses 2:10); "antes exhortaos los unos a los otros cada día ... para que ninguno de vosotros se endurezca por el engaño del pecado" (Hebreos 3:13). El producto de la conexión del pecado con la mentira y el engaño es que la humanidad es asesinada y destruida. El pecado estafa la vida del hombre, vida que se halla en la verdad. Consecuentemente, la batalla real es entre Cristo y el Anticristo, el bien y el mal, la verdad y la mentira, la revelación divina y el engaño satánico, el padre de mentiras y la Verdad.

La batalla por la mente

Esta batalla se libra por los corazones y mentes de cada persona creada a imagen de Dios: tanto creyentes como incrédulos. Satanás ha cegado la mente de los incrédulos (2 Corintios 4:4) y Pablo dice a los creyentes: "Pero temo que como la serpiente con su astucia engañó a Eva, vuestros sentidos sean de alguna manera extraviados de la sincera fidelidad a Cristo" (2 Corintios 11:3). En otro pasaje, Pablo dice: "Pero el Espíritu dice claramente que en los postreros tiempos algunos apostatarán de la fe, escuchando a espíritus engañadores y a doctrinas de demonios" (1 Timoteo 4:1) ¿Está pasando esto? Sí, está pasando en todo el mundo. Yo (Neil) he aconsejado a cientos de personas de muchas culturas que luchaban con sus pensamientos y que tenían dificultades para concentrarse y leer la Biblia. En los casos más extremos, la gente oía realmente voces. Con pocas excepciones estas personas estaban metidas en una batalla espiritual por sus mentes, una batalla que puede resolverse con el arrepentimiento completo. (Este proceso de discipulado/consejería está esbozado en el libro de Neil, *Ayudando a otros a encontrar libertad en Cristo*, de Editorial Unilit).

A menudo lo que pasa por enfermedad mental no es más que una batalla por la mente. "Usted tiene un desequilibrio químico" es la explicación médica corriente dada a quienes escuchan voces, están plagados por pensamientos negativos, que tienen crisis de pánico o luchan con la depresión crónica. Supuestamente el problema es orgánico (esto es, del *hardware*, computadora o cerebro) y se da habitualmente una receta tratando de corregir el problema. Aunque es cierto que la química corporal *puede* desequilibrarse y que los problemas hormonales *pueden* causar enfermedad y desorientación, aún tenemos que plantearnos preguntas que consideren otras posibilidades. Posibilidades como: ¿Cómo puede una sustancia química del cerebro producir un pensamiento personal? Y ¿cómo pueden nuestros neurotransmisores dispararse involuntariamente al azar en forma tal que crean un pensamiento que nos oponemos a pensar? ¿Hay una explicación *natural* para eso? ¿Puede la ciencia natural tener tanta seguridad de sus respuestas cuando no han tomado en cuenta toda la realidad, incluyendo al reino espiritual?

Cuando las personas perturbadas oyen "voces" ¿qué están oyendo realmente? La única forma en que podemos oír un sonido con nuestros oídos, es si hay una fuente física de este sonido. La onda acústica es una compresión rítmica de las moléculas del aire. El sonido se mueve físicamente por el aire y es captado por nuestros oídos (tímpanos) que, a su vez, emiten señales a nuestros cerebros. Pero las "voces" o pensamientos perturbadores que muchos "oyen" no viene de ninguna clase de fuente física. Estas personas suelen ser consideradas como enfermas mentales porque, desde la perspectiva de la ciencia natural, demuestran estar fuera de contacto con la realidad —con el mundo físico circundante.

¿Qué pasa con las personas que dicen que "ven cosas"? ¿Qué ven en realidad? La única manera en que podemos ver algo con nuestros ojos físicos es que la luz sea reflejada por un objeto material. Sin embargo, el mundo espiritual no tiene sustancia material así que no podemos ver a un ser espiritual con nuestros ojos físicos ni oírlo con nuestros oídos. Recuerde que Pablo dice que: "No tenemos lucha contra sangre y carne, sino contra principados, contra potestades, contra los gobernadores de las tinieblas de este siglo, contra huestes espirituales de maldad en las regiones celestes" (Efesios 6:12).

Armándonos con la verdad

Nuestra primera línea de defensa contra los ataques espirituales a nuestra mente, es ceñir nuestros lomos con la verdad. La armadura de Dios, como cualquier otra armadura, detiene la penetración pero no puede ser apropiada en forma pasiva. Tenemos que tomar activamente nuestro lugar en Cristo: "Tomad, toda la armadura de Dios, para que podáis resistir en el día malo, y habiendo acabado todo, estar firmes. Estad, pues, firmes" (Efesios 6:13,14).

Pablo amonesta luego a los creyentes para que se ciñan los lomos con la verdad para que puedan presentar batalla y tener victoria en la guerra espiritual (Efesios 6:14). Comentando este versículo Jerome Murphy-O'Connor dice:

El significado, entonces, es que la verdad divina debe llegar a ser el entorno existencial en que el cristiano vive, se mueve y tiene su ser. Él se ciñe con la "verdad" al tomar conciencia del cambio que ha sido efectuado en él, por medio de su contacto con la Verdad. Esto no es reconocimiento especulativo de su recepción de "la palabra de verdad" (Efesios 1:13) o de su inmersión subsecuente en ella, aun más profunda (Efesios 4:20). Se logra solamente "siguiendo la verdad en amor" (4:15).[3]

Al prepararse Jesús para partir luego de finalizar Su obra aquí en la tierra, se reunió con Sus discípulos. Después de esta última cena Jesús oró al Padre: "No ruego que los quites del mundo, sino que los guardes del mal. No son del mundo, como tampoco yo soy del mundo. Santifícalos en tu *verdad*; tu palabra es *verdad*. Como tú me enviaste al mundo, así yo los he enviado al mundo. Y por ellos yo me santifico a mí mismo, para que también ellos sean santificados en la verdad (Juan 17:15-19).

La única manera en que podemos vencer al padre de mentiras, no es por el razonamiento humano ni por la investigación científica sino por la revelación de Dios: Su verdad. Por eso Pablo nos dice: "Que Dios os haya escogido desde el principio para salvación, mediante la santificación por el Espíritu y la fe en la *verdad*" (2 Tesalonicenses 2:13; énfasis del autor).

La palabra es la fuente de verdad

La palabra da vida

Pedro nos amonesta a que deseemos "como niños recién nacidos, la leche espiritual no adulterada, para que por ella crezcáis para salvación, si es que habéis gustado la benignidad del Señor" (1 Pedro 2:2). La Palabra de Dios es para nosotros lo que la leche es para los recién nacidos. Sin leche los recién nacidos no crecen y sin la Palabra de Dios tampoco nosotros. Además, "la palabra de Dios es viva y eficaz, y más cortante que toda espada de dos filos; y penetra hasta partir el alma y el espíritu, las coyunturas y los tuétanos, y discierne los pensamientos y las intenciones del corazón" (Hebreos 4:12). La Palabra de Dios tiene poder vivo porque la Palabra de Dios escrita no puede separarse de Su persona. Como nos dice Juan, Jesús es la Palabra (Verbo) encarnada (1:1,14).

La Palabra de Dios es la expresión de Su mente, y la expresión de Su mente es la expresión de Su persona. Así, pues, Su Palabra es la expresión de Su ser omnipotente. Antes aprendimos que fue por Su palabra (o la expresión de Su mente) que la creación llegó a ser: "Por la palabra de Jehová fueron hechos los cielos" (Salmo 33:6).

En el Antiguo Testamento Dios aseguró el éxito a Su pueblo elegido si ellos meditaban en Su Palabra (Josué 1:8). Y en el Salmo 119 encontramos muchas referencias a la calidad cambiadora de la vida que tiene la Palabra:

- Versículo 9 - "¿Con qué limpiará el joven su camino? Con guardar tu palabra".
- Versículo 11 - "En mi corazón he guardado tus dichos, para no pecar contra ti".
- Versículo 16 - "Me regocijaré en tus estatutos; no me olvidaré de tus palabras".
- Versículo 25, 37 - "Vivifícame según tu palabra".
- Versículo 45 - "Y andaré en libertad, porque busqué tus mandamientos".
- Versículo 133 - "Ordena mis pasos con tu palabra".

El Salmo 19:7 dice: "La ley de Jehová es perfecta, que convierte el alma". El concepto de "convertir" (revivir) en el hebreo significa "hacerme vivir". El Salmo 107:19,20 dice: "Pero clamaron a Jehová en su angustia, y los libró de sus aflicciones. Envió su palabra, y los sanó, y los libró de su ruina". El Señor dijo por medio del profeta Isaías: "Así será mi palabra que sale de mi boca; no volverá a mí vacía, sino que hará lo que yo quiero, y será prosperada en aquello para que la envié" (55:11). Hay vida, poder y dirección en la Palabra de Dios; Jesús dijo: "El espíritu es el que da vida; la carne para nada aprovecha; las palabras que yo os he hablado son espíritu y son vida" (Juan 6:63).

La palabra tiene poder

Si es la verdad lo que nos santifica y la Palabra de Dios es verdad, entonces, hay un tremendo poder en la Palabra. Esto puede ilustrarse, a escala mucho menor, con el poder de las palabras humanas. La Escritura declara que: "La muerte y la vida están en poder de la lengua" (Proverbios 18:21) y: "La lengua apacible es árbol de vida; mas la perversidad de ella es quebrantamiento de espíritu" (Proverbios 15:4). Santiago también revela la fuerza destructora de las palabras: "Y la lengua es un fuego, un mundo de maldad. La lengua está puesta entre nuestros miembros, y contamina todo el cuerpo, e inflama la rueda de la creación, y ella misma es inflamada por el infierno" (3:6). Por eso Pablo exhorta: "Ninguna palabra corrompida salga de vuestra boca, sino la que sea buena para la necesaria edificación, a fin de dar gracia a los oyentes"

(Efesios 4:29). Los dos versículos siguientes dicen que afligimos al Espíritu Santo, cuando usamos nuestras palabras para demoler más que para edificar. Si cada persona pusiera en práctica Efesios 4:29, estoy seguro que desaparecerían muchos de los problemas de nuestras iglesias y hogares, de la noche a la mañana.

Frederick Dale Bruner dice:

> Nuestra cultura tiende a minimizar las palabras diciendo que 'las palabras no son importantes; son nuestras obras las que cuentan'. Y, sin embargo, en gran parte de la vida nuestras obras principales son nuestras palabras. Cada cónyuge sabe esto. En una cena de testimonio una palabra bondadosa pesa más que cien donaciones. Las Palabras son por lo que vive la gente, y si las palabras son reales y buenas, entonces, la vida y las relaciones son reales y buenas. Pero si las palabras son irreales y cortantes, entonces la vida es dura. La gente no vive sólo de pan, sino de toda palabra que diga el prójimo. "Los palos y las piedras pueden herir mis huesos pero las palabras realmente me duelen".[4]

Dallas Willard dice: La palabra... es, por tanto, para ser entendida como poder espiritual, sea del hombre o de Dios o de otro agente personal, sea para mal o para bien. Es el poder de la persona que habla".[5]

Hallando la verdad de Dios

La santificación tiene lugar cuando nos adueñamos de la verdad. Pero, ¿dónde se halla la verdad? Primero, la verdad de Dios puede sernos revelada por meido de la naturaleza. Esto puede verse en los arco iris (Génesis 9:12-17), en la misma creación (Salmo 19:1-4; Romanos 1:20) y en las benévolas providencias para vivir (Hechos 14:17). En Romanos 1:19-21, Pablo muestra que toda la gente sabe algo de la verdad de Dios: "Porque lo que de Dios se conoce les es manifiesto, pues Dios se lo manifestó. Porque las cosas invisibles de él, su eterno poder y deidad, se hacen claramente visibles desde la creación del mundo, siendo entendidas por medio de las cosas hechas, de modo que no tienen excusa. Pues habiendo conocido a Dios, no le glorificaron como a Dios, ni le dieron gracias, sino que se envanecieron en sus razonamientos, y su necio corazón fue entenebrecido". La pecaminosidad dentro de los corazones de los hombres no salvos, les hizo suprimir la verdad de Dios (versículo 18) pero no pudieron suprimirla totalmente.

La verdad de Dios también se revela en nuestra naturaleza moral (Romanos 2;14,15). Él ha escrito Su verdad en los corazones de toda la gente, hasta en los corazones de los incrédulos. Así, pues, toda la gente conoce algo de la verdad de Dios. Aunque el corazón del incrédulo tratará de resistirse a esta verdad, no puede silenciarla por completo. La verdad moral de Dios habla constantemente aun a los incrédulos, porque es lo que nos compele a crear alguna semejanza de orden moral por medio del gobierno y leyes humanas.

Para el creyente, la verdad es revelada por medio de la presencia del Espíritu como testigo dentro del corazón (Jeremías 31:33). Nuestra conciencia, que es una función de la mente, no es aún perfecta y, así, no es una fuente de verdad infalible. La convicción del Espíritu Santo es, no obstante, infalible y obra en el corazón del creyente para moverle a la verdad de Dios. Además, Pablo dice que podemos conocer algo de Dios mirando nuestra propia naturaleza: "Siendo, pues, linaje de Dios, no debemos pensar que la Divinidad sea semejante a oro, o plata, o piedra, escultura de arte y de imaginación de hombres" (Hechos 17:29). Somos personas y somos linaje de Dios, entonces Él debe ser una persona. Eso elimina la realidad definitiva como siendo una especie de espíritu y realidad impersonal como piensan algunos.

La verdad también es revelada por medio de las vidas de otros creyentes. Cada cristiano despliega la verdad de Dios en su vida (2 Corintios 3:1-3; 1 Tesalonicenses 1:6,7). Esto es especialmente cierto de los cristianos maduros (1 Corintios 11:1; Hebreos 13:7; 1 Pedro 5:3). Su ejemplo de vida transformada es un testimonio importante de la verdad.

El lugar más importante donde podemos encontrar la verdad es, por supuesto, en la Palabra de Dios: en Su revelación especial la cual es el único registro normativo que describe a Dios y Sus obras y, de este modo, es el lugar de la verdad canónica (Salmo 119:43; 142; 151; 160; Juan 17:17; 2 Timoteo 2:15; Santiago 1:18).

Las verdades centrales de la santificación

Dentro de la Biblia hay verdades centrales que son esenciales para la comprensión y crecimiento del creyente. Éstas abarcan 1) las verdades relacionadas a nuestra salvación, incluyendo lo que Dios ya ha hecho por nosotros y lo que Él hará; y, 2) los imperativos o mandamientos que revelan cómo debemos vivir siendo cristianos. Estos mandamientos para vivir se fundamentan, en lo que ya es verdadero tocante a nuestra salvación y la seguridad absoluta de lo que aún es venidero debido a nuestra salvación. El punto inicial de la santificación es creer el evangelio, esto es, creer lo que Dios ha hecho por nosotros en la salvación. Esto comprende lo que Él ha hecho en el pasado y lo que aún hará en el futuro por nosotros. Bonar dice:

> El evangelio no nos manda a hacer todo para obtener vida, sino que nos da vida por lo que otro hizo; y el conocimiento de esta verdad dadora de vida, no es trabajo sino descanso —descanso del alma, que es la raíz de toda verdadera labor, pues al recibir a Cristo no obramos para descansar sino que descansamos para obrar.[6]

Por fe descansamos en la obra consumada de Cristo. La fe es una opción de confiar en Cristo, creer que Él hizo por nosotros lo que nosotros no podemos hacer. La fe es el principio operativo de la vida:

> La fe tiene el mismo lugar en la vida divina que los sentidos en la natural, siendo, sin duda, no más que una forma de percibir o sentir la persuasión de las cosas espirituales. Se extiende a todas las verdades divinas pero, en nuestro estado caído, tiene una relación peculiar con las declaraciones de la misericordia de Dios, y la reconciliación con los pecadores por intermedio de un Mediador y, por tanto, recibiendo su denominación de ese objeto principal, es corrientemente llamada fe en Jesucristo.[7]

Nuestra santificación depende de creer la verdad de quienes somos en Cristo, descansar en Su obra consumada y, entonces, vivir las repercusiones de esta nueva perspectiva. Según Romanos 6:11, tenemos que optar por creer que estamos vivos en Cristo y muertos al pecado. Comentando este pasaje Sinclair Ferguson dijo:

> En la práctica real, darse cuenta de esta perspectiva es el fundamento de toda la santificación práctica. De ahí, el énfasis de Pablo en "saber" que este es el caso (versículos 3,6,9,) y su convocatoria a los creyentes para que "se cuenten" como muertos al pecado y vivos para Dios en Cristo Jesús (versículo 11)....Por tanto, la santificación es la obra práctica consistente de lo que significa pertenecer a la nueva creación en Cristo. Por eso, gran parte de la respuesta del Nuevo Testamento a los problemas personales y pastorales de la iglesia de los primeros tiempos era: "¿No sabes lo que es verdad de ti en Cristo?" (Romanos 6:3,16; 7:1; 1 Corintios 3:16; 5:6; 6:2-3,9,14,19; 9:13,24) ¡Vive por el poder del Espíritu en una forma que sea consistente con eso![8]

Creciendo en verdades que se aplican hoy

Creemos que el deseo de Dios para nosotros en el proceso continuo de la santificación es que experimentemos en la vida real quienes somos realmente en Cristo. Esto requiere optar diariamente por creer quienes somos como hijos de Dios. Para ayudarle en este proceso, he aquí una lista útil de la Biblia:

Como yo estoy en Cristo, por la gracia de Dios...

- Romanos 5:1 - He sido justificado (completamente perdonado y justificado).
- Romanos 6:1-6 - Morí con Cristo y morí al poder del pecado para gobernar mi vida.
- Romanos 8:1 - Estoy libre para siempre de condenación.

- 1 Corintios 1:30 - Dios me ha puesto en Cristo.
- 1 Corintios 2:12 - He recibido el Espíritu de Dios en mi vida para que pueda conocer las cosas que Dios me ha dado libremente.
- 1 Corintios 2:16 - Dios me ha dado la mente de Cristo.
- 1 Corintios 6:19,20 - He sido comprado por un precio; ya no soy de mí mismo; pertenezco a Dios.
- 2 Corintios 1:21 - He sido establecido, ungido y sellado por Dios en Cristo.
- 2 Corintios 5:14,15 - Puesto que he muerto, ya no vivo para mí mismo, sino para Cristo.
- 2 Corintios 5:21 - He sido justificado.
- Gálatas 2:20 - He sido crucificado con Cristo y ya no soy yo quien vive, sino que Cristo vive en mí. La vida que ahora vivo es la vida de Cristo.
- Efesios 1:3 - He sido bendecido con toda bendición espiritual.
- Efesios 1:4 - Fui escogido en Cristo antes de la fundación del mundo para ser santo y sin mancha delante de Él.
- Efesios 1:5 - Fui predestinado (determinado por Dios) para ser adoptado como hijo de Dios.
- Efesios 1:7,8 - He sido redimido y perdonado, y recibo Su abundante gracia.
- Efesios 1:13, 14 - Me ha sido dado el Espíritu Santo como prenda (depósito, anticipo) que garantiza mi herencia venidera.
- Efesios 2:5 - He sido vivificado juntamente con Cristo.
- Efesios 2:6 - He sido resucitado y sentado con Cristo en el cielo.
- Efesios 2:18 - Tengo acceso directo hacia Dios por medio del Espíritu.
- Efesios 3:12 - Puedo acercarme a Dios sin impedimento, con libertad y confianza.
- Colosenses 1:13 - He sido rescatado del dominio de Satanás y cambiado al reino de Cristo.
- Colosenses 1:14 - He sido redimido y perdonado de todos mis pecados. Mi deuda ha sido saldada (Ver Colosenses 2:13,14).

- Colosenses 1:27 - Cristo mismo mora en mí.
- Colosenses 2:7 - Estoy firmemente arraigado en Cristo y ahora soy sobreedificado en Él.
- Colosenses 2:10 - Estoy completo en Cristo.
- Colosenses 2:11 - He sido circuncidado espiritualmente, Mi vieja naturaleza no regenerada ha sido quitada.
- Colosenses 2:12,13 - He sido sepultado, resucitado y vivificado con Cristo.
- Colosenses 3:1-4 - Morí con Cristo y he sido resucitado con Él. Mi vida ahora está escondida con Cristo en Dios. Ahora Cristo es mi vida.
- 2 Timoteo 1:7 - He recibido el espíritu de poder, amor y dominio propio.
- 2 Timoteo 1:9 - Dios me ha salvado y apartado.
- Tito 3:5 - El Espíritu Santo me ha hecho nacer de nuevo y me ha renovado.
- Hebreos 2:11 - Puesto que he sido santificado y soy uno con el que santifica, Él no se avergüenza de llamarme Su hermano.
- Hebreos 4:16 - Tengo el derecho de entrar sin vergüenza ante el trono de Dios para encontrar misericordia y gracia en tiempos de necesidad.
- 2 Pedro 1:4 - He recibido muy grandes y preciosas promesas de Dios por medio de las cuales soy partícipe de la naturaleza divina de Él.[9]

Creciendo en verdades para el futuro

Hacer real quienes somos en Cristo es vivido no sólo por mirar a las realidades del pasado y el presente en Cristo, sino también ejercitando la fe en las promesas del futuro. Como crece la vida desde la semilla que la empezó y del suelo en que está plantada, así es atraída al sol que está más allá de eso. Debido a que las promesas de Dios se fundamentan en lo que Él ya ha hecho en Cristo, son indicadores de la buena nueva tan seguros, como las realidades del pasado. Nuestro esfuerzo por ser santos como Dios es santo, tiene por combustible "la esperanza viva" (1 Pedro 1:3) de que un día seremos como nuestro Señor (1 Juan 3:2,3) y que viviremos en una nueva creación de la que Pedro dice, "mora la justicia" (2 Pedro 3:13).

Creer las realidades de nuestro futuro es un medio poderoso para cambiar. Peter Kreeft escribió:

> Ahora suponga que la muerte y el infierno fueron completamente derrotados. Suponga también que la lucha estaba arreglada. Finalmente, imagínese que Dios le llevó en un viaje a su futuro por la bola de cristal y usted vio, con indudable certidumbre, que pese a todo, —su pecado, su escasez en todo lo que es la vida cristiana, su estupidez— usted tenía la libertad de pedir el más profundo deseo de todo su loco corazón: el cielo, el gozo eterno. ¿No volvería sin miedo y cantando? ¿Qué podría hacerle la tierra a usted si tiene garantizado el cielo? Temer la peor pérdida terrenal sería como que un millonario temiera perder un centavo; menos, un rasguño en un centavo.
>
> Pero ese *es* nuestro estado verdadero conforme a la propia Palabra de Dios. Esta es la buena nueva, la buena nueva escandalosa: que tenemos garantizado el cielo por pura dádiva.[10]

Además de pensar en y creer las verdades de la gracia de Dios —lo que Dios ha hecho por nosotros, quienes somos en Cristo, y nuestra esperanza futura— debemos también oír y creer los mandamientos que nos son dados en la Escritura. Es importante que entendamos cómo se relacionan esas órdenes con nuestra santificación. Esto nos exige entender exactamente cuáles son en realidad los mandamientos o imperativos relacionados a la bondadosa obra de Dios en la salvación y la verdad que nos santifica. Más adelante, en el capítulo 10, veremos el lugar que esos mandamientos tienen en nuestro crecimiento. Por ahora, vamos a aprender cómo podemos establecer la verdad en nuestros corazones por fe, de modo que podamos vivir y andar como santos.

Lo
COMÚN
HECHO
S*anto*

10

Personalizando la verdad de Dios que transforma la vida

Y la paz de Dios gobierna en vuestros corazones, a la que asimismo fuisteis llamados en un solo cuerpo; y sed agradecidos. Que la paz de Cristo more en abundancia en vosotros, enseñándoos y exhortándoos unos a otros en toda sabiduría, cantando con gracia en vuestros corazones al Señor con salmos e himnos y cánticos espirituales.

Colosenses 3:15,16

Alguna vez se ha sentado con otra persona en los extremos opuestos de un balancín (sube y baja) tratando de equilibrarlo? Es fácil ir para arriba y abajo pero es mucho más difícil equilibrar la tabla. Hacerlo requiere la cooperación de ambas personas. Cada una tiene que hacer ajustes menores para mantener el equilibrio. En forma similar, si queremos vivir una vida cristiana estable, tenemos que hallar el equilibrio bíblico entre la soberanía de Dios y la responsabilidad del ser humano que son enseñadas, ambas, claramente en la Escritura. La tabla permanecerá nivelada si todos nos ponemos al medio donde está Cristo pero siempre habrá individuos que inclinan la tabla a uno u otro extremo. Desafortunadamente, si cualquiera de las puntas se aleja mucho del centro (Cristo) entonces la iglesia, como un todo, perderá su equilibrio y sufrirá.

Equilibrar el sube y baja de la santificación requiere maniobras delicadas. Fácil es ver cómo se inclina la tabla a uno u otro lado, si se consideran los dos puntos de vista extremos de la santificación. Adoptar cualquier extremo nos hará experimentar resultados negativos en el proceso de formarnos a la imagen de Dios; por eso el equilibrio es tan importante.

Un extremo del balancín destaca el tiempo pasado o los aspectos posicionales o situacionales de la santificación, descuidando las instrucciones progresivas en tiempo presente. La tendencia es clamar la santidad y descuidar la realidad del pecado en nuestras vidas personales y la necesidad de asumir la responsabilidad de nuestro crecimiento. Esto puede llevar a negar nuestras imperfecciones y terminamos teniendo que pretender que tenemos todo arreglado.

El otro extremo del sube y baja destaca los aspectos progresivos de la santificación y descuida las referencias bíblicas más numerosas a las realidades en tiempo pasado de la santificación. Hay algunas personas que no pasan por alto estos versículos, pero los tratan como si no fueran pertinentes a nuestra presente posición en Cristo —como si estar vivo en Cristo no tuviera beneficios presentes prácticos. Esta orientación suele llevar a una visión negativa de los cristianos sin lograr verlos como nuevas creaciones en Cristo. El resultado es que los creyentes que luchan toda la vida anhelan llegar a ser alguien que ya son.

La humildad en Cristo siempre se halla en el centro de la tabla. Vaya a cualquier extremo y encontrará al orgullo. En una punta de la tabla están quienes piensan más alto de sí mismos de lo que debieran (Romanos 12:3). Ellos dicen: "Ya somos santos en Cristo. No tenemos que preocuparnos por el pecado o por crecer en santidad".

Yendo al otro extremo de la tabla puede conducir a humildad falsa. Insistiendo que son sólo pecadores con corazones desesperadamente malos, estas personas puede proclamar su "humildad" mientras que, al mismo tiempo, tienen disculpas para seguir pecando o para explicar por qué siguen pecando. Pero esta profesada humildad es falsa. "Mira cuán humilde soy" es una forma sutil del orgullo.

La humildad verdadera es la confianza apropiadamente asignada. Tenemos que: "Nos gloriamos en Cristo Jesús, no teniendo confianza en la carne" (Filipenses 3:3). Pablo dice: "Nadie os prive de vuestro premio, afectando humildad y culto a los ángeles, entremetiéndose en lo que no ha visto, vanamente hinchado por su propia mente carnal" (Colosenses 2:18). Dios no trata de humillarnos; Él trata de restaurar a la caída humanidad y edificarnos y nosotros debemos edificarnos los unos a los otros.

Irónicamente la gente de ambos extremos tiende al legalismo. Un grupo tiene que comportarse como si estuvieran completamente santificados, lo que creen son. El otro grupo destaca la obediencia de los mandamientos de la Biblia. Nadie quiere ser identificado como legalista pero, en muchos casos, todo lo que hacemos es ir del legalismo negativo (no hagas esto y haz aquello) al legalismo positivo (haz esto, haz aquello y lo de más allá) de la herejía de los Gálatas (3:1-5) debemos entender que ambos somos salvados por fe *y* perfeccionados por fe.

Pablo dijo: "Estando persuadido de esto, que el que comenzó en vosotros la buena obra, la perfeccionará hasta el día de Jesucristo" (Filipenses 1:6). Debemos tener la misma confianza de que la semilla que fue sembrada en nuestros corazones dará fruto, y que podemos presentar a cada persona completa en Cristo (Colosenses 1:28). Si *la verdad* es el medio por el cual somos santificados, entonces *la fe* es el medio por el cual nos apropiamos de la verdad a través del pensar y el hacer. En este capítulo veremos la apropiación a través del pensamiento (o creencia). En el próximo capítulo examinaremos la apropiación a través del hacer (u obediencia).

Apropiarse de la verdad de Dios a travésde la fe

No hay un principio de vida operativo que tenga mayor significado en nuestro andar diario que el concepto de la fe. El escritor de Hebreos dice: "Pero sin fe es imposible agradar a Dios" (11:6). Cada aspecto de la vida es moldeado o determinado por lo que creemos. Primero, somos salvados por fe: "Porque por gracia sois salvos por medio de la fe" (Efesios 2:8). Y, segundo, andamos o, "porque por fe andamos, no por vista" (2 Corintios 5:7). La fe es el único medio por el cual nos relacionamos a Dios.

Hay tres principios de fe que deben entenderse y apropiarse si esperamos ser guiados por el Señor, permanecer en Su voluntad y ser formados a Su imagen.

1. *La fe depende de su objetivo.*

La cuestión no es si usted cree o cuánto cree. La pregunta real es *qué* cree usted o *en quién* cree, porque todos andan por fe. La única diferencia entre la fe cristiana y la fe no-cristiana es el *objeto* de la fe. Por ejemplo, nosotros manejamos nuestros vehículos por fe. Considere la simple acción de cruzar una luz verde en un cruce de calles. Usted creyó que el tráfico cruzado tenía una luz roja, aunque no podía verla y creyó que aquellos que manejaban por esa calle cruzada iban a obedecer la ley parándose en la luz roja. Cuando usted pasó por ese cruce, entonces, ejerció fe en la humanidad, las leyes de nuestra patria y el circuito eléctrico de las luces del tránsito. Si usted no tuviera esa fe, ¿cómo enfocaría ese cruce de calles?

"Es, pues, la fe la certeza de lo que se espera, la convicción de lo que no se ve" (Hebreos 11:1). Acercarse a una luz verde en el cruce de calles sin aminorar la velocidad, requiere la seguridad interior de que no habrá colisión. Pasar por ese cruce manejando osadamente sin verificar el tráfico cruzado, demuestra su fe en la ciencia, la humanidad y las leyes del tránsito. Mucha fe es la que deposita en la humanidad especialmente porque estaba jugándose su bienestar físico. Si usted tiene tanta fe en la caída humanidad, ¿cuánta más fe debiera tener en Jesucristo que es el camino, la verdad y la vida (Juan 14:6)?

¿Qué hace que Jesucristo sea el único objeto legítimo de nuestra fe? Encontramos la respuesta en Hebreos 13:7,8: "Acordaos de vuestros pastores, que os hablaron la palabra de Dios; considerad cuál haya sido el resultado de su conducta, e imitad su fe. Jesucristo es el mismo ayer, y hoy, y por los siglos". Fíjese en que el escritor de Hebreos no dijo a su audiencia que imitara las acciones de sus pastores sino *su fe*. Debido a que sus acciones fueron sólo producto de lo que creían, o mejor, de quién creían —Dios. El hecho que Dios no puede cambiar ni mentir es lo que hace de Él y Su Palabra el único objeto legítimo de nuestra fe. ¿Se ha fijado alguna vez en que nuestra fe en un objeto crece cuando éste ha demostrado consistencia en el paso del tiempo? La consistencia inmutable de Dios demuestra que Él es digno de nuestra fe.

A propósito, exhortar a la gente a que "sólo ande por fe" puede destruir realmente su andar con Dios. Uno no puede tener fe en la fe, porque la fe no tiene validez sin un objeto. Los miembros de la "galería de la fama de la fe", detallada en el capítulo 11 de Hebreos, tuvieron mucha fe porque tenían un Dios grande ... ¡y nosotros también!

2. *Cuanta fe tengamos es algo determinado por cuán bien conoz camos al objeto de nuestra fe.*

Si conocemos siete promesas de la Palabra de Dios, lo mejor que podemos tener es una fe de siete promesas. Si conocemos siete mil promesas de la Palabra de Dios, podemos tener una fe basada en las siete mil promesas. Pablo dijo en Romanos 10:17: "Así que la fe es por el oír, y el oír, por la palabra de Dios".

Por eso es que no se puede inflar la fe. Todo intento por andar por fe, más allá de lo que es conocido por verdadero puede conducir únicamente al desastre. Eso no es fe, es presumir. Si hacemos supuestas suposiciones sobre Dios o una persona, nos estamos preparando para el desengaño, y saboteando nuestra confianza futura en ellos. No podemos meramente suponer que algo sea verdadero; tenemos que *saber* que es verdad. Un problema parecido ocurre cuando la gente responde al mensaje evangélico diciendo: "¡Oh, nunca podría creer eso!". Por supuesto que pueden creerlo. Si una persona puede creer la verdad, entonces ¿no puede otra persona hacer lo mismo? Por supuesto. Creer es una opción. La fe es algo que uno *decide* hacer, no algo que uno *tiene que sentir* como para hacerlo.

Toda persona tiene que decidir a quién o qué creerán. Josué dijo: "Escogeos hoy a quién sirváis; si a los dioses a quienes sirvieron vuestros padres, cuando estuvieron al otro lado del río, o a los dioses de los amorreos en cuya tierra habitáis; pero yo y mi casa serviremos a Jehová" (24:15). "Y acercándose Elías a todo el pueblo, dijo: ¿Hasta cuándo claudicaréis vosotros entre dos pensamientos? Si Jehová es Dios, seguidle; y si Baal, id en pos de él. Y el pueblo no respondió palabra" (1 Reyes 18:21).

Nuestra santificación depende por completo de lo optamos por creer. Todo gran santo ha optado por confiar en Dios y creer que Su Palabra es verdad absoluta y la única fuente autorizada e infalible de vida y para vivir. La única otra opción es creer en uno o más de los seres creados por Dios y caídos, incluyendo a Satanás y a nosotros mismos. Esa sería una opción desafortunada porque: "Porque lo insensato de Dios es más sabio que los hombres, y lo débil de Dios es más fuerte que los hombres" (1 Corintios 1:25).

3. *La escritura presenta la fe como una Palabra de acción.*

Este principio es lo que Santiago trata de dar a entender cuando dice: "Hermanos míos, ¿de qué aprovechará si alguno dice que tiene fe, y no tiene obras? ¿Podrá la fe salvarle? ... Pero alguno dirá: Tú tienes fe, y yo tengo obras. Muéstrame tu fe sin tus obras, y yo te mostraré mi fe por mis obras" (Santiago 2:14,18). Él formula una declaración aun más fuerte más adelante: "Vosotros veis, pues, que el hombre es justificado por las obras, y no solamente por la fe" (2:24) ¿Amenaza esto a la afirmación protestante de "la justificación por la sola fe"? No, si entendemos lo que Santiago trata de decir.

En la mayoría de las traducciones de la Biblia, la traducción mayoritaria al griego de "fe", "confianza" y "creer" es el mismo sustantivo, *pistis* o el verbo, *pisteuo*. Sin embargo, en el uso común del idioma inglés, creer en algo tiene menos compromiso personal que confiar en algo. Es fácil dar asentimiento mental diciendo "creo eso" pasándose totalmente por alto el significado bíblico de la creencia. Creer algo bíblicamente no es sólo asentir mentalmente a algo sino mostrar total confianza en ello. Por eso Santiago dijo: "Tú crees que Dios es uno; bien haces. También los demonios creen, y tiemblan" (2:19). En otras palabras, los demonios creyeron que hay un Dios solo, pero esa creencia no se tradujo en confianza. Si nosotros creemos verdaderamente en Dios y optamos por creer que lo que Él dice es la única verdad absoluta, entonces eso afectará la forma en que vivimos. Por ejemplo, Jesús dijo: "Bienaventurados los que tienen hambre y sed de justicia, porque ellos serán saciados" (Mateo 5:6). ¿Cree eso? Si lo cree, entonces ¿que haría? Estaría hambriento de justicia. Si no está haciendo eso, entonces realmente no cree. Esa "creencia" es únicamente asentimiento mental o expresión de deseos que no le salvará ni le santificará.

En años recientes el concepto de fe bíblica ha sido distorsionado por el movimiento del "nómbrelo y reclámelo" o "confesión positiva". La gente de este movimiento abogan que podemos usar la fe para satisfacer todo capricho nuestro. Ellos basan su doctrina en pasajes como Mateo 21:21,22:

> *De cierto, de cierto os digo, que si tuviereis fe, y no dudareis, no sólo haréis esto de la higuera, sino que si a este monte dijereis: Quítate y échate en el mar, será hecho. Y todo lo que pidiereis en oración, creyendo, lo recibiréis.*

Los paladines del movimiento de la confesión positiva señalan correctamente, que el monte es movido sólo cuando la fe es puesta en práctica al decir nosotros "quítate". Esto es, lo que usted cree tiene que ser concretado en la acción, lo cual concuerda con lo que dice Santiago sobre la creencia. Usted cruza, no obstante, la línea del cristianismo ortodoxo cuando empieza a pensar que algo tiene que pasar sencillamente porque usted lo dijo. Sólo Dios puede hablar y traer algo a la existencia y nosotros no somos Dios. Sencillamente no podemos crear realidad con nuestra mente, como los adeptos de la Nueva Era quieren que creamos. Ser capaz de hacer eso nos haría dioses y eso es precisamente lo que ellos enseñan. Pero como seres creados solamente podemos reaccionar a la realidad en forma responsable.

Además, no tenemos el privilegio ni el derecho de determinar por nosotros mismos que es lo que tenemos que creer. La doctrina de que si creemos algo con mucha fuerza, eso tiene que volverse cierto no es bíblica. El cristianismo dice: "Es verdad, por tanto yo lo creo". Tan sólo porque creemos algo no hace que sea verdadero y nuestra incredulidad no hace falso a algo. Como cristianos optamos por creer la verdad no elegimos qué es la verdad.

Jesús dijo que Él es el camino, la *verdad* y la vida (Juan 14:6, itálicas del autor). A través de la oración y de la lectura de la Palabra de Dios, Él nos revela *Su* verdad. Él puede revelar la verdad, mostrarnos el camino y darnos la vida que necesitamos para seguirle. La verdad se origina en el cielo y nuestra responsabilidad es creerlo.

Guardando la verdad en nuestro corazón

La fe que realmente cambiará nuestro carácter y, por conse-cuencia, nuestra conducta abarca apropiarse de la verdad en nues-tros corazones para que nuestra fe no sea tan sólo un asentimiento mental. Pablo amonesta: "Y la paz de Dios gobierne en vuestros corazones" (Colosenses 3:15). La palabra "gobierne" (griego, *bra-beuo*) significa "actuar como un árbitro". Tenemos que dejar que la paz de Cristo decida todos los asuntos de nuestro corazón. La cuestión es, ¿cómo meter esa verdad en nuestro corazón? El versí-culo siguiente dice: "La palabra de Cristo more en abundancia en vosotros, enseñándoos, y exhortándoos unos a otros en toda sabi-duría" (Colosenses 3:16). Aunque separadas en nuestras traduccio-nes, las palabra es una sola en el texto griego y significa "vivir en, fijar el domicilio propio en o hacer su casa en*. ¿*Qué* o *quién* dice él que debe fijar residencia en nuestros corazones? "La palabra (*logos*) de Cristo". La verdad central en Cristo —la cual Él encar-na— tiene que estar en el centro mismo de nuestro ser. Tenemos que dejar que Su paz sea el árbitro de los asuntos de nuestro corazón. El arbitraje es necesario porque las voces del mundo, de la carne y del diablo luchan por el control.

Yo, (Neil) tuve una infancia muy inocente y una buena crianza moral pero no era cristiano. En mis cuatro años de servicio en la Armada de los Estados Unidos, mi mente fue expuesta a ciertos materiales que, después, deseé no haber visto nunca. Cuando recién llegué a ser cristiano, quise limpiar mi mente. En el momento en que decidí hacer eso, la batalla por mi mente se intensificó. Eso, porque ahora yo estaba optando por no ceder a los pensamientos tentadores.

Si alguna vez hallamos que la batalla por nuestra mente no es muy intensa, probablemente se deba a que estamos rindiéndonos sin luchar. La necesidad de someterse a Dios y resistir al diablo (Santiago 4:7) no puede destacarse bastante "porque las armas de nuestra milicia no son carnales, sino poderosas en Dios para la

---

* NT: En el español, "more" indica precisamente el sentido del griego.

destrucción de fortalezas" (2 Corintios 10:4). Necesitamos que la paz de Dios guarde nuestros corazones y mentes (Filipenses 4:7).

Imagine que su mente es como una jarra que se concibió para ser llenada con agua cristalina, pero en el paso de los años se contaminó con café. Un día usted decide que quiere que el agua de la jarra sea pura, pero se entristece al descubrir que no hay forma de sacar el café. Entonces, descubre cerca un recipiente de cristal limpio, para hacer hielo, que está etiquetado: "Palabra de Dios". No hay forma en que usted pueda echar todo el cubo de hielo en la jarra de una sola vez, así que va poniendo un cubo de hielo por día. Primero, la tarea parece desesperada porque el café es tan penetrante. Sin embargo, lentamente la infusión diaria de verdad va anulando los efectos del café. Entonces, por fin, llega el día en que el café ya no puede verse, olerse ni saborearse aunque aún queda un resto. De igual modo, el proceso de renovar nuestras mentes *funcionará* siempre y cuando no echemos una cucharada de café por cada cubo de hielo.

Esa ilustración refuerza lo que aprendimos antes sobre la parte que nosotros tenemos en nuestra propia santificación. El apóstol Pablo dice: "Procura con diligencia presentarte a Dios aprobado, como obrero que no tiene de qué avergonzarse, que usa bien la palabra de verdad" (2 Timoteo 2:15). No hay sustitutos para eso en la presente edad de la iglesia; Dios no estudiará por nosotros. Él se ha revelado, Él mismo y Sus caminos en Su Palabra, y es nuestra responsabilidad conocer la verdad. Y de acuerdo a la Escritura la meditación es la manera segura, para dejar que la Palabra de Dios habite ricamente dentro de nosotros. Veamos que podemos aprender de la disciplina de la meditación en la historia bíblica.

Meditación y santidad

El gran valor de la meditación

Según Josué 1:8 meditar en la Palabra de Dios es la clave del vivir exitoso: "Nunca se apartará de tu boca este libro de la ley, sino que de día y de noche meditarás en él, para que guardes y hagas conforme a todo lo que en él está escrito; porque entonces harás

LO COMÚN HECHO SANTO

prosperar tu camino, y todo te saldrá bien". El significado de la raíz de la palabra "prosperar" es "cumplir satisfactoriamente lo que se concibe". El hebreo de "éxito" se refiere a tener sabiduría que conduce a la conducta prudente y, en la Biblia, la conducta sabia significa una vida que se conforma al carácter de Dios. Trent Butler, comentarista de la Biblia, traduce estas frases, "...entonces harás exitosos tus caminos y entonces serás prudentemente próspero"[1] Ser exitoso o vivir sabiamente comprende dos cosas: 1) hacer de acuerdo a la verdad de la Palabra de Dios, y 2) meditar continuamente en la Palabra, cosa que produce ese hacer.

El salmista empezó el libro de los Salmos diciendo también que la meditación es la clave de la vida:

Bienaventurado el varón que no anduvo en consejo de malos, ni estuvo en camino de pecadores, ni en silla de escarnecedores se ha sentado; sino que en la ley de Jehová está su delicia, y en su ley medita de día y de noche (Salmo 1:11,2).

Hay ciertas cosas que el varón bienaventurado o feliz no hace. Él no sigue el consejo de impíos: "¿Qué compañerismo tiene la justicia con la injusticia? ¿Y qué comunión la luz con las tinieblas?" (2 Corintios 6:14). Tampoco el varón bienaventurado se identifica o se junta con los pecadores: "No erréis; las malas conversaciones corrompen las buenas costumbres" (1 Corintios 15:33). Tampoco el varón bienaventurado se mofa de Dios o Su Palabra. En cambio, se deleita en la verdad y medita en ella continuamente. Por consecuencia: "Será como árbol plantado junto a corrientes de aguas, que da su fruto a su tiempo, y su hoja no cae; y todo lo que hace, prosperará" (Salmo 1:3).

Meditación de la Biblia

Las palabras "meditar" o "meditación" se encuentran, por lo menos, 21 veces en el Antiguo Testamento y ocho de esas veces en el Salmo 119. Pero el concepto de meditación es mencionado de otros modos en toda la Biblia. Por ejemplo, en Deuteronomio 6:6-9, leemos:

Y estas palabras que yo te mando hoy, estarán sobre tu corazón; y las repetirás a tus hijos; y hablarás de ellas estando en tu casa, y andando por el camino, y al acostarte, y cuando te levantes. Y las atarás como una señal en tu mano, y estarán como frontales entre tus ojos; y las escribirás en los postes de tu casa, y en tus puertas.

Una de las cosas más "naturales" que hacemos es pensar y decir lo que está en nuestros corazones. Si la Palabra de Dios está oculta en nuestros corazones, hablaremos de ella desde que sale el sol hasta que se pone. Afectará todo lo que hacemos (sus manos) todo lo que pensamos (los frontales entre tus ojos), todo lo que pasa en nuestros hogares (los postes de tu casa) y todo lo que hacemos en público (las puertas).

El Salmo 63 muestra al rey David en una situación muy deprimente. Está en la ribera occidental del Mar Muerto, que es descrito como "tierra seca y árida donde no hay aguas" (versículo 1). Esta zona desértica es el mismo lugar donde el diablo confrontó a nuestro Salvador. En toda la Escritura encontramos que el desierto es un lugar de prueba y tentación. El desolado entorno sólo es deprimente, pero mucho peor, es la razón de la presencia de David allí. Él viene huyendo desde Jerusalén para salvar su vida. Su propio hijo Absalón ha organizado una conspiración contra él e intentaba quitarle el reinado de Israel.

Pero el corazón de David es firme para con Dios aun en medio de esta circunstancia. ¿Cómo era eso posible? La respuesta es la misma que, en todas las otras partes de la Escritura que hablan del vivir exitoso —meditación en la verdad de Dios.

Dios, Dios mío eres tú; de madrugada te buscaré; mi alma tiene sed de ti, mi carne te anhela, en tierra seca y árida donde no hay aguas, para ver tu poder y tu gloria, así como te he mirado en el santuario. Porque mejor es tu misericordia que la vida; mis labios te alabarán. Así te bendeciré en mi vida; en tu nombre alzaré mis manos. Como de meollo y de grosura será saciada mi alma, y con labios de júbilo te alabará mi boca, cuando me acuerde de ti en mi lecho, cuando medite en ti en las vigilias de la noche" *(versículos 1-6).*

La próxima vez que usted no pueda dormir en la noche debido a circunstancias aplastantes, pruebe lo que hizo David. Enfoque su mente en Dios recordando grandes momentos que usted haya tenido con Él. Entonces, mentalmente repita Sus atributos. Finalmente, haga participar a todo su cuerpo levantando sus manos o postrándose ante Él y cantando. Fijar sus ojos en Jesús, el autor y consumador de su fe (Hebreos 12:2), volverá a enfocar su turbada mente y cantar le dará mayor expresión y armonía a su turbada alma. Como el salmista podrá decir: "¿Por qué te abates, oh alma mía, y por qué te turbas dentro de mí? Espera en Dios; porque aún he de alabarle, salvación mía y Dios mío" (Salmo 43:5).

El significado de la meditación

Hay dos palabras básicas para meditación en el Antiguo Testamento. La primera es *haghah* (Salmo 63:6). El verbo básico significa "gemir, refunfuñar, lanzar gritos o suspiros, hablar, o reflexionar o decir pensativamente". Se usa para expresar el rugido de un león (Isaías 31:4) y el arrullo de las tórtolas (Isaías 59:11). También se emplea referida a la música resonante o música que sigue sonando —como si hiciera eco.[2] Aunque puede usarse para hablar de la reflexión silenciosa, parece que la idea básica de la palabra involucra alguna clase de emisión, tal como el murmullo, el susurro, o hablarse a uno mismo. Respecto de su empleo como "meditar" en Josué 1:8, Ringgren dice: "Esto podría referirse a la recitación oral en voz baja conectada con el estudio de la ley...."[3] A veces, *haghah* expresa los sentimientos del alma de una persona 'perdida en su religión' ... llena con los pensamientos de las obras de Dios o de Su voluntad".[4]

La segunda palabra para meditación, *siach* se halla en el Salmo 77:6: "Me acordaba de mis cánticos de noche; meditaba (*siach*) en mi corazón, y mi espíritu inquiría". Dar vueltas algo en la mente es la idea básica de esta palabra. Puede hacerse exteriormente (hablando) o interiormente (meditando).

Meditar en la Palabra de Dios, nos ayuda a ir más allá de la obediencia superficial de Sus mandamientos. Nos sirve para absorber su rico significado de lo que Él tiene que decir. Por ejemplo el Salmo 119:129 dice: "Maravillosos son tus testimonios; por tanto, los ha guardado mi alma". Franz Delitzsch dice:

> En esta ilación de ideas...("los ha guardado") no se dice de la observancia cuidadosa, sino de la contemplación atenta que se prolonga hasta que se alcanza un entendimiento, que penetra claramente el asunto ... La Palabra de Dios da luz en cuanto hace sabio o sagaz al simple (como en Proverbios 22:3); en conexión con lo cual se asume que es Dios mismo quien despliega los misterios de Su Palabra a aquellos que están ansiosos por aprender.[5]

Tomemos el bien conocido Salmo 23 y meditemos el primer versículo: "Jehová es mi pastor; nada me faltará". Fíjese que el salmista no dice *"un* Señor", sino *"el Señor"*. El artículo es definido porque hay solamente un Señor. Él es *el* Señor, y la palabra "SEÑOR" es la traducción inglesa (Lord) del divino nombre de Dios, que es YHWH (Yavé). Este nombre sagrado de Dios, corrientemente llamado el tetragrammaton,[*] no era pronunciado por los hebreos. Su nombre era considerado demasiado santo. Claramente, el salmista estaba siendo reverente. Estaba diciendo en un sentido: "Dios no es mi señor en el sentido de ser mi jefe; Él es el todopoderoso eterno Dios de toda la creación".

Lo asombroso es que este Señor "es" mi pastor, ahora mismo. El versículo no dice que Él será mi pastor alguna vez en el futuro, ni que fue mi pastor alguna vez en el pasado. Él "es" en este momento presente "mi pastor". ¡Qué pensamiento sobrecogedor que el Dios de Abraham, Isaac y Jacob sea *mi* pastor personal!

¿Y qué es Él para mí? Él es mi "pastor". Él me vigila, y me conduce a aguas tranquilas. Mientras que otras ovejas se llevan los premios de la humanidad por belleza o rendimiento, yo tengo la

---

* NT: tetragrammaton es el griego para decir cuatro letras.

seguridad de que Él es siempre mi pastor, y me cuida tanto como cuida a cualquier otra oveja. Si yo me perdiera del camino, Él dejaría a las otras para buscarme. ¡Qué pastor maravilloso! Él me protegerá de los lobos aunque le cueste Su vida. ¿Qué más puedo pedir?

¿Ve ahora el valor de meditar en la Palabra de Dios? El Salmo 23:1 es solamente un ejemplo de la manera en que las poderosas palabras y verdades de Dios pueden bendecirnos, consolarnos y volver a asegurarnos si sólo las dejamos que empapen nuestros corazones.

Mal uso de la meditación

Al igual que la fe es el objetivo de nuestra meditación es el asunto crítico. Exhortar a la gente a que medite sin decirles qué meditar puede destruir su salud espiritual. Ellos pueden terminar por prestar atención a un espíritu engañador como esos descritos en 1 Timoteo 4:1: "Pero el Espíritu dice claramente que en los postreros tiempos algunos apostatarán de la fe, escuchando a espíritus engañadores y a doctrinas de demonios". Una querida señora que fue a una de las conferencias de Neil compartió el siguiente testimonio:

Yo he sido una cristiana consagrada por muchos años pero seguía luchando con algunos dolorosos recuerdos de la niñez. Hace varios años fui a un seminario de sanidad interior en mi iglesia, esperando obtener ayuda. Queriendo todo lo que el Señor tenía para mí, participé plenamente en una imaginación guiada. La líder hizo que todo el grupo cerrara los ojos, tranquilizaran sus mentes con música, y se imaginaran que subíamos a una alfombra mágica que nos llevaba a un hermoso prado con un lago. Entonces ella nos dirigió por varios sucesos imaginarios. Pensar en ellos me eriza la piel. Ahora sé que eran del Adversario.

Debido al gran desorden de mi vida y necesitando desesperadamente ayuda, me fui donde estaba mi hermana, en otro estado. Su pastor y su esposa me guiaron por "Los pasos a la libertad en Cristo". Fue un encuentro con el sobrecogedor amor de mi Padre celestial, como nunca antes lo había experimentado. Con la ayuda de un pastor afectuoso y amable, el Señor reveló a un guía espiritual que había entrado durante esa imaginación guiada, en la sesión de sanidad interior. Yo había aprendido a esperar su presencia en mi vida de oración en forma de una luz púrpura que me guiaba en muchas situaciones. A menudo había compartido con mi pastor sobre "mi color púrpura" y él tampoco lo reconoció como demoníaco. Creyendo que era del Señor ambos estábamos engañados.

Como resultado de este guía demoníaco se terminó mi matrimonio, mi hijo se distanció de mí, y yo estoy alejada de mi iglesia. Ahora, como resultado del encuentro con la verdad, estoy libre en Cristo. Conozco verdaderamente la paz que sobrepasa todo entendimiento y mi corazón y mente están guardados en Cristo Jesús.

Dios nunca soslaya nuestra mente; Él obra *a través* de ella. La Escritura nos instruye para que dirijamos nuestros pensamientos hacia afuera, nunca hacia adentro y en forma activa, jamás pasiva. Dejar que la mente de uno se ponga pasiva, es la cosa espiritual más peligrosa que usted puede hacer: "Hermanos, no seáis niños en el modo de pensar, sino sed niños en la malicia, pero maduros en el modo de pensar" (1 Corintios 14:20). "Transformaos por medio de la renovación de vuestro entendimiento ...piense de sí con cordura" (Romanos 12:2,3).

Dirigir nuestros pensamientos hacia adentro, sólo nos conducen a una introspección mórbida. Nosotros tenemos que invitar a Dios que nos examine: "Examíname, oh Dios, y conoce mi corazón; pruébame y conoce mis pensamientos; y ve si hay en mí camino de perversidad, y guíame en el camino eterno" (Salmo 139:23,24).

El propósito intencional de las prácticas de meditación de las religiones orientales, es inducir un estado pasivo de la mente. Por ejemplo, en la meditación trascendental, uno tiene que cerrar los ojos y repetir el mantra una y otra vez durante 20 minutos. Quieren que usted llegue a un estado de trance, en que la mente está neutralizada. La teoría de ellos es: hay que sacar del medio a la mente para que uno pueda percibir directamente la verdad. Pero la mente suya se volvería un lío si usted hiciera eso, y Jesús nos advirtió contra orar con repeticiones vanas (Mateo 6:7).

Cómo la meditación nos puede cambiar

Darle cabida a los malos pensamientos, puede llevar a la desesperación, cosa que algunos de los santos mejores de Dios han confirmado. David gritó: "¿Hasta cuándo, Jehová? ¿Me olvidarás para siempre?" (Salmo 13:1). ¿Puede el Dios omnisciente olvidar algo o alguien, mucho menos para siempre? Pero eso es lo que David piensa y, por tanto, cree en ese momento. "¿Hasta cuándo pondré consejos en mi alma, con tristezas en mi corazón cada día?" (Salmo 13:2). David estaba deprimido porque le había dado entrada a pensamientos irreales acerca de Dios. Luego de quejarse de sus enemigos y de sus circunstancias, finalmente, pide a Dios. Entonces sus pensamientos se hacen uno y enfocados en Él: "Mas yo en tu misericordia he confiado; mi corazón se alegrará en tu salvación. Cantaré a Jehová, porque me ha hecho bien" (Salmo 13:5,6).

Jeremías se deprimió cuando reflexionó en todas sus dificultades. "Acuérdate de mi aflicción y de mi abatimiento, del ajenjo y de la hiel; lo tendré aún en memoria, porque mi alma está abatida dentro de mí" (Lamentaciones 3:19,20). Él había perdido la esperanza en Dios (versículo 18). Cualquiera se puede deprimir si tiene tiempo suficiente para "recordar bien" todas las cosas negativas que le han pasado, y para pensar en todo el mal de este mundo. Pero, entonces, Jeremías da vuelta todo: "Esto recapacitaré en mi corazón, por lo tanto esperaré. Por la misericordia de Jehová no hemos sido consumidos, porque nunca decayeron sus misericordias. Nuevas son cada mañana; grande es tu fidelidad" (Lamentaciones 3:21-23). Fíjese que nada ha cambiado en las circunstancias de Jeremías y Dios nunca cambia. Todo lo que cambió fue que Jeremías optó por creer a Dios y *en su mente* recordó lo que él debe haber sabido ya de Dios.

El apóstol Pablo también sufrió muchas dificultades pero nunca se descorazonó. Estuvo preso, lo azotaron muchas veces, naufragó y fue perseguido desde dentro y fuera de las filas cristianas y anduvo huyendo del peligro continuo (2 Corintios 11:23-27). Usted podía derribar a Pablo pero él siempre se iba a levantar:

> *Que estamos atribulados en todo, mas no angustiados; en apuros, mas no desesperados; perseguidos, mas no desamparados; derribados, pero no destruidos; llevando en el cuerpo siempre por todas partes la muerte de Jesús, para que también la vida de Jesús se manifieste en nuestros cuerpos .... Por tanto, no desmayamos; antes aunque este nuestro hombre exterior se va desgastando, el interior no obstante se renueva de día en día. Porque esta leve tribulación momentánea produce en nosotros un cada vez más excelente y eterno peso de gloria (2 Corintios 4:8-10, 16,17).*

Pablo debe haber creído su propio mensaje, por lo cual pudo vivir con tantos problemas. Él testificó. "Sé vivir humildemente, y sé tener abundancia; en todo y por todo estoy enseñado, así para estar saciado como para tener hambre, así para tener abundancia como para padecer necesidad. Todo lo puedo en Cristo que me fortalece" (Filipenses 4:12,13). Él sabía que nuestro semblante no es moldeado por las circunstancias de la vida, sino por la manera en que las percibimos. Si interpretamos las pruebas y tribulaciones de la vida correctamente, producirán carácter y ahí es donde reside nuestra esperanza, porque el amor de Dios ha sido derramado en nuestros corazones (Romanos 5:3-5). Pablo comparte el enfoque mental que debemos tener, en Filipenses 4:8,9:

> *Por lo demás, hermanos, todo lo que es verdadero, todo lo honesto, todo lo justo, todo lo puro, todo lo amable, todo lo que es de buen nombre; si hay virtud alguna, si algo digno de alabanza, en esto pensad. Lo que aprendisteis y recibisteis y oísteis y visteis en mí, esto haced; y el Dios de paz estará con vosotros.*

La palabra "pensad" en la frase "en esto pensad" es el griego *logizomai* que significa "considerar" o "calcular". La versión NSAB, en inglés, de la Biblia, traduce esta frase como "deja que tu mente more en estas cosas". Pablo no habla del pensamiento superficial sino que se refiere al proceso de disciplinar nuestras mentes para pensar veraz, cuidadosa e integralmente. No se trata del mero recordar un versículo de la Biblia cuando seamos tentados o estemos en problemas, como si fuera una fórmula mágica, esto es aprender a pensar bíblicamente sobre todas las cosas de la vida.

Cómo puede la meditación afectar nuestras acciones

El Nuevo Testamento no usa la palabra "meditar" muy a menudo pero el concepto de meditación aparece con frecuencia. Por ejemplo, Colosenses 3;1,2, dice: "Si, pues, habéis resucitado con Cristo, buscad las cosas de arriba donde está Cristo sentado a la diestra de Dios. Poned la mira en las cosas de arriba, no en las de la tierra". El griego para "poned la mira" en este pasaje es *froneo* que significa "penar de cierta manera. Implica interés o reflexión moral, no la mera opinión que no razona".[6] Esta es la misma palabra que Pablo eligió usar en Romanos 8:5 cuando quiso mostrar que aquello que elegimos para poner nuestras mentes es lo que determina cómo vivimos: "Porque los que son de la carne piensan en las cosas de la carne; pero los que son del Espíritu, en las cosas del Espíritu".

Lo que meditemos en nuestra mente va a nuestro corazón y afecta nuestras acciones. Recuerdo que escuché un programa deportivo que cubría las Olimpíadas de invierno, cuando Alemania Oriental todavía era país. Los comentaristas estaban hablando de los corredores de trineo (el pequeño, en que el corredor va en posición supina) de Alemania Oriental, que se detenían en la parte alta de la pista, cerraban los ojos y parecían entrar en alguna clase de estado de meditación. Un psicólogo de deportes explicó que repasaban mentalmente toda la pista, cada gradiente y vuelta. La primera vez que bajaban por la pista era una experiencia de aprendizaje, pero cada vuelta exitosa dejaba una creciente huella impresa en la mente. Luego de suficientes vueltas, los corredores podían conocer cada detalle de la pista, la fijaban en su mente y podían correr para tratar de ganar la medalla de oro en la vuelta final.

El mismo fenómeno ocurre cuando aprendemos a andar en bicicleta o a manejar automóviles, especialmente un vehículo que tenga palanca de cambios. Después de mucha práctica, el proceso llega a hacerse parte de uno de modo que, puede andar en la bicicleta o manejar el automóvil casi sin pensar conscientemente en absoluto.

En forma similar, cuando pensamos continuamente en la verdad de Dios, entra a lo profundo de nuestros corazones. Lo que nazca en lo profundo de nuestro ser saldrá en nuestras palabras y acciones. "El hombre bueno, del buen tesoro de su corazón saca lo bueno; y el hombre malo, del mal tesoro de su corazón saca lo malo; porque de la abundancia del corazón habla la boca" (Lucas 6:45).

El pedido de Salomón a Dios de un "corazón entendido" (1 Reyes 3:9) fue literalmente de "un corazón que oye" —un corazón que oye la Palabra de Dios para que él pudiera juzgar con justicia al pueblo. Todos tenemos "corazones que oyen" que continuamente ingresan aquello en que enfoquemos nuestra mente. Meditar en la Palabra de Dios sencillamente es hablar a nuestro corazón para que la Palabra de Dios sea instalada ahí y salga en nuestras acciones.

Uno de los medios con más color para meter los pensamientos de Dios en nuestro corazón es el soliloquio, que simplemente es hablarse a uno mismo. Decirse a usted que "contrólate" o "quédate tranquilo" son soliloquios comunes. Fíjese en los soliloquios del salmista: "Alma mía, en Dios solamente reposa, porque de él es mi esperanza" (Salmo 62:5) o: "Bendice, alma mía, a Jehová, y bendiga todo mi ser si santo nombre" (Salmo 103:1). El soliloquio funciona como un buen maestro si la verdad que se dice al alma es de la Palabra de Dios o, por lo menos, consistente con ella.

Los objetivos de nuestra meditación

El primer objetivo de nuestros pensamientos debe ser Dios mismo. Él es el Creador, el Rey de reyes, y el Soberano Señor del universo. Tenemos que pensar en Él hasta que estemos reverentemente sobrecogidos por Su grandeza. Sin embargo, no debe hacerse la impresión de que adoramos a Dios porque Él es un ególatra que necesita que le halaguen el ego todos los domingos por la mañana. La idea de apaciguar a Dios para que Él no nos haga cosas malas viene del paganismo.

Adorar a Dios es adscribirle Sus atributos divinos. Hacemos esto para que nuestra mente se programe para conocerle a Él y Sus caminos. La meditación en Dios conduce inevitablemente a pensar también en Su Palabra. Su voluntad y Sus actos maravillosos. Mire lo que meditaba el salmista:

- Salmo 1:2 - "Y en su ley medita de día y de noche"
- Salmo 48:9 - "Nos acordamos de tu misericordia"
- Salmo 77:12 - "Meditaré en todas tus obras"
- Salmo 119:15 - "En tus mandamientos meditaré"
- Salmo 119:27 - "Para que medite en tus maravillas"
- Salmo 119:48 - "Y meditaré en tus estatutos"
- Salmo 119:97 - "Todo el día es ella (tu ley) mi meditación"
- Salmo 119:99 - "Porque tus testimonios son mi meditación"
- Salmo 119:148 - "Para meditar en tus mandatos"
- Salmo 143:5 - "Meditaba en todas tus obras"

Debemos meditar en lo que es bueno, fuera de Dios y Sus caminos. Recuerde las palabras de Pablo en Filipenses 4:8: "Por lo demás, hermanos, todo lo que es verdadero, todo lo honesto, todo lo justo, todo lo puro, todo lo amable, todo lo que es de buen nombre; si hay virtud alguna, si algo digno de alabanza, en esto pensad".

No decimos que deba negar sus circunstancias negativas; por supuesto, tenemos que estar en contacto con la realidad, pero Dios nos dice que nuestras mentes no deben *morar* en las cosas negativas. Sí, tenemos que enfrentar nuestros problemas pero también debemos enfocarnos en la respuesta, que es Cristo y la verdad que nos hará libres. Cuando estamos espiritualmente fatigados, tenemos que responder a la invitación: "Venid a mí todos los que estáis trabajados y cargados, y yo os haré descansar" (Mateo 11:28). Cuando estamos temerosos tenemos que recordar que Dios está presente: "No temas, porque yo estoy contigo; no desmayes, porque yo soy tu Dios que te esfuerzo; siempre te ayudaré, siempre te sustentaré con la diestra de mi justicia" (Isaías 41:10). Y cuando nos sentimos culpables tenemos que saber que: "Ahora, pues, ninguna condenación hay para los que están en Cristo Jesús, los que no andan conforme a la carne, sino conforme al Espíritu" (Romanos 8:1).

Cuando usted esté preparándose para enseñar una clase de la escuela dominical o para predicar un sermón, ¿se ha visualizado haciendo la tarea en el poder del Espíritu Santo? Eso puede realzar positivamente sus presentaciones pero tal visualización debe ser templada por la verdad enseñada en 1 Pedro 1:13: "Por tanto, ceñid los lomos de vuestro entendimiento, sed sobrios, y esperad por completo en la gracia que se os traerá cuando Jesucristo sea manifestado". Nosotros preparamos nuestra mente para la acción. ¿Hay lugar para la imaginación santificada o existe algo como la visualización cristiana? Nada malo hay en que usted se vea haciendo algo en el poder del Espíritu Santo, siempre y cuando sus pensamientos sean consistentes con la Palabra de Dios. Pero usted se alejará de la realidad y entrará a un mundo de fantasías si se imagina cosas que no son consistentes con la Palabra de Dios o nunca hará lo que visualice. Realmente perderá su dominio propio.

La práctica de visualización que hace la Nueva Era no tiene bases en la verdad. La intención de esta práctica es *crear* verdad o realidad con la mente, pero quienes se ponen a practicar eso, están siendo engañados y engañan al prójimo. La esperanza no es una expresión de deseos ni nuestra esperanza radica en nuestra propia fuerza y atributos. La esperanza es la seguridad presente de un bien futuro, lo cual se basa solamente en la gracia de Dios —no en la gente que actúa como sus propios dioses.

La verdad, Cristo y nosotros

Cuando Juan dijo que: "Y Aquel Verbo fue hecho carne, y habitó entre nosotros" (Juan 1:14), decía que la Palabra de Dios se había hecho hombre. Jesús fue la encarnación de la Palabra escrita, la personificación de la verdad. Usted no puede separar a Jesús de Su Palabra porque Él es la Palabra. Todo lo que Él pensó, sintió e hizo fue verdadero porque Él es la verdad. Si nosotros estuviéramos completamente santificados en la verdad, pensaríamos, sentiríamos y haríamos lo que Jesús hizo. Debido a que tenemos la vida y la mente de Cristo (1 Corintios 2:16), la verdad está dentro de nosotros y nos hace enamorarnos de Dios y la humanidad. Tenemos que decir que somos cualquier cosa menos cristianos, si decimos que conocemos la Palabra de Dios y ésta no ha tocado nuestro corazón ni ha transformado nuestro carácter a la semejanza de Cristo.

Cuando uno se adueña de la verdad, toca todo aspecto del corazón. Somos transformados emocionalmente y nuestras voluntades son movilizadas a actuar. El salmista dice: "Dulce será mi meditación en él; yo me regocijaré en Jehová" (Salmo 104:34). La meditación en la Palabra debiera producir pensamientos que llegan a nuestras emociones. Si el pensar y el sentir se unen en el corazón, entonces toda idea que llegue al corazón, tocará las emociones. La Palabra de Dios, entonces, no cambiará nuestra vida a menos que cambie nuestras emociones. Como lo explicaba Agustín, el gran padre de la iglesia: "En nuestra jornada hacia Dios, los afectos son los pies que nos acercan a Dios o nos alejan de Él, pero sin ellos no podemos hacer ese viaje en absoluto".[7]

Pensando en la verdad

Dijimos antes que nuestras emociones son el producto de nuestros pensamientos. No somos formados tanto por los sucesos externos de la vida como por la manera en que los percibimos. Toda experiencia es captada por uno o más de los cinco sentidos y enviada al cerebro (computadora) y procesada por la mente (la unidad central de procesamiento). Entonces, se deduciría lógicamente que si lo que pensamos no refleja la verdad, entonces lo que sentimos no refleja la realidad. Por ejemplo, supongamos que usted espera saber el resultado de una importante entrevista de trabajo. Usted es uno de dos candidatos finales para un puesto que desea mucho. Mientras espera, circula un rumor falso, el cual dice que la otra persona consiguió el trabajo. Digamos que usted escuchó el rumor y se lo creyó. ¿Cómo se sentiría? Probablemente muy desilusionado.

Sin embargo, en realidad usted obtuvo el trabajo pero los entrevistadores no han tenido ocasión de decírselo. Supongamos que un amigo, de la empresa, oye la buena nueva y lo llama. Cuando usted contesta el teléfono, su amigo le dice: "¡Oye, felicitaciones!" Usted responde enojado: "¿Por qué eres tan mal educado? ¡Sabes que quería el trabajo!". Desconociendo el rumor, su amigo se pregunta por qué usted está molesto. Se debe a que usted *piensa* que no obtuvo el trabajo. Sus sentimientos son producto de una mentira —un rumor falso. ¿Por qué se siente enojado, molesto y desilusionado? Usted se está sintiendo así porque lo que creía no era verdad. Pero cuando sabe la verdad, de que sin duda obtuvo el trabajo, ¿cambiarán sus sentimientos? ¡Sí!

Hay incontables miles de cristianos que han dejado que las mentiras de Satanás les afecten la forma en que sienten de sí mismo y Dios. No se sienten salvos o piensan que Dios no les ama ¿Por qué? Porque se han erigido pensamientos malos contra el conocimiento de Dios. Desafortunadamente, con decirle la verdad a esas personas no se les resuelven sus problemas. Por ejemplo, hace varios años (Neil) me enviaron a la esposa de un pastor que tenía algunos problemas graves. Pensamientos condenatorios la acosaban continuamente. Luego de oírla durante 30 minutos, dije: "Usted ama en realidad a Jesús, ¿no?" Ella asintió. "Y usted en realidad ama al Espíritu Santo, ¿no?" De nuevo asintió. "Pero ni siquiera le gusta Dios Padre, ¿no?" Ella se quebró y lloró. Debido a que sus creencias de su Padre celestial estaban distorsionadas, le di una serie de cintas grabadas sobre los Atributos de Dios, por A. W. Tozer.

Ella escuchó esas grabaciones tres veces sin que hubiera impacto en su vida. Yo me decepcioné y me confundí. Le había dado la mejor enseñanza que conocía sobre el carácter y la naturaleza de Dios ¡y el impacto fue cero! Desde entonces me pregunto cuántas grandes verdades bíblicas se les pasan por alto a los cristianos de hoy. ¿Puede ser que ellos sencillamente no quieren saber ni aprender? Estoy seguro que esto es así en algunos casos pero, después de años ayudando a las personas, he descubierto que el problema primordial es la falta de arrepentimiento verdadero como asimismo conflictos espirituales y personales no resueltos. El rencor debido a la falta de perdón, es el obstáculo más grande que vencer para la gran mayoría de las personas.

"Los pasos a la libertad en Cristo" fueron concebidos por Ministerios de la libertad en Cristo, para ayudar a la gente a resolver los conflictos que les impiden tener una relación íntima con su Padre celestial. Arrepentirse del pecado, orgullo, rebelión, rencor y engaño, produjo una libertad que muchos nunca habían sentido antes. En la enorme mayoría de los casos, la gente fue capaz de relacionarse gozosamente con su Padre celestial, como lo hizo la esposa del pastor que mencionamos hace un momento. Aquellos que son libres en Cristo tienen la paz resguardando sus corazones y sus mentes, y saben quienes son como hijos de Dios, porque el Espíritu Santo da testimonio al espíritu de ellos. El impacto emocional de todo esto puede verse en sus caras. Antes que resolvieran sus conflictos, el Espíritu Santo estaba siendo ahogado pero, ahora, el Espíritu de verdad da testimonio en un corazón arrepentido.

El lugar de las emociones

Uno de los resultados más corrientes de hallar la libertad en Cristo es el afecto por Dios y Su Palabra. Los sentimientos latentes son puestos en libertad del inconsciente al consciente, lo que mueve a la gente a actuar de acuerdo con la verdad que transformó sus emociones. Jonathan Edwards, cuyo ministerio estaba consagrado a la fe verdadera, creía que en su época se descuidaba mucho el lugar que ocupan las emociones. Hablando de la gente que oía las verdades del evangelio y los mandamientos de Dios, él decía:

> ... a menudo oyen estas cosas y, no obstante, se quedan como estaban antes, sin un cambio perceptible en ellos, sea de corazón o práctica, porque no son afectados por lo que escuchan; y esto siempre será así hasta que sean afectados. Yo me atrevo a afirmar, que nunca se produjo en la mente de cualquier persona, un cambio considerable de conversión (conducta o comportamiento), por cualquier cosa de naturaleza religiosa que haya leído, oído o visto, que no haya conmovido sus afectos.[8]

Más adelante Jonathan Edwards señaló las emociones como la fuerza impulsora de las acciones humanas, incluyendo las religiosas. Él dijo: "La voluntad nunca es un ejercicio más de lo que es afectada".[9] Evelyn Underhill compartió una idea semejante:

Ahora, cuando hacemos algo consciente e intencionalmente, la transición desde la inacción a la acción se despliega en cierto orden. Primero, formamos un concepto de lo que haremos; la idea de eso ronda, oscura o claramente, en la mente. Luego, sentimos que queremos o debemos hacerlo. Entonces determinados que *queremos* hacerlo. Estas fases parecen seguirse una a otra tan rápidamente que nos parecen fusionadas en una sola pero, cuando analizamos el proceso que subyace a cada acto consciente, encontramos que esta es la secuencia formal del desarrollo. Primero pensamos, luego sentimos y entonces queremos.[10]

La reunión de pensar, sentir y hacer en el corazón puede verse en la vida de Cristo. Primero, debido a que Él tuvo "compasión" alimentó a la multitud en Mateo 15:32, sanó a dos ciegos en Mateo 20:34, limpió al leproso de Marcos 1:41; y nos perdonó a todos (Mateo 18:27). Segundo, debido a que el Señor fue movido por la ira, dio vueltas las mesas de los cambistas de dinero. Ellos habían hecho una cueva de ladrones de la casa de oración de Dios (Mateo 21:12). Importa fijarse en que Él dio vueltas las mesas, no a los cambistas. Si nosotros somos impelidos por la ira y no deseamos pecar, entonces debemos enojarnos como Cristo —enojarnos con el *pecado*. La rabia arraigada en la indignación justa no es mala; nos mueve a actuar contra lo que es injusto (impío).

Escribiendo sobre las emociones de Jesús, Robert Law comentó:

La ira, para hablar en sentido amplio, es la emoción combativa. Mientras que la compasión surge del amor por el cual nos identificamos con el prójimo, la ira es naturalmente despertada por nuestro antagonismo, de cualquier clase. Y, como el propósito de la compasión es capacitarnos para hacer, y espontáneamente o con gracia, acciones amables y de propio sacrificio que, de lo contrario, no haríamos, o que haríamos fría e ineficazmente, así el uso natural de la ira es para capacitarnos a realizar acciones ... sin cuyo estímulo nos veríamos impedidos de realizar por miedo o por la sensibilidad simpatizadora que nos torna doloroso el infligir dolor a otros; o que, de nuevo, podríamos hacer solamente en forma fría y sin impresionar .. .(la ira) es ... una fuerza, una liberación explosiva de energía psíquica que, por el momento, eleva al hombre sobre su yo normal. Da valor físico, supera los efectos paralizadores del miedo de modo que, con la sangre hirviendo y los músculos hinchados, el hombre enojado se arrojará furiosamente sobre el antagonista que, a sangre fría, apenas osaría encontrar. Refuerza el valor moral.[11]

Dios obra por medio del núcleo emocional de nuestro corazón, para movernos al arrepentimiento. Vemos esto en 2 Corintios 7:9,10, donde Pablo dijo:

Ahora me gozo, no porque hayáis sido contristados, sino porque fuisteis contristados para arrepentimiento; porque habéis sido contristados según Dios, para que ninguna pérdida padecieseis por nuestra parte. Porque la tristeza que es según Dios produce arrepentimiento para salvación, de que no hay que arrepentirse; pero la tristeza del mundo produce muerte.

He visto gente que se lamentan por su pasado o se han entristecido porque le contaron su pasado a terceros. Pero nunca he visto a nadie entristecerse después de arrepentirse. La convicción de pecado produce la pena que conduce al arrepentimiento sin lamentaciones. La paz interna verdadera es el resultado del arrepentimiento completo.

David se enfermó físicamente mientras estuvo callado sobre su pecado con Betsabé. La mano de Dios lo apretó fuertemente hasta que, por fin, se arrepintió. Entonces pudo decir: "Bienaventurado aquel cuya transgresión ha sido perdonada, y cubierto su pecado. Bienaventurado el hombre a quien Jehová no culpa de iniquidad, y en cuyo espíritu no hay engaño" (Salmo 32:1,2). Eso nos dice que la pena que conduce al arrepentimiento nunca está divorciada de la verdad que está dentro de nosotros. En otro Salmo en que David expresó arrepentimiento por su pecado con Betsabé, dijo: "He aquí, tú amas la verdad en lo íntimo, y en lo secreto me has hecho comprender sabiduría" (Salmo 51:6).

La meditación aumenta nuestra fe

Cuando meditamos en la grandeza de Dios y Su amor por nosotros, y cuando vemos todo lo que Él ha hecho por nosotros, somos llevados a depositar nuestra confianza en Él. La meditación de David sobre todo lo que Dios había hecho por él lo llevó a declarar: "Está mi alma apegada a ti; tu diestra me ha sostenido" (Salmo 63:8). David no dejó a Dios aunque el Señor le permitió que fuera llevado al desierto. Su alma se apegó a Dios aun en medio de duras circunstancias. La verdad del amor de Dios por él, que había sido confirmada en el pasado, estaba grabada en su corazón. Él no dejó que las circunstancias externas del presente, borraran esa verdad y tampoco debemos permitirlo nosotros. David, por medio de la meditación, se dio cuenta de que Dios le sostenía. Él sabía que estaba sostenido por la fuerte diestra de Dios. Esa es la clase de fe que permite que Dios obre en nuestra vida.

Cuando nos damos cuenta de que Dios siempre está presente y obrando en nuestra vida, la vida se vuelve diferente. Tenemos el poder que necesitamos para vivir, sin que importen las circunstancias. No hablamos de un poder que meramente nos haga felices sino, más bien, que nos da un gozo interior que se vuelve nuestra fuerza. Meditar la verdad nos prepara para todas las circunstancias de la vida, según Proverbios 6:20-22:

> *Guarda, hijo mío, el mandamiento de tu padre y no dejes la enseñanza de tu madre; átalos siempre en tu corazón, enlázalos a tu cuello. Te guiarán cuando andes; cuando duermas te guardarán; hablará contigo cuando despiertes.*

Una señora que fue gravemente herida en un accidente automovilístico, estuvo semiconsciente durante varias semanas, tiempo en el cual escuchó al personal del hospital, refiriéndose a ella en forma muy desconsiderada, como si le quedara sólo poco tiempo de vida. Durante ese mismo tiempo, escuchó otras palabras dichas desde su ser interior —palabras como las del Salmo 34:4: "Busqué a Jehová, y él me oyó, y me libró de todos mis temores". Ella se había aprendido de memoria estas palabras años atrás. Y en su atribulada conciencia encontró consuelo y fuerza. Llegó el momento en que se recuperó y dice que las verdades que meditó fueron su fuente de esperanza durante su batalla por seguir viva. Un soldado que pasó ocho años en una prisión de Vietnam del Norte, recibió una esperanza parecida de algunos himnos que había cantado cuando niño. Él reconstruyó 120 himnos, que le dieron fuerza en medio de esa prueba tan dura.

No sólo podemos recibir consuelo y fuerza de las palabras que hemos meditado, también podemos recibir corrección. El salmista declaraba: "¿Con qué limpiará el joven su camino? Con guardar tu palabra. Con todo mi corazón te he buscado; no me dejes desviarme de tus mandamientos. En mi corazón he guardado tus dichos, para no pecar contra ti" (Salmo 119:9-11).

Métodos prácticos para meditar

La meditación es, básicamente, pensar en la Palabra de Dios, repasando repetidamente su verdad en nuestra mente de modo que la verdad de Dios alcance, finalmente, nuestro corazón, afectando a nuestras emociones y voluntad. Pero, ¿cómo debemos practicar la meditación? Dietrich Bonhoeffer fue un líder cristiano de la Alemania de la Segunda Guerra Mundial. Fue ejecutado por Hitler pocos días antes que el campo de concentración donde estaba fuera liberados por los aliados. Él era conocido por su costumbre de meditar la Escritura, especialmente los Salmos. La gente siempre quería conocer su método. Su respuesta fue sencillamente: "Acepte la Palabra de la Escritura y que reine en su corazón como hizo María. Eso es todo. Eso es meditación".[12]

Hemos hallado que el siguiente proceso sirve para esconder la Palabra de Dios en nuestros corazones:

1. Personalice la verdad. Ponga su nombre en el versículo. Por ejemplo, Romanos 5:5 dice: "El amor de Dios ha sido derramado en nuestros corazones". Dígase: "El amor de Dios ha sido derramado en mi corazón". También puede probar esto con la oración de Pablo en Efesios 3:14-19:

> Por esta causa *yo* doblo mis rodillas ante el Padre de nuestro Señor Jesucristo, de quien toma nombre toda familia en los cielos y en la tierra, para que *me* dé, conforme a las riquezas de su gloria, el ser *fortalecido* con poder en *mi* hombre interior por su Espíritu; para que habite Cristo por la fe en *mi corazón*, a fin de que, *yo*, arraigado y cimentado en amor, *yo* sea plenamente capaz de comprender con todos los santos cuál sea la anchura, la longitud, la profundidad y la altura, y de conocer el amor de Cristo, que excede a todo conocimiento, para que *yo* sea lleno de toda la plenitud de Dios.

Nos resulta muy fácil instalarnos por fuera de las experiencias de la vida a criticarlas sin aplicarlas a nosotros mismos. A menudo, cuando vamos a la iglesia, criticamos el sermón y el coro. Pero no se espera que nos pongamos a juzgar el sermón; ¡el sermón tiene que juzgarnos a nosotros! No se supone que critiquemos la música; tenemos que unirnos al cuerpo colectivo de Cristo y adorar a Dios. No se supone que estudiemos la Escritura solamente para que podamos condenar al prójimo; primero, tenemos que apropiarnos de la Escritura en nuestras propias vidas y, luego, compartir desde nuestro corazón la verdad de la Palabra de Dios. Cualquier otra cosa que sea menos que eso, es ortodoxia muerta que cae en oídos sordos.

2. *Visualizar la Verdad*. La Biblia nos muestra muchos cuadros por la Palabra. ¿Qué clase de cuadro viene a su mente después de leer Romanos 5:5: "El amor de Dios ha sido derramado en nuestros corazones"? Otro cuadro que Jesús quiere que creamos, y hagamos realidad es el que nos muestra acerca de su persona en Juan 7:38: "El que cree en mí, de su interior correrán ríos de agua viva".

3. *Contestando con la Palabra*. Si la Palabra de Dios pide alabanza, entonces deténgase y alábele. Si usted realmente quiere establecer la verdad y la alabanza en su corazón, entonces aprenda a cantar en su corazón. Aquellos que están llenos del Espíritu Santo

y la Palabra de Dios cantarán y harán melodía en sus corazones al Señor (Efesios 5;16-20; Colosenses 3:15-17). Si la Escritura pide arrepentimiento y confesión, entonces deténgase y obedezca la exhortación. Si pide obediencia, por todos los medios, decida obedecer. Santiago 1:22-25 nos da excelentes palabras sobre la obediencia:

Pero sed hacedores de la palabra, y no tan solamente oidores, engañándoos a vosotros mismos. Porque si alguno es oidor de la palabra pero no hacedor de ella, éste es semejante al hombre que considera en un espejo su rostro natural. Porque él se considera a sí mismo, y se va, y luego olvida cómo era. Mas el que mira atentamente en la perfecta ley, la de la libertad, y persevera en ella, no siendo oidor olvidadizo, sino hacedor de la obra, éste será bienaventurado en lo que hace".

4. *Deje que la Palabra de Dios le transforme.* Meditar la Escritura presupone leer la Biblia, no sólo por información sino por transformación. No es sencillamente cuestión de meterse en la Palabra sino cuestión de que la Palabra se meta en nosotros. No es sencillamente leerse la Biblia entera en un año, es dejar que la Biblia entre a nosotros y se aloje en nuestros corazones. Significa quedarse en la Palabra hasta que alcance a nuestras emociones y voluntades.

La meditación insume tiempo. No es simplemente repetición, es mucho más que el tipo de reflexiones que emprendemos cuando leemos una carta de amor una y otra vez. Y eso es lo que la Palabra de Dios es: una carta para la novia del Esposo, que nos ama más de lo que nosotros nos daremos cuenta alguna vez. "Debemos ponernos en la presencia de Dios y hacer una pausa en cada versículo mientras lo decimos".[13]

5. *Meditar la Palabra para reforzar su relación con el Autor.* Usted está oyendo a Dios. George Müller escribió estas palabras en su autobiografía:

Vi más claramente que nunca que la primera actividad primordial y más grande que debía atender cada día, era tener contenta mi alma en el Señor. Lo primero porque preocuparse no era cuánto yo pudiera servir al Señor o, cuánto pudiera yo glorificar al Señor, sino cómo podía poner mi alma en un estado de contento y cómo podía nutrir mi hombre interior....Vi que lo más importante que yo tenía que hacer era darme a la lectura de la Palabra de Dios y meditar en ella, que así mi corazón podría ser consolado, exhortado, advertido, reprobado, instruido; y que de este modo, mientras meditaba, mi corazón podría ser llevado a la comunión muy real con el Señor.[14]

La verdad fundamental de la Escritura es que nosotros, como cristianos, vivimos por la Palabra de Dios. Nacemos de nuevo por la Palabra y crecemos por la Palabra. La Palabra es el alimento de nuestra alma. Para crecer con ese alimento debemos comerlo y digerirlo. La meditación es el proceso digestivo por el cual incorporamos la Palabra a nuestras vidas llevándola a nuestros corazones, el manantial de nuestra vida.

El psiquiatra Paul Meier nos habla del poder de cambiar vidas, que tiene la meditación en su relato de un estudio que efectuó con seminaristas. Resumiendo, Meier intentó ver si podía hallar una correlación, entre el estado psicológico y la vida espiritual de la persona. Para lograrlo hizo que cada estudiante pasara por una prueba psicológica estándar y un cuestionario sobre la vida espiritual.

Primeramente, Meier se sorprendió y se desilusionó. Los alumnos que eran cristianos desde hacía muchos años eran sólo apenas más sanos y felices que aquellos que recientemente habían llegado a ser cristianos. La diferencia no era estadísticamente significativa. Sin embargo, su desencanto se volvió regocijo cuando halló el factor crucial que era la diferencia: la meditación diaria o casi diaria de las Escrituras.

Aunque Meier reconoce que la renovación de la mente puede ser alentada por una cantidad de influencias, por varias fuentes, especialmente las amistades cristianas, concluye: "La meditación diaria de la Escritura, con aplicación personal es el medio más eficaz para obtener gozo personal, paz, y madurez emocional....En promedio, insume unos tres años de diaria meditación de las Escrituras producir suficiente cambio en los patrones de pensar y actuar de la persona, para que haya una salud mental y felicidad estadísticamente superiores".[15]

Terminamos este capítulo con estas palabras de Horatius Bonar, santo del siglo diecinueve:

El que sea como Cristo, además, debe *estudiarlo*. No podemos hacernos santos por el mero *intento* de serlo; no más que hacernos creer y amar por la simple fuerza del tratar. Ninguna fuerza puede efectuar esto. Los hombres *tratan* de ser santos y fracasan. No pueden por esfuerzo directo hacerse santos. Ellos deben contemplar un objeto santo y ser así cambiados a su semejanza "de gloria en gloria" (2 Corintios 3:18). Ellos deben tener un amigo santo como amigo íntimo. La compañía de Jesús, y de Juan, es lo único que puede hacernos parecer como el discípulo o el Maestro. El que desee ser santo debe hundirse en la palabra, debe permanecer en la luz que irradia cada página de la revelación. Por medio de LA VERDAD somos santificados (Juan 17:17). Exponiéndonos constantemente a esta luz nos hacemos más cabalmente "hijos de luz".[16]

Lo
COMÚN
HECHO
*S*anto

11

La fuerza de nuestras acciones

Por lo cual también nosotros, desde el día que lo oímos
no cesamos de orar por vosotros, y de pedir que seáis llenos
del conocimiento de su voluntad en toda sabiduría e inteligen-
cia espiritual, para que andéis como es digno del Señor,
agradándole en todo, llevando fruto en toda buena obra,
y creciendo en el conocimiento de Dios; fortalecidos con todo
poder, conforme a la potencia de su gloria, para toda paciencia
y longanimidad; con gozo dando gracias al Padre que nos hizo
aptos para participar de la herencia de los santos en luz.

Colosenses 1:9-12

Uno de los juguetes más populares que los niños disfrutan al recibirlo como regalo de cumpleaños o de Navidad es un *Slinky.** Hasta los adultos se fascinan mirando el cilindro de alambre en espiral que se arrastra escalera abajo. Pero la diversión no acaba aquí. Los niños (y algunos adultos) jugarán con esto una y otra vez, mirando como pasa furtivamente de una mano a la otra, jugando con esto como si fuera un yo-yo.

---

* Especie de resorte.

Entendiendo el crecimiento cristiano

El crecimiento cristiano es un poco como un *Slinky* que se estira al máximo. Vamos de una experiencia a otra al ir ascendiendo en la madurez cristiana. Pablo reveló este ciclo de crecimiento en Colosenses 3:9-12, arriba citado. El hecho que usted puede siquiera empezar a crecer se basa en la verdad que Dios, "nos hizo aptos para participar de la herencia de los santos en luz". Y Pablo cuenta cómo podemos crecer dándonos los elementos fundamentales, cuya lista está en el siguiente gráfico:

EL CICLO DE CRECIMIENTO

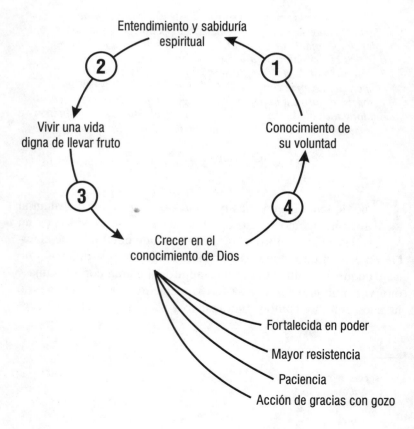

El proceso de crecimiento empieza por conocer la voluntad de Dios que encontramos en Su Palabra. Su verdad debe entrar a nuestros corazones para que entendamos espiritualmente cómo aplicarla a la vida con toda sabiduría. Sin embargo, el ciclo no está completo hasta que optamos por vivir de acuerdo a lo que entendemos. Vivir por fe requiere que ejerzamos nuestra voluntad siendo sumisos por medio de la obediencia humilde. Cuando lo hacemos, crecemos en el conocimiento de Dios y el ciclo llega a completarse, de vuelta donde empezó. En otras palabras, recibiremos mayor conocimiento si ponemos en práctica el conocimiento que ya tenemos.[1] Los subproductos de este ciclo de crecimiento son creciente fuerza espiritual, resistencia, paciencia, gozo y gratitud, que se vuelven cada vez más evidentes en nuestro carácter.

El ciclo puede ser bloqueado en cualquiera de los cuatro puntos del gráfico. Podemos bloquearlo en la primera etapa leyendo la Biblia como ejercicio académico, sin nunca tratar de aplicarla a nuestra vida. Tendremos conocimiento pero sin sabiduría ni tampoco entendimiento de cómo se aplica la Palabra de Dios a la vida. En la etapa dos, la Palabra de Dios pudo penetrar en nuestro corazón y, en consecuencia, nos acusa de pecado y nos da discernimiento y dirección para vivir. Pero el proceso de crecimiento se detendría de nuevo si nunca nos arrepintiéramos realmente, actuáramos basado en nuestro discernimiento o diéramos pasos por fe. El culpable habitual aquí es el miedo, tal como el miedo a fracasar o el miedo al rechazo. El miedo a cualquier otra cosa que no sea Dios es mutuamente excluyente de la fe en Dios. Por eso es que tenemos que exhortarnos unos a otros: "Porque no nos ha dado Dios espíritu de cobardía, sino de poder, de amor y de dominio propio" (2 Timoteo 1:7).

En la tercera etapa, crecemos y llevamos fruto cuando decidimos vivir por fe. Realmente obtenemos conocimiento de nuestras experiencias. Nuestra fe puede tener solamente un objetivo, el cual es Dios (y Su Palabra) pero la madurez ganada por medio de vivir nos hace entender la Palabra de Dios en una forma que no hicimos antes. Sin embargo, si fallamos en vivir por fe no llevaremos mucho fruto.

Finalmente, podemos detener el proceso de crecimiento en la cuarta etapa fallando en volver a la Palabra de Dios. Uno de los grandes riesgos de llevar fruto exitosamente o de experimentar victoria es que podemos decidir dormirnos sobre los laureles. Nos tentamos a pensar que ya lo alcanzamos. Por eso, la exhortación de Pablo en Filipenses 3:12-14 es tan útil:

No que lo haya alcanzado ya, ni que ya sea perfecto; sino que prosigo, por ver si logro asir aquello para lo cual fui también asido por Cristo Jesús. Hermanos, yo mismo no pretendo haberlo ya alcanzado; pero una cosa hago: olvidando ciertamente lo que queda atrás, y extendiéndome a lo que está delante, prosigo a la meta, al premio del supremo llamamiento de Dios en Cristo Jesús.

Permítame (Neil) que ilustre este proceso de crecimiento a partir de mi propia experiencia dando un vistazo a Colosenses 3:22-24:

Siervos, obedeced en todo a vuestros amos terrenales, no sirviendo al ojo, como los que quieren agradar a los hombres, sino con corazón sincero, temiendo a Dios. Y todo lo que hagáis, hacedlo de corazón, como para el Señor y no para los hombres; sabiendo que del Señor recibiréis la recompensa de la herencia, porque a Cristo el Señor servís.

Este pasaje me produjo convicción cuando aún trabajaba como ingeniero electrónico. Yo era un poco renuente para llevar mi cristianismo a la firma aeroespacial donde trabajaba. Mi testimonio consistía en tratar de ser una persona amable, que hacía bien su trabajo, sumiso a su jefe y que se llevaba bien con los compañeros de trabajo.

¿Cómo me transformó la verdad de Colosenses 3:22-24? Primero, empecé a darme cuenta que yo era mucho más que un empleado que se ganaba la vida para mantener mi familia. Fue la primera vez que entendía a quién estaba sirviendo en realidad. Yo trabajaba para Dios en la empresa. Eso me hizo ser un mejor ingeniero, no con el propósito de ganar puntos con el jefe sino porque estaba realmente sirviendo a Dios, que me ve todo el tiempo. Ahora sabía que mi ética laboral no debía cambiar basada en si mi empleador estaba o no presente.

Segundo, me di cuenta que estaba llamado a ser un testigo, un embajador de Cristo. Así que me propuse identificarme como cristiano sin ser molesto y empecé un estudio bíblico. El trabajo se volvió mucho más desafiante y excitante. Otros cristianos salieron a la superficie y vimos a varias personas ir a Cristo como resultado de nuestro estudio bíblico.

Todo esto pasó porque yo tenía una perspectiva nueva: estaba trabajando para Dios en la oficina. Como resultado, estaba llevando fruto. Crecí mucho con esa experiencia y, dos años después, el Señor me llamó al ministerio de jornada completa.

Vi este mismo proceso de crecimiento ocurrir en la vida de otras personas, cuando empecé una escuela de evangelización en nuestra iglesia. Anteriormente habíamos exhortado a la gente a que compartiera su fe desde el púlpito pero pocos quisieron. La mayoría no tenía corazón por el perdido y enseñarles cómo compartir su fe solamente los hacía sentirse culpables por no evangelizar. Entonces empecé a usar algunas de las ideas enseñadas por D. James Kennedy en su programa de Evangelización Explosiva. Empezamos a seguir a las visitas que venían a la iglesia. Los alumnos en entrenamiento llevaban a otros como ellos a las casas de las visitas para que cada uno pudiera recibir entrenamiento en el sitio de trabajo. Los entrenados se limitaban a observar durante las primeras semanas, cosa que les ayudaba a superar su miedo, lo cual es una barrera grande en la evangelización. Cada noche era una aventura y muchos entrenados regresaban de las visitar con testimonios resplandecientes o preguntas que ellos no podían contestar. Esto les llevaba de vuelta a la Biblia y les ayudaba a poner en acción su fe. Ninguna prédica ni enseñanza que yo hubiera hecho antes produjo el crecimiento de terceros como este programa. Aquellos que participaron desarrollaron carga por el perdido y aprendieron la verdad registrada en 1 Pedro 3:13-16:

¿Y quién es aquel que os podrá hacer daño, si vosotros seguís el bien? Mas también si alguna cosa padecéis por causa de la justicia, bienaventurados sois. Por tanto, no os amedrentéis por temor de ellos, ni os conturbéis, sino

santificad a Dios el Señor en vuestros corazones, y estad siempre preparados para presentar defensa con mansedumbre y reverencia ante todo el que os demande razón de la esperanza que hay en vosotros; teniendo buena conciencia, para que en lo que murmuran de vosotros como de malhechores, sean avergonzados los que calumnian vuestra buena conducta en Cristo.

Las vías del cambio

En capítulos anteriores aprendimos que cambiar el corazón empieza por un cambio del pensar o creencia. Cuando la verdad penetra el corazón, toca nuestro núcleo emocional, lo cual nos motiva a la acción (como se ilustra abajo).

EL FLUJO PRIMARIO

Pensamientos ———➤ Emoción ———➤ Acción

En este capítulo queremos mostrar que nuestras acciones o conducta también influyen a nuestros pensamientos y emociones. Esto sucede porque estos tres elementos están unidos en el corazón.

Nuestras acciones pueden afectar nuestros sentimientos

Que una acción pueda cambiar cómo nosotros sentimos, fue revelado a comienzos de la historia bíblica. Caín y Abel llevaron sus ofrendas a Dios que se complació con la ofrenda de Abel pero, por alguna razón, no se agradó con la de Caín. Así que Caín se enojó. "Entonces Jehová dijo a Caín: ¿Por qué te has ensañado, y por qué ha decaído tu semblante? Si bien hicieres, ¿no serás enaltecido? Y sino hicieres bien, el pecado está a la puerta; con todo esto, a ti será su deseo, y tú te enseñorearás de él" (Génesis 4:6,7).

Dios decía que no siempre sentimos para comportarnos bien; antes bien, nos comportamos para sentirnos bien. Si esperamos hasta sentir ganas de hacer algo, podremos esperar para siempre.

Jesús reveló la misma verdad en el Nuevo Testamento: "Si sabéis estas cosas, bienaventurados seréis si las hiciereis" (Juan 13:17).

El efecto de las acciones sobre los sentimientos es sencillamente evidente en la vida cotidiana. Cuando nos sentimos deprimidos, si nos detenemos y deliberadamente ponemos una sonrisa en nuestra cara, hallamos que suaviza y eleva nuestro espíritu. En forma similar, todos hemos oído eso de 'silbar en la oscuridad' como expresión para mantener nuestro valor frente al miedo. Lo hacemos porque funciona. Hoy mismo, todavía afecta nuestro semblante y eleva nuestro espíritu.

Podemos realmente "desear" sacarnos de ciertos estados de ánimo como hizo David cuando se deprimía: "Mas yo en tu misericordia he confiado; mi corazón se alegrará en tu salvación. Cantaré a Jehová, porque me ha hecho bien" (Salmo 13:5,6). Fíjese que el proceso empezó recordando la grandeza de Dios y, luego, David expresó confianza que su corazón se regocijará. El regocijo podía no ocurrir de inmediato pero David anticipaba que vendría, aunque no fuera sino en algún momento del futuro. Pero él optó por cantar al recordar la bondad de Dios para con él.

Usted puede hacer lo mismo. Cuando se sienta decaído, empiece a cantar o a tocar un instrumento musical. Eso hará mucho para cambiar sus sentimientos. Usted puede hasta cambiar sus sentimientos sencillamente cambiando de postura. Si se halla caminando desgarbado, es probable que se sienta desgarbado. En cambio, trate de enderezarse, echar los hombros para atrás, respirar hondo, y decida caminar con confianza mientras mantiene alta su cabeza —y vea lo que pasa con su semblante.

Cuando leemos lo que tiene que decir la Escritura sobre nuestra vida emocional, encontramos que parece mandarnos que nos sintamos de cierta manera. Muchas veces se nos manda regocijarnos y estar contentos, órdenes que, desafortunadamente, suelen desobedecerse. Hay otros mandamientos tocante a demostrar amor, tener paz y no ceder al miedo.

Todo eso plantea una pregunta: ¿Cómo vamos a obedecer esos mandamientos bíblicos? Si no podemos cambiar directamente nuestras emociones, ¿qué *podemos* hacer para cambiarlas?

Tenga presente lo que ya hemos dicho sobre la relación de las emociones con los pensamientos; nosotros creemos que la Escritura enseña que podemos cambiar nuestras emociones cambiando nuestros pensamientos. La Biblia también enseña que cambiamos nuestras emociones cambiando nuestras acciones. En otras palabras, actuando o comportándonos de cierta manera podemos cambiar concordantemente nuestras emociones:

LAS ACCIONES AFECTAN LAS EMOCIONES

Pensamientos ⟶ Emoción ⟶ Acción

En su estudio de la expresión de la pena y del gozo en la religión de Israel, Gary Anderson observa que ciertas emociones son legalmente mandadas en la ley. Estos mandamientos concernientes a las emociones deben, por tanto, incluir "implicaciones específicas para la acción conductual".[2]

Lo vemos muy claro en uno de los mandamientos a amarse unos a otros. No se nos manda que "nos guste" la gente, o que nos sintamos bien con ellos, lo que nos sería imposible hacer en algunos casos. A menudo oímos que la gente dice: "Te amo en el Señor", lo que puede presuponer "¡te detesto en la carne!" Pero el amor por alguien o algo, conforme a la Escritura, no puede ser despojado de toda emoción. Debido a que la emoción del amor no puede evocarse directamente, estos mandamientos no están, por tanto, dirigidos al *aspecto emotivo* del amor sino a las *acciones* que también son parte del amor verdadero. Si nuestras emociones y voluntad están verdaderamente conectadas en las profundidades de nuestro corazón, entonces, un acto sincero debe efectuar un cambio de nuestras emociones. Para decirlo simplemente, hacer un acto de amor desde nuestro corazón también suscita la emoción del amor.

En el caso del matrimonio el marido tiene que amar a su esposa como Cristo amó a la iglesia (Efesios 5:25) y las mujeres ancianas, tienen que enseñar a las más jóvenes a amar a sus maridos (Tito 2:3,4). Cualquier pareja casada puede decirle que el aspecto emocional de amar a nuestros cónyuges va y viene como el viento. Lo que hace única a la relación matrimonial es la consagración, y lo que la mantiene íntegra es el bondadoso acto de amarse uno a otro sea que se sientan o no con ganas. Y la esencia de tal amor es satisfacer las necesidades de uno y otro. Cuando un cónyuge dice que él o ella no siente nada de amor por el otro, le aconsejamos a esa persona que cumpla sus votos matrimoniales y ame fielmente al otro satisfaciendo sus necesidades. Al hacerlo así, los sentimientos hacia el otro vendrán con el tiempo. Hacer lo que es amor, basándose en la Palabra de Dios, se conectará emocionalmente en nuestro corazón en su momento oportuno. Eso será cierto si no hay conflictos sin resolver, causados por fallar en decir la verdad con amor o en perdonar de todo corazón. Entonces tenemos que besar y compensar, no necesariamente en ese orden. (Para más información sobre cómo puede la pareja resolver los conflictos conyugales, vea el libro de Neil y Charles Mylander, *El matrimonio cristocéntrico* publicado por Editorial Unilit).

La idea de que la conducta puede cambiar como sentimos, se ve claramente en lo que dice la Escritura sobre el gozo. En el Antiguo Testamento encontramos la interesante expresión bíblica, "hacer un gozo". Junto con decir a los israelitas que "el gozo de Jehová es vuestra fortaleza", Nehemías mandó al pueblo que no se entristeciera. Reaccionando a esta orden: "Todo el pueblo se fue a comer y a beber, y a obsequiar porciones, y a gozar de grande alegría, porque habían entendido las palabras que les habían enseñado" (8:12). Las palabras "gozar de grande alegría" en el hebreo original dice literalmente "hacer un gran gozo". Una expresión parecida se encuentra relacionada al duelo cuando se dice que José y su compañía: "Endecharon allí con grande y muy triste lamentación" en el funeral de Jacob (Génesis 50:10).

Los conceptos de gozo y pena están asociados con acciones específicas en la Escritura. Frecuentemente se conecta el gozo con comer y beber, lo que aún es cierto en muchas actividades sociales de la iglesia. Nueve de los once textos del Pentateuco que mandan gozo están en Deuteronomio y, en casi todos estos pasajes deuteronómicos, la orden de regocijarse se relaciona con ofrecer sacrificios.[3] Un ejemplo de esto se ve en Deuteronomio 12:11,12:

> *Y al lugar que Jehová vuestro Dios escogiere para poner en él su nombre, allí llevaréis todas las cosas que yo os mando; vuestros holocaustos, vuestros sacrificios, vuestros*

diezmos, las ofrendas elevadas de vuestras manos, y todo
lo escogido de los votos que hubiereis prometido a Jehová.
Y os alegraréis delante de Jehová vuestro Dios, vosotros,
vuestros hijos, vuestras hijas, vuestros siervos y vuestras
siervas y el levita que habite en vuestras poblaciones.

La orden de regocijarse de ese pasaje está inseparablemente
enlazada a las obligaciones de sacrificar y, según Anderson, "encuentra expresión concreta en la fiesta del sacrificio". El enlace
entre comer el alimento sacrificado y regocijarse ante el Señor es
asimismo inequívoco en otros pasajes.[4] Por ejemplo, cuando los
israelitas cruzaron el Jordán y entraron en la tierra prometida,
Moisés les instruyó que edificaran un altar en el monte Ebal.
Entonces dijo: "Y sacrificarás ofrendas de paz, y comerás allí, y te
alegrarás delante de Jehová tu Dios" (Deuteronomio 27:7).[5]

Las acciones de cantar, danzar, y alabar a Dios son también
asociadas con el gozo.[6] Cuando Nehemías dedicó los muros recons-
truidos de Jerusalén, el alborozo de Jerusalén fue "oído desde lejos"
(Nehemías 12:43). Para que eso fuera cierto tuvo que haber mucho
ruido. El versículo 27 nos dice que la gente cantaba acompañada
de instrumentos musicales.

La conexión entre gozo y alabar a Dios es particularmente
destacada en los Salmos. David declaró: "Me alegraré y me regocijaré en ti; cantaré a tu nombre, oh Altísimo" (9:2); "Canten y
alégrense los que están a favor de mi justa causa, y digan siempre:
Sea exaltado Jehová" (35:27); "Asimismo yo te alabaré con
instrumento de salterio, oh Dios mío; tu verdad cantaré a ti en el
arpa ... mis labios se alegrarán cuando cante a ti" (71:22,23).

La experiencia de regocijo también se relacionaba con la acción de ungir con aceite. El Mesías iba a ungir a Su pueblo con "el
óleo de gozo" poniendo fin a su período de tristeza (Isaías 61:3).
La expresión "óleo de gozo" es más que una metáfora. En los
tiempos bíblicos el acto de ungirse con aceites perfumados era
característica regular al terminar el duelo (*ver* 2 Samuel 12:20,21;
Daniel 10:3).

Ponerse cierta ropa estaba también asociado con el gozo. El
salmista escribió: "Has cambiado mi lamento en baile; desataste mi
cilicio; y me ceñiste de alegría" (30:11). En la versión NASB de la

Biblia (en inglés) la palabra "gozo" es el sustantivo "alegría" que abarca la ropa especial relacionada con esta emoción.[7]

Contrastando las acciones relacionadas con el gozo, la Escritura menciona las correspondientes acciones contrarias que se asocian con la tristeza. Ayunar solía asociarse con la pena, más que comer y beber. La pena pedía lamentos más que alabanzas a Dios. La alegría pedía ungir la cabeza con aceite, y la pena pedía cenizas o echarse polvo sobre la cabeza. El cilicio era usado en la pena, más que como ropa festiva. Por último, las relaciones sexuales de los cónyuges se asociaban con el gozo, mientras que la abstinencia se practicaba en el caso de pena.[8]

Entonces, la emoción no era, en la Escritura, sencillamente un sentimiento interior; estaba relacionada con la acción. Y el hecho de que las emociones fueran a menudo mandadas y obligatorias, como en el caso del gozo, sugiere que la relación no era siempre del sentimiento a la acción. También podía ir desde la acción al sentimiento. Esto es, la acción relacionada con la emoción, podía precederla e influir la vivencia subjetiva de esa emoción.

Nuestras acciones también pueden afectar nuestros pensamientos

Si nuestras acciones pueden afectar nuestras emociones, es igualmente evidente que nuestras acciones pueden afectar a nuestros pensamientos y creencias:

LAS ACCIONES AFECTAN LOS PENSAMIENTOS

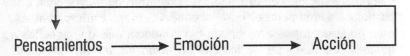

Pensamientos ⟶ Emoción ⟶ Acción

Nuevamente eso se ve tanto en la experiencia humana como en la Escritura. Por ejemplo, una mujer me dijo (Neil) que ella quería creer que Dios existía pero que no podía hacerlo. Ninguna prueba que yo podía darle pareció servir, así que le aconsejé que viviera como si Dios existiera. Como ella quería creer, siguió mi consejo.

La vi nuevamente un año después y apenas pude creer el cambio. Su decisión de vivir como cristiana le sirvió como catalizador para realmente llegar a serlo.

Los psicólogos Martin Bolt y David Myers escribieron en 1984 afirmando que si los últimos 20 años nos habían enseñado algo, era que "probablemente podemos comportarnos para pensar de cierta manera como podemos pensar para comportarnos de cierta manera".[9] Aunque sea posible que no deseemos ir tan lejos, hay muchas pruebas que demuestran que la conducta afecta nuestras creencias y actitudes.[10] Si una persona vive cierto papel, ese papel se internará de tal manera en la vida que puede producir un cambio en la persona incluso en su pensar. Por ejemplo, las fumadoras jóvenes que hicieron el papel emocional de una víctima de cáncer de pulmón, dejaron de fumar más que aquellos a quienes simplemente se les dio información sobre los peligros de fumar. La promesa de los Marines de 'hacer un hombre de ti' no se cumple con estudio intelectual sino 'con la práctica activa de las exigencias del nuevo papel'.[11] Usted tiene mejores posibilidades de llegar a ser un hombre maduro si actúa como uno.

Un experimento bien conocido demostró que cuando la gente se compromete voluntariamente a una acción pública, llegan a creer más intensamente en esa acción. Por ejemplo, las dueñas de casa de California se mostraron más inclinadas a permitir que un feo cartel grande de "Maneje con cuidado" fuera puesto en sus jardines, si primero se les había pedido que firmaran una petición para que la gente maneje con cuidado.

Este principio también es evidente relacionado con la moral. Los actos relacionados con el bien o el mal influyen las creencias y actitudes morales de una persona. Los niños de mayor edad que participan activamente en enseñar conducta moral a niños menores, o en ponerla en práctica, siguen esa conducta más que aquellos a quienes sencillamente se les enseñó la norma moral. Las duras acciones exigidas a los soldados durante la guerra, suelen finalmente, llevarlos a hacer cosas que inicialmente sus creencias nunca les hubieran permitido hacerlas. Estos hallazgos de la investigación del comportamiento, nos dicen que nuestras acciones no sólo reflejan los pensamientos y emociones de nuestro corazón sino que también forman nuestro corazón.

Un principio afirmado en la Escritura

La idea que nuestras acciones afectan a nuestros pensamientos, es repetidamente afirmada en la Escritura. Muchos términos bíblicos comprenden en sí pensamiento y acción. La palabra "conocer" en la Escritura comprende acciones como asimismo pensamientos. Como señala O. A. Piper, erudito en Biblia, este significado bíblico es contrario al significado griego de "conocer" que ha influido tanto nuestra manera occidental de pensar. "Este rasgo, más que ningún otro, apunta al amplio abismo que separa el punto de vista hebreo del griego tocante a conocimiento. En este último, el conocimiento mismo es puramente teórico (intelectual)... mientras que en el Antiguo Testamento la persona que no actúa de acuerdo con lo que Dios ha hecho o planea hacer no tiene nada más que un conocimiento fragmentado.[12]

En forma similar la fe bíblica comprende obediencia. Según Calvino la fe "nace de la obediencia".[13] El enlace inherente entre las acciones y la fe es aun más evidente en las palabras de Bonhoeffer: "Solamente aquel que cree es obediente, y solamente cree aquel que es obediente....Uno solamente puede conocer y pensar en ello haciéndolo realmente".[14]

Otras palabras bíblicas, las cuales nos inclinamos a tomar como que comprenden solamente al intelecto, incorporan alguna expresión de la voluntad. De acuerdo a Goetzmann, el vocablo griego *froneo* traducido en Colosenses 3:2 como "poned la mira en" (*ver también* Filipenses 2:2; 4:2), "expresa no una mera actividad del intelecto sino también un movimiento de la voluntad; es interés y decisión al mismo tiempo".[15] En forma similar la palabra *logizesthe* usada para exhortar "en esto pensad" (Filipenses 4:8), no sugiere solamente la "contemplación reflexiva". "Es una amonestación a la acción", a hacer de eso que la mente piensa, una parte de la vida de uno.[16] La sabiduría en el pensar bíblico no es "un conocimiento más profundo del dominio teórico de las cuestiones de la vida y del universo". Es el conocimiento práctico o destreza para vivir la vida, así, envolviendo pensamiento y acto".[17]

Usted puede ver cómo todo esto se junta en el ciclo del crecimiento. "El conocimiento de su voluntad" (Colosenses 1:9) no puede significar una mera ascensión intelectual pues el proceso de crecer sería detenido. Usted no *conoce* a Dios en realidad hasta que se lo apropia y se lo aplica. Pedersen dice: "Así, pues, pensar no es teórico sino de carácter marcadamente práctico. El que entiende cómo pensar bien es sabio. La sabiduría es una propiedad del alma o, más bien, una facultad, una habilidad para producir, una destreza para formar el pensar mismo que rinde el resultado correcto".[18]

Un principio enseñado en la Escritura

No sólo se conectan pensamiento y acción en ciertos vocablos bíblicos, sino que también se conectan en la enseñanza de la Escritura. Luego de asegurarnos que el divino poder de Dios, nos ha dado todo lo correspondiente a la vida y la piedad (2 Pedro 1:3), y que hemos sido hechos participes de la naturaleza divina, (versículo 4), Pedro entonces anuncia nuestra responsabilidad:

Vosotros también, poniendo toda diligencia por esto mismo, añadid a vuestra fe virtud; a la virtud, conocimiento; al conocimiento, dominio propio; al dominio propio, paciencia; a la paciencia, piedad; a la piedad, afecto fraternal; y al afecto fraternal, amor (2 Pedro 1:5-7).

La fe es el fundamento de esta progresión lineal hacia el carácter definitivo del amor. Efectivamente, la fe es la base de todo lo que somos y hacemos. Si lo que creemos es malo, entonces todo lo que viene de nosotros estará tergiversado. No podemos hacer nada sin pensarlo primero. Cada acción va precedida por un pensamiento. Así es como opera el sistema nervioso central. Optamos por creer la verdad y actuar en forma concordante lo que debe resultar en excelencia moral. Entonces, ¿por qué el conocimiento sigue a la excelencia moral en la progresión hacia el amor que da Pedro? Quizá eso quede mejor ilustrado por la relación de hijo y padre.

Suponga que un padre dice a su hijo que haga algo, y el hijo dice: "No sé por qué tengo que hacer eso". El padre dice: "Confía en mí, sé lo que es mejor". El hijo rebelde responde: "No voy a hacerlo hasta que me digas por qué". A esas alturas, no necesita una explicación, necesita ser disciplinado con amor. El padre será sabio al decir: "Hijo, tienes que hacerlo porque te dije que lo hagas y cuando lo hayas hecho nos sentaremos y hablaremos". El compositor de himnos tenía razón cuando escribió:

Obedeced, cumple a nuestro deber
si quereis ser felices, debes obedecer.

El punto es que la única respuesta apropiada a la fe en Dios es hacerlo: y entonces usted sabrá por qué. Usted no tiene que saber por qué para confiar y obedecer, pero es muy probable que sepa por qué si ha sido fiel. El conocimiento obtenido de la experiencia de confiar y obedecer conduce a un mayor dominio propio que, cuando llegue la hora, nos perfecciona en amor.

Entender el amor nace de nuestras acciones:

En esto hemos conocido el amor, en que él puso su vida por nosotros; también nosotros debemos poner nuestras vidas por los hermanos. Pero el que tiene bienes de este mundo y ve a su hermano tener necesidad, y cierra contra él su corazón, ¿cómo mora el amor de Dios en él? Hijitos míos, no amemos de palabra ni de lengua, sino de hecho y en verdad (1 Juan 3:16-18).

En forma similar, el Antiguo Testamento enseña que aquel que ama a alguien o algo se aferra a él (Deuteronomio 11:2; 30:20; Proverbios 18:24), corre o va en pos de él (Isaías 1:23; Jeremías 2:2); lo busca (Salmo 4:2; 40:16; Proverbios 8:17) y realiza acciones benévolas para con el objeto de amor (Jeremías 31:3; Oseas 11:4). Esta prueba conduce a la conclusión expresada por Wallis que el hebreo para amor y derivados, "tiene un carácter fuertemente práctico" que incluye acciones conscientes.[19] Dios escribe Su ley en nuestro corazón, lo que seguramente abarca el pensamiento pero esa ley se resume en el amor.

El hecho de que el amor de Dios puede ser mandado también habla de acción (Deuteronomio 6:5). Esto se ve especialmente en amar a Dios con toda "sus fuerzas". "Se ha planteado la pregunta de cómo un amor así puede mandarse. Sin embargo, si el amor no es meramente un sentimiento emocional por una persona o cosa, sino también abarca conducta correspondiente al amor, entonces es posible que Deuteronomio eleve esta conducta al nivel de mandamiento.[20]

La Escritura también establece claramente que para conocer el amor, debemos realmente vivir el amor. Debemos ser un pueblo que ama. El apóstol Juan dice:

> *Y nosotros hemos conocido y creído el amor que Dios tiene para con nosotros. Dios es amor; y el que permanece en amor, permanece en Dios, y Dios en él....Si alguno dice: Yo amo a Dios, y aborrece a su hermano, es mentiroso. Pues el que no ama a su hermano a quien ha visto, ¿cómo puede amar a Dios a quien no ha visto? (1 Juan 4;16,20).*

Nuestras acciones de vivir y relacionarnos en amor nos llevan al real conocimiento del amor.

Yo (Neil) he aconsejado a cientos de personas que decían amar al Señor y, sin embargo, sus vidas estaban todas desordenadas y muchos vivían en pecado. Algo estaba mal con el fundamento de la fe de ellos porque Jesús dijo: "El que tiene mis mandamientos, y los guarda, ése es el que me ama" (Juan 14:21). Por otro lado, he trabajado con cientos de personas que no eran muy amorosas. En algunos casos tuve que esforzarme para amarlas. Pero siempre me asombro por el milagro de amor que tiene lugar en mi propio corazón luego que he hecho todo lo que pude para ayudarles. Un lazo emocional se establecerá —lazo procedente de amarles activamente por la gracia de Dios. En forma similar he encontrado difícil, a veces, ir a hospitales de convalecientes. Habitualmente las cosas deprimentes que se ven y los intensos olores me hacen querer dar la media vuelta e irme. Pero después de hacer la obra de amor, siempre me he ido con sensación de paz. Y cada visita sucesiva purifica mi corazón, produciendo un amor emocional y profundo por la gente necesitada.

La verdad de que las acciones afectan nuestras creencias y pensamientos también se ve en Mateo 6:20,21: "Haceos tesoros en el cielo ...porque donde esté vuestro tesoro allí estará también vuestro corazón". Jesús decía que donde almacenamos nuestros tesoros (ciertamente una acción) determina el lugar de nuestro corazón. Por supuesto, nuestro corazón comprende pensamientos y emociones. Como aprendimos antes, en el corazón se unen inseparablemente pensamiento y acción. Usted no puede afectar a uno sin ejercer un efecto en el otro. No sólo el pensamiento conduce a la acción sino que la acción también refuerza el pensamientos que la originó.

La necesidad de estar dispuesto

El entretejido de pensamiento y acción es aun evidente en la doctrina bíblica de que la verdad es lo que *hace* a una persona, no simplemente lo que sabe. Juan dijo: "Mas el que practica la verdad viene a la luz, para que sea manifiesto que sus obras son hechas en Dios" (Juan 3:21). Vivir por la verdad nos lleva a la luz. Mientras más optemos por vivir la verdad, más llegaremos a conocer la verdad. "Si decimos que tenemos comunión con él, y andamos en tinieblas, mentimos; y no practicamos la verdad" (1 Juan 1:6). Juan también dijo que él recibía gran gozo de saber que sus amigos están: "Andando en la verdad" (1 Juan 4; 3 Juan 3,4).

Jesús dijo: "El que quiera hacer la voluntad de Dios, *conocerá*" (Juan 7:17, énfasis del autor). Probablemente usted no entienda la voluntad de Dios si no se dispone a hacerla. Pero si tiene la disposición de hacer Su voluntad, entonces probablemente sabrá cuál es. Esto es especialmente cierto de la guía divina, porque Dios guía un barco que se mueve. El timón no tiene efecto a menos que el barco esté navegando. Dios no puede efectuar correcciones del rumbo a mitad de camino, si el barco nunca ha zarpado.

Supongamos que la dirección en que Dios le está conduciendo está al otro lado de una puerta cerrada. Usted no sabrá qué hay al otro lado de la puerta a menos que se disponga a *hacer* Su voluntad —aun antes de *saber* cuál es. ¿Por qué tiene que saber lo que hay al otro lado de la puerta antes de pasar por ella? ¿Así que usted puede decidir por anticipado si quiere ir o no? Si Dios es Dios, Él tiene el derecho de decidir qué hay al otro lado. Si Él no tiene ese derecho entonces no es Dios.

Tenemos que decidir si confiarle a Dios nuestra vida, a este lado de la puerta cerrada antes que Él nos deje ver qué hay al otro lado. ¿Creemos que la voluntad de Dios es buena, agradable y perfecta como nos lo dice Romanos 12:2? Según ese versículo, la renovación de nuestra mente resultará en prueba y demostrará que la voluntad de Dios es, sin duda, buena, agradable y perfecta para nosotros.

Una razón por la cual Dios no exhibe Su plan para nuestra vida de inmediato, se debe a que puede haber algunas pruebas y tribulaciones significativas al otro lado de esa puerta. Si yo (Neil) hubiera sabido por anticipado lo que tendría que pasar mi familia para que yo esté donde estoy hoy, no creo que hubiera elegido ir por este camino. Por otro lado, mirando atrás, me alegro de haber ido. La voluntad de Dios es buena y agradable, y fue perfecta para mí y mi familia.

Proverbios 4:23-27 nos dice que guardar el corazón comprende una acción práctica. Las cosas de la vida vienen del corazón pero, evidentemente, las acciones de la boca, de los ojos y del caminar pueden afectar al corazón. Derek Kidner, comentarista de la Biblia, dice sobre el versículo 24: "Las costumbres superficiales de hablar tienen reacción en la mente; de modo que la cháchara cínica, las quejas de moda, las impertinencias, las verdades a medias, que apenas si se quiere decirlas, se endurecen en hábitos de pensamiento bien establecidos".[21]

Nuestras acciones pueden afectar nuestro conocimiento

Cuando la Biblia habla de la manera en que nuestras acciones afectan los pensamientos, encontramos que hay un interesante juego entre conocimiento y acción. Pensamos correctamente que "el temor de Jehová" es el comienzo o primer principio de la sabiduría (Salmo 111:10; Proverbios 9:10). Así que concluimos que la vida sabia empieza por conocer a Dios y venerarlo. Pero el "temor de Jehová" es mucho más que conocimiento y reverencia, también incluye una vida práctica de piedad y, por tanto, es casi lo mismo que la "sabiduría". Efectivamente, Job hace esta conexión: "He aquí que el temor del Señor es la sabiduría, y el apartarse del mal, la inteligencia" (28:28).

Ambos, el temor de Jehová y la sabiduría, comprenden pensamiento y acto pero es la acción la que conduce a un aumento de ambos. Alguien dijo sabiamente: "Haz lo que más temes y la muerte del temor es segura". Igualmente, el Salmo 111:10 empieza: "El principio de la sabiduría es el temor de Jehová", pero sigue: "Buen entendimiento tienen todos los que practican sus mandamientos". Fohrer explica la relación de estos dos elementos cuando dice: "El que practica el temor de Jehová como piedad práctica (*hokma* [sabiduría]) tiene buen entendimiento (Salmo 111:10) de modo que el conocimiento más importante de la vida se obtiene en la esfera de la acción justa, más que en la del culto (adoración formal) o del pensamiento".[22]

Nuestras acciones pueden afectar nuestra fe

Debemos también observar, lo que dijo Santiago sobre la manera en que las obras afectan nuestra fe. Luego de declarar que la fe de Abraham obraba en el acto de ofrendar a Isaac, agrega luego: "La fe se perfeccionó por las obras" (2:22). La Escritura enseña claramente que la fe y las obras están relacionadas pero, a menudo, pensamos que esa relación fluye en un solo sentido, esto es, que la fe produce obras. Pero Santiago dice que el flujo es en ambos sentidos. Las obras también afectan a la fe. La idea no es que la obra agregue algo a una fe defectuosa o incompleta sino, más bien, que la obra cumple, fortalece y madura la fe.[23] Debido a que la fe comprende un componente intelectual, podemos decir que cuando ejercemos concretamente la fe en una acción, este acto puede, así, efectuar un cambio del aspecto intelectual de nuestra fe. Así que nuestras acciones perfeccionan nuestra fe. Nuestras acciones pueden añadir nuevas dimensiones a nuestro entendimiento de Dios y Su obra o, sencillamente, fortalecer el entendimiento que ya tenemos.

Demostrándonos fieles

Si queremos crecer en nuestra vida espiritual debemos *concretar* la verdad de Dios como asimismo saberla. Tener conocimiento bíblico por sí no cambia necesariamente nuestra vida, pero cuando practicamos la verdad de Dios, ganamos realmente en conocimiento y penetración conceptual de Su verdad. El cambio de corazón incluyen a la vez el cambio de mente y el cambio de acción. No podemos mandar directamente a nuestras emociones, pero *podemos* mandar el ingreso de verdad y su práctica. Ambas son esenciales si queremos cambiar nuestro corazón y hacer que el cambio ocurra en nosotros.

A Karl Menninger le preguntaron una vez: "¿Qué se debe hacer si uno se siente al borde del ataque de nervios?" Él contestó: "Cierre con llave su casa, vaya a las vías del ferrocarril, busque a alguien necesitado y haga algo por esa persona".[24] Buen consejo. El mismo consejo que me dieron cuando yo (Neil) era un pastor joven. Un querido anciano santo me pasó una nota al salir de la iglesia la que decía: "Una de las grandes recompensas de la vida es que uno no puede ayudar sinceramente al prójimo sin ayudarse a uno mismo en el proceso".

La vida cristiana es más que un juego de creencias; es una destreza. Es la destreza de la persona sabia que sabe cómo vivir prácticamente en los caminos de Dios. Aprender destreza en algo, incluye conocimiento teórico y la práctica de ese conocimiento. Similarmente, crecer en la vida cristiana involucra a la vez la creencia correcta o conocimiento teórico de la vida y el conocimiento que viene solamente por medio de la práctica de vivir esa vida.

Tanto de la vida cristiana es aceptar y hacer nuestro deber. No necesitamos guía especial para amar al prójimo como a nosotros mismos, ni para ser testigo de la vida resucitada dentro de nosotros. Dignificamos nuestro llamamiento y honramos a Dios cuando nos demostramos fieles en lo que Él nos ha encomendado. Nuestro deber no es ver lo que yace obscuramente a la distancia, sino hacer lo que claramente está a mano. Salomón dijo: "El fin de todo el discurso oído es este: Teme a Dios, y guarda sus mandamientos; porque esto es el todo del hombre" (Eclesiastés 12:13). Bob Benson escribió sobre "Duty's Dignity":

> Su nombre era Cissy. Era totalmente negra y aunque había ciertas objeciones tocante a su árbol genealógico era una perra estupenda. De cachorra había roto la cantidad requerida de periódicos, zapatos y lechos de flores para llegar a su madurez.
>
> Tuvo una magnífica camada de cachorros, siete para ser exacto, y era grandioso observar cómo los cuidaba. ¿Quién le enseñó a esa perrita, recientemente cachorra ella misma, a cuidar y alimentar, limpiar y proteger a esos siete perritos

llenitos de pelos, movedizos que se retorcían y ladraban? ¿Quién le dio ese aire de dignidad? Dios. Dios hizo a esa perrita. Y en Su mundo le dio su parte, un lugar que llenar, una tarea que realizar —un deber que dignificaba.

Todas las criaturas de Dios tienen dignidad, pero solamente se alcanza por medio de la puerta del deber. Él te hizo para que te pares erguido, camines derecho, te portes con equidad, ames de todo corazón —y cada vez que piensas lo malo, haces la cosa "mezquina", te rebajas de tu dignidad.

Oh Dios, haz que seamos demasiado altos para doblarnos, demasiado derechos para torcernos, demasiado grandes para ser mezquinos. Ayúdanos a hacer las tareas que ennoblecen, los deberes que dignifican.[25]

Lo
COMÚN
HECHO
Santo
12

¿Se aplica hoy la ley de Dios?

Y tal confianza tenemos mediante Cristo para con Dios; no que seamos competentes por nosotros mismos para pensar algo como de nosotros mismos, sino que nuestra competencia proviene de Dios, el cual asimismo nos hizo ministros competentes de un nuevo pacto, no de la letra, sino del espíritu; porque la letra mata, mas el espíritu vivifica....Porque el Señor es el Espíritu; y donde está el Espíritu del Señor, allí hay libertad. Por tanto, nosotros todos, mirando a cara descubierta como en un espejo la gloria del Señor, somos transformados de gloria en gloria en la misma imagen, como por el Espíritu del Señor.

2 Corintios 3:4-6,17,18

Se acuerda del sube y baja? El mismo equilibrio delicado existe en el concepto de libertad. El legalismo y el libertinaje se sientan en los extremos opuestos del tablón y nuestra libertad en Cristo es el punto de apoyo. En Romanos 6:1-11 Pablo nos identifica con Cristo en Su muerte, sepultura y resurrección. Dice en el versículo 7: "Porque el que ha muerto, ha sido justificado del pecado". Todo cristiano ha muerto con Cristo y está, por tanto, justificado del pecado. Sin embargo, Pablo agrega en Gálatas 5:1,2: "Estad, pues, firmes en la libertad con que Cristo nos hizo libres, y no estéis otra vez sujetos al yugo de esclavitud. He aquí, yo Pablo os digo que si os circuncidáis, de nada os aprovechará Cristo". En otras palabras, no regresen a la ley. Si usted dice que ya está libre en Cristo pero está metido en el legalismo o no ha logrado mantener la libertad llevando una vida cristiana responsable, está en un extremo del sube y baja. Un pastor que, evidentemente, abrazaba esta postura dijo: "¡No existe eso de la esclavitud para el cristiano!" Su asociado murmuró bajo: '¡Solamente existe la negación!".

Si usted niega o cuestiona seriamente que haya algo como la libertad del pecado y nuestro pasado, entonces usted se halla en la otra punta del sube y baja. La gente de esta punta nunca ha aprendido cómo resolver sus conflictos, ni se ha apropiado la verdad de que indudablemente somos nuevas creaciones en Cristo. Ellos destacan el trabajo duro y la disciplina personal como medios para sobrevivir. Yo (Neil) le pregunté una vez a un paladín líder de este punto de vista, cuál era su tasa de cura al sanar a la gente. Dijo: "¿Cura? ¡En realidad, nosotros no curamos a nadie; les ayudamos a tolerar la vida!" ¿Eso es todo lo que es la buena nueva —una manera nueva y mejor para soportar? ¿Se supone que nosotros obremos sin ton ni son por la vida, con poca esperanza de victoria en este lado de la eternidad?

Viviendo libre en Cristo

Los cristianos están, sin duda, situacionalmente libres en Cristo pero ¿cuántos están viviendo como son? Calculamos que, aproximadamente 15% de los cristianos que creen la Biblia llevan vidas libres y productivas. ¡Qué tragedia! Ser vivo y libre en Cristo es el derecho de nacimiento de todo hijo de Dios. Aquellos que son libertados saben quienes son en Cristo, llevan fruto y tienen una satisfactoria vida de oración y devociones. Ciertamente tienen problemas pero los resuelven en Cristo. Hay una enorme diferencia entre las cosas que constituyen libertad y aquellas que constituyen crecimiento. No creemos en la madurez instantánea; sabemos que nos llevará el resto de la vida renovar nuestra mente y conformarnos a la imagen de Dios. Sabemos que nunca lograremos la perfección en nuestro plazo de vida relativamente corto pero nuestro enfoque debe ser aún este —ser como Cristo.

Si una persona no experimenta libertad en Cristo, entonces está sofocada en su crecimiento. La gente como esta va de libro en libro, de pastor en pastor, de consejero en consejero, pero no parecen soltarse. Pero cuando se les han abierto los ojos a la verdad de quienes son en Cristo y han resuelto sus conflictos espirituales y personales, ¡mire cómo crecen!

Una estudiante universitaria pasó por mi oficina (de Neil) un día y dijo que estaba investigando el satanismo y quería hacerme unas preguntas. Luego de hablar con ella unos cuantos minutos, le sugerí que, probablemente, no debía estar estudiando ese tema.

—¿Por qué no? —preguntó.

—Porque usted misma no lleva una vida libre en Cristo —le respondí.

—¿Qué quiere decir con eso? —preguntó ella.

—Probablemente usted esté luchando en sus clases de Biblia sólo para prestar atención. Yo sospecharía que su vida de oración y devociones es virtualmente inexistente. Supondría que su autoestima está, probablemente, por el suelo y usted considera muchos pensamientos sobre el suicidio —le dije.

Casi se salió de la silla.

—¿Cómo supo eso? —preguntó.

Luego de años de ayudar a la gente a encontrar su libertad en Cristo puedo discernir a menudo si una persona está viviendo libre en Cristo. Ella obtuvo permiso, como estudiante universitaria, para asistir a mi clase para graduados que cubría el material de mis libros *Victoria sobre la oscuridad* y *Rompiendo las cadenas*. Luego de la clase y sin más consejería, ella me escribió esta carta:

> Lo que he descubierto este último fin de semana es este sentimiento de control. Como que mi mente me pertenece. No me he sentado a tener estos largos períodos de pensar y contemplar, esto es, a conversar conmigo misma. Mi mente sencillamente se siente quieta. Es un sentimiento extraño en realidad.
>
> Mis emociones se han estabilizado. No me he sentido deprimida ni una vez en esta semana. Mi voluntad es mía. Me siento como que he podido optar por llevar mi vida permaneciendo en Cristo. La Escritura parece diferente.

Tengo una perspectiva totalmente diferente. Realmente entiendo lo que dice. Me siento dejada sola. No en sentido malo. No estoy solitaria, sólo una persona soltera. Por primera vez en mi vida creo que realmente entiendo lo que significa ser cristiana, saber quién es Cristo y quien soy yo en Él.

Ya se me ha ocurrido organizar un estudio de la Biblia con su material y usarlos el año próximo en mi piso para un estudio bíblico. Me siento capaz de ayudar a la gente, y capaz de manejarme a mí misma. He sido codependiente por años pero, esta última semana no he tenido la menor necesidad de otra persona.

Supongo que estoy describiendo lo que es estar en paz. Siento este gozo quieto y suave en mi corazón. He sido más amistosa y amable con los extraños. No ha habido esa lucha por pasar el día. Y luego está el hecho de que he estado participando activamente en la vida, no pasivamente, observándola en forma crítica. Gracias por darme su esperanza. Creo que ahora tengo la mía propia en Cristo.

Optando correctamente

Pablo dice: "Porque el pecado no se enseñoreará de vosotros; pues no estáis bajo la ley, sino bajo la gracia" (Romanos 6:14). Podemos optar por vivir como si estuviéramos aún bajo la ley, robándonos de la libertad que Cristo adquirió por nosotros en la cruz. También podemos irnos al otro extremo, el libertinaje, contra la cual Pablo advierte en Gálatas 5:13: "Porque vosotros, hermanos, a libertad fuisteis llamados; solamente que no uséis la libertad como ocasión para la carne, sino servíos por amor los unos a los otros". Ambos, legalismo y libertinaje, conducen a la esclavitud que puede resolverse solamente por medio del arrepentimiento y fe en Dios.

Imagínese bajando por un angosto sendero de montaña. A un lado está el abrupto acantilado, demasiado empinado para bajar y demasiado alejado del fondo para que usted salte. Al otro lado del camino hay un fuerte incendio del bosque. Detrás de usted hay un león rugiente que anda buscando a quién devorar y por delante, una iglesia. ¿Por cuál camino iría usted? Una opción sería saltar por el acantilado. Inicialmente experimentaría una sensación de "libertad" y, quizá, regocijo por la caída libre. Pero hay consecuencias graves de esa opción —como la brusca parada al final. Esa es la naturaleza del libertinaje o del ser libertino, que es un desprecio total por reglas y reglamentos. El libertinaje es la libertad falsificada. El sexo "libre" que fue tan popular en los sesenta tenía una etiqueta con un precio marcado. En lugar de libertad sexual, la gente obtuvo esclavitud sexual que ha destrozado muchos hogares y producido graves enfermedades a muchas personas. Las opciones tienen consecuencias.

La libertad verdadera no radica en el derecho de la persona a efectuar opciones (elegir). Viene de efectuar opciones responsables basadas en la verdad de la Palabra de Dios, de modo que la libertad que Cristo adquirió por nosotros en la cruz puede ser una realidad viva. El tentador está de tremenda fiesta, con aquellos que eligen el extremo del libertinaje del sube y baja. Él les susurra al oído: "Adelante, háganlo. Sabes qué quieres. Todos los demás lo hacen". Las tentaciones siempre lucen bien o nadie se rendiría. ¿Cuándo fue la última vez que tuvo tentación de comer espinaca?

Otra opción en el angosto sendero de montaña es meterse en el incendio del bosque, lo que representa al legalismo. El resultado es justamente tan desastroso, siendo, "arde, nene, arde". El acusador está de gran fiesta con los que eligen el extremo del legalismo del sube y baja; les dice que nunca estarán a la altura y que Dios está decepcionado de ellos.

La tentación y la acusación son dos caras de la misma moneda que Satanás lanza en su incansable búsqueda de nuestra derrota. Somos verdaderamente libertados en Cristo, cuando andamos por la cuerda floja entre el legalismo y el libertinaje. Todo el santuario que necesitamos está justo al frente de nosotros, pero no en el edificio de una iglesia. El único santuario que tenemos en este momento presente es nuestra posición en Cristo. En Él estamos a salvo y seguros: "Porque el Señor es el Espíritu; y donde está el Espíritu del Señor, allí hay libertad" (2 Corintios 3:17).

La maldición del legalismo

Pablo escribió: "Porque todos los que dependen de las obras de la ley están bajo maldición, pues escrito está: Maldito todo aquel que no permaneciere en todas las cosas escritas en el libro de la ley, para hacerlas. Y que por la ley ninguno se justifica para con Dios, es evidente, porque: El justo por la fe vivirá" (Gálatas 3:10,11). Con declaraciones tan claras de la Escritura, ¿por qué estamos aún luchando con el legalismo luego de 2.000 años de historia de la iglesia? La ley de Dios no es una maldición sino el legalismo. Aquellos que optaron por relacionarse a Dios puramente basados en la ley serán indudablemente malditos. Estos son los perfeccionistas que nunca pueden ser bastante buenos o hacer bastante. Y no pueden porque: "Porque cualquiera que guardare toda la ley, pero ofendiere en un punto, se hace culpable de todos" (Santiago 2:10).

Pablo dijo: "Porque si la ley dada pudiera vivificar, la justicia fuera verdaderamente por la ley" (Gálatas 3:21). Pero la ley es impotente para dar vida. Decirle a alguien que lo que está haciendo es malo, no le da el poder para dejar de hacerlo. Demos gracias que no somos salvados por la manera en que nos comportamos sino por la manera en que creemos o nadie tendría esperanza alguna. Jesús vino a darnos vida (Juan 10:10) porque es Su vida la que nos salva, no la ley. Bonar dijo: "La exigencia de la ley es perfección. Entre todo y nada la Biblia nos da nuestra opción. Si vamos a ser salvos por la ley, debe ser íntegramente por la ley; si no íntegramente por la ley, debe ser íntegramente sin la ley".[1]

Aun más devastadora para el legalista es la verdad enseñada en Romanos 7:5: "Porque mientras estábamos en la carne, las pasiones pecaminosas que eran por la ley obraban en nuestros miembros llevando fruto para muerte". La ley tiene realmente la capacidad de estimular nuestro deseo de hacer lo que prohíbe. Pablo continúa: "Mas el pecado, tomando ocasión por el mandamiento, produjo en mí toda codicia; porque sin la ley el pecado está muerto" (Romanos 7:8). Si usted no piensa que eso es verdadero, entonces dígale a su hijo que puede venir acá pero no puede ir allá. En el momento en que diga dónde *no puede* ir, ¿dónde querrá ir? ¡Allá! Probablemente ni siquiera quería ir allá hasta que usted le dijo que no podía. Una respuesta parecida se vio en una escuela cristiana que repartió una lista de películas que los estudiantes no podían ver. ¿Adivine lo que pasó? ¡Las películas prohibidas fueron las que todos querían ver! ¿Por qué el fruto prohibido es evidentemente el más deseable? Tal cuestión hizo que Pablo preguntara: "¿Qué diremos, pues? ¿La ley es pecado? En ninguna manera" (Romanos 7:7).

¿Qué es la ley de Dios?

Ahora que estamos en Cristo y no más bajo la ley, entonces, ¿cómo se relaciona el cristiano con la ley? Para responder eso, primero tenemos que entender qué es la ley de Dios. La palabra "ley" a menudo se asocia en la Escritura con mandamientos específicos, en particular los mandamientos de la Ley Mosaica del Antiguo Testamento (por ejemplo, Romanos 2:20-27). Pero el concepto de la ley de Dios es mucho más amplio. La palabra hebrea *torá*, que es el término básico para "ley" en el Antiguo Testamento, se relaciona al hebreo *hora* que significa "dirigir, enseñar, instruir en".[2] Se parece al significado de la palabra griega del Nuevo Testamento para ley, que es *nomos*. Su significado fundamental no es "mandar" sino "instrucción". Así, pues, la palabra llegó a emplearse no sólo para leyes específicas sino para toda la Palabra de Dios y su registro de los tratos de Dios con Su pueblo.

El elemento esencial del concepto bíblico de ley se ve en la explicación de *torá* como "eso que apunta el camino para el israelita fiel y para la comunidad de Israel. Las leyes del Pentateuco no son la única guía, pues toda la historia de los tratos de Dios con la humanidad y con Israel apuntan el camino".[3] Así que el vocablo "ley" puede referirse a secciones enteras de la Escritura y a toda la Escritura, incluyendo a la vez los mandamientos de Dios y Sus promesas de gracia. Tal es el caso de Mateo 5:17 donde Jesús dijo que Él no vino a abolir la ley sino a cumplirla (*ver también* Lucas 24:44 y Juan 15:25).

Puede decirse que la ley de Dios es la expresión de Su voluntad, que surge de Su carácter santo. Así como hay leyes físicas por las cuales se estructura el mundo físico, así también están las esferas moral y personal de la creación de Dios gobernadas por Sus leyes morales y espirituales que son expresión de Su naturaleza santa. Con eso en mente, es importante notar que el apóstol Pablo nunca habló de la ley de Dios en plural (esto es, "leyes") sino solamente en singular ("ley"). Puesto que, en el análisis final, todas las leyes son expresiones del carácter moral unificado de Dios. La ley de

Dios para Israel tomó la forma de las Escrituras escritas; para los gentiles, fue la ley "escrita en sus corazones" (Romanos 2:15). Pero *"uno solo es el dador de la ley"* para toda la gente (Santiago 4:12).

Encontrarse con la ley de Dios es ponerse en contacto con Dios. La Escritura dice que, de alguna manera, toda la gente es consciente de esa ley que expresa Su naturaleza divina: "Porque las cosas invisibles de él, su eterno poder y deidad, se hacen claramente visibles desde la creación del mundo, siendo entendidas por medio de las cosas hechas, de modo que no tienen excusas" (Romanos 1:20). Sin embargo, mucha gente no reconocen a Dios. Ven el orden creado del universo, pero despersonalizan a Dios porque un dios impersonal no tiene que ser servido. Así que adoran la creación en lugar de al Creador. Por eso se dice que: "La mente carnal es enemistad contra Dios; porque no se sujeta a la ley de Dios, ni tampoco puede; y los que viven según la carne, no pueden agradar a Dios" (Romanos 8:7,8).

Como expresión de la estructura moral del universo la ley de Dios está concebida para el bien de Sus criaturas. Tal como las leyes de la física permiten que nuestro mundo y universo funcionen bien, así también la ley de Dios está diseñada para el bienestar de Sus criaturas. Sus mandamientos no son restrictivos sino, más bien, protectores teniendo considerados nuestros mejores intereses. La revelación de Dios es lo que da verdadera vida, paz, bienestar y plenitud de gozo. En resumen, las leyes morales de Dios están pensadas para bendecir a Su pueblo. La vida cristiana es denominada "el Camino" y las leyes de Dios son las reglas del tránsito.

Como hemos visto, la ley de Dios es vista en todos Sus tratos con Su pueblo —en Sus actos históricos como también en Sus palabras y en Sus promesas bondadosas como asimismo en Sus mandamientos. Los imperativos como las promesas bondadosas de salvación son, por tanto, la verdad de Dios— verdad que Él usa para santificar y transformar a Su pueblo. Pablo describe la Ley Mosaica como: "La forma de la ciencia y de la verdad" (Romanos 2:20). El salmista se deleitaba en la ley de Dios, declarando: "Tu ley la verdad" (119:142), o, "tu ley es verdad". El significado de calificar de verdad la ley de Dios en ese versículo es explicado por Murphy-O'Connor:

¿Qué quiere decir aquí el salmista por "verdad"? Todo el salmo es un himno de alabanza de la Ley divina. El centro de su universo, polariza toda su existencia. Él ruega mayor conocimiento (versículos 27,29,33, etcétera) para que, alguna vez, pueda conformarse más perfectamente a ella (versículo 44). En un mundo donde el mal intenta succionarlo a su lodo (versículos 61,78,85,95, etcétera) es la sola cosa en que él puede apoyarse con absoluta confianza (versículo 133). Oponiéndose a la irrealidad (versículo 37) es lo supremamente real. Para resumir en una palabra todo eso que la Ley significa para él, no podría haber elegido mejor que *"mt"* (verdad), cuya idea básica es solidez, firmeza; la cualidad que hace que un ser sea confiable, merecedor de confianza.[4]

Los mandamientos de la Escritura son, así, parte de la verdad que santifica. Son parte de la verdad que da vida —como opuestos a las mentiras que expresan la irrealidad y, por eso, conducen al sufrimiento y a la muerte. Los mandamientos de la Escritura son, entonces, expresiones de amor santo de Dios por nosotros. Comentando las instrucciones de Dios a los israelitas de que imprimieran Sus mandamientos en sus corazones y se los enseñaran a sus hijos (Deuteronomio 6:6-9), Craige dice:

> Los mandamientos, que dan el marco referencial dentro del cual los israelitas podían expresar su amor de Dios, tenían que estar en su corazón, esto es, la gente tenía que pensar en ellos y meditar en ellos, de modo que la obediencia no fuera cosa de legalismo formal, sino una respuesta basada en el entendimiento. Reflexionando en los mandamientos ellos reflexionaban en las palabras de Dios... y entendiendo el camino de vida establecido por los mandamientos, al mismo tiempo, iban descubriendo la manera en que el amor de Dios por ellos iba cobrando expresión.[5]

Los mandamientos de Dios no son sólo una expresión de Su amor por nosotros; también son la suma de lo que significa para nosotros vivir enamorados de Dios y nuestro prójimo: "El amor no hace mal al prójimo; así que el cumplimiento de la ley es el amor" (Romanos 13:10). "Porque toda la ley en esta sola palabra se cumple: Amarás a tu prójimo como a ti mismo" (Gálatas 5:14). Así, pues, las leyes de Dios son nada menos que la ley moral del universo que relaciona y enlaza correctamente al hombre con Dios y su prójimo, en el camino perfecto de la verdad y la vida. Entonces, Sus leyes son un aspecto esencial de la verdad en que debemos enfocarnos, para conocer una vida transformada.

Nuestra relación con la ley de Dios

Debido a que las leyes de Dios son los principios morales del universo, podemos concluir correctamente que todas las criaturas morales están relacionadas a esas leyes. Los creyentes, como asimismo los incrédulos de la época del Antiguo Testamento, estaban sometidos al principio dominante de que seguir las leyes de Dios conduce a la vida y desobedecerlas, lleva a la miseria y muerte. Sin embargo, el creyente "en Cristo" está relacionado con ese principio legal, en forma radicalmente diferente de la persona sin Cristo. Esta última está ante la ley en sí misma, esto es, como pecadora y, consecuentemente, transgresora de la ley. Así, pues, vive bajo la condena de la ley o la pena de muerte. Pero el creyente "en Cristo" tiene la misma relación con la ley que Cristo tiene.

Somos libres

¿Cuál es la relación de Cristo con la ley? La Escritura dice que la ley ha llegado a "su cumplimiento" en Cristo (Mateo 5:17) queriendo decir que los principios justos de Dios para vivir apuntan, todos, a Cristo y son plenamente cumplidos en Él.[6] La declaración de Pablo de que "el fin de la ley es Cristo" (Romanos 10:4) expresa una idea similar. La palabra "fin (griego *telos*) pueden significar "cumplimiento", "meta" o "término" se entiende mejor en ese versículo como combinación de todos esos significados. Cristo como cumplimiento de la ley es también su meta, esto es, la ley lo esperaba a Él. Y, como veremos dentro de poco, Cristo también trajo un "fin" al tiempo en que el pueblo de Dios vivió bajo la ley como hijos sujetos a tutor (Gálatas 3:24).

Hablar de Cristo como el cumplimiento o la meta de la ley significa, sencillamente, que el significado total de la ley ha sido alcanzado en Él. Este significado puede resumirse en dos puntos primarios: 1) la ley como instrumento de la justa condena de los transgresores, es realizada perfectamente en el sacrificio de Cristo en la cruz por los pecados. Cristo recibió el castigo de la transgresión o "maldición de la ley, hecho por nosotros maldición" (Gálatas 3:13). Cristo satisfizo las exigencias justas de la ley, pero más que eso, 2) la ley como expresión de la voluntad de Dios fue perfectamente realizada en Cristo, que siempre actuó obedeciendo la voluntad de Su Padre. Toda la justicia expresada en los mandamientos y ordenanzas ceremoniales apuntaban a su meta en Cristo. Él fue la justicia de Dios encarnada.

Cristo como el cumplimiento o fin de la ley pone, por tanto, claramente al creyente "en Él" en una relación radicalmente nueva con la ley. Como creyentes "en Cristo" la Escritura nos describe como que no vivimos más "bajo la ley" (Romanos 6:141,5; Gálatas 3:23-25; 5:18) y libres de la ley (Romanos 7:6; Gálatas 4:8-10; 5:1-3; Colosenses 2:20).

Estas descripciones del creyente y la ley, no significan que no tengamos más relación alguna con la ley de Dios, sino que describen una libertad de la ley que es absolutamente vital comprender para vivir y crecer como Dios quiere. "En Cristo" somos libres de la ley en dos formas significativas.

Libres de la esclavitud legal

Primero, somos libres de lo que podría llamarse la esclavitud legal de la ley. Bajo la ley, los transgresores merecen justamente el castigo. Debido a que todos hemos roto la ley, todos estamos bajo el juicio de muerte. Sin embargo, "en Cristo" somos vistos como muertos a la ley, por medio de Su muerte sacrificada por nosotros y, de este modo, "estamos libres de la ley" (Romanos 7:6). "Cristo nos redimió de la maldición de la ley, hecho por nosotros maldición" (Gálatas 3;13). Como creyentes en Cristo, hemos satisfecho plenamente las exigencias de la ley en cuanto a nuestra transgresión porque hemos sido identificados con Cristo en Su muerte (Romanos 6:5).

Además, porque hemos sido identificados con la resurrección de Cristo, estamos en Su justicia —Su obediencia perfecta— de modo que la ley no puede condenarnos en el futuro. "Mas por él estáis vosotros en Cristo Jesús, el cual nos ha sido hecho por Dios sabiduría, justificación, santificación y redención" (1 Corintios 1:30). Por eso Pablo pudo decir: "Ahora, pues, ninguna condenación hay para los que están en Cristo Jesús, los que no andan conforme a la carne, sino conforme al espíritu. Porque la ley del Espíritu de vida en Cristo Jesús me ha librado de la ley del pecado y de la muerte" (Romanos 8:1,2). En Cristo somos totalmente libres de la vida bajo la ley, en cuanto principio legal en que o guardamos la ley o pagamos la pena. Existimos en Cristo en quien este principio fue plenamente cumplido por Su vida y muerte por nosotros.

Libres de la exigencia legal

No sólo somos libres de la ley en cuanto exigencia legal como creyentes en Cristo sino que, también, somos libres de la ley como "custodio supervisor" de nuestra vida. Pablo escribió: "De manera que la ley ha sido nuestro ayo, para llevarnos a Cristo, a fin de que fuésemos justificados por la fe. Pero venida la fe, ya no estamos bajo ayo" (Gálatas 3:24,25). La palabra "tutor"[*] que sugiere una función docente quizá no sea la traducción óptima del griego *paidagogos*.[**] El *paidagogos* era habitualmente un esclavo "encargado de supervisar la conducta de uno o más hijos" del antiguo hogar patricio. No hacía enseñanza formal sino "administraba las órdenes del padre a la manera de un curador". Su supervisión y disciplina contribuían, por supuesto, indirectamente a la instrucción.[7]

El punto de Pablo al usar el griego *paidagogos* es que, la ley realizaba este control supervisor del pueblo de Dios por un tiempo limitado —hasta que Cristo vino—. Pablo sigue explicando esta verdad en Gálatas 4:1-5:

---

[*] NT: De algunas versiones en inglés de la Biblia.
[**] NT: Pedagogo en español.

> *Pero también digo: Entre tanto que el heredero es niño, en nada difiere del esclavo, aunque es señor de todo; sino que está bajo tutores y curadores hasta el tiempo establecido por el padre. Así también nosotros, cuando éramos niños, estábamos en esclavitud bajo los rudimentos del mundo. Pero cuando vino el cumplimiento del tiempo, Dios envió a su Hijo, nacido de mujer y nacido bajo la ley, para que redimiese a los que estaban bajo la ley, a fin de que recibiésemos la adopción de hijos.*

Antes de la venida de Cristo el pueblo de Dios era como hijos bajo un tutor. Pero con la obra de Cristo en la cruz consumada y el envío del Espíritu Santo, los creyentes son ahora "hijos adultos" ya no más bajo el "tutor" de la ley.

Aunque la mayoría de las familias no tienen un esclavo que desempeñe la función del *paidagogos*, nuestra experiencia de crecer desde la niñez a la adultez ilustra muy bien las palabras de Pablo tocante al cambio de nuestra relación a la ley. Cuando éramos niños nuestros padres establecían las reglas bajo las cuales vivimos. Aquellas reglas podían tener recompensas (o bendiciones) cuando obedecíamos y, muy ciertamente, la disciplina aplicada cuando desobedecíamos. Sin embargo, cuando nos hacíamos adultos llegaba el momento en que cambiaba nuestra relación con las reglas de nuestros padres. Ya no vivíamos más directamente bajo sus leyes con las recompensas y castigos asociados. Se esperaba que para esa época los principios de la vida recta, establecidos por las reglas de nuestros padres, se hubieran instilado en nuestra propia mente y corazón mediante haber vivido bajo ellos.

Como adultos estamos aún relacionados a los principios de nuestros padres, pero ahora ellos controlan nuestra vida desde dentro de nuestra mente y corazón, más que desde fuera por medio de las leyes de los padres. Esto es exactamente de lo que hablaba Pablo en Gálatas 4:1-5. Por medio de la obra consumada de Cristo, nos hemos vuelto hijos e hijas adultos de Dios. El Espíritu Santo ha venido a habitar nuestros corazones y a efectuar la relación del nuevo pacto con la ley —relación descrita por el profeta Jeremías, "daré mi ley en su mente, y la escribiré en su corazón" (31:33).

El cambio de nuestra relación con la ley no significa, sin embargo, que la ley misma haya cambiado pues la naturaleza moral de Dios no cambia. Antes bien, la ley sencillamente ya no es más un código externo escrito en tabletas de barro, como en el Antiguo Testamento. Ahora está escrito en nuestro corazón —el fundamento mismo de nuestra vida (Proverbios 4:23)— por la presencia del Espíritu que obra desde ahí para vivirlo afuera, en nuestra vida.

Así, pues, antes de Cristo el creyente vivía "bajo la ley" en cuanto reglamento según el cual, era bendecido o castigado. El problema era que él nunca podía cumplir la ley; nunca podía obedecer todos los mandamientos. Por tanto, las bendiciones prometidas nunca podían realizarse plenamente. Esto nos lleva al significado más completo de lo que significaba para el creyente, antes de Cristo, vivir en esclavitud "bajo la ley": Según las disposiciones del Antiguo Testamento antes de Cristo, la ley funcionaba un poco como un acuerdo pactado entre Dios y Su pueblo.[8]

Reviste importancia vital aclarar que la ley *no* era una manera de ganarse el favor de Dios. No fue dada como modo para llegar a ser pueblo de Dios. Él ya había, por pura gracia, redimido al pueblo de Israel de la esclavitud en Egipto, cuando les dio la ley (*ver* Éxodo 19:4-6). El creyente sujeto a la ley mosaica estaba, así, relacionado a Dios por fe mediante la bondadosa redención hecha por Dios como lo somos en el Nuevo Testamento después de Cristo. La Ley nunca fue pensada para que sirviera de base para relacionarse correctamente a Dios.

Dios sencillamente pedía, en la ley, que Su pueblo viviera de acuerdo con el principio de justicia que les llevaría a experimentar la bendición prometida. Él dio bondadosamente el sistema de sacrificios por el cual ellos podían recibir perdón de sus pecados y, así, mantener su relación con Él. Dios hasta les dio una cierta medida de Su poder por medio del Espíritu Santo. Pero el registro del pueblo sujeto al pacto antiguo dice que ninguno pudo siquiera mantener la ley. El pecado y el sacrificio, repetidos una y otra vez, era la experiencia de ellos: hasta el extremo en que Dios declara: "Pusiste sobre mí la carga de tus pecados, me fatigaste con tus maldades" (Isaías 43:24).

La Escritura dice que el pueblo nunca sería perfeccionado bajo el antiguo pacto (*ver* Hebreos 7:11,19). El creyente que vive bajo la ley nunca puede tener paz definitiva en relación a los pecados. La paráfrasis de Hebreos 10:1-4 que hace Eugene Peterson (en *The Message*) capta bien esta situación:

> El plan antiguo fue solamente un indicio de las cosas buenas del plan nuevo. Puesto que el "plan legal" viejo no estaba completo en sí mismo, no podía completar a quienes lo seguían. No importaba cuántos sacrificios ofrecieran año tras año, nunca podrían llegar a una solución completa. Si lo hubieran hecho, los adoradores hubieran ido alegremente por su camino, sin estar más aplastados por sus pecados. Pero, en lugar de eliminar la conciencia de pecado, cuando esos sacrificios animales se repetían una y otra vez, en realidad realzaban la conciencia y la culpa. El simple hecho es que la sangre de toro y cabra no pueden librar del pecado.

En esa situación los santos sólo podían esperar la redención final de Dios: "Espere Israel a Jehová, porque en Jehová hay misericordia, y abundante redención con Él" (Salmo 130:7). Ellos esperaban ese día en que Dios, "volverá a tener misericordia de nosotros; sepultará nuestras iniquidades, y echará en lo profundo del mar todos nuestros pecados" (Miqueas 7:19).

Antes de Cristo el pueblo de Dios estaba sometido a la esclavitud de la ley. Ellos llevaban sus vidas bajo la obligación de la ley, como pacto con Dios en cuanto son Su pueblo. Pero nunca pudieron cumplir el pacto con perfecta justicia. El pacto estaba sobre ellos como un custodio supervisor, que constantemente los sometía a esclavitud de las reglas y reglamentos y sus concomitantes recompensas y castigos.

Pero el creyente "en Cristo" no está más sometido a la ley por el pacto debido a que Cristo, ha cumplido ese pacto perfectamente. Pablo dijo que Cristo "nació bajo la ley" (Gálatas 4:4) significando que Él asumió sobre Sí todas las exigencias de la ley. No sólo asumió la condenación debida por nuestro pecado (Gálatas 3:13) sino también las obligaciones que regulaban la vida del creyente. En Su vida perfecta Él cumplió perfectamente todos los mandamientos justos de la ley —algo que nadie había podido hacer.

Nosotros, los que estamos identificados con Cristo en Su muerte y resurrección, hemos así pagado el precio de nuestro pecado que exige la ley y hemos cumplido totalmente las obligaciones de la ley para vivir. Nuestra vida nueva en Cristo, ya no es más una vida dominada por leyes y reglamentos que nunca pueden guardarse; es una vida vivida en el ámbito de Cristo por el poder de Su Espíritu: "Pero ahora estamos libres de la ley, por haber muerto para aquella en que estábamos sujetos, de modo que sirvamos bajo el régimen nuevo del Espíritu y no bajo el régimen viejo de la letra" (Romanos 7:6).

El creyente en Cristo tiene la misma relación con la ley que Cristo. Él, como fin o meta de la ley, ha cumplido la ley satisfaciendo sus exigencias negativas (pagando la pena) de manera que pudo satisfacer y las positivas (con justicia perfecta). Debido a que el creyente está en Cristo, esas dos direcciones están posicionalmente completas. Esto es, el creyente es libre de *toda* condenación (Romanos 8:1) y es *completamente* santo, vestido con la justicia de Cristo. Por supuesto que lo que es posicionalmente verdadero, está aún obrado en la santificación progresiva. Sin embargo, aún en este proceso, la relación del creyente y la ley debe entenderse por su posición en Cristo. Él no debe esforzarse por satisfacer las exigencias justas de la ley. Eso ya fue hecho en la obediencia de Cristo. Más bien, el creyente se esfuerza por *dejar* que la justicia de Cristo, que ya ha satisfecho todas las exigencias de la ley, sea obrada en su vida para que él pueda ser moldeado a la imagen de su Salvador, que es la realización plena de la ley de Dios en todo aspecto. "Porque somos hechura suya, creados en Cristo Jesús para buenas obras, las cuales Dios preparó de antemano para que anduviésemos en ellas" (Efesios 2:10).

Somos responsables

El hecho que el creyente en Cristo sea libre de la condenación de la ley y del control del custodio, no significa que no tenga ninguna relación con la ley. Nuestra libertad de cristianos no significa que seamos autónomos. Eso sería *antinomianismo* que significa "contra (*anti*) la ley (*nomos*)". La gracia de Dios no es licencia para pecar, sino una dinámica que nos capacita para vivir una vida justa. Nos hace libres para ser lo que fuimos creados —libres para hacer lo que en nuestro corazón sabemos que debemos hacer. Pero esta clase de libertad es conocida solamente en relación con Dios, y la relación con Dios no puede ser excluyendo Su ley justa. Bonar dijo:

> Nuestra nueva relación con la ley es la de Cristo mismo. Es aquella de los hombres que han cumplido todas sus exigencias, agotado sus penalidades, satisfecho sus demandas, que la han magnificado y la han hecho honorable. Pues nuestra fe en el testimonio de Dios, de la obediencia segura de Cristo, nos ha hecho uno con Él....Sus sentimientos hacia la ley debieran ser nuestros sentimientos....Y Él dice: "El hacer tu voluntad, Dios mío, me ha agradado, y tu ley está en medio de mi corazón" (Salmo 40:8).[9]

Obedecer la ley antes de ir a Cristo sería antinatural, pues estamos muertos en nuestros delitos y pecados y éramos por naturaleza hijos de ira (Efesios 2:1-3). Sencillamente no podríamos hacerlo. Pero, ahora que estamos en Cristo, viviendo de acuerdo a los justos requerimientos de la ley por el poder del Espíritu Santo, es la cosa natural, mejor dicho sobrenatural, que hacer. Dios desea que Su pueblo tenga vida verdadera y que esa vida sea vivida conforme a Sus leyes morales y espirituales. Así, la santificación y el crecimiento en santidad es, en realidad, crecer conforme a las leyes de Dios. Entonces, en el proceso de santificación Dios nos pone ante Sus normas y nos pide que usemos nuestra mente para entenderlas, nuestra emoción para amarlas y nuestra voluntad para vivirlas. Las expresiones de las leyes de Dios son, así, la ayuda de Dios para llevarnos a ser conformados por Su patrón de santidad y vida verdadera.

Cristo, en cuanto al cumplimiento de la ley, significa que la justicia de la ley está, ahora, resumidas en Él y Su doctrina. Como dijo un escritor: "Él llama a los hombres a que vayan a Él, aprendan de Él, le escuchen a Él, le obedezcan a Él como si toda otra autoridad estuviera finalizada".[10] En vez de exhortar a la gente para que viva bajo "el yugo de la ley" o Ley Mosaica del Antiguo

Testamento, Jesús les invitaba a: "Llevad mi yugo sobre vosotros, y aprended de mí" (Mateo 11:29). "El evangelio no nos manda a hacer nada para obtener vida, sino que nos invita a vivir por la vida que otro (Jesús) nos dio; y conocer su verdad dadora de vida no es trabajo sino descanso: descanso del alma —descanso que es la raíz de toda verdadera labor; pues al recibir a Cristo no trabajamos para descansar sino que descansamos para trabajar.[11] Para el creyente en Cristo la ley no es más la Ley Mosaica sino la ley de Cristo (1 Corintios 9:21; Gálatas 6:2) que es descrita por Santiago como "la ley perfecta y real" (2:8).

Las normas justas de la ley de Cristo, se expresan tanto en el ejemplo de Su vida aquí en la tierra, como en Sus enseñanzas. Tenemos que andar como Él anduvo (1 Juan 2:6), seguir Su ejemplo (Romanos 15:22-5; 1 Corintios 11:1; 1 Pedro 2:21). También tenemos que obedecer todo lo que Él mandó (Mateo 28:20; *ver.* Juan 14:15,21; 1 Juan 2:3-5-; 3:22,24; 5:3). Sus doctrinas no se limitaron a la época de Su ministerio terrenal sino que también fueron las enseñanzas de los apóstoles que le siguieron. Efectivamente las doctrinas de los apóstoles eran realmente las de nuestro ascendido Señor (*ver* Juan 14:26; 16:13; Apocalipsis 3:8).

Aunque las enseñanzas de Jesús y Sus discípulos pueden ser la expresión más directa de la ley de Cristo, en realidad toda la Escritura está comprendida en ella. Aunque ya no estemos más directamente sujetos a la antigua Ley Mosaica, la rectitud de esa ley está asumida en la ley de Cristo. Como lo explica un erudito de la Biblia, Douglas Moo, en el cumplimiento que Cristo da a esa ley: "Algunos mandamientos mosaicos están comprendidos y vueltos a aplicar al pueblo del Pacto Nuevo de Dios. Así, aunque la Ley Mosaica no es una autoridad indiferenciada para el cristiano, algunos de sus mandamientos individuales siguen siendo autoritarios, pues están integrados a la ley de Cristo".[12]

La Escritura es, en última instancia, la revelación de Cristo y Su justicia —a veces directamente, a veces indirectamente y a veces en forma de instituciones y ceremonias o sombras temporales—. Vivir en Cristo como cumplimiento de la ley, entonces debe abarcar el estudio cuidadoso de la Biblia por entero. "Toda la Escritura es inspirada por Dios, y útil para enseñar, para redargüir, para corregir, para instruir en justicia, a fin de que el hombre de Dios sea perfecto, enteramente preparado para toda buena obra" (2 Timoteo 3:16,17).

Para determinar si los mandamientos dados a los creyentes *antes* de Cristo se aplican a los creyentes *en* Cristo, debemos considerar los simples mandamientos de Jesús y Sus apóstoles, junto con los principios morales fundamentales que se encuentran en toda la Escritura. El creyente de hoy tiene también la ayuda del Espíritu, que le habita, quien le conduce y guía para aplicarse los mandamientos objetivos de la Escritura.

Como cristianos, estamos libres de la ley, pero obligados a obedecer los mandamientos de la "ley de Cristo". El cumplimiento de la ley hecho por Cristo ha introducido una nueva clase de obediencia para la persona que está "en Él". Obedecer la ley es el *resultado* de una relación con Cristo y, no el medio para obtener tal relación. Nuestra relación total con la ley es ahora "en Cristo". Una regla sin relación conduce a rebelión, pero aquellos que están rectamente relacionados a Dios vivirán alegremente Su voluntad. Como dice el teólogo Herman Ridderbos: "La iglesia no tiene más que ver con la ley en ninguna otra manera que en Cristo y así, es *ennomos Christos* (esto es, dentro de la ley en relación a Cristo)".[13] Esto significa que nuestra obediencia de la ley es hecha desde nuestra posición en Cristo. La santificación está obrando, la justicia que es nuestra, debido a quienes somos en Cristo.

Habilitación divina

La ley misma no tiene poder para santificar. Así que la obediencia de la ley en sí misma no es el medio de nuestra santificación. No podemos santificarnos sencillamente obedeciendo la ley. Recuerde, *lo que hacemos* no es lo que determina quienes somos; *quienes somos* es lo que determina lo que hacemos. La santificación es aplicar la obra consumada de Cristo a nuestra vida por medio del poder del Espíritu Santo. Nos oponemos a la injusticia de este mundo vistiéndonos con Cristo (Romanos 13:14; Gálatas 3:27).

El poder para vencer el pecado y vivir la justicia de la ley de Cristo viene del Espíritu Santo: "Andad en el Espíritu, y no satisfagáis los deseos de la carne" dijo Pablo (Gálatas 5:16). Las "exigencias justas de la ley" son satisfechas por aquellos que viven "conforme al Espíritu" (Romanos 8:4) y "el fruto del Espíritu (Gálatas 5:22,23) es el justo cumplimiento de la ley. De nuevo, el poder para vivir de acuerdo con la ley de Cristo viene solamente por medio del Espíritu, que vive la vida de Cristo (que fue victoriosa sobre todo pecado) en y a través de nosotros.

Obediencia constreñida por el amor

En un programa radial de nivel nacional me preguntaron una vez: "Si usted pudiera decir a nuestra audiencia solamente una verdad, ¿qué les diría? ¿Cuál es aquella única cosa que usted más quisiera que ellos supieran?" Hice una pausa de un microsegundo y luego dije: "Tu Padre celestial te ama y te ama mucho más de lo que tú pudieras humanamente esperar alguna vez". Juan 3:16 nos da una idea de la magnitud de ese amor: "Porque de tal manera amó Dios al mundo, que ha dado a su Hijo unigénito, para que todo aquel que en él cree, no se pierda, mas tenga vida eterna". El amor de Dios es la única motivación más potente de la vida, no el miedo. "En el amor no hay temor, sino que el perfecto amor echa fuera el temor; porque el temor lleva en sí castigo" (1 Juan 4:18).

Motivar al pueblo de Dios por el miedo o imponiendo la ley sin la gracia es una negación flagrante del Evangelio. Farisaico es reaccionar a la inmoralidad diciendo: "Tenemos que imponer la ley". Hasta en el Antiguo Testamento el amor de Dios fue un factor motivador para la gente que trataba de obedecer la ley, que estaba sobre ellos como un *paidagogos*. Pero el amor llegó a ser un motivo aun mayor para el creyente del Nuevo Testamento, que podía mirar al completo cumplimiento de la ley que hizo Cristo por su cuenta y su consiguiente adopción como hijo libre de la familia de Dios. La muerte y resurrección de Cristo y todo lo que ello significa fue lo que hizo una nueva criatura de Pablo, que no vivió más "bajo la ley" sino que fue adoptado a la familia de Dios como hijo adulto —con el Espíritu de Dios viviendo en él. Eso es lo que llevó a Pablo a decir: "El amor de Cristo nos constriñe" (2 Corintios 5:14).

Durante el punto álgido de la guerra en lo que anteriormente fue Yugoslavia, yo (Neil) estuve entrenando pastores croatas en un centro cristiano para refugiados. Uno que escuchaba era un refugiado bosnio de nombre Mohammed, criado en la tradición islámica con todo su legalismo fatalista. Luego de oírme enseñar durante cuatro días sobre el bondadoso amor de Dios y cómo podemos ser libres en Cristo, pidió, por medio de un intérprete, verme. Esa noche tuve el privilegio de conducirle a Cristo. Pidió ser bautizado y al día siguiente fue bautizado en el mar Adriático.

Mohammed había llegado al centro de refugiados justo una semana antes, con sus dos hijas, que resultaron sordas, física o psicológicamente. Ellas habían visto que su madre voló en pedazos, antes sus ojos, en un ataque de mortero. También les habían dicho siempre que los cristianos eran sus enemigos. Al día siguiente del bautizo de su padre, estas dos inocentes niñitas, victimizadas por la guerra, dijeron con asombro en sus ojos: "¡Jesús me ama!" Nunca volveré a oír esas palabras dichas por alguien sin darme cuenta del poder de esa verdad para transformar vidas.

Hace unos pocos años, el estado de Oregón puso a votación una propuesta, ardientemente debatida, asunto relacionado con la homosexualidad. La esposa de un pastor, familiarizada con los Ministerios de la Libertad en Cristo, sintió que el Señor la guiaba a trabajar con un grupo que trataba de ayudar a los homosexuales. El problema era que el grupo era cerrado. Uno tenía que ser "uno de ellos" para asistir. Súbitamente ella tomó conciencia del hecho de que su pelo estaba demasiado corto y que a menudo usaba pantalones. Pensó, *quizá debiera esperar que mi pelo crezca y usar vestido o pueden pensar que soy uno de ellos*. Entonces el Señor tomó su corazón: "Querida hija, esto es lo que yo hice". Cuando Jesús alcanzó al perdido nunca dijo: "¡Dejemos algo bien claro antes de seguir adelante, Yo no soy uno de ustedes y mejor que ustedes se porten bien porque Yo soy Dios!" Por el contrario, Él tomó la forma de hombre, vivió entre nosotros y se identificó con nosotros.

La esposa del pastor fue a ese grupo y se identificó con ellos. Tres meses después era la vocera de ellos. Luego su marido llegó a ser el presidente del directorio y ahora están liberando cautivos. Si queremos llegar al perdido no podemos predicar la buena nueva siendo la mala nueva. Imponer la ley no libera personas; solamente Cristo puede hacer eso. El autoritarismo dominador deja a la gente esclavizada al legalismo. Si queremos ayudar a la gente a que halle su libertad en Cristo, el amor de Dios debe constreñirnos.

Él nos amó primero

El amor tiene su fuente únicamente en Dios (1 Timoteo 1:14) y es el amor de Dios el que capacita al creyente para amar: "Nosotros le amamos a Él, porque Él nos amó primero" (1 Juan 4:19). El amor de Dios es lo que nos mueve a obedecer la ley de Cristo. En Juan 14:15 se nos recuerda que: "Si me amáis, guardad mis mandamientos" (Juan 14:15). El amor es la esencia de obedecer la ley (Juan 13:34,35), como Jesús lo demostró cuando lavó los pies de Sus discípulos. Entonces Él dijo: "Este es mi mandamiento: Que os améis unos a otros, como yo os he amado" (Juan 15:12). Pablo dijo: "Porque toda la ley en esta sola palabra se cumple: Amarás a tu prójimo como a ti mismo" (Gálatas 5:14).

Los beneficios de la ley de Dios

Además de todas las bendiciones que son nuestras debido a Su amor y gracia, Dios nos ha hecho posible una manera para hacer reales las grandes verdades de la salvación en nuestra vida. Él nos ha dado Sus leyes morales de vida para que podamos tener vida abundante y crecer a la plenitud del vivir. Los mandamientos de la ley de Cristo son, así, parte de la verdad que Dios usa para transformar nuestra vida y dar creciente santificación o santidad. Nunca debemos considerar estos mandamientos como restricciones de nuestra libertad y gozo sino como aspectos de la verdad concebida para ayudarnos a tener libertad y gozo verdaderos.

Lo
COMÚN
HECHO
Santo
13

Permanecer en Cristo:
La fuente de la santidad

Permaneced en mí, y yo en vosotros. Como el pámpano no
puede llevar fruto por sí mismo, si no permanece en la vid, así
tampoco vosotros, si no permanecéis en mí. Yo soy la vid
vosotros los pámpanos; el que permanece en mí, y yo en él,
éste lleva mucho fruto; porque separados de mí
nada podéis hacer.

Juan 15:4,5

Cuando hablaba a grupos de adultos cristianos yo (Neil) decía lo siguiente: "La madurez cristiana es comprender los principios de la Biblia y tratar lo mejor posible para vivirlos". Luego les preguntaba cuántos estaban de acuerdo con esa declaración. Casi todos. ¡Entonces, les manifestaba mi desacuerdo con casi cada aspecto de esa declaración! Verdad es que comprender los principios de la Escritura es esencial para la madurez cristiana pero eso *en sí mismo* no es madurez cristiana. La madurez cristiana, es el carácter como el de Cristo. Si usted se sabe todos los principios pero no tiene el carácter, entonces solamente es "como metal que resuena, o címbalo que retiñe" (1 Corintios 13:1), esto es, sin amor. Además, tratar lo mejor que pueda de vivir la vida cristiana, probablemente no lleve fruto porque aparte de Cristo nada puede hacer. Sólo por la gracia de Dios uno puede vivir la vida cristiana.

La santificación progresiva es una obra sobrenatural. La victoria sobre el pecado y la muerte por medio de la crucifixión y resurrección de Cristo fue claramente la victoria de Dios y no la nuestra. Únicamente Dios puede redimirnos del poder del pecado, libertarnos de nuestro pasado y hacernos nuevas creaciones "en Cristo". Aunque hemos llegado a ser partícipes de la naturaleza divina debido a la presencia de Cristo en nuestra vida, todavía necesitamos depender de Dios para que supla la fuerza para conformarnos a Su imagen. Llegar a ser cristiano no significa que tengamos más poder en y de nosotros mismos. Significa que internamente estamos conectados a la única fuente de poder, que es capaz de vencer las leyes del pecado y la muerte, cual es la ley del Espíritu de vida en Cristo Jesús (Romanos 8:2). Que somos tentados para que entendamos mal esta verdad o, quizá, inconscientemente la olvidemos tratando de crecer como creyentes, es algo que se lee en la incisiva pregunta de Pablo a los gálatas: "¿Tan necios sois? ¿Habiendo comenzado por el Espíritu, ahora vais a acabar por la carne?" (3:3).

¿La fuerza de Cristo o la suya?

Una de las tentaciones más grandes que enfrentamos es la de dejar de depender de Dios, para confiar en nuestro propio intelecto y recursos. En tanto pensemos que podemos llevar la vida cristiana por nosotros mismos, fallamos miserablemente. La sabiduría dice: "Fíate de Jehová de todo tu corazón, y no te apoyes en tu propia prudencia. Reconócelo en todos tus caminos, y él enderezará tus veredas" (Proverbios 3:5,6).

Lucas 2:52 nos da una idea de cómo luce el verdadero crecimiento cristiano: "Y Jesús crecía en sabiduría y en estatura, y en gracia para con Dios y los hombres". El crecimiento espiritual, mental, físico y social de Jesús fue perfectamente equilibrado. Muchos autores cristianos se han propuesto ayudarnos a conocer esa clase de crecimiento escribiendo sobre el matrimonio, el ser padres, el descanso, la oración y otras disciplinas personales. No obstante, aun con todos estos recursos a disposición muchos cristianos no ven mucho fruto en sus vidas ¿Por qué?

DISCIPLINAS PERSONALES

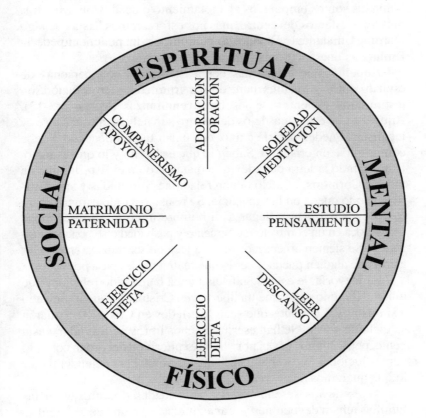

Cada disciplina mencionada en el gráfico es como un rayo de una gran rueda cristiana. Aunque los rayos están relacionados al centro de la rueda, puede que no estén conectados en forma dependiente, dinámica y viva. El resultado es una forma sutil de conductismo cristiano que suena como eso: "No debes hacer eso; debes hacer esto. Esa no es la mejor manera de hacer eso; esta es una manera mejor de hacerlo". Y nosotros respondemos debidamente: "Está bien, haré lo mejor que pueda". El resultado es una metodología del "esforzarse más". "¡No estás esforzándote bastante. Si tan sólo te esforzaras más, quizás tu cristianismo funcionara!"

¿Resultado? Culpa. Condenación. Derrota. En lugar de ser llamados somos empujados al agotamiento o desilusión. Mientras más lejos estemos del centro, más nos esforzaremos hasta que algo se rompa. Estamos tratando de cumplir los mandamientos de la Biblia con nuestra propia fuerza.

Aquellos que están más cerca del centro son personas de espíritu dulce y amable. Parecen dar fruto con poco trabajo. Son testimonios vivientes de las bienaventuranzas (Mateo 5:3-12). Aquellos que están más lejos del centro se vuelven enjuiciadores y legalistas. Pueden decirle a uno, con exactitud bíblica, cómo debe comportarse un cristiano. Saben lo que es bueno y lo que es malo. Han captado la letra de la ley que mata pero no el Espíritu que da vida (2 Corintios 3:6). No tienen relaciones profundas y significativas. Todo queda en la superficie. Se resisten a todo esfuerzo para romper las barreras y llegar a su hombre interior. Su inseguridad desemboca en un completo retraimiento y pasividad o se ponen dominantes. Se sienten amenazados por la idea de ser transparentes y les aterra que alguien pueda saber lo que realmente les pasa por dentro.

La mayoría de estos legalistas nunca han tenido relaciones de unión. Ninguno experimenta libertad en Cristo. Se han victimizado a sí mismos y, a menos que sean libertados en Cristo, perpetuarán su ciclo de abuso. Se han escrito muchos libros para ayudar a esta gente, pero algunos pasan por alto la explicación del orden correcto para solucionar los problemas de una persona. Para entender mejor lo que queremos decir, veamos una ilustración.

Antes de los sesenta, ciertas autoridades dijeron que si las familias tenían devociones y oraban juntas, sólo una de cada mil se separaría. Hoy esa cifra es mucho peor.

Los rebeldes sesenta destruyeron la familia. Desde entonces se ha hecho mucho para salvar nuestros matrimonios y familias. Los seminarios organizaron programas y ofrecieron títulos en consejería matrimonial, infantil y familiar. La antigua facultad ministerial del cuidado pastoral fue siendo lentamente reemplazada en estos programas por psicólogos clínicos. La mayoría de estos psicólogos procedían de escuelas seculares porque, en aquella época, no había escuelas cristianas que ofrecieran doctorados. La evangelización y el discipulado terminaron siendo pasadas por alto porque se volvió abrumador tener que conseguir ayuda para las necesidades personales dentro de las familias. Hoy, algunos de los ministerios paraeclesiásticos más grandes y programas radiales más escuchados se dedican a la familia. Los libros cristianos sobre la familia se venden mejor que los libros sobre cualquier otro tema, porque conseguir ayuda para la familia es de primera necesidad en los Estados Unidos de Norteamérica. Nunca antes en la historia del cristianismo ha habido tal concertación de esfuerzos para salvar la familia. ¿Cómo nos va? ¿Se han ido fortaleciendo nuestras familias? ¿Andan mejor nuestros hijos? La respuesta parece ser un no. ¿Qué está mal?

Donde empieza el cambio de conducta

Para saber qué dice la Biblia sobre el matrimonio y la familia, consultamos nuestras concordancias y descubrimos que la mayoría de las prácticas instrucciones de la Biblia, están en la segunda mitad de las epístolas de Pablo. La razón es que la segunda mitad de cada carta es la parte de aplicación de la enseñanza de Pablo. Si usted estuviera preocupado tan sólo por la familia, probablemente entonces sólo se dirigiera a esos pasajes.

Sin embargo, no podemos enfocar la vida cristiana mirando solamente las aplicaciones prácticas. La primera mitad de las epístolas paulinas constituyen un fundamento necesario para nosotros —nos establecen en Cristo. Hasta que no nos establezcamos en las verdades del ser completo en Cristo, no podemos empezar a aplicar lo que hallamos en la segunda mitad de las cartas de Pablo. La gente que trata de comportarse como hijos de Dios, llevará poco fruto cuando no tienen un entendimiento de quienes son en Cristo, ni de cómo vivir por el poder del Espíritu.

Yo (Neil) he dicho a muchos casados con problemas que se olviden transitoriamente de tratar de arreglar sus matrimonios. Ellos estaban tan desgarrados por dentro que no podían llevarse bien ni con el perro, ¡mucho menos uno con otro! El problema de tales parejas no es primordialmente externo ni se resuelve aprendiendo a portarse mejor. El problema es interno y se resuelve aprendiendo a creer y decir la verdad con amor. He visto resolverse conflictos conyugales, y seguir resueltos, cuando las parejas se enfocaron primero en quienes son en Cristo y, entonces, trataron sus otros problemas. Nunca he visto que se pueda arreglar un matrimonio, cuando quieren aplicar esas resoluciones matrimoniales de conducta y se les comienzan a dar vueltas y vueltas. La gente de hoy gasta mucho tiempo en cambiar de conducta, pero no el suficiente tiempo en tratar de cambiar lo que creen sobre Dios y ellos mismos.

Leemos en el libro de los Proverbios: "Porque cual es su pensamiento en su corazón, tal es él" (23:7). Lo que la gente es por fuera empieza por dentro. Si sus creencias son erróneas, así también será mala su conducta. Antes que la gente pueda cambiar debe primeramente llegar a establecerse en su libertad en Cristo (conectarse al centro de la rueda) para que puedan saber quienes son como hijos de Dios. *Entonces* serán efectivos todos esos buenos libros de instrucciones sobre cómo cambiar la conducta. Entonces funcionarán todos estos estudios de sistemas de familia y relaciones de papeles (roles). La gente no puede vivir la ley de Cristo sin la vida de Cristo. El gráfico de las disciplinas personales debe verse como este:

DISCIPLINA PERSONAL CENTRADA EN CRISTO

La siguiente carta, enviada a Neil, ilustra bien la necesidad de poner primero a Cristo en nuestras vidas:

En agosto me reuní con mi ex marido por primera vez en varios meses. Él era ahora cristiano y había aprendido a superar la presión y las pruebas. Estaba asistiendo a una iglesia evangélica y la gente de ahí le recomendaron que yo leyera dos libros suyos: *Victoria sobre la oscuridad* y *Rompiendo las cadenas*. Me intrigó la paz y el contento de mi marido y deseé mucho sentir lo mismo.

Yo había estado yendo a una iglesia católica; sin embargo, después de volver a encontrarme con mi marido, decidí ir a su iglesia, y nunca volví a mirar para atrás. Al leer *Victoria sobre la oscuridad*, mi identidad fue afirmada. Supe que podía encontrar verdadera paz, realización y satisfacción solamente en una relación: con Dios por medio de Jesucristo. *Rompiendo las cadenas* me llevó por *Los pasos a la libertad en Cristo*. La confusión y la ansiedad inundaban todos mis días y noches. Ahora, siento orden y paz y mi vida es íntegra y significante.

El tiempo de Dios es perfecto y sus libros fueron exactamente lo que yo necesitaba para admitir mi pecado y para darme la fuerza y la esperanza que yo necesitaba. Fue evidente que yo debía cambiar de ser la persona egocéntrica que era y empezar a andar obedeciendo a Dios y a Cristo. Como resultado, mi matrimonio se reconcilió —¡la alabanza y la gloria a Dios!

No hay nada malo con los programas concebidos para ayudar a los cristianos a que cambien sus conductas, mejorar sus matrimonios y fortalecer más sus familias siempre y cuando Cristo esté en el centro. El desgaste espiritual comienza cuando nuestra confianza y dependencia de Dios es cambiada por confianza y dependencia del programa en sí. En lugar de buscar a Dios, buscamos mejores programas o técnicas. Como resultado nos quemamos tratando de llevar fruto.

Jesús nos dice cómo es glorificado nuestro Padre celestial: "En esto es glorificado mi Padre, en que llevéis mucho fruto, seáis así mis discípulos" (Juan 15:8). Mucha gente ignora el contexto razonando incorrectamente, "tengo que llevar fruto" No. Jesús dijo que tenemos que permanecer en Él (versículos 4-7). Si permanecemos en Él, llevaremos fruto. Llevar fruto es la prueba de que permanecemos en Cristo. Si permanecemos en Cristo entonces cualquier programa sirve. Si tratamos de vivir la vida cristiana con nuestra propia fuerza, ningún programa sirve. Por supuesto, cuando permanecemos en Cristo, un buen programa dará más fruto que uno malo; la incompetencia consagrada sigue siendo incompetencia.

No importa cuánto tiempo hace que usted es cristiano; su necesidad de seguir dependiendo de Cristo es constante. Solamente con Él en el centro de su vida puede usted llevar fruto. ¿Él es el centro de su vida, matrimonio y ministerio?[1]

Plantéese esta pregunta: ¿Cuánto de lo que yo hago en mi vida personal, mi matrimonio y mi ministerio se basa en leyes o principios que exigen obediencia? Luego, pregúntese, ¿cuánto de lo que yo hago se basa en mi vida espiritual en Cristo, lo que me hace andar por fe de acuerdo con lo que Dios dijo que es verdadero, y entonces vivir por el poder del Espíritu Santo, para que no dé lugar a los deseos de la carne? Lo primero es un principio legal y lo segundo es gracia. Alguien dijo una vez que si el Espíritu Santo fuera quitado de nosotros, 95% de lo que hacemos en nuestras iglesias seguiría aún adelante conforme a nuestros programas.

Dios, nuestra fuente de poder

La Escritura nos enseña repetidamente que la santificación de nuestra vida diaria es posible únicamente por medio del poder de Dios. Tenemos que permanecer en Cristo, pues sin Él nada podemos hacer (Juan 15:4-9). No somos más nosotros los que vivimos sino Cristo que vive en nosotros (Gálatas 2:20). La vida cristiana es una vida de andar por el Espíritu (Gálatas 5:16) y de ser llenado o dominado por Él (Efesios 5:18). Somos lo que somos y hacemos lo que hacemos por Dios solamente, por la gracia de Dios obrando en nosotros (1 Corintios 15:10).

Sin embargo, ¿qué *significan* realmente todas esas declaraciones? ¿Cómo se vuelven reales en nuestra vida diaria? ¿Qué significa "permanecer en Cristo" o "andar por fe" en el "poder del Espíritu Santo", de modo que el crecimiento verdadero en santidad tenga lugar?

La participación de la Trinidad

En los pasajes bíblicos que acabamos de citar vemos que Cristo, el Espíritu y el Padre participan, todos, en nuestro crecimiento diario. Antes de examinar lo que pasa en la santificación diaria, hallaremos útil entender los papeles que el Padre, el Hijo y el Espíritu desempeñan en nuestro crecimiento.

En nuestra salvación

Nuestra *salvación* comprende la actividad de cada Persona de la Trinidad: Padre, Hijo y Espíritu Santo. Sus lugares y relaciones en el proceso de salvación se ve en Tito 3:4-6: "Pero cuando se manifestó la bondad de Dios nuestro Salvador, y su amor para con los hombres, nos salvó, no por obras de justicia que nosotros hubiéramos hecho, sino por su misericordia, por el lavamiento de la regeneración y por la renovación en el Espíritu Santo, el cual derramó en nosotros abundantemente por Jesucristo nuestro Salvador". El amor del Padre es la fuente de la salvación; el Espíritu Santo nos aplica esa salvación; y la salvación que produce el Espíritu Santo fue hecha posible por la obra de Cristo y, por tanto, viene "a través" de Él. Esta pauta se ve nuevamente en Romanos 8:2-4: Dios envió a Su Hijo para hacer lo que la ley no podía hacer (libertarnos de la ley del pecado y la muerte) para que la justicia de la ley pudiera ser satisfecha en aquellos que viven de acuerdo al Espíritu.

En nuestra santificación

Nuestra *santificación* depende también de la obra de toda la Deidad. El Padre es la fuente de toda salvación pero esa salvación es efectuada por medio de Cristo por el Espíritu. La Escritura pone nuestro enfoque en los tres cuando habla de la santificación. Cristo, por Su vida perfecta y el sacrificio de Su muerte, venció al pecado y la muerte. Él hizo posible que nosotros seamos restaurados a nuestra relación apropiada con Dios y, así, vivos con la vida y la justicia de Dios. La obra del Espíritu es poner a Cristo en nosotros para que Su salvación pueda volverse operativa en nuestra experiencia. Juan Calvino resumió este ministerio del Espíritu relacionado a Cristo cuando dijo: "El Espíritu Santo es el enlace por el cual Cristo nos une eficazmente a Él".[2]

Lo que Cristo hace, el Espíritu hace

La Escritura menciona frecuente e indudablemente que Cristo y el Espíritu tienen lugares idénticos en la obra de la salvación, particularmente en lo relacionado con nuestra santificación. Somos "santificados en Cristo Jesús" (1 Corintios 1:2); somos "santificados por el Espíritu Santo (Romanos 15:16). Tenemos que "andar en Él [Cristo Jesús]" (Colosenses 2:6); tenemos que "andar por el Espíritu" (Gálatas 5:16). Somos llamados "a tener comunión con su Hijo Jesucristo" (1 Corintios 1:9); somos bendecidos con "la comunión del Espíritu Santo" (2 Corintios 13:14). Recibimos el Espíritu para que "podamos entender lo que Dios nos dio gratuitamente" y, por tanto, "tenemos la mente de Cristo" (1 Corintios 2:12,16). En todos esos pasajes nos es dada en Cristo la misma realidad por medio de Su obra salvífica que nos es aplicada por el Espíritu. El Espíritu viene a traer a nuestra vida la presencia del ascendido Señor y todo lo que Él es. Lo que Cristo hace, el Espíritu hace.

Vemos esta conexión nuevamente en las cartas de Cristo a las siete iglesias en los capítulos 2 y 3 del Apocalipsis. Cada carta termina con las palabras: "El que tiene oído, oiga lo que el Espíritu dice a las iglesias" (Apocalipsis 2:7,11,17,29; 3:6,13,22). Fíjese que la clave no es si Cristo habla a Su iglesia, la clave es si la iglesia escucha o no al Espíritu. En el Antiguo Testamento el Espíritu vino como Espíritu de Dios, efectuando poderosamente la obra de Dios en el mundo. Él era Dios obrando en la tierra. En forma parecida en el Nuevo Testamento, el Espíritu fue enviado por Cristo y vino como Espíritu de Cristo (Romanos 8:9; Gálatas 4:6; Filipenses 1:19). Él es la presencia poderosa de Cristo en la tierra efectuando Su obra salvadora en las vidas de la gente.

La oración de Pablo por los creyentes de Éfeso (3:13-19) nos ayuda a entender mejor la relación entre el Espíritu y Cristo en la vida cristiana:

Pido que...[el Padre] os dé ... el ser fortalecidos con poder en el hombre interior por su Espíritu; para que habite Cristo por la fe en vuestros corazones, a fin de que ... seáis plenamente capaces de comprender con todos los santos

*cuál sea la anchura, la longitud, la profundidad y la altura
y de conocer el amor de Cristo ... para que seáis llenos de
toda la plenitud de Dios.*

Según la oración de Pablo, el poder de Dios obra en nuestro
"hombre interior" (esto es, el ser o yo esencial, real) por medio del
Espíritu para que Cristo habite en nuestros corazones, por fe, con
la finalidad de que podamos ser llenados con la plenitud de Dios.
El Espíritu es el que nos da poder para apropiarnos por fe de Cristo
(*ver también* 2 Corintios 4:13 y Gálatas 5:5, donde la fe se
relaciona a la obra del Espíritu). El resultado de la obra del Espíritu
es que "el carácter de Cristo, se vuelve crecientemente la característica principal de las vidas de los creyentes".[3]

Jesús enseñó esta misma verdad cuando dijo que el Espíritu:
"Él me glorificará; porque tomará de lo mío, y os lo hará saber"
(Juan 16:14). El Espíritu obra en nosotros para hacer que veamos
a Jesús como Quien es realmente. Confesamos a Cristo como Señor
solamente por el Espíritu (1 Corintios 12:3). El Espíritu nos minis-
tra no sólo en nuestra salvación inicial sino que también hace que
sigamos enfocados en Cristo por fe para que Él se acomode más y
más en nuestros corazones —el centro de nuestra personalidad, el
lugar donde se originan nuestros pensamientos, emociones y acciones y, así, "el manantial de la vida" (Proverbios 4:23).

En resumen, el Espíritu nos da poder para apropiarnos de
Cristo, captar Su amor incomprensible por nosotros, y enfocarnos
en Su manera de vivir para que pueda ser vivida en nosotros.
Nuestro andar por el Espíritu es enfocarnos en Cristo con fe para
que permanezcamos en Él y Su vida sea formada en nosotros.

Frederick Godet, comentarista de la Biblia, dijo:

Jesús es el objeto para asimilar, el Espíritu es el poder
asimilador. Sin la revelación objetiva dada en Jesús, el
Espíritu no tendría nada que fertilizar en nosotros; sin el
Espíritu, la revelación dada en Jesús permanece fuera de
nosotros ... de uno fuera de nosotros Jesús se vuelve uno
dentro de nosotros.[4]

El principio básico de nuestro crecimiento entonces es permanecer enfocados en Cristo nuestro Salvador por medio de todos los medios por el cual Él es revelado y, hacerlo así, abiertos al Espíritu de Dios, que obra en nosotros para hacer que la vida victoriosa de Cristo sea dinámica en nuestra vida.

Con eso en mente, ahora estamos listos para mirar algunas de las declaraciones clave, sobre la manera en que la salvación de Cristo es efectuada en nuestra vida diaria por la obra del Espíritu.

Permanecer en Cristo

El progreso de la vida cristiana se logra viviendo en unión con Cristo por medio de la fe. Esta idea está expresada en varias maneras:

- Colosenses 2:6,7 - "Por tanto, de la manera que habéis recibido al Señor Jesucristo, andad *en Él*; arraigados y sobreedificados *en Él*, y confirmados en la fe, así como habéis sido enseñados, abundando en acciones de gracias".
- Gálatas 2:20 - "Ya no vivo yo, mas vive Cristo en mí; y lo que ahora vivo en la carne, lo vivo *en la fe del Hijo de Dios*".
- Efesios 6:10 - "Fortaleceos *en el Señor*, y en el poder de su fuerza".
- Colosenses 2:19 - Crecemos *"asiéndose de la Cabeza"* que es Cristo.
- Romanos 13:14 - *"Vestíos del Señor Jesucristo*, y no proveáis para los deseos de la carne".
- Colosenses 3:17 - "Y todo lo que hacéis, sea de palabra o de hecho, *hacedlo todo en el nombre del Señor Jesús*, dando gracias a Dios Padre por medio de él".

Queda claro en esos versículos que nuestra vida, fuerza y todas nuestras actividades como creyentes, tienen que estar relacionadas con Cristo (conectadas al centro de la rueda). Tienen que manar de nuestro ser en unión con Cristo. Esta verdad no puede estar más clara que en la declaración de Jesús sobre la necesidad de permanecer en Él: "Permaneced en mí, y yo en vosotros. Como el pámpano no puede llevar fruto por sí mismo, si no permanece en la vid, así tampoco vosotros, si no permanecéis en mí. Yo soy la vid, vosotros los pámpanos; el que permanece en mí, y yo en él, éste lleva mucho fruto; porque separados de mí nada podéis hacer" (Juan 15:4,5).

El griego que se traduce "permaneced",[5] significa también "quedarse, continuar" pero en el evangelio de Juan denota más que una relación estática en el contexto de la relación con Cristo. Las declaraciones de Pablo sobre ser "en Cristo" y tener a "Cristo en nosotros" son ampliadas en el concepto de Juan de "permaneced en" que expresa una unión dinámica e íntima con esa persona".[6]

Él significado para nuestra relación a Cristo de este concepto integral, se ve en la relación del Padre y Cristo. Así como nosotros permanecemos en Cristo y Él en nosotros, así permanecen el Hijo y el Padre uno en el otro. El resultado de que Cristo permanezca en Su Padre, es que todo lo que Él dice y hace manifiesta el carácter del Padre. Jesús dijo: "Si no hago las obras de mi Padre, no me creáis. Mas si las hago, aunque no me creáis a mí, creed a las obras, para que conozcáis y creáis que el Padre está en mí, y yo en el Padre" (Juan 10:37,38). En Juan 14:10, Él agregó: "Las palabras que yo os hablo, no las hablo por mi propia cuenta, sino que el Padre que mora en mí, Él hace las obras". Cristo expresaba las palabras y las obras del Padre porque vivió obedeciéndole a Él (Juan 5:19,20; 14:31).

La práctica de permanecer en Cristo

La Escritura revela que permanecer en Cristo comprende dos prácticas básicas: Primera, significa que nos nutrimos por medio de la fe en todo eso que Cristo es para nosotros; y, segunda, significa que le seguimos obedeciendo Sus mandamientos. En un sentido muy real volvemos a los sencillos conceptos de confiar y obedecer.

Recibir a Cristo por fe

Permanecer en Cristo significa primero recibir Su vida y obra salvadora en nuestra propia vida por medio de la fe. En una declaración muy vívida que pinta la apropiación y la asimilación, Jesús dijo: "El que come mi carne y bebe mi sangre, en mí permanece, y yo en él" (Juan 6:56). Jesús no habla de comer y beber literalmente sino de recibirle a Él y Su obra por medio de la fe, como queda claro de una declaración anterior. En este contexto comer es sinónimo de creer: "Yo soy el pan de vida; el que a mí viene, nunca tendrá hambre; y el que en mí cree, no tendrá sed jamás" (versículo 35). El hambre y la sed de la vida espiritual se sacian yendo a Cristo o creyendo en Él.

Entonces, permanecer en Cristo significa, primero, recibir por fe todo lo que Cristo es para nosotros. En Él estamos relacionados directamente a Dios como Sus hijos amados. Estamos vivos con Su vida eterna victoriosa. Somos bendecidos, en palabras de Pablo: "Con toda bendición espiritual en los lugares celestiales en Cristo" (Efesios 1:3).

Permanecer en Cristo significa considerar todas estas bendiciones, meditar en ellas y apropiárselas para nuestra vida por fe. Entonces permanecer en Cristo equivale a dejar que Sus palabras permanezcan en nosotros: "Si permanecéis en mí, y mis palabras permanecen en vosotros..." (Juan 15:7; *ver también* Juan 8:31 y 1 Juan 2:24, donde permanecemos en Sus palabras). Y al pensar en permanecer en las palabras de Cristo, debemos recordar que Él mismo es la Palabra encarnada. Permanecer en las palabras de Cristo no significa sencillamente que consideremos verdades proposicionales sobre Jesús. Más bien, significa que dejemos que Sus verdades nos ayuden a llegar a conocerle y atesorarle más plenamente a Él como nuestra Verdad y Vida personales.

Obedecer los mandamientos de Cristo

Cuando Jesús dijo que Él permanecía en Su Padre, estaba diciendo que Él vivía en total obediencia a Él. Igualmente, que nosotros permanezcamos en Cristo significa que vivamos obedeciendo los mandamientos de nuestro Señor. Este segundo aspecto de permanecer en Cristo fue sugerido por el mismo Jesús cuando dijo que Sus palabras eran para que permanezcan en nosotros (Juan 15:7). Ellas tienen que alojarse en nuestra mente y corazón en forma tal, que dirijan naturalmente nuestras acciones en una vida conforme a Cristo. En la ilustración de la vid y los pámpanos (Juan 15:1-8) esto es representado por el fruto que inevitablemente resulta cuando una persona permanece en la vid.

Cristo dejó claro que la obediencia es un aspecto de permanecer cuando dijo: "Permaneced en mi amor. Si guardareis mis mandamientos, permaneceréis en mi amor; así como yo he guardado los mandamientos de mi Padre, y permanezco en su amor" (Juan 15:9,10). Guardar los mandamientos de Jesús, comprende andar según Su patrón de vida. Esto significa mostrar la misma clase de amor que Él mostró. Jesús dijo: "Un mandamiento nuevo os doy: Que os améis unos a otros; como yo os he amado, que también os améis unos a otros" (Juan 13:34). Tenemos que mirar el ejemplo de Jesús como patrón para nuestra propia vida: "El discípulo no es superior al maestro; mas todo el que fuere perfeccionado, será como su maestro" (Lucas 6:40). Primera de Juan 2:6 agrega: "El que dice que permanece en Él, debe andar como él anduvo".

Vivir en unión con Cristo, que es esencial para crecer en santidad, involucra *tanto* nuestro constante recibir vida sobrenatural de la vida *como* la determinación de seguir a Cristo en nuestro andar diario. La ilustración de la vid y los pámpanos que da Jesús deja esto absolutamente claro. Al leer este pasaje sobre llevar fruto, oímos y no enfocamos, sutilmente, en el imperativo de llevar fruto. En todas partes de la Biblia vemos que este fruto es descrito en términos de nuestra conducta moral y ética. Pero antes de poder llevar fruto, Jesús nos dice que primero "permaneced en mí ... permaneced en mi amor" (Juan 15:4,9). Igual como un pámpano da fruto permaneciendo en la vid, así nosotros podemos vivir los mandamientos de la Escritura nutriéndonos de la vida de Cristo. Como explica un sabio, la lealtad exigida para permanecer en Cristo "no es primordialmente un ser *para* continuado sino un ser *desde*; no es sostener una posición sino un permitirse ser sostenido: La relación es recíproca, pero la acción del pámpano es totalmente dependiente de la vida desde la vid.[7]

La prioridad de permanecer en Cristo

Que nuestro alimento de Cristo precede a nuestra habilidad para obedecer, es algo que se ve en la orden de Jesús a que nos amemos unos a otros (Juan 15:12,17). Pero no podemos mostrar este amor a menos que estemos permaneciendo en el amor de Dios (versículo 9) o continuemos en el amor que hemos recibido: "Nosotros amamos porque Él nos amó primero" (1 Juan 4:19). Inútil es tratar de amar al prójimo si primero no nos alimentamos diariamente recibiendo el fresco amor de Dios por nosotros. Solamente en la medida que recibimos el amor de Dios por nosotros y reaccionamos con amor podemos obedecer Sus mandamientos. Nuestra obediencia es posible, solamente, como resultado del amor que tenemos por Cristo: "Si me amáis, guardad mis mandamientos" (Juan 14:15; *ver también* el versículo 21).

Conformarse a la imagen de Dios es un proceso largo y uniforme de cambio interior al permanecer en Cristo. La gente sencillamente no cambia de un día para otro ni tampoco se le puede obligar a hacerlo. Permanecer en Cristo es estar unido al manso Jesús (Mateo 11:29). Los siervos de Cristo que ministran al prójimo saben eso y, como Cristo, muestran gran paciencia y amabilidad.

El producto final

Hace unos pocos años yo (Neil) recibí en una Navidad una caja grande de una señora, que había sufrido un horrible maltrato cuando era niña. El regalo era una guirnalda hecha a mano con el siguiente poema en el medio:

LA GUIRNALDA

Una amiga mía botó su vid muerta a la basura.
  Le dije: "me la llevaré y haré algo con ella".
Una vez en casa, la bolsa con la vida seca y muerta,
  parecía tan sólo basura.
Pero a medida que fui entretejiendo, suavemente
  las ramas, se empezó a formar
una rústica guirnalda, con muchas posibilidades.
  Una rama no entraba donde debía ir, así que,
ansiosa como estaba yo, la forcé a cambiar su forma,
  tanto que se quebró: ¿y cuál fue la causa?
Si yo me hubiera dado el precioso tiempo
  para cambiar lentamente su forma,
esa rama hubiera sido parte de una hermosa guirnalda,
  no una rama muerta, quebrada, desgarrada.
A medida que fui terminando el doblado,
  agregando capullos, aplicando tijeras,

me di cuenta que esa guirnalda rústica es como
mi vida por dentro.
Mire usted, tantos en mi vida han tratado
de hacerme cambiar.
Han forzado, ansiosos, a mi espíritu;
yo he tratado de arreglarme.
Pero cuando el dolor fue demasiado grande,
forzaron mi frágil forma,
yo me zambullí más aún en la desesperación,
mi espíritu quebrado, desgarrado.
Entonces Dios permitió que alguien amable,
entendido en vides moribundas,
dejara, gentil y pacientemente,
que el Señor se tomara Su tiempo.
Y aunque la vid aún no ha sido moldeada
como parte de la decorativa guirnalda
sé que, cuando a Cristo encuentre un día,
con la ayuda de los siervos de Dios,
Él verá el círculo terminado, el regalo perfecto para Él.
Será un producto final, una guirnalda con todo el arreglo.
De modo que cuando mire usted este regalo,
la vid acabada y completa,
Recuerde que Dios lo usa a usted para
formar gentilmente su guirnalda.
Comprométase a dar tanto fruto como pueda
para glorificar a Dios, sea cual sea su lugar en Su vid.

Crecemos como creyentes enfocándonos en Cristo y permaneciendo en Él por fe, de modo que Su vida es vivida en nosotros. Nos apropiamos de Él como nuestra salvación total —pasada, presente y futura. Él no sólo nos rescató del pecado y la muerte sino que continúa salvándonos, formándonos a Su justicia al seguir nosotros Su patrón de vida en obediencia.

Lo
COMÚN
HECHO
Santo

14

Llenos del Espíritu:
El poder para la santidad

*Digo, pues: Andad en el Espíritu, y no satisfagáis
los deseos de la carne.*

Gálatas 5:16

Un joven piloto que volaba con mal tiempo se halló en una situación difícil cuando el tiempo empeoró más. La visibilidad disminuyó a cosa de pocos metros al bajar la niebla a la tierra. Depositar toda su confianza en los instrumentos de su avión era una experiencia nueva para él. Todavía estaba fresca la tinta de su diploma que acreditaba que estaba calificado para el vuelo instrumental.

Sin embargo, no le preocupaba el vuelo; más bien, le preocupaba poder aterrizar. Su destino era un aeropuerto metropolitano muy transitado que él no conocía. En pocos minutos estaría en contacto por radio con la torre. Hasta entonces, él estaba sólo con sus pensamientos. Al volar solo sin visibilidad, se dio cuenta de lo fácil que sería tener pánico. Dos veces estuvo a punto de tomar la radio y pedir auxilio, pero más bien se obligaba a sí mismo a repetir las palabras de su instructor. Su instructor casi lo había obligado a memorizar el manual de reglamentos. No le había agradado mucho en ese entonces, pero ahora estaba agradecido.

Finalmente escuchó la voz del controlador de tráfico aéreo. Tratando de no sonar aprensivo, el joven piloto pidió instrucciones para aterrizar. "Le voy a poner en un patrón de espera" le explicó el controlador. *¡Imposible!* pensó el piloto. Sin embargo, él sabía que la seguridad de su aterrizaje descansaba en manos de esa persona. Él se veía obligado a recordar su instrucción y entrenamiento previos, y confiar en la voz del controlador de tráfico aéreo a quien no podía ver. Las palabras del antiguo himno, "Obedecer, cumple a nuestro deber, si queréis ser felices, debéis obedecer" ahora tomaban un nuevo significado. Dándose cuenta que éste no era un momento para mostrar su orgullo, le informó al controlador: "No soy un viejo experto aquí arriba. Le agradecería toda la ayuda que me pudiera brindar". "¡Se lo prometo!" escuchó.

Los siguientes 45 minutos el controlador guió tranquilamente al piloto a través de la densa neblina. Las correcciones del rumbo y altura llegaban periódicamente. El joven piloto se dio cuenta que el controlador lo estaba guiando para evitar obstáculos y posibles choques. Con las palabras del manual de reglamentos firmemente en su mente y las instrucciones del controlador, finalmente aterrizó a salvo. Durante la ordalía, el controlador supuso que las instrucciones del manual de vuelo eran comprendidas por el joven piloto. Su guía solamente podía basarse en eso. Esto pasa con el Espíritu Santo que nos guía por el laberinto de la vida con el conocimiento de la voluntad de Dios establecido en nuestra mente.[1]

Se nos dio la seguridad del guía divino cuando Jesús dijo: "Pero cuando venga el Espíritu de verdad, Él os guiará a toda la verdad" (Juan 16:13). Jesús es la verdad y el Espíritu Santo es el agente de la verdad que nos santifica. *El Espíritu Santo es* el que nos da poder para apropiarnos de todo lo que Cristo es *para/por nosotros* y lo hace *en* nosotros. En una de sus cartas Pablo dijo que los creyentes de Corinto eran: "Carta de Cristo [esto es, escrita por Cristo] expedida por nosotros, escrita no con tinta, sino con el Espíritu del Dios vivo; no en tablas de piedra, sino en tablas de carne del corazón" (2 Corintios 3:3). Cristo vive y demuestra Su vida en nosotros por el Espíritu. El Espíritu habita en nuestro corazón y viene como "Espíritu de vida" (Romanos 8:2) —aquel que "vivifica" (2 Corintios 3:6; *ver también* Gálatas 5:25). Él también es el poder que nos capacita para vivir rectamente en nuestra nueva vida. La plenitud del ministerio del Espíritu está bien resumida en la promesa de Su venida: "Os daré corazón nuevo, y pondré espíritu nuevo [poder viviente] dentro de vosotros ... y pondré dentro de vosotros mi Espíritu, y haré que andéis en mis estatutos, y guardéis mis preceptos, y los pongáis por obra" (Ezequiel 36:26,27).

Tenemos que enfocarnos en Cristo pero vivir por la dinámica del Espíritu. Lo primero es dinamizado y dirigido por lo segundo. Cada aspecto de nuestra vida cristiana es desempeñado por el Espíritu. Además de vivir por el Espíritu, amamos por el Espíritu (Romanos 15:30; Colosenses 1:8); somos santificados por el Espíritu (Romanos 15:16; 1 Corintios 6:11; 2 Tesalonicenses 2:13); oramos por el Espíritu (Efesios 6:18; *ver también* Romanos 8:26); tenemos esperanza por el poder del Espíritu (Romanos 15:13); damos muerte a las obras del cuerpo por el Espíritu (Romanos 8:13); somos guiados por el Espíritu (Romanos 8:14; Gálatas 5:18); adoramos en el Espíritu (Filipenses 3:3); somos fortalecidos por el Espíritu (Efesios 3:16); andamos por y según el Espíritu (Romanos 8:4; Gálatas 5:17); somos enseñados por el Espíritu (1 Corintios 2:13; 1 Juan 2:20,27); y llevamos fruto bueno por el Espíritu (Gálatas 5:22,23). Podría seguir la lista con muchas más de las actividades del Espíritu en la vida del creyente, pero éstas bastan para mostrar que el crecimiento cristiano es realizado solamente por el Espíritu y que es absolutamente necesario que nosotros estemos correctamente relacionados a Él y seamos sensibles a Su guía.

La Escritura nos da cuatro mandamientos sobre nuestra relación con el Espíritu. Dos son positivos: "Andad en el Espíritu" (Gálatas 5:16); "Sed llenos del Espíritu" (Efesios 5:18). Y dos son negativos: "Y no contristéis al Espíritu Santo de Dios" (Efesios 4:30); "No apaguéis al Espíritu" (1 Tesalonicenses 5:19). Estos mandamientos están relacionados y todos instruyen cómo podemos disfrutar una relación justa con el Espíritu.

Andando en el Espíritu

En Gálatas 5:16 Pablo nos exhorta a que "andad en el Espíritu". El griego traducido por "andad" significa literalmente "ir de un sitio para otro, andar o ir por". La vida es pintada como un "camino" por el cual viaja la persona. La manera en que la persona vive o conduce su vida es considerada como el camino por el cual anda o va. Esta palabra gráfica aparece frecuentemente en el Antiguo Testamento, probablemente debido a que el estilo de vida nómada era tan corriente en el mundo antiguo. La vida para aquella gente signifi-caba estar en camino a o ir viajando a,[2] así que "andar" significa vivir o estar en camino.

Conforme a la Escritura un hombre santo vive como si estuvie-ra siempre ante Dios. Dios dijo a Abraham: "Yo soy el Dios Todopoderoso; anda delante de mí y sé perfecto" (Génesis 17:1; *ver también* Génesis 5:22; 6:9). Claus Westermann, comentarista de la Biblia, observaba que "Dios manda a Abraham ... vivir su vida ante Dios en tal forma que cada paso sea dado referido a Dios y cada día vivirlo cerca.[3] Andar delante de Dios significa consagración a Él que se expresa en obediencia —como se ve en la exhortación de Dios para que Abraham sea perfecto. Andar delante de Dios tam-bién produce bendiciones; Dios vuelve Su rostro con bondad hacia la persona que anda delante de Él. El salmista se regocijaba de que le fuera concedido el privilegio, "para que ande delante de Dios en la luz de los que viven" (Salmo 56:13; *ver también*. Génesis 48:15).

La Escritura pide al creyente que viva con cierto estilo de vida —tanto que en la época del Nuevo Testamento, se conocía a los cristianos como "los seguidores de El Camino" (*ver* Hechos 9:2; 22:4). Somos llamados a una vida sobrenatural. Antes anduvimos "siguiendo la corriente de este mundo, conforme al príncipe de la potestad del aire, el espíritu que ahora opera en los hijos de desobediencia" (Efesios 2:2); "conforme a la carne" (Romanos 8:4); "como hombres" (1 Corintios 3:3); "en tinieblas" (1 Juan 1:6; 2:11). Ahora tenemos que vivir en Cristo (Colosenses 2:6); "en la luz" (1 Juan 1:7); "como hijos de luz" (Efesios 5:8); "conforme al amor" (Romanos 14:15); "andar como Él [Jesús] anduvo" (1 Juan 2:6); "conforme al Espíritu" (Romanos 8:4).

Este camino es posible solamente cuando obedecemos el mandamiento de "andad en el Espíritu". Eso se debe a que solamente el Espíritu puede vencer los deseos de la carne (o características de la vieja vida): "Andad en el Espíritu, y no satisfagáis los deseos de la carne. Porque el deseo de la carne es contra el Espíritu, y el del Espíritu es contra la carne" (Gálatas 5:16,17). No podemos rechazar los deseos de la carne por nuestra sabiduría o fuerza de voluntad. Solamente el Espíritu de Dios es capaz de hacer eso. Nuestra tarea es caminar continuamente, en cada momento, por el poder y dirección del Espíritu. (En Gálatas 5:16 la palabra "andad" del griego original está en tiempo presente).

Al igual que el andar físico, el andar espiritual debe tener fuerza y dirección. Tenemos que caminar por medio del poder y dirección del Espíritu. El Espíritu capacita nuestro camino espiritual porque Él nos vivifica con la vida victoriosa de Cristo. Y también Él proporciona la dirección de esa vida: "Si vivimos por el Espíritu, andemos también por el Espíritu" (Gálatas 5:25). Por la vida dada por el Espíritu que nos habita, somos llamados a caminar en armonía con el Espíritu, que obra continuamente guiando y dirigiendo nuestra vida (Gálatas 5:18; *ver también* Romanos 8:14). El resultado de este nuevo camino es que llevamos el fruto del Espíritu que es nada menos que la manifestación de la vida de Cristo en nosotros.

Apagando la obra del Espíritu

Vivir o caminar por el Espíritu sugiere vivir en íntima comunión con el Espíritu. Que seamos capaces de contristar el Espíritu indica que el pecado puede estorbar nuestra comunión con Él (Efesios 4:30).

Como vimos antes el primer mandamiento negativo de Pablo sobre nuestra relación con el Espíritu, es que "no contristéis al Espíritu Santo de Dios" (Efesios 4:30). El griego por "contristéis" de ese versículo tiene el significado general de dolor físico y emocional. ¿Qué causa pena o dolor al Espíritu? El contexto revela que contristamos al Espíritu Santo cuando decimos cosas que demuelen a otro creyente en lugar de edificarlo. En general Isaías 63:9,10 nos dice que la respuesta es *pecado*: "En su amor y en su clemencia los redimió, y los trajo, y los levantó todos los días de la antigüedad. Mas ellos fueron rebeldes, e hicieron enojar su santo espíritu". El pecado no es solamente violar la ley de Dios sino también herir Su corazón. El pecado levanta una barrera entre nosotros y el Espíritu de Dios que no sólo nos habita sino que también es el sello de Dios, la estampa de Su carácter santo en nosotros (Efesios 1:13,14; 4:30).

El pecado también ahoga el ministerio del Espíritu en nuestra vida y, a través de nosotros, al prójimo. Esto está claro en el segundo mandamiento negativo de Pablo: "No apaguéis el Espíritu" (1 Tesalonicenses 5:19), "no extingáis el fuego del Espíritu". Igual como se extingue el fuego sea quitándole el combustible o empapándolo con agua, así también podemos ahogar el ministerio del Espíritu en nuestra vida rehusando obedecer Su dirección o rechazando Su ministerio por medio del prójimo.

El contexto inmediato de 1 Tesalonicenses 5:19 sugiere que los creyentes de Tesalónica estaban apagando de alguna manera al Espíritu, limitando o denigrando el ejercicio del don espiritual de la profecía y quizá, de otros dones también. Pero ciertamente la exhortación tiene una aplicación ampliada a cualquier pecado que impida que la actividad dinámica del Espíritu sea manifestada en nosotros. "El fuego del Espíritu es sofocado cada vez que se ignora Su presencia y se suprimen o rechazan Sus guías o se enfría el fervor que Él enciende en el corazón, con actitudes, críticas, o actos no espirituales.[4]

Entonces, andar en el Espíritu requiere que seamos sensibles al pecado en nuestra vida. Tenemos que andar en la luz para que nuestros pecados queden expuestos —no sólo nuestras malas acciones sino también nuestros deseos egoístas y todos los pensamientos carnales.

La Escritura dice: "Todo lo que no proviene de fe, es pecado" (Romanos 14:23). En otras palabras, todo lo que no podamos hacer conscientes de nuestra relación con Cristo es pecado y estorba el ministerio del Espíritu en nuestra vida. Juan dice en forma similar: "Porque todo lo que hay en el mundo, los deseos de la carne, los deseos de los ojos, y la vanagloria de la vida, no proviene del Padre, sino del mundo" (1 Juan 2:16). Los pensamientos y las acciones de nuestra vida están relacionadas al Padre o tienen su origen en nuestro mundo caído.

Andar en el Espíritu significa renunciar a todas las formas de mundanalidad incluyendo toda la sabiduría humana (1 Corintios 1:20-2:1-5), todas las normas humanas (1 Corintios 2:14,15) y toda la justicia y rectitud humanas (Filipenses 3:9). Andar en el Espíritu comprende una creciente conciencia de pecado y hasta pedirle a Dios que examine nuestros corazones y nos haga saber si hay "en mí camino de perversidad" (Salmo 139:23,24).

Cada vez que hallemos que el pecado está estorbando el ministerio del Espíritu en nosotros, debemos tratar ese pecado en forma bíblica, lo que envuelve:

1. Arrepentimiento y confesión (1 Juan1:9). Tenemos que ponernos de acuerdo con Dios francamente en que hemos pecado y alejarnos de nuestro error.

2. Reconocer y recibir el bondadoso perdón de Dios sobre la base de que la obra de Cristo en la cruz satisfizo la penalidad de nuestros pecados. El apóstol Juan dijo que Dios es: "Fiel y justo para perdonar nuestros pecados, y limpiarnos de toda maldad" (1 Juan 1:9). Esto es posible sobre la base de la buena nueva, el Evangelio. Cristo ya ha hecho satisfacción perfecta (o propiciación) por nuestros pecados y nosotros sencillamente debemos aplicar lo que Él ya ha hecho (1 Juan 2:1,2). Si no logramos apropiarnos de esa verdad, nos quedaremos sintiéndonos derrotados por el pecado y desmotivados para proseguir andando en el Espíritu. No es así como Dios quiere que nos sintamos. Él aún se interesa por nosotros y está por nosotros (Romanos 8:31) aunque Él demande que reconozcamos nuestro pecado.

Ser llenos del Espíritu

El significado de ser llenos

Obedecer los mandamientos negativos que nos piden que evitemos eso que estorba el ministerio del Espíritu es vital para andar o vivir en el Espíritu. Pero reviste igual importancia —si no más—

el mandamiento positivo de Pablo: "Sed llenos del Espíritu" (Efesios 5:18).

Ser lleno de algo significa ser "completamente dominado y sellado",[5] por su poder y actuar en forma que concuerde con eso. Por ejemplo, algunas personas que trataron de tirar a Jesús por un acantilado "se llenaron de ira" (Lucas 4:28,29). Una persona puede llenarse "de celos" (Hechos 5:17), "de consolación" (2 Corintios 7:4) o llenarse de sabiduría e inteligencia (Colosenses 1:9).

Ser "llenos del Espíritu" significa entonces, dejar que el Espíritu que vive en nosotros se manifieste de modo que, Su presencia nos llene y domine todos nuestros pensamientos y acciones. Esta plenitud del Espíritu se refiere, a veces, a ser especialmente dotado para situaciones particulares; por ejemplo, los discípulos "fueron todos llenos del Espíritu Santo" y hablaron en lenguas en Pentecostés (Hechos 2:4). Después, frente a la persecución, los discípulos fueron llenos de osadía para testificar cuando fueron llenos del Espíritu (Hechos 4:8,31; 13:9).

Sin embargo, en Efesios 5:18 Pablo habla de un ser lleno del Espíritu, que es característica permanente de la vida de una persona (*ver* Hechos 6:3). Esteban y Bernabé eran esa clase de personas; ambos estaban llenos de fe y del Espíritu Santo (Hechos 6:5; 11:24). Cuando Pablo dijo que nosotros tenemos que ser "llenos del Espíritu" escribió en tiempo presente, indicando que tenemos que dejar que nuestra vida esté continuamente controlada por el Espíritu. En lugar de estar bajo la influencia del vino y otras cosas que llevan a borrachera (Efesios 5:8-8-18), tenemos que dejar que el Espíritu haga Su vida en nosotros para que nuestra vida manifieste el carácter de Cristo.

Hacemos lugar para el llenado del Espíritu vaciándonos del interés egoísta y de la autosuficiencia. Fíjese que cuando los discípulos fueron atrapados en la tormenta a medianoche, Jesús, "vino a ellos andando sobre el mar, y quería adelantárseles" (Marcos 6:48). Jesús quería adelantarse al autosuficiente. Si queremos remar nosotros mismos contra las tormentas de la vida, Él nos dejará hacerlo hasta que se nos caigan los brazos. Solamente aquellos que dependen del Señor serán ayudados. El Espíritu puede llenar solamente lo que está vacío.

Usando una máxima de la naturaleza de que cosechamos lo que sembramos, Pablo dijo: "Porque el que siembra para su carne, de la carne segará corrupción; mas el que siembra para el Espíritu, del Espíritu segará vida eterna" (Gálatas 6:8). Tenemos la opción de vivir para nuestra propia satisfacción egoísta con todas sus "obras" (Gálatas 5:19-21) o para dar nuestra vida al control del Espíritu.

Pablo expresó esa misma idea en Romanos 8:5: "Porque los que son de la carne piensan en las cosas de la carne; pero los que son del Espíritu, en las cosas del Espíritu". Sencillamente Pablo describía a dos personas —el incrédulo cuya existencia completa es vivida en la carne (esto es, independientemente de Dios y, por consecuencia, esclavizado al pecado) y el creyente, que existe en el ámbito del Espíritu. Pero su descripción también nos enseña lo que quiere decir vivir por el Espíritu. Que una persona fije su mente en algo significa más que simplemente pensar de cierta manera; significa hacer de algo un interés que absorbe envolviendo nuestra mente, afectividad y propósitos. Significa tener nuestra existencia por entero inclinada hacia ese algo. Si queremos crecer en el Espíritu, entonces debemos tener continuamente fija nuestra mente en "las cosas del Espíritu" o, como dice la Biblia de Jerusalén, "las cosas espirituales". Pablo hablaba de eso cuando dijo que tenemos que poner nuestra mira "en las cosas de arriba, no en las de la tierra" (Colosenses 3:2).

Los medios para ser lleno

Hay tres disciplinas de la vida cristiana que se relacionan especialmente a nuestra vida en el Espíritu: oración, la Palabra y nuestra relación con el resto de los creyentes, miembros del cuerpo de Cristo. Si queremos ser llenos del Espíritu, entonces debemos ser gente de oración, estudiosos de la Palabra y activos en la iglesia. Veamos cómo funciona todo eso.

Nuestro ministerio del Espíritu Santo es que Él testifique que nosotros somos hijos de Dios (Romanos 8:16). El Espíritu es el que nos guía como niños a gemir, "Abba, Padre" a Dios (Romanos 8:15; Gálatas 4:6). Él ayuda orando por nosotros para que nuestras oraciones sean más efectivas (Romanos 8:26,27). Efectivamente la vida en el Espíritu es una vida de oración incesante (1 Tesalonicenses 5:17. Cuando el apóstol Pablo nos dice que nos fortalezcamos "en el Señor, y en el poder de su fuerza" poniéndonos toda la armadura de Dios, fíjese que su exhortación final es que "*orando en todo tiempo con toda oración* y súplica en el Espíritu, y velando en ellos con toda perseverancia y súplica por todos los santos; y por mí" (Efesios 6:18,19, énfasis del autor). Entonces, la oración tiene una parte importante en preocuparse de las cosas del Espíritu.

Ser llenos del Espíritu es también lo mismo que ser lleno con la Palabra de Dios. El mandamiento de "sed llenos del Espíritu" de Efesios 5:18 es paralelo al mandamiento de Pablo en Colosenses 3:16: "La palabra de Cristo more en abundancia en vosotros" (*vea la semejanza de los efectos en los versículos que siguen*). Fíjese que después de ambos mandamientos, Pablo hace una lista de los resultados de obedecer el mandamiento. Ambas listas son básicamente idénticas, lo que nos dice que recibir la Palabra en nuestra vida es lo mismo que ser lleno del Espíritu. Además, tenga presente que el Espíritu inspiró la Palabra de Dios (2 Pedro 1:21; *ver también* 2 Timoteo 3:16). Él también la ilumina para que podamos entenderla y apropiárnosla (1 Corintios 2:12-14; 1 Juan 2:20,27).

Finalmente, el Espíritu es el que crea y edifica la comunidad del pueblo de Dios. Él da poder al testimonio (Hechos 1:8), forma el cuerpo de Cristo (1 Corintios 12:13) y equipa a cada creyente con dones espirituales que ayudan a que el cuerpo crezca (1 Corintios 12-14).

El anhelo de ser lleno

Agustín nos dice en sus obras que en sus primeros años de creyente, le decía al Señor de esta manera: "Señor, sálvame de mis pecados, pero no todavía". Si deseamos ser llenos del Espíritu, debemos tener un deseo auténtico de vivir una vida santa. Hablando del prometido Espíritu Santo y de la transformación de la vida que Él haría, Jesús dijo: "Si alguno tiene sed, venga a mí y beba. El que cree en mí, como dice la Escritura, de su interior correrán ríos de agua viva" (Juan 7:37-38). La "sed" es el requisito para experimentar el flujo de "los ríos de agua viva" dentro de nosotros, siendo una de las ansias naturales más fuertes que tienen los seres humanos. Si queremos experimentar el llenado del Espíritu, debemos tener una sed verdadera de santidad. A. W. Tozer lo dijo correctamente: "Todo hombre es tan santo como realmente quiera serlo. Pero el querer debe ser totalmente real...Todo hombre es tan lleno del Espíritu como quiera serlo...."[6]

Jesús dijo: "Pero cuando venga el Espíritu de verdad, Él os guiará a toda la verdad" (Juan 16:13). Esta puede ser la mayor obra del Espíritu Santo por nosotros, porque Jesús dijo: "Y conoceréis la verdad, y la verdad os hará *libres*" (Juan 8:32; énfasis del autor). La verdad no es un enemigo al acecho que trata de denunciarnos, sino ¡un amigo libertador! Jesús también dijo: "Los hombres amaron más las tinieblas que la luz, porque sus obras eran malas" (Juan 3:19). El Señor nos ama demasiado como para permitir que nos escondamos, que nos tapemos y andemos en tinieblas. Podemos temer a quedar descubiertos, pero ese miedo no es de Dios. Los demonios temen ser descubiertos y echados fuera. Son como las cucarachas. Salen en la noche y corren a la oscuridad cuando usted enciende la luz. En cambio: "Dios es luz, y no hay tinieblas en Él" (1 Juan 1:5). El Espíritu Santo le guiará fuera de las tinieblas a la luz donde podemos disfrutar la confraternización con Dios y otros creyentes. Él es primero y principalmente el Espíritu de la verdad y Él nos dirigirá a toda la verdad. Nuestra responsabilidad es reaccionar por fe a esa verdad.

La fe es donde todo empieza

La Escritura dice: "Porque en el evangelio la justicia de Dios se revela por fe y para fe, como está escrito: Mas el justo por la fe vivirá" (Romanos 1:17). El proceso de la salvación, de principio a fin, es cuestión de vivir por fe. Por tanto, el crecimiento en santificación puede resumirse como crecer en el ejercicio de la fe. Vivimos por fe (Habacuc 2:4; Gálatas 2:20; Hebreos 10:38). Andamos por fe (2 Corintios 5:7). Lo único que vale es "la fe que obra por el amor" (Gálatas 5:6). Vencemos al mundo por fe (1 Juan 5:4). Los dardos de fuego del maligno son apagados por el escudo de la fe (Efesios 6:16). Vivir victoriosamente en Cristo es "la buena batalla de la fe" (1 Timoteo 6:12). Somos guardados para la salvación final por el poder de Dios mediante la fe (1 Pedro 1:5). Walter Marshall, profesor de Biblia, observaba que: "toda vida espiritual y santidad continúan, crecen o decaen en nosotros conforme el vigor de la fe continúa, crece o decae; pues cuando esta fe empieza a hundirse

por miedos y dudas, el mismo hombre empieza a hundirse junto
con ella (Mateo 14:29-31). La fe es como la mano de Moisés;
mientras está sostenida, Israel vence; cuando cae, Amalec vence
(Éxodo 17:11).[7]

La fe es la cuerda vital que nos conecta a Dios. La fe es la
avenida por la cual Dios invade nuestras vidas. La fe en Dios,
entonces, es manifiesta en acciones que armonizan con nuestra
relación con Él. Por fe oramos y buscamos oír Su voz por medio
de la Palabra y el Espíritu. Por fe obedecemos la ley de Cristo. Si
decimos que tenemos fe pero no practicamos esas cosas, nos
engañamos a nosotros mismos.

La fe pide nuestra participación

La fe sencillamente responde a Dios —responder a lo que Él
dice que hagamos. Cuando María supo que estaba embarazada y
que en su vientre traía al Salvador, su reacción fue: "Hágase
conmigo conforme a tu palabra [la del Señor]" fue una respuesta
de fe. Ella estaba sencillamente respondiendo a la Palabra de Dios
revelada. Cuando oímos a Dios que nos dice algo y respondemos,
estamos ejerciendo fe. Lo práctico de esto es explicado por John
White: "Darse cuenta que la fe es la respuesta a algo que Dios dice
o hace, le dará una sensación de seguridad, capacitándole para
adoptar una actitud más constructiva a eso. No mire dentro de usted
preguntando, '¿cuánta fe tengo?' Mire a Dios y pregunte, ¿qué me
dice Él? ¿Qué quiere Él que yo haga?".[8]

Vivir por fe significa actuar en fe. Algunas personas dicen que
nuestra respuesta debe ser pasiva, puesto que la vida cristiana es,
en realidad, Cristo viviendo Su vida en nosotros por medio del
poder dado del Espíritu. Ellos dicen que debemos esperar que el
poder de Dios actúe. Pero la fe es un concepto activo y vivir por fe
nos exige que vivamos obedeciendo a Dios. La vida de Cristo es
apropiada en nosotros solamente por medio de nuestra actividad de
fe. Una de las ilustraciones más grandes de esta verdad está en
Marcos 3:1-6, donde Cristo sana al hombre de la mano seca. Jesús
le mandó "estira tu mano". El hombre podría haber mirado su mano
y contestar: "No, no puedo moverla hasta que sienta fuerza en ella".
En cambio, se nos dice que: "Él la extendió, y la mano le fue

restaurada sana". Claramente el poder para mover la mano fue suplido por Cristo, pero la vía por medio de la cual el poder de Cristo invadió el cuerpo del hombre fue la fe que el hombre ejerció.

Filipenses 2:12,13, es otro lugar de la Escritura donde vemos la conexión entre nuestra actividad en fe y el poder capacitador de Dios: "Ocupaos en vuestra salvación con temor y temblor, porque Dios es el que en vosotros produce así el querer como el hacer, por su buena voluntad". Aunque es Dios el que nos mueve a querer y hacer, somos llamados a ejecutar eso que Él hace en nosotros. Pablo ora que Dios perfeccione a los creyentes de Corinto, aunque también les exhorta "perfeccionaos" (2 Corintios 13:9,11). A nosotros se nos manda ser perfectos (Filipenses 2:15) aunque es Dios quien nos hace perfectos (1 Tesalonicenses 3:13). Nuestra responsabilidad es tener fe, esperanza y amor, no obstante que todos esos son dones de Dios (fe: 2 Tesalonicenses 1:11: Efesios 3:17; esperanza, Romanos 15:13; amor: Juan 13:34; Filipenses 1:9).

Vivir por fe significa entonces obedecer los mandamientos de Dios aunque parezcan contrarios a la razón. Por ejemplo, puede que usted tenga una costumbre de pecar que parezca invencible pero si cree que el poder de Cristo es más grande que el poder del pecado, dará los pasos de obediencia a la santidad. En fe dirá: "Dios dará poder para cumplir por medio de mi obediencia lo que Él pide". Cuando usted ejerce fe, transciende su debilidad humana y depende por entero del poder de la vida de Cristo en usted.

La fe pide dependencia total

Por fe vivimos y crecemos en santidad. Para asegurarse de que sabe exactamente lo que eso significa, hay dos principios importantes que debe recordar. Primero, ejercer nuestra fe no es lo mismo que ejercer nuestra fuerza de voluntad. Vivir la vida cristiana y crecer en santidad, no es algo que se logre resolviendo vencer las tendencias pecadoras de la carne o por la ejecución de disciplinas rígidas. El propósito de las disciplinas espirituales —oración, estudiar la Palabra de Dios, confraternización, actos de servicio con amor y, así por el estilo— es estimularnos a ir a Cristo por fuerza para llegar a ser santos. No sirven —efectivamente pueden estorbar— si se realizan pensando vencer el pecado por nuestro propio poder.

Vivir por fe significa que todo en nuestra vida es realizado por gracia de Dios. No decimos que Dios simplemente nos ayude a ser santos. El fariseo de Lucas 18:9-14 reconoció que era Dios quien le ayudaba a "no ser como los demás". Vivir por fe auténtica es, sin embargo, diferente. Como dice Marshall: ...Debemos confiar en que Cristo nos capacite por encima de la fuerza de nuestro propio poder natural, por virtud de la nueva naturaleza que tenemos en Cristo, y por su Espíritu que habita y obra en nosotros; de lo contrario, nuestros mejores emprendimientos serán totalmente pecadores y pura hipocresía, no obstante toda la ayuda por la cual debemos confiarnos en Él.[9]

Segundo, la actividad de la fe no es *para* vivir sino *de* vivir.[10] No actuamos para ganar vida sino desde y por la plenitud de vida que ya es nuestra en Cristo. Toda nuestra disposición hacia Dios y toda actividad es, en última instancia, el resultado de Su gracia que obra en nosotros. Somos llamados a la fe en el evangelio; Dios ha provisto la salvación perfecta de principio a fin. La fe cree esta realidad y actúa basado en ella. Pedro estableció la providencia de Dios y nuestra responsabilidad en su segunda epístola:

> *Como todas las cosas que pertenecen a la vida y a la piedad nos han sido dadas por su divino poder, mediante el conocimiento de aquel que nos llamó por su gloria y excelencia, por medio de las cuales nos ha dado preciosas y grandísimas promesas, para que por ellas llegaseis a ser participantes de la naturaleza divina, habiendo huido de la corrupción que hay en el mundo a causa de la concupiscencia; vosotros también, poniendo toda diligencia por esto mismo, añadid a vuestra fe virtud; a la virtud, conocimiento; al conocimiento, dominio propio... (2 Pedro 1:3-6).*

Llegando a ser quienes seremos

C.S. Lewis, un autor y pensador cristiano famoso, observaba que la fe nos hace "pretender" que somos lo que aún no somos. Un niño, cuya naturaleza es crecer para llegar a adulto crece pretendiendo continuamente ser adulto —jugando al soldado, al bombero, al profesor, etcétera—, y por medio de eso realmente desarrolla destrezas y poderes de razonamiento. En forma similar, el creyente, cuya naturaleza misma es una nueva creación viva con el Cristo que le habita, por fe da nuevos pasos de obediencia en pensamiento y acto. Al hacerlo así, crece y se desarrolla en el carácter e imagen de Cristo.[11]

Si se puede describir el crecimiento en santificación como crecimiento en fe, entonces, crecer en fe viene todo por el mismo medio por el cual viene la santificación. Por sobre todo el crecimiento en fe viene de conocer y meditar la realidad de Dios y Su obra por, en y mediante nosotros. La Escritura afirma esto diciendo explícitamente que la fe viene por medio de la Palabra de Dios (Romanos 19:17). En la Palabra vemos las obras de Dios. Vemos el ejemplo de nuestro Salvador, "el autor y consumador de nuestra fe" (Hebreos 12:2). Vemos el registro de los tratos de Dios con Su pueblo y ejemplos de la fe expresada por algunas de estas personas (Hebreos 11). Son "una gran nube de testigos", ejemplos inspiradores de aquellos "que testifican que su fe lo vale".[12]

¿Y qué más digo? Porque el tiempo me faltaría contando de Gedeón, de Barac, de Sansón, de Jefté, de David, así como de Samuel y de los profetas; que por fe conquistaron reinos, hicieron justicia, alcanzaron promesas, taparon bocas de leones, apagaron fuegos impetuosos, evitaron filo de espada, sacaron fuerzas de debilidad, se hicieron fuertes en batallas, pusieron en fuga ejércitos extranjeros. Las mujeres recibieron sus muertos mediante resurrección; mas otros fueron atormentados, no aceptando el rescate, a fin de obtener mejor resurrección. Otros experimentaron vituperios y azotes, y a más de esto prisiones y cárceles. Fueron apedreados, aserrados, puestos a prueba, muertos a filo de espada; anduvieron de acá para allá cubiertos de pieles de ovejas y de cabras, pobres, angustiados, maltratados; de los cuales el mundo no era digno; errando por los desiertos, por los montes, por las cuevas y por las cavernas de la tierra. Y todos éstos, aunque alcanzaron

buen testimonio mediante la fe, no recibieron lo prometido;
proveyendo Dios alguna cosa mejor para nosotros, para
que no fuesen ellos perfeccionados aparte de nosotros
(Hebreos 11:32-40).

Indudablemente que: "Sin fe es imposible agradar a Dios"
(Hebreos 11:6).

Lo
COMÚN
HECHO
S*anto*

15

Creciendo en santidad a través de la confraternización

Así que ya no sois extranjeros ni advenedizos, sino
conciudadanos de los santos y miembros de la familia de Dios,
edificados sobre el fundamento de los apóstoles y profetas,
siendo la principal piedra del ángulo Jesucristo mismo, en
quien todo el edificio, bien coordinado, va creciendo para ser
un templo santo en el Señor; en quien vosotros también sois
juntamente edificados para morada de Dios en el Espíritu.

Efesios 2:19-22

Dejar el pastorado para ir a enseñar a la Escuela Talbot de Teología, fue una experiencia que me hizo crecer (Neil). Me gustaba ser pastor y estar relacionado con la gente, y los variados sucesos importantes que experimentaban en sus vidas. El pastorado es la única profesión que envuelve directamente a una persona, en todo aspecto de la vida desde el nacimiento hasta la muerte. El pastor es llamado a ministrar a la gente tanto en los momentos sublimes como en los miserables de la vida. Su ministerio tiene lugar en el contexto de la vida física y espiritual a medida que se va viviendo.

En cambio, el seminario puede ser un escenario bastante artificial. La mayoría de los estudiantes van y vienen de la escuela y llegan justo a tiempo para que la clase empiece. Cuando la clase termina se van. Se establece muy poca comunión y aun menos rendición responsable de cuentas. Algunos estudiantes harán un esfuerzo por edificar relaciones significativas con sus colegas y profesores pero, tristemente, muchos no.

El difunto doctor Glenn O'Neal me reclutó para que enseñara en Talbot, donde era el decano cuando yo me incorporé al personal docente. Poco después de haber empezado a enseñar ahí, me pidió que fuera a una reunión regional de la Asociación de Escuelas de Teología (ATS), que es el cuerpo más grande de acreditación de todas las instituciones religiosas, incluyendo las escuelas protestantes, judías y católicas. Yo no lograba entender por qué quería que yo fuera a esta mezcolanza religiosa de teólogos liberales y conservadores; yo sospechaba que era porque él no quería ir. Cualquiera que fuera la causa, resolví aprovechar al máximo su invitación porque yo era el nuevo del grupo.

Durante la reunión almorcé un día con un teólogo católico. Él me contó lo que experimentaron los estudiantes de su escuela durante su estadía. Explicó que los estudiantes vivían juntos en una comunidad del seminario y cada estudiante tenía asignado personalmente un mentor espiritual. Los estudiantes eran considerados responsables de rendir cuentas de su formación espiritual y semanalmente se les preguntaba por su vida devocional y su progreso en la escuela. Yo me pregunté si tal proceso se podría alguna vez aplicar en las escuelas que hacía tanto tiempo usaban el enfoque académico más tradicional de educación.

Más tarde, durante una comida, conocí a un teólogo de otra escuela. Era también un pediatra que conservaba su licencia médica y seguía ejerciendo en pequeña escala. Mientras estuvimos juntos, me contó que el mejor modelo para la educación cristiana superior —modelo que se alinea más con los principios bíblicos— se debía buscar en las escuelas de medicina, no en los seminarios. Le pedí que explicara su punto de vista. Dijo que toda escuela de medicina tiene un hospital. De este modo, los estudiantes no se limitan a sentarse en las aulas a escuchar. Ellos siguen a su instructor por el hospital, mientras él visita a sus pacientes y los atiende. Llega el momento en que el instructor vigila a los estudiantes mientras practican lo que han aprendido. Ninguna escuela de medicina titulará a un estudiante que haya seguido las clases, pero que haya pasado por alto la experiencia práctica ofrecida por medio de un proceso de aprender con el mentor y, luego, un internado extenso.

El proceso de aprender con el mentor de la escuela de medicina es muy parecido al enfoque que Jesús usó cuando discipuló a los Doce, lo que podría resumirse como sigue: Yo lo haré; ustedes vengan a mirar. Luego lo haremos juntos. Cuando yo sienta que ustedes están listos, los dejaré que lo hagan y yo observaré y evaluaré. Entonces ustedes estarán listos para graduarse o ser comisionados para ir a todo el mundo y hacer discípulos. Estarán listos para hacer el trabajo que les enseñé.

Ese fue el mejor programa de seminario en tres años jamás modelado, y todo lo que le costó a los discípulos fue dar todo lo que tenían de sí.

Mis experiencias en la reunión de ATS me confirmó un convencimiento que yo ya me había hecho: el enfoque tradicional de la educación era sumamente carencial, porque no incluía el sistema del mentor o un sentido de comunidad. No fue hasta después de años de dar clases en Talbot que, sin embargo, tuve la oportunidad de ofrecer una clase de seminario de cuatro semanas en un centro de retiros de Julián, California. Mi amigo Dick Day, que instaló el centro, creía que el aprendizaje tenía el mejor lugar en el contexto de relaciones significativas. Él había organizado un programa de 12 semanas que aceptaba un máximo de 24 estudiantes, todos los cuales vivían en el centro. Comían juntos y todos compartían los quehaceres domésticos. Su programa no se hacía en el mes de enero, así que traje un grupo de estudiantes del seminario a Julián, durante esa pausa mi amigo y yo formamos un equipo para dar clases a los estudiantes por cuatro semanas.

Esa fue la mejor experiencia de aprendizaje que tuve como profesor y nunca he visto que hubiera tal crecimiento en las vidas de los estudiantes, como lo que vi en esas cuatro semanas. Un estudiante vino meramente a adquirir conocimiento intelectual y nunca se envolvió personalmente en la experiencia. El resto de los estudiantes tuvo encuentros transformadores de vida con Dios y de unos con otros. Una pareja peleó contra el proceso del pequeño grupo cada tarde durante tres semanas, antes de dejar caer sus barreras defensivas y ponerse a participar en esta maravillosa experiencia.

La necesidad de confraternizar

En los capítulos anteriores vimos cómo Dios, mediante Su Espíritu, santifica a Su gente cuando ellos se apropian de Su verdad meditando en Su Palabra y obedeciéndola en todo lo que hacen. Pero hay otro aspecto vital del crecimiento cristiano que no queremos pasar por alto: Dios se nos transmite a Sí mismo y Su verdad por medio de otros creyentes. El poeta británico John Donne expresó una verdad importante sobre la naturaleza humana cuando dijo: "Ningún hombre es una isla, enteramente por sí mismo; todo hombre es una parte del continente, una parte de lo principal".

Conforme a la Escritura no estamos diseñados para crecer aislados de otros creyentes. Dios concibió que nosotros crezcamos juntos como parte de una comunidad. La declaración de Dios: "No es bueno que el hombre esté solo" (Génesis 2:18) se relaciona con el crecimiento cristiano tanto como a otra parte de la vida humana. La santificación no es sólo cuestión de *yo* o *mi*. El Nuevo Testamento habla corrientemente de la santidad usando los términos *nosotros* y *nuestro*. La palabra *santo* se usa unas 60 veces en plural, pero solamente una vez en singular. La comunidad cristiana es una idea de Dios, y la unidad en amor de la familia de Dios es parte integral de crecer en santificación. También es el medio de la santificación. Como comentó un escritor, la comunidad es una de las maneras en que Dios santifica a Su pueblo: "por las obras concertadas de Su Palabra, Su Espíritu y Su pueblo Dios santifica lenta pero certeramente a Sus hijos...."[1]

De tiempo en tiempo Dios permite circunstancias especiales, en que el creyente se ve forzado al aislamiento de los demás cristianos, como ha sido la experiencia de aquellos que se han visto perseguidos o presos como resultado de su profesión de fe. En tales casos Dios transmite Su gracia directa y suficientemente. Pero lo normal es que Él se nos muestre colectivamente por medio de Su presencia en la vida del prójimo. La Escritura revela que nuestras relaciones de uno con otro y con Dios están estrechamente vinculadas y, a veces, es difícil separarlas. Nuestra confraternidad es con ambos, Dios y otros creyentes (1 Juan 1:3). Juan también dijo que: "Si nos amamos unos a otros, Dios permanece en nosotros, y su amor se ha perfeccionado en nosotros" (1 Juan 4:12).

La santificación requiere, pues, que prestemos atención a la exhortación de Hebreos 10:24,25: "Y considerémonos unos a otros para estimularnos al amor y a las buenas obras; no dejando de congregarnos, como algunos tienen por costumbre, sino exhortándonos; y tanto más, cuanto veis que aquel día se acerca". La relación entre la confraternidad y el crecimiento hacia la santidad se vuelve más evidente cuando consideramos: 1) nuestra naturaleza real de personas y, 2) cómo se entreteje nuestro crecimiento personal con el del prójimo.

La confraternidad restaura nuestra naturaleza verdadera

En la santificación no sólo participamos de la santidad de Dios, sino que nuestra naturaleza de seres humanos es también restaurada. La naturaleza verdadera de nuestra humanidad se realiza, sin embargo, tan sólo en comunidad. La Escritura nos da pruebas de que la persona está destinada a ser plenamente humana sólo relacionada con otras personas. Queda claro de la declaración de Dios que "no es bueno que el hombre esté solo" (Génesis 2:18) pues nosotros, como seres humanos, no estamos diseñados para vivir aislados de nuestros congéneres (la raíz del hebreo "solo, solitario" significa "separar, aislar"). El remedio de Dios para la soledad del primer Adán fue crear otro ser humano. Aunque es verdad que este remedio se enfoca en la relación matrimonial de hombre y mujer, también afirma una verdad de los seres humanos. Estamos diseñados para vivir en relaciones. Ser humano es ser cohumano.

G. Ernest Wright, erudito en Antiguo Testamento, dijo: "Conforme al pensar del Antiguo Testamento, la maldición más grande que puede caerle a un hombre es la de estar solo".[2] El salmista gemía su aflicción diciendo: "Soy semejante al pelícano del desierto; soy como el búho de las soledades [los búhos gustan los ambientes solitarios del desierto y las ruinas]; velo, y soy como el pájaro solitario sobre el tejado" (102:6,7). John Milton, el poeta inglés, dijo: "La soledad es lo primero que el ojo de Dios no vio bueno".

Nuestra naturaleza comunitaria de humanos también se demuestra por el hecho que fuimos creados "a imagen de Dios" (Génesis 1:26,27). Conforme a la Escritura Dios es trinitario:

Padre, Hijo y Espíritu Santo: tres Persona en un solo ser personal. Aunque no podemos comprender enteramente la Trinidad, podemos saber con certeza que Dios es un ser social. Envueltos en Su solo ser está la comunidad de tres Personas. Y estas Personas son lo que son únicamente en relación recíproca. Por ejemplo, el Padre no sería Padre salvo por Su relación con el Hijo y el Espíritu. Igualmente, el Hijo no sería Hijo sin estar relacionado al Padre y, también, al Espíritu.

El hecho de haber sido creados "a imagen de Dios" —a imagen de la confraternidad de tres Personas— nos dice que no fuimos creados para vivir como nómadas aislados. Fuimos creados para vivir en comunidad —confraternizando con otros seres humanos. Interesante resulta que el mismo nombre "hombre" (hebreo, *Adam* sea el nombre tanto de la primera persona y de la humanidad. El hombre es a la vez personal y colectivo. Si vamos a crecer como personas, no podemos crecer aislados de otras personas.

La confraternidad afirma nuestra identidad

Aún otra señal de que fuimos diseñados para vivir confraternizando, es darse cuenta que nuestra identidad personal proviene de nuestras relaciones. En la cultura occidental, donde destacamos el individualismo, a menudo presuponemos que el individualismo y la participación en un grupo son opuestos —que nuestra individualidad se pierde cuando nos hacemos parte de un grupo. En realidad, lo opuesto es cierto. Ganamos nuestra verdadera identidad individual participando en comunidad. Wirght explica este concepto básico:

> Pertenecer a una comunidad es compartir la vida de un "pueblo", y el concepto de "pueblo" surge de la idea de empezar en la casa paterna, se extiende a la familia y, finalmente, a todos los congéneres que participan en el todo de la historia común.[3]

Entonces, existimos no como entes separados sino como parte de la humanidad. No podemos vivir la vida para la cual fuimos creados, si vivimos aislados del resto de la humanidad. Como dice Pedersen, el erudito danés: "Toda vida es vida en común ... ningún alma puede vivir una vida aislada. No es tan sólo que no pueda salir adelante sin la asistencia de terceros; se opone directamente a su esencia el ser algo aparte. Puede existir solamente con un eslabón de un todo, y no puede trabajar ni actuar sin trabajar conectado con otras almas y por medio de ellas".[4]

¿Se ha dado cuenta de que eso único de nuestra identidad individual emerge al entablar relaciones con el prójimo? Por ejemplo, la individualidad de un hombre y una mujer se vuelve más evidente después que se unen en matrimonio. Esto también se ve en la metáfora bíblica de uso frecuente referida a la iglesia como cuerpo. Si encontráramos una parte del cuerpo que estuviera separada del resto del cuerpo y no conociéramos su relación con el cuerpo, no podríamos identificar qué era en realidad —esto es, su naturaleza, propósito y función. Por ejemplo, un dedo del pie o una rótula por sí mismos no parecerían servir un propósito útil. Sencillamente lo identificaríamos como un inútil montón de carne. Adquiere su identidad solamente en relación a las otras partes del cuerpo.

Así con nuestra individualidad personal —quienes somos en realidad— que proviene solamente de la relación con los demás. Dios, nuestra familia, y los creyentes hermanos. L. Kôhler, erudito en Antiguo Testamento, lo dijo bien: *"Ein Mensch ist kein mensch"* ("Un hombre es ningún hombre").[5] Nuestra naturaleza humana y el propósito divino no se realizan plenamente salvo en comunidad.

Es importante comentar que el pecado rompe la comunidad. Cuando optamos por vivir independientemente de Dios no sólo nos enajenamos del Creador sino también de los otros seres humanos.[*] El pecado produce aislamiento que es la ruina de la comunidad humana. Eric Fromm, psicoanalista judío, en su obra *El arte de amar* señala lo destructivo de esa separación y la necesidad de confraternizar:

> El hombre está dotado de razón: él es vida consciente de sí misma; tiene conciencia de él mismo, de su prójimo, de su pasado, y de las posibilidades de su futuro. Está consciente de él mismo como ente separado, la conciencia de la brevedad de su propia vida, del hecho de nacer sin su voluntad y de morir en contra de su voluntad, de que morirá ante aquellos a quienes ama, o ellos ante él, la conciencia

de su soledad y separación, de estar indefenso ante las fuerzas de la naturaleza y la sociedad, todo esto hace una cárcel intolerable de su existencia separada y desunida. Él se enloquecería si no pudiera liberarse de esta cárcel y llegar, unirse en una u otra forma con los hombres, con el mundo exterior.[6] (Traducción libre).

Nuestra unidad en Cristo

Si necesitamos comunidad para conocer la realización como seres humanos, entonces el crecimiento cristiano también necesita comunidad para que lleguemos al potencial diseñado por Dios para nosotros en cuanto seres humanos nacidos de nuevo. El crecimiento cristiano procura la derrota progresiva del pecado que nos enajena, de modo que la intención de Dios de la comunidad humana pueda realizarse más plenamente. Por eso Jesús rogó en su oración como sumo sacerdote que todos seamos uno como Él y el Padre son uno (Juan 17:20-23). El libro de Efesios trata bien esto: el propósito de Dios es: "De reunir todas las cosas en Cristo, en la dispensación del cumplimiento de los tiempos, así las que están en los cielos, como las que están en la tierra" (1:10). Nosotros como creyentes "en Cristo" somos la primera fase de este propósito general. Igualmente, la gente más enajenada de la época del Nuevo Testamento, judíos y gentiles, fueron "en Cristo" hechos "un solo y nuevo hombre" (2:15).

Desde la caída, todo intento de unir a la humanidad, sobre cualquier otra base que no sea Jesucristo, ha terminado en fracaso. Dios seguirá frustrando los planes del hombre como lo hizo en la torre de Babel. La gente puede tratar de unirse por una causa común, pero esos esfuerzos durarán solamente una temporada. Tan pronto como se resuelva la crisis que los reúna, se apartarán y, muy probablemente, se reagruparán por sus identidades étnicas, preferencias religiosas o distinciones de clase. El comunismo mantuvo unida a Yugoslavia por la fuerza, bajo el gobierno del Mariscal Tito pero en cuanto el yugo externo fue sacado, el país se dividió en Eslovenia, Croacia, Bosnia y Serbia. Hasta el cuerpo de Cristo se divide cuando buscamos nuestra identidad en otra cosa que no sea Cristo. El sectarismo, el individualismo y el denominacionalismo nos mantendrán divididos e ineficaces.

Para poner todo esto en términos de la santificación, nuestro ser apartados para Dios, no sólo nos viste con Cristo sino también nos hace una humanidad nueva unificada. Cuando vamos personalmente a ser en Cristo, nos encontramos unos con otros en Él (Gálatas 3:28 dice: "Todos vosotros sois uno en Cristo Jesús" (Gálatas 3:28). Esta unidad no es solamente con Cristo sino de uno con otro: "Porque somos miembros los unos de los otros" (Efesios 4:25); "Así nosotros, siendo muchos, somos un cuerpo en Cristo, y todos miembros los unos de los otros" (Romanos 12:5).

Esta unidad es expresada repetidamente en el libro de los Efesios mediante el uso que Pablo hace de la preposición "con" (griego *"syn*, adosándola a tantos conceptos. El griego *syn* está destacado con cursiva en los siguientes versículos:

- Todos somos *"con*ciudadanos" (2:19).
- Todos estamos ... "bien *co*ordinado, va creciendo para ser un templo santo" y *"juntamente* edificados para morada de Dios en el Espíritu" (2:21,22).
- El evangelio nos ha hecho a todos *"co*herederos", *"miembros* del mismo cuerpo", y *"co*partícipes" (3:6).

Viviendo nuestra unidad

Todos esos versículos describen la realidad que es nuestra en Cristo. Tan pronto como somos puestos aparte, somos unidos en Cristo por el Espíritu. Usted recordará que antes aprendimos que nuestra santificación progresiva está apuntada a que las verdades de nuestra santificación posicional se hagan reales. Así, pues, al comienzo de sus instrucciones sobre la manera en que tenemos que vivir, Pablo nos exhorta a que vivamos la unidad que es una realidad en el cuerpo. Él nos amonesta:

Con toda humildad y mansedumbre, soportándoos con paciencia los unos a los otros en amor, solícitos en guardar la unidad del Espíritu en el vínculo de la paz; un cuerpo y un Espíritu, como fuisteis también llamados en una misma esperanza de vuestra vocación; un Señor, una fe, un bautismo, un Dios y Padre de todos, el cual es sobre todos, y por todos, y en todos (4:2-6).

Llegando a ser hombre maduro

Pablo expresa aun más certeramente el propósito de la santificación como llegar "hasta que todos lleguemos a la unidad de la fe y del conocimiento del Hijo de Dios, a un varón perfecto, a la medida de la estatura de la plenitud de Cristo" (4:13). La meta es "un varón perfecto". No que todos llegamos a ser individuos perfectos ni que cada uno llegue a ser perfecto por sí mismo. Más bien, todos nosotros llegamos a ser "un varón perfecto". Los comentaristas de la Biblia han observado el contraste de este "varón perfecto" con la descripción hecha con *niños*, en plural, que están en proceso de llegar a ser este "un varón perfecto": "De la inmadurez del individualismo νήπιοι [infantes, niños] tenemos que alcanzar la unidad predestinada del Varón plenamente crecido γεὶζ ἄνδρα τέλειον [un varón perfecto]).[7]

El epítome del amor en la santificación del creyente también lleva a concluir que la unidad es la meta, pues el amor une: "Y sobre todas estas cosas vestíos de amor, que es el vínculo perfecto" (Colosenses 3:14).[8] Pablo hasta ruega: "Pero el Dios de la paciencia y de la consolación os dé entre vosotros un mismo sentir según Cristo Jesús" (Romanos 15:5). Muchas de las metáforas usadas en la Escritura para describir a la iglesia, revelan esa unidad en el cuerpo de Cristo como parte esencial del proceso santificador de nosotros. La iglesia es un cuerpo; es *la esposa*; es *un templo*. Pese a que el cuerpo y el edificio tienen muchas partes, son uno porque las partes están reunidas en una sola unidad. "Existe toda la diferencia del mundo entre un gran montón de ladrillos y esos mismos ladrillos cuidadosamente encajados unos con otros y construidos en un edificio de bello diseño.[9]

Juntos por la eternidad

Finalmente, el cuadro bíblico de la vida en la eternidad no es de vida individual. La dificultad de vivir con la gente, ahora se debe al egocentrismo pecador que nos puede dar la esperanza de que el cielo es un lugar hermoso, donde cada uno de nosotros vive solo debajo de su propia higuera. Pero aunque el cielo será indudablemente bello y espacioso, nuestro hogar eterno está pintado como una ciudad, la Nueva Jerusalén, donde todo el pueblo de Dios vive en la riqueza de la comunidad humana (*ver* capítulos 21-22 del Apocalipsis). Para algunos, eso puede parecer más como el infierno, porque han sido muy gravemente heridos por las actividades pecadoras del prójimo. Pero en el cielo habrá ausencia total de pecado, y el amor y la aceptación sin condiciones que encontramos en nuestro Padre celestial estará, por fin, perfeccionada en nosotros.

Vivimos en una época individualista que se inserta con demasiada frecuencia en el concepto del crecimiento espiritual. Habitualmente procuramos *edificarnos a nosotros mismos* y esto puede hacer que deseemos poca relación con la comunidad de creyentes. ¡Y, a veces, la relación que buscamos está motivada por el deseo de enriquecernos!

El concepto bíblico de la humanidad verdadera, en cuanto cohumanidad y propósito de Dios de restaurar esto por medio de la salvación y santificación, declara que el crecimiento espiritual personal está pensado para que ocurra, no en aislamiento, sino en estrecha confraternidad con una comunidad, que crece junta para llegar a ser "un varón perfecto" de Dios.

El papel de las relaciones

Un profesor de la universidad de Harvard que trabajaba con ejecutivos de alto nivel, se fijó en tres características evidentes en todos los que fracasaban en sus carreras. Primero, se volvían más y más autónomos. Llegaban a ser más independientes en sus trabajos y se aislaban de cualquier especie de comunidad y responsabilidad de rendir cuentas. Segundo, se volvían cada vez más autoritarios. Y, tercero, todos terminaban cometiendo adulterio. Hemos visto manifestarse esas mismas características en dirigentes cristianos que han caído. El diablo empieza este proceso animándonos a aislarnos del resto de la comunidad cristiana, de modo que no tenemos responsabilidad de rendir cuentas y el pecado es inevitable en cuanto empezamos a vivir independientemente de Dios y de unos con otros.

En un retiro para varones, luego que yo (Neil) hablé de la importancia de estar dispuesto a perdonar, dos hermanos se me acercaron. Ambos habían estado casados y vueltos a casar y uno de los hermanos no había ido a la iglesia por siete años. Dijo, "Neil, mi problema es la canonicidad [refiriéndose al proceso por el cual los primeros líderes cristianos determinaron cuáles libros correspondían a la Biblia]. He leído siete libros sobre el cierre del canon y no puedo aceptar lo que dicen los evangélicos al respecto". Yo no tenía idea de que hubiera siete libros sobre el tema, pero sí sabía que su lucha real no tenía nada que ver con el cierre del canon. Me salí del tema lo más rápido que pude y fui a lo que realmente era su lucha, que resultó ser su necesidad de aceptar su pasado. Él nunca conoció a su padre biológico y su padrastro nunca le dedicó tiempo. Así que nunca tuvo padre. El resultado fue que él nunca entablaba relaciones íntimas con nadie. Lo mismo entendí para su hermano.

Esos hombres no están solos; hay muchas personas que nunca aprendieron a relacionarse con el prójimo en forma personal. Pronto supe que los hermanos nunca se sintieron íntimos con sus esposas o con otros cristianos, mucho menos con Dios. Para ellos la iglesia era un ejercicio académico y el matrimonio no era más que dos personas que vivían en la misma casa. Uno de los hermanos ya había dejado la iglesia y ambos estaban corriendo el peligro de perder sus segundos matrimonios —todo debido a que nunca habían conocido relaciones de unión. Cuando les expliqué la necesidad de relacionarse íntimamente con Dios y unos con otros, el que no se había ido de la iglesia, decidió que la conversación se ponía demasiado personal. Así que se fue. El otro hermano sabía en su corazón que la intimidad era lo que le había faltado en su experiencia con la iglesia y su matrimonio actual como con el fracasado.

Esa noche tuvo un encuentro con Dios en una forma que nunca antes había conocido. A la mañana siguiente estaba todavía con los ojos enrojecidos [de lágrimas] de arrepentirse, perdonar y conectarse con Su Padre celestial. Pidió compartir su corazón con el resto de los hombres por medio de la música. Cuando terminó, no había ojo seco en el campamento. Este querido varón, como muchos hijos de Dios, había mantenido a distancia a los otros cristianos y a sus parientes. Cuando hacemos eso nos robamos a nosotros mismos y a los demás lo que Dios ha dado al cuerpo de Cristo, que puede recibirse solamente al relacionarnos con el prójimo.

Relaciones y crecimiento

En la Escritura es fácil ver que el crecimiento espiritual significa, crecimiento de nuestra habilidad para vivir en armonía con los demás. En una u otra forma, casi todas "las obras de la carne" (Gálatas 5:19-21) causan discordia mientras que "el fruto del Espíritu" (Gálatas 5:22-23), estimula las relaciones armoniosas. El crecimiento de nuestra vida espiritual significa, entonces, crecer en relaciones. Este crecimiento social no es sencillamente *la meta* del crecimiento individual, como si alguien pudiera crecer primero aisladamente y luego llevarse mejor con los demás.

Considere esta ilustración de la importancia de la confraternidad: Un recipiente de madera necesita buenas duelas para retener el agua. Si se encogen y secan las duelas individuales, el recipiente no sirve más para su propósito. En forma similar, la iglesia debe tener miembros sanos para ser unificada y cumplir su propósito. Tenga presente que no basta con que las duelas de madera estén sanas a nivel individual; deben trabajar juntas con la mira puesta en el esfuerzo conjunto —mantener el agua dentro del recipiente. El designio de Dios para nosotros en Su plan de salvación, es que nos sanemos no sólo individualmente por medio de la relación personal directa con Él, sino también por medio de las vitales relaciones con los demás.

La verdad de que la santificación o crecimiento espiritual ocurre como resultado de las relaciones de los creyentes es un tema importante de la Escritura. Uno de los conceptos clave empleado para hablar del progreso espiritual, es "levantando" o "edificación". Aparte del tan debatido versículo que menciona que el que habla en lenguas se edifica a sí mismo (1 Corintios 14:4), todas las expresiones clave usadas para hablar de la edificación auténtica están dirigidas a otras personas. Se nos anima a edificar a nuestro prójimo (Romanos 14:2) y a edificar "al otro" (1 Corintios 14:17). "La edificación mutua" o edificación "de unos y otros" también es mandada (Romanos 14:19; 1 Tesalonicenses 5:11).

Muy a menudo el concepto de edificación o levantar se usa relacionado con la comunidad funcionante. Los dones espirituales que edifican o levantan la iglesia, tienen que procurarse (1 Corintios 14:4,12). Las metáforas de la iglesia como edificio y cuerpo enseñan claramente el crecimiento de las relaciones. Cuando Pablo dijo que: "Vosotros también sois juntamente edificados para morada de Dios en el Espíritu" (Efesios 2:22), no hablaba de personas que crecen individualmente, sino de un grupo de creyentes que está unificado por medio de las relaciones. Pedro nos describe como "piedras vivas" todas unidas a la "piedra viva" y siendo edificadas "como casa espiritual" (1 Pedro 2:4,5).

Cuando yo (Neil) era pastor, empecé un ministerio de pequeño grupo. Pedía a los líderes de grupo que usaran las tres primeras semanas, para nada más que conocerse entre todos y enfocarse en entablar relaciones significativas. Encontramos cierta resistencia interesante de parte de unos participantes que sólo querían un estudio de la Biblia. Sin embargo, al final del año, todos estuvieron de acuerdo en que el grupo era la mejor experiencia *para aprender* la Biblia que habían tenido en la iglesia, aunque el enfoque principal del ministerio era edificar, apoyar y orar unos por otros.

La dinámica de la santificación en relación a otras personas, es claramente evidente en el cuadro de la Biblia que retrata la iglesia como cuerpo. Sabemos que en nuestro propio cuerpo físico, las diversas partes crecen solamente al estar unidas con el resto del cuerpo. Igualmente, la unión con el cuerpo de Cristo —otros creyentes— es indispensable para el crecimiento de cada creyente individual.

Relaciones y llevar fruto

Más prueba de la necesidad de las relaciones entre los creyentes es vista en el fruto del Espíritu (Gálatas 5:22,23). En su mayor parte, este fruto no puede ser experimentado por una persona sola. Como comenta Michael Griffith: "El amor, la paciencia, la benignidad, la bondad, y la templanza exigen, todas, la presencia de por lo menos, otro ser humano. La santidad solitaria es desconocida en el Nuevo Testamento".[10]

Relaciones y conocimiento

Finalmente, el conocimiento de las cosas espirituales no se obtiene estando solo. Más bien, se gana por medio de las relaciones con otros creyentes. Pablo rogó que nosotros, como creyentes, "seáis plenamente capaces de comprender *con todos los santos* cuál sea la anchura, la longitud, la profundidad y la altura, y de conocer el amor de Cristo, que excede a todo conocimiento, para que seáis llenos de toda la plenitud de Dios" (Efesios 3:18,19; énfasis del autor). John Stott comenta el significado de la oración de Pablo:

El cristiano aislado puede saber indudablemente algo del amor de Jesús, pero su captación de él está condenada a limitarse por su experiencia limitada. Necesita todo el pueblo de Dios para entender todo el amor de Dios, *todos los santos* juntos, judíos y gentiles, hombres y mujeres, jóvenes y viejos, negros y blancos, con todos sus variados trasfondos y experiencias.[11]

En Efesios 4:12-16 Pablo habla nuevamente de cómo ocurre la madurez de la fe y del conocimiento, cuando los del cuerpo de Cristo se envuelven en edificarse unos a otros. Al ir cada uno de nosotros contribuyendo nuestra parte al resto del cuerpo, llegamos a entender mejor las cosas espirituales que sirven para nutrir nuestra vida y crecimiento.

Entonces, el crecimiento espiritual es más que personal; es comunitario. Dios se transmite a Sí mismo a cada uno de nosotros no sólo por medio de nuestras relaciones personales con Él y nuestra práctica de las disciplinas espirituales, sino también por intermedio de otros creyentes al confraternizar con ellos.

Ahora que comprendemos la verdad de que la confraternidad aporta a nuestro crecimiento, miremos *la manera específica en que esto sucede.*

Como hacen crecer las relaciones

El llamamiento al ministerio mutuo

La manera en que tenemos que crecer por medio de las relaciones, puede verse claramente en el cuadro del cuerpo que crece, que pinta Pablo en el capítulo 4 de Efesios. Pablo empieza su estudio de nuestro crecimiento diciendo que "cada uno de nosotros" (versículo 7) ha recibido la gracia dada por Dios. La naturaleza y el propósito de esos dones se hace evidente cuando él, describe el propósito de darnos evangelistas y pastores-maestros (versículo 11). Esta gente dotada es llamada: "A perfeccionar a los santos para la obra del ministerio [obras de servicio], para la edificación del cuerpo de Cristo" (versículo 12). Esto nos dice que la edificación del cuerpo de Cristo es el resultado del ministerio de todos los creyentes.

La dinámica de los creyentes que se ministran recíprocamente se explica en los versículos 15,16:

> *Crezcamos en todo en aquel que es la cabeza, esto es, Cristo, de quien todo el cuerpo, bien concertado y unido entre sí por todas las coyunturas que se ayudan mutuamente, según la actividad propia de cada miembro, recibe su crecimiento para ir edificándose en amor.*

La frase "por todas las coyunturas que se ayudan mutuamente" literalmente dice: "por intermedio de cada coyuntura que aporta". La palabra traducida "coyuntura" sugiere punto de contacto o puede referirse a los ligamentos que unen a los miembros. Se refiere a la estrecha interacción entre los miembros del cuerpo. Como lo explica el comentarista Charles Hodge: "La influencia vital recibida de Cristo, la cabeza" es transmitida "por intermedio de la misma coyuntura o banda que es el medio de aprovisionamiento".[12]

La analogía bíblica del cuerpo se vuelve aun más interesante cuando consideramos que casi cada célula de nuestro cuerpo físico morirá dentro de cierto plazo. Dentro de un marco temporal de siete años, cada célula de nuestro cuerpo físico está reemplazada completamente excepto las de nuestro cerebro y médula espinal, que constituyen nuestro sistema nervioso central. Desde el punto de vista de la analogía espiritual, Cristo es la cabeza del cuerpo y el Espíritu Santo completa el sistema nervioso central. Ellos nunca cambian asegurando el apropiado aporte y dirección para el resto del cuerpo que está siendo renovado continuamente. El cuerpo de la iglesia cesaría de ser organismo vivo sin su presencia.

Esta misma verdad es retratada en la discusión de Pablo sobre los dones espirituales en 1 Corintios 12. Ahí habla de los variados miembros del cuerpo y cómo son necesitados no sólo para el funcionamiento apropiado del cuerpo sino también para el funcionamiento apropiado de cada uno. "Ni el ojo puede decir a la mano:

No te necesito, ni tampoco la cabeza a los pies: No tengo necesidad de vosotros" (versículo 21). Tal como las partes de nuestros cuerpos físicos se necesitan unas a otras, así también los miembros del cuerpo de Cristo se necesitan mutuamente. Estamos diseñados y equipados por Dios para ministrar lo que Dios ha dado a cada uno de nosotros, para la salud y el crecimiento de otros creyentes. No podemos crecer apropiadamente aparte de nuestro contacto con ellos.

La intimidad del ministerio mutuo

Volviendo a los Efesios, vemos que Pablo describe el cuerpo como: "Bien concertado y unido entre sí" (4:16). Ambas formas verbales nos dicen algo de lo que pasa en el ministerio mutuo. El griego por "concertado" describe el proceso continuo del creciente compactamiento por medio del ajuste mutuo.[13] El uso que Pablo da a este mismo vocablo para describir el proceso de construcción de la iglesia, como edificio nos ayuda a ver más de lo que está involucrado. En la época del Nuevo Testamento los constructores usaban un proceso elaborado para encajar las piedras. Cortaban y, luego, frotaban las superficies de las piedras para eliminar todo borde filoso o puntas que pudieran impedir que se ajustaran perfectamente. Entonces, se perforaban hoyos y se preparaban clavijas de modo que las piedras pudieran ser unidas aún con más solidez.

Junto con el concepto arquitectónico de "concertado" Pablo agrega que somos "unidos entre sí". (En Colosenses 2:19, la NASB traduce esta misma palabra del griego como "uniéndose"). La expresión "uniéndose" frecuentemente usada en el contexto de la reconciliación, "corresponde a los seres vivos capaces de entrelazarse o fusionarse espiritualmente".[14]

Tomados en conjunto los dos verbos que usa Pablo, estando ambos en presente, describiendo una acción continua, enseñan con fuerza que el crecimiento del cuerpo y *de sus miembros personalmente debe estar comprendido en "un proceso de continuo ajuste mutuo".*[15]

La meta del ministerio mutuo

La meta de Dios para la humanidad no es simplemente una cantidad de individuos perfeccionados, sino una humanidad perfeccionada y unificada. La fuente de todo crecimiento es Dios mismo comunicado por medio de Su Hijo, la Cabeza del cuerpo. Pero Dios no comunica sencillamente vida y alimento directamente a cada miembro. Él también reparte Sus dones de gracia en diversas porciones a cada miembro (Efesios 4:7), de modo que el crecimiento espiritual necesita confraternización. Crisóstomo, padre de la iglesia antigua, observó con toda razón: "Si deseamos disfrutar el espíritu que viene de la cabeza, aferrémonos unos a otros".[16]

Así que el crecimiento es, a la vez, personal y comunitario. Todo el designio es resumido muy bien por Montague: "...Cristo difunde Su propia perfección eminente en una miríada de gracias diferentes de modo que en y por medio de su diversidad, Él puede llevar a Sus miembros, y ellos pueden llevarse unos a otros, a Su propia perfección εἰ ἄνδρα τέλειον [un varón perfecto]).[17]

Los medios de fomentar el crecimiento

¿Cómo tiene realmente lugar la comunicación de la vida de Cristo y nuestro crecimiento espiritual en la comunidad de creyentes? En términos generales, se puede ver que esto sucede por medio de la práctica de todos "los unos a los otros" del Nuevo Testamento. Por ejemplo, se dice a los creyentes: "Animaos unos a otros" (1 Tesalonicenses 5:11; Hebreos 3:13); "Estimularnos al amor y a las buenas obras" (Hebreos 10:24); "Alentaos los unos a los otros" (2 Corintios 1:3-7; 1 Tesalonicenses 4:18); "Podéis amonestaros los unos a los otros" (Romanos 15:14); "Servíos por amor los unos a los otros" (Gálatas 5:13); "Sobrellevad los unos las cargas de los otros" (Gálatas 6:2) y "Confesaos vuestras ofensas unos a otros, y orad unos por otros" (Santiago 5:16).

Una forma importante en que podemos ministrarnos unos a otros es por medio de la oración. El mismo Jesús oró por otros (por ejemplo, Él oró por Pedro en Lucas 22:31,32, y por todos los creyentes en Juan 17:9:24). Pablo también oraba constantemente por los demás (Efesios 2:14-19; Colosenses 1:9-11; 1 Tesalonicenses 1:2). Aunque muchas de las instrucciones sobre la oración pueden referirse a la oración en privado, el contexto de muchos de estos pasajes sugiere asimismo la oración colectiva (por ejemplo, Romanos 12:10-13; 1 Tesalonicenses 5:14-17; Santiago 5:13-16; 1 Pedro 4:7-10). La oración colectiva nos ayuda a evitar orar egoístamente, porque nos hace enfocarnos en otras personas y en la obra de Dios en general.

Muchas de las instrucciones "unos a otros" son indudablemente realizadas por medio del hablar, pero la Escritura también las muestra operando por medio del canto colectivo. Característica de los creyentes llenos del Espíritu es: "Hablando entre vosotros con salmos, con himnos y cánticos espirituales, cantando y alabando al Señor en vuestros corazones" (Efesios 5:19; *ver también* Colosenses 3:16). El efecto de tal ministerio me fue demostrado una vez en una forma muy notable. Una estudiante universitaria me pidió (Neil) que visitara de inmediato a su abuela moribunda, que no era cristiana. La señora había caído en coma del cual no se esperaba que saliera y, sólo le daban unos pocos días más de vida porque la familia había dado permiso para que le quitaran todos los sistemas de mantención de vida.

Yo pude oír la laboriosa respiración de la abuela al entrar al cuarto. Se suponía que la alumna me iba a encontrar allí pero aún no había llegado. Los ojos de la abuela estaban cruzados y todo intento de comunicarme con ella no tenía respuesta. Oré en silencio por sabiduría, porque no tenía idea de que hacer. Entonces el Espíritu Santo me imprimió en la mente que debía cantarle. Su indicación fue clara y me alegré que no hubiera nadie más en el cuarto. Sintiéndome un poco ridículo me arrodillé al lado de la cama de la anciana y empecé a cantar canciones cristianas. De súbito se enderezaron los ojos y pude sentir que ella me estaba oyendo conscientemente. En los siguientes minutos tuve el privilegio de conducir a esta querida señora a Cristo. Entonces entró su nieta a la habitación, regresando de la cafetería, donde había estado con su mamá. Les conté lo que acaba de suceder. Todos alabábamos a Dios mirando a la madre/abuela que nos sonreía con lágrimas que rodaban por sus mejillas. Vivió dos años más. La familia me pidió que hablara en el servicio del funeral, lo que resultó en que muchas más personas vinieran a Cristo.

Evidentemente esa no fue una experiencia normativa, pero muestra el poderoso ministerio que podemos tener en la vida de otras personas. Se nos dice que hagamos el bien a todos, pero especialmente a los de la familia de creyentes (Gálatas 6:10). También tenemos que practicar la hospitalidad (1 Pedro 4:9) que es el amor por los extranjeros.

El dar colectivo es otra manera en que podemos ministrarnos unos a otros para el crecimiento de todos. En la paráfrasis del Nuevo Testamento hecha por Eugene Peterson, *The Message*, leemos que la gente de la iglesia primitiva "se dedicaba a la enseñanza de los apóstoles, a la vida juntos, las comidas en común y las oraciones" (Hechos 2:42). Estas costumbres se practicaban en el contexto del cuerpo de una iglesia.

Los beneficios de la confraternización

La dinámica en obra, en la confraternidad de creyente con creyente es en gran parte la misma que aquella de cualquier grupo de personas, salvo que la interacción no es meramente humana. Más bien, en tal comunión, la vida sobrenatural de Cristo es compartida por medio del poder del Espíritu. Debido a la vida de Cristo podemos recibir alimento espiritual.

La confraternidad da fuerza

Hay fortalecimiento de la fe cuando se comparte en común con otros. Es demasiado difícil para nosotros estar solos siendo bombardeados con las mentiras del mundo. Compartir unos con otros las creencias y los valores mutuos en íntima confraternidad da la fuerza que necesitamos individualmente.

¿Cuán fuerte es la fe mutua? Un cuadro interesante nos es dado en el "escudo de la fe" (Efesios 6:16), que es parte de la armadura de todo creyente en contra de los ataques del enemigo. Los soldados romanos de la época del Nuevo Testamento usaban un escudo enorme, en forma de una puerta que protegía todo el cuerpo dando mucha protección individual. Aun más protección era dada cuando

316

los soldados se juntaban como unidad compacta, y sostenían estos grandes escudos, lado a lado, frente a ellos o por encima de ellos. Si se mantenían apartados y sostenían individualmente sus escudos, sus lados quedaban desguarnecidos pero cuando juntaban sus escudos, estaban totalmente protegidos.

La confraternización da conocimiento

El aprendizaje es otro aspecto del crecimiento espiritual, que tiene lugar en forma óptima en el contexto de la confraternidad cristiana. Podemos obtener útiles conceptos penetrantes, de la enseñanza de individuos dotados que Dios ha dado a la iglesia. También podemos beneficiarnos de compartir la verdad con todos los creyentes. Nadie tiene todos los dones espirituales ni tampoco puede nadie percibir por entero la verdad de Dios por cuenta propia. Podemos aprender y crecer de las experiencias y perspectivas de unos y otros. El aprendizaje también tiene lugar por medio de la observación; ver la verdad modelada en otra vida puede ser más poderoso, que simplemente conocerla en forma intelectual.

La confraternidad da responsabilidad de rendir cuentas

El autor de Hebreos nos exhorta: "Antes exhortaos los unos a los otros cada día ... para que ninguno de vosotros se endurezca por el engaño del pecado" (Hebreos 3:13). Como comenta Dietrich Bonhoeffer, el pecado es mucho más peligroso para nuestro crecimiento cuando puede atraparnos a solas:

> El pecado exige tener al hombre por sí solo. Lo aísla de la comunidad. Mientras más aislada esté una persona, más destructivo será el poder del pecado sobre ella y al meterse más profundamente en él, más desastroso será su aislamiento.[18]

Larry Crabb dice que una parte importante de nuestra responsabilidad mutua en el cuerpo de Cristo es, "darnos retroalimentación con amor y recibir la retroalimentación sin estar a la defensiva....La sana dinámica de grupo no se da automáticamente; crece en el rico suelo del tiempo, la oración y la confianza".[19] Michael Griffiths dijo:

> El amor, la paciencia, la bondad, la generosidad, la amabilidad y la templanza exigen, todas, la presencia de, al menos, otro ser humano. La santidad solitaria es desconocida en el Nuevo Testamento. Cuando dos o tres santos son puestos juntos ¡empiezan a presentarse los problemas! A veces nos ayudamos unos a otros porque somos fáciles y bellos para convivir. A veces nos ayudamos unos a otros, porque somos difíciles para convivir y, por tanto, completamente sin intenciones, ¡nos santificamos unos a otros! Richard Baxter en su *Christian Directory* habla de ¡la esposa como instrumento principal de la santificación de su marido, y del esposo como instrumento principal de la santificación de su esposa! Tanto las dificultades como las bendiciones resultantes son mutuas. Así pasa con la nueva comunidad cristiana.[20]

La prominencia de las relaciones

La secuencia con que Pablo presentó la información en sus epístolas, revela otra verdad importante de nuestra santificación en el contexto de las relaciones: Dios obra en nuestra vida primordialmente por medio de relaciones comprometidas. Podemos ver esto al entender la conclusión final de la progresión lógica de Pablo en el libro de Colosenses. Primero presenta la obra consumada de Cristo, luego habla de establecer al pueblo de Dios en Cristo y, finalmente, discute mover a los cristianos hacia la madurez. Aprendemos en los dos primeros capítulos que somos trasladados al reino de Cristo, perdonados, establecidos en Él y que el diablo ha sido derrotado. El capítulo 3 empieza con la amonestación de que pongamos nuestros ojos en las cosas de arriba y que nos despojemos del viejo hombre y nos vistamos del nuevo, "el cual conforme a la imagen del que lo creó se va renovando hasta el conocimiento pleno, donde no hay griego ni judío, circuncisión ni incircuncisión, bárbaro ni escita, siervo ni libre, sino que Cristo es el todo, y en todos" (Colosenses 3:10,11). En otras palabras, no debe haber barreras raciales, religiosas, sociales o culturales en el cuerpo de Cristo. Estamos unificados en Él.

Después de establecer nuestra identidad en Cristo, Pablo nos da instrucciones para desarrollar carácter. Estas van seguidas por guías para las relaciones familiares y de trabajo, que eran los dos tipos más comprometidos de relaciones de la época.

Fíjese que las instrucciones de Pablo sobre el carácter, (en Colosenses 3:12-14) son todas orientadas a las relaciones:

Vestíos, pues, como escogidos de Dios, santos y amados, de entrañable misericordia, de benignidad, de humildad, de mansedumbre, de paciencia; soportándoos unos a otros, y perdonándoos unos a otros si alguno tuviere queja contra otro. De la manera en que Cristo os perdonó, así también hacedlo vosotros. Y sobre todas estas cosas vestíos de amor, que es el vínculo perfecto.

Las clave de la gran confraternidad

Alguien dijo una vez que vivir en el contexto de relaciones comprometidas es como vivir en el arca de Noé: "¡No podríamos soportar la hediondez de adentro si no fuera por la tormenta de afuera!" Puede que haya algo de cierto en eso, pero vivir juntos sería muchísimo más fácil si nosotros cumpliéramos dos responsabilidades clave:

1. *Conforme a la imagen de Dios.* No podemos echar la culpa a otras personas por impedirnos ser la persona que Dios quiere que seamos. Debemos asumir nuestra propia responsabilidad por nuestro carácter. De acuerdo a Pablo esa es esencialmente la voluntad de Dios para nuestra vida: "Pues la voluntad de Dios es vuestra santificación" (1 Tesalonicenses 4:3). De Proverbios sabemos que: "Hierro con hierro se aguza; y así el hombre aguza el rostro de su amigo" (27:17). Siempre habrá fricciones cuando el hierro aguza al hierro pero las chispas que vuelan son señal de que los bordes ásperos están siendo suavizados.

2. *Amarse uno a otro.* Hacemos esto aceptándonos unos a otros como Cristo nos aceptó (Romanos 15:7) y dando nuestra vida unos por otros como Cristo puso Su vida por nosotros (1 Juan 3:16).

¿Se imagina qué pasaría en nuestros hogares e iglesias si todos asumieran sus responsabilidades por el crecimiento del carácter propio y todos se comprometieran a satisfacer las necesidades de unos y otros? Nuestros hogares e iglesias serían más como el cielo que el arca de Noé y todos nosotros seríamos más como Jesús.

Lo
COMÚN
HECHO
***S**anto*
16

La lucha de la santificación

*Así que, hermanos, deudores somos, no a la carne, para que
vivamos conforme a la carne; porque si vivís conforme a la
carne, moriréis; mas si por el Espíritu hacéis morir las obras
de la carne, viviréis. Porque todos los que son guiados por
el Espíritu de Dios, éstos son hijos de Dios.*

Romanos 8:12,14

Todo hijo de Dios es un diamante en bruto. Sin embargo,
empezamos nuestro camino cristiano luciendo más como un
trozo de carbón. Pero, dando suficiente tiempo y presión, cada trozo
de carbón llegará a ser un brillante refulgente.

Es importante comentar que si usted le quita al carbón las
presiones de la tierra y le mete impurezas en su composición
química, nunca concretará su potencial. Permanecer puro y permanecer presionado es lo que saca un diamante del carbón. Lo mismo
rige para nosotros como cristianos pero, al contrario del carbón,
tenemos una parte que desempeñar en el proceso de crecer.

El hecho de que la santificación sea una obra sobrenatural,
podría llevarnos a creer que debemos sencillamente ser pasivos
—que debemos "soltarlo todo y dejar que Dios obre". Como trozo
de carbón podríamos dejar todo esfuerzo o responsabilidad de
nuestra parte y dejar que Dios nos controle mientras nosotros descansamos en Su poder. Esa perspectiva tiene su parte de atracción

porque, en última instancia, la santificación es la obra de Dios. La victoria sobre el pecado es posible solamente por medio de la obra consumada de Cristo. La santificación progresiva tiene lugar cuando permanecemos en Cristo y vivimos por el poder del Espíritu Santo. Dios es el único que produce crecimiento (1 Corintios 3:6) y hay un cierto reposo para el creyente en la obra consumada de Cristo. Por ejemplo, no tenemos que esforzarnos por lograr ser aceptados por Dios. Sin embargo, a la luz de todo eso, la Escritura presenta el proceso del crecimiento cristiano como mucho más que la pasividad descansada.

Una búsqueda decidida

La exhortación de Pablo es: "Ocupaos en vuestra salvación con temor y temblor" a medida que Dios "en vosotros produce así el querer como el hacer, por su buena voluntad" (Filipenses 2:12,13). Dios preparó nuestras "buenas obras ... de antemano para que anduviésemos en ellas" (Efesios 2:10).

Ocuparse de nuestra salvación es un proceso riguroso que envuelve sacrificio y sufrimiento. Es más que una competencia atlética, que una invitación a tomar el té. Pablo dijo que la vida cristiana es como una carrera y que debemos correr para ganar: "Olvidando ciertamente lo que queda atrás, y extendiéndome a lo que está delante, prosigo a la meta, al premio del supremo llamamiento de Dios en Cristo Jesús" (Filipenses 3:13,14). La palabra griega "prosigo" es la misma usada en otros pasajes por "perseguir" sugiriendo una búsqueda decidida. En 1 Corintios 9:24-27 Pablo habló como un entrenador que preparar a su equipo para triunfar en el juego de la vida:

¿No sabéis que los que corren en el estadio, todos a la verdad corren, pero uno sólo se lleva el premio? Corred de tal manera que lo obtengáis. Todo aquel que lucha, de todo se abstiene; ellos, a la verdad, para recibir una corona corruptible, pero nosotros, una incorruptible. Así que, yo de esta manera corro, no como a la ventura; de esta manera peleo, no como quien golpea el aire, sino que

golpeo mi cuerpo, y lo pongo en servidumbre, no sea que habiendo sido heraldo para otros, yo mismo venga a ser eliminado.

Todo jugador de béisbol de las ligas mayores tiene que ir al entrenamiento de primavera. Hasta los veteranos son entrenados una y otra vez en los rudimentos de su deporte. ¿Podemos nosotros hacer menos en el juego de la vida para la gloria de Dios? Pablo dijo: "Ejercítate para la piedad" (1 Timoteo 4:7). Tenemos la palabra "gimnasio" del griego por "entrenar" que, en 1 Timoteo 4:7, sugiere ejercicio riguroso en las cosas relacionadas a la piedad. La santificación nos exige que nos basemos en los fundamentos de nuestra fe y, entonces, nos disciplinemos para vivir de acuerdo a lo que Dios dice que es verdadero.

Una batalla continua

Nos guste o no estamos en guerra contra las fuerzas del mal (Efesios 6:10-16) —batalla que está descrita como "lucha" (versículo 12) o, literalmente, "combate". El griego describe "una lucha mano a mano".[1] Pablo le escribió a Timoteo: "Este mandamiento, hijo Timoteo, te encargo, para que conforme a las profecías que se hicieron antes en cuanto a ti, milites por ellas la buena milicia" (1 Timoteo 1:18). Después agregó: "Mas tú, oh hombre de Dios, huye de estas cosas, y sigue la justicia, la piedad, la fe, el amor, la paciencia, la mansedumbre. Pelea la buena batalla de la fe" (1 Timoteo 6:11,12). En su segunda epístola a Timoteo, dijo: "Tú, pues, sufre penalidades como buen soldado de Jesucristo" (2 Timoteo 2:3). Entonces, al final de su ministerio Pablo dijo: "He peleado la buena batalla, he acabado la carrera" (2 Timoteo 4:7).

Esas instrucciones y metáforas revelan, que la vida cristiana no es en absoluto un estilo de vida sin esfuerzos. Tenemos que entrar en un estilo de vida, que sigue el ejemplo de nuestro Señor en luchar contra el pecado en todas sus formas. Cristo ganó en la cruz la batalla decisiva sobre las potestades del pecado, pero en la providencia y plan de Dios, los enemigos derrotados aún no han sido juzgados. Ellos todavía guerrean contra Dios y, en un sentido real, el campo de batalla de la guerra continúa entre Cristo y el pecado está ahora en nuestra vida. Nuestra ida a Cristo significa enrolarse en Su ejército para batallar contra el pecado.

Somos capaces de entrar en la lid armados con la victoria de Cristo, porque guerreamos "en Cristo". Nuestra victoria final es cierta pero eso no elimina la batalla presente. Efectivamente, mientras más nos acerquemos a Cristo más probable es que la batalla se intensifique. C. E. B. Cranfield, comentarista de la Biblia, dice correctamente:

> ......el hombre en quien el poder del pecado está siendo real, seria y resueltamente desafiado, se ve claramente en él el poder del pecado. Mientras más renovado sea él por el Espíritu de Dios, más sensible se vuelve al poder continuo del pecado en su vida y al hecho de que hasta sus actividades más óptimas, están manchadas por el egoísmo aún atrincherado dentro de él.[2]

Luchamos contra el pecado en cuanto se nos opone en el proceso activo de crecer espiritualmente. Pero también luchamos con los efectos impersonales del pecado, efectos como sufrir variadas enfermedades físicas, tristeza y muerte, y el trastorno emocional que es parte de nuestro crecimiento espiritual y de ayudar a crecer al prójimo. Esto es de lo que habla Pablo en 2 Corintios 6:3-10:

> *No damos a nadie ninguna ocasión de tropiezo, para que nuestro ministerio no sea vituperado; antes bien, nos recomendamos en todo como ministros de Dios, en mucha paciencia, en tribulaciones, en necesidades, en angustias; en azotes, en cárceles, en tumultos, en trabajos, en desvelos, en ayunos; en pureza, en ciencia, en longanimidad, en bondad, en el Espíritu Santo, en amor sincero, en palabra de verdad, en poder de Dios, con armas de justicia a diestra y a siniestra; por honra y por deshonra, por mala fama y por buena fama; como engañadores, pero veraces; como desconocidos, pero bien conocidos; como moribundos, mas he aquí vivimos; como castigados, mas no muertos; como entristecidos, mas siempre gozosos; como pobres, mas*

enriqueciendo a muchos; como no teniendo nada, mas poseyéndolo todo.

La carne: El traidor interior

La Escritura revela que uno de los opositores de nuestro crecimiento cristiano está muy a mano. Efectivamente, ¡está dentro de nosotros! Nuestra "carne" tiene deseos pecaminosos contrarios a Dios. Pablo escribió: "Mas con la carne [sirvo] a la ley del pecado" (Romanos 7:25; *ver también* versículo 18). Los deseos de la carne son la antítesis de los del Espíritu de Dios dentro de nosotros (Gálatas 5:16). Son también la antítesis de nosotros y nuestra santificación. Pedro dijo que tenemos que abstenernos "de los deseos carnales que batallan contra el alma" (1 Pedro 2:11).

Definiendo a la carne

El término "carne" tiene muchos significados en la Escritura. Puede referirse simplemente al cuerpo físico. Pablo hablaba de tener un aguijón en la carne o una debilidad de la carne (2 Corintios 12:7; Gálatas 4:13). En ambos casos se refería al cuerpo físico (*ver también* Gálatas 2:20). La carne puede referirse también a toda la persona como el pasaje paralelo del siguiente versículo indica: "Maldito el varón que confía en el hombre, y pone carne por su brazo, y su corazón se aparta de Jehová" (Jeremías 17:5). El profeta Isaías declaró que "toda carne" verá la gloria del Señor pero siguió diciendo que "toda carne es hierba ... la hierba se seca" (40:5-7). La disposición del Hijo de Dios para asumir la humanidad está descrita como: "Y aquel Verbo fue hecho carne" (Juan 1:14).

En los usos anteriores de la palabra "carne" no hay concepto de pecaminosidad o mal. El elemento común es la debilidad y la transitoriedad. Comparada con el espíritu, que denota vida y poder, la carne es débil. Esto es claro en la reprimenda de Dios para Su pueblo por buscar ayuda en los ejércitos egipcios en lugar de buscarlo en Él mismo: "Y los egipcios hombres son, y no Dios; y sus caballos carne, y no espíritu" (Isaías 31:3) La debilidad de la carne también es vista en la falta de temor a los hombres que tiene el salmista: "En Dios he confiado; no temeré; ¿qué puede hacerme el hombre [literalmente, la carne]?" (56:4).

Este concepto de debilidad es el que se desarrolla en el uso de la palabra "carne", para eso que es pecador y contrario a Dios. El hombre, como carne, no es solamente frágil como criatura sino también moralmente. Aparte de Dios el hombre no es competencia para el poder del pecado y, por consecuencia, queda sujeto a esclavitud. Esto se indica en el Antiguo Testamento; Dios juzga al mundo con un diluvio porque "toda carne había corrompido su camino sobre la tierra" (Génesis 6:12). Este versículo apunta a la fragilidad moral del hombre y a la inclinación de la carne a pecar. El hombre, en cuanto criatura, también halla intolerable la presencia del santo Dios (Deuteronomio 5:26).[3]

Viviendo en la carne

El uso de "carne" referido a la inclinación a pecar del hombre es explícito y prominente en el Nuevo Testamento, especialmente en los escritos de Pablo. Puede definirse muy simplemente como existencia apartada de Dios —vida dominada por el pecado o impulso contrario a Dios. La persona que anda según la carne vive de acuerdo a una filosofía y cosmovisión humanista secular y natural. Su vida es egocéntrica más que teocéntrica. En resumen, la carne busca la vida en términos y normas humanos antes que de los de Dios. Es la tendencia humana a confiar en uno mismo antes que en Dios. El apóstol habló de algunas personas (incluso él mismo en una ocasión) que ponen "confianza en la carne" (Filipenses 3:3,4). Son esas mismas personas que también se jactan "en la carne" pues el hombre tiende a vanagloriarse o jactarse de sus propios logros. Pablo llegó finalmente a darse cuenta de que el único fundamento apropiado para jactarse estaba "en la cruz de nuestro Señor Jesucristo" (Gálatas 6:14).

"La carne" en cuanto a humanidad aparte de Dios y dominada por el pecado, es el término que caracteriza a la vieja humanidad ("el viejo hombre" [colectivo]). En cierto sentido caracterizó la historia de la caída humanidad, antes de Cristo y la llegada de la nueva creación en "el nuevo hombre", que está caracterizado por el Espíritu.[4] La salvación en Cristo trae un cambio radical de nuestra relación a la carne, pero no la elimina como enemigo. Efectivamente experimentaremos luchas más intensas con nuestra carne como enemigo de Dios y de nuestra alma.

Conforme a la Escritura, la persona fuera de Cristo vive "en la carne". Enajenada de Dios vive esclavizada a una existencia egocéntrica pecadora que es su propio dios. No sólo vive en la carne sino que también anda conforme a la carne, significando esto que sus acciones y actitudes llevan, todos, las características de la carne. "Porque los que son de la carne piensan en las cosas de la carne; pero los que son del Espíritu, en las cosas del Espíritu...Por cuanto la mente carnal es enemistad contra Dios; porque no se sujeta a la ley de Dios, ni tampoco puede; y los que viven según la carne no pueden agradar a Dios" (Romanos 8:5,7,8).

Venciendo el poder de la carne

Para los creyentes que están "en Cristo" ha sido roto el dominio del pecado por medio de la carne. "Mas vosotros [nosotros] no vivís según la carne, sino según el Espíritu" (Romanos 8:9). En nuestra muerte con Cristo hemos roto radicalmente con la carne. Pablo dijo que: "Los que son de Cristo han crucificado la carne con sus pasiones y deseos" (Gálatas 5:24).

Esto nos lleva a una pregunta con la que muchos cristianos luchan: si la carne ha sido crucificada, ¿por qué aún tenemos problemas con ella? Es importante aquí reconocer que nuestra crucifixión de la carne no es lo mismo que la crucifixión del "viejo hombre" o viejo yo (Romanos 6:6; *ver también* Gálatas 2:20). Esto último tuvo lugar cuando, por medio de la fe, fuimos unidos a Cristo en Su muerte. Eso nos pasó realmente, esto es, "nuestro viejo hombre fue crucificado" (Romanos 6:6). "Yo", en cuanto vieja creación perteneciente a la vieja humanidad fui hecho nueva criatura y parte de la nueva humanidad por Dios cuando "yo" fui unido a Cristo. En todo esto "yo" morí pero "lo que ahora vivo en la carne" (Gálatas 2:20) lo vivo en la nueva vida en Cristo.

Sin embargo, en el caso de la carne se dice que "nosotros" la hemos crucificado, no Dios. No es que nosotros morimos sino, antes bien, matamos la carne. Negamos nuestra existencia egocéntrica cuando fuimos a Cristo. John Stott lo dice de este modo:

> Cuando fuimos a Jesucristo nos arrepentimos. "Crucificamos" todo lo que sabíamos era malo. Tomamos nuestra vieja naturaleza egocéntrica, con todas sus pasiones y

deseos pecadores, y la clavamos a la cruz. Y este arrepentimiento nuestro fue decisivo, tan decisivo como la crucifixión.[5]

Sin embargo la realidad de nuestras acciones es experimentada solamente, de acuerdo con la fe en que se hacen. Como dice Stott, crucificamos "todo lo que sabíamos era malo". Y podría agregarse que lo hicimos con toda la fe que teníamos en el momento. Pero nuestra fe (que, en realidad, comprende conocimiento), aunque sincera y auténtica, no estaba aún madura ni completa. Como dice la Escritura, nacimos de nuevo como bebés, vivos y diseñados para crecer (*ver* 1 Pedro 2:2). Crecemos al apropiarnos más y más de la vida de Cristo por el poder del Espíritu. Y al crecer, la realidad de lo que hicimos totalmente en principio, a saber, crucificar la carne y su vieja influencia egocéntrica, se vuelve crecientemente más real en nuestra experiencia.

Como creyentes no vivimos más "en la carne". El reinado del pecado sobre nosotros por medio de las pasiones y los deseos de la carne, ha sido roto. Hemos dicho decididamente no a la vieja existencia de la carne que jugaba a ser dios y dijimos sí a Cristo y al Espíritu. La carne ya no es la característica dominante que controla nuestra vida. Hay un "yo" nuevo en su núcleo que se orienta a Dios, y no sólo que se orienta a Dios, sino que va creciendo. Ese yo está en un proceso de crecimiento. Ahora bien, el nuevo "yo" aún no ha sido perfeccionado en fe para caminar continuamente por el Espíritu. Las características del viejo hombre aún están presentes aunque ya no representan nuestra identidad verdadera. Vivimos en la situación del "ya pero todavía no". La nueva creación a la que pertenecemos ha sido inaugurada por la obra que Cristo hizo en Su primera venida. Pero el viejo hombre no ha sido aún juzgado, está ahí, no ha sido enjuiciado y eliminado del todo, y por esa razón la obra perfecta del nuevo hombre aún no ha sido completada.

En un sentido muy real, la verdad del "ya pero todavía no" de la salvación de Dios pertenece personalmente al creyente en esta vida, como también a la historia ampliada de la salvación. Solamente con la glorificación final será perfeccionado el nuevo hombre. Mientras tanto, la carne, con sus pasiones y deseos pecadores, está presente para tentarnos a darnos el gusto con actitudes y acciones egocéntricas. Por eso se nos exhorta a "andad en el Espíritu, y no satisfagáis los deseos de la carne" (Gálatas 5:16).

Qué hace la carne

Puesto que la vieja propensión dentro de nosotros entronizaba al yo y vive autónomamente, la carne tienta continuamente al creyente a vivir de acuerdo con eso. En realidad, el pecado es el que procura continuar su dominio sobre nosotros por medio de la carne. Como lo comenta Chamblin: "La *sarx* (carne) ha jurado su lealtad a otro..."[6] De este modo la carne, el traidor por dentro de nosotros cuyos deseos y pasiones egocéntricos son las expresiones del poder tentador del pecado.

Puesto que la vida humana es multifacética, las tentaciones de la carne a vivir aparte de Dios adoptan múltiples formas. Una vida legalista de religiosidad y buenas obras y una vida inmoral, sin ley y en busca de placer, son carnales ambas. Ambas proclaman promesas falsas de obtener vida basada en los valores y esfuerzos del hombre. El apóstol Pablo dijo que antes de que él fuera de Cristo, intentó ganar vida conforme a la carne:

> *Si alguno piensa que tiene de qué confiar en la carne, yo más: circuncidado al octavo día, del linaje de Israel, de la tribu de Benjamín, hebreo de hebreos; en cuanto a la ley, fariseo; en cuanto a celo, perseguidor de la iglesia; en cuanto a la justicia que es en la ley, irreprensible (Filipenses 3:4-6).*

Después que Pablo fue cristiano, en lugar de poner su "confianza en la carne" se gloriaba en Cristo (Filipenses 3:3) y se jactaba en la cruz (Gálatas 6:14).

La otra forma de la carnalidad sin ley está bien descrita en el cuadro que hace Pablo de la gente de los postreros tiempos, en que dominarán el amor propio, la arrogancia, la falta de dominio propio y los actos sin amor para con el prójimo (2 Timoteo 3:1-5).

La carne dentro de nosotros, en relación con el poder del pecado, está abierta a la influencia del sistema del mundo que nos rodea —sistema que está dominado por las potestades malignas (Efesios 2:1-3) y la operatoria directa de los espíritus malignos

El viejo hombre

Toda la persona está dominada por la carne y orientada al pecado.

El nuevo hombre

El creyente está orientado a Dios pero aún tiene restos que están propensos a la autonomía del yo (carne). Esto puede ser vencido por el poder del Espíritu.

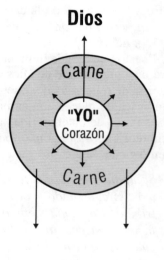

El viejo "yo" murió con Cristo, y un nuevo "yo" ha sido levantado con un nuevo corazón y una nueva orientación. Esta nueva orientación irradia hacia afuera para minimizar la creciente inclinación hacia la carne. Eso sucede en el poder del Espíritu, que habita en el nuevo corazón y procura llenar (controlar) a la persona total.

(Efesios 6:12). La carne es el tirón interior que sentimos a toda y cada forma de acción que no es de Dios. Puede que no estemos en los extremos de la religiosidad carnal, o la vida desenfrenada pero cuando vemos dentro de nosotros cualquier deseo de exaltar en alguna forma al yo, podemos saber con toda certeza que la carne aún sigue presente dentro de nosotros. Dicho sencillamente, la carne es la propensión constante a evitar vivir la vida por medio de la cruz o de obtener vida verdadera por medio de rendir nuestro egocentrismo.

La Escritura muestra claramente que somos vulnerables a los deseos pecadores del traidor interno: la carne. Por eso la Biblia está llena de exhortaciones a evitar las actitudes y las acciones de la carne, tanto en nuestra vida personal como en la vida de iglesia. Pero como ya no estamos más dominados por la carne, no tenemos que sucumbir a sus deseos.

Reaccionando correctamente a la carne

La respuesta del creyente a la carne debe empezar reconociendo que la fuerza para resistir a la vida egocéntrica no puede venir del yo. Debe venir de un poder más allá de nosotros mismos. Como cristianos no podemos romper el poder del pecado por medio de la carne más de lo podríamos hacerlo no siendo cristianos. Somos impotentes contra el pecado y debemos depender de un poder mayor que nosotros. La victoria está a disposición solamente por medio del poder del Espíritu.

La contraparte de la carne es el Espíritu Santo. Se nos dice que demos muerte a las obras carnales del cuerpo "por el Espíritu" (Romanos 8:13). Solamente cuando andamos en el Espíritu no vamos a satisfacer los deseos de la carne (Gálatas 5:15; *ver también* versículos 17-26). Solamente cuando vivimos en unión con Cristo por el poder del Espíritu podemos vencer las tentaciones de la carne. Solamente la vida victoriosa de Cristo, vivida en nosotros por el Espíritu es suficiente para la tarea.

Vivir por el Espíritu nos pide que creamos todo lo que tenemos y somos en Cristo y en la realidad del poder sobrenatural residente dentro de nosotros. Pero también insume acción obediente. Dos acciones específicas relacionadas a la carne son dadas en la Escritura.

Resistir la carne

La primera acción que debemos emprender contra la carne se halla en Romanos 8:13: "Si por el Espíritu hacéis morir las obras de la carne, viviréis". El Espíritu es el poder por el cual pueden resistirse los malos deseos de la carne pero tenemos que participar con Él. Tenemos que estar continua y activamente dando muerte a las costumbres que sabemos son pecadoras (en Romanos 8:13 Pablo escribió en presente para significar la acción continua). El enfoque está en las actividades que la carne realiza por medio del cuerpo. El contexto precedente revela el lugar primordial donde se libra el combate:

> *Porque los que son de la carne piensan en las cosas de la carne; pero los que son del Espíritu, en las cosas del Espíritu. Porque el ocuparse de la carne es muerte, pero el ocuparse del Espíritu es vida y paz (Romanos 8:5,6).*

¿Se ha fijado alguna vez en que la gente con conducta de adicción no tiene paz? Efectivamente muchos beben para ahogar los pensamientos molestos que los plagan. Otros sencillamente obedecen las "voces" de su cabeza dándole el gusto a la carne para obtener un respiro momentáneo. Por el contrario, crucificar la carne empieza llevando cautivo cada pensamiento a la obediencia de Cristo (2 Corintios 10:5).

Ver las cosas de arriba

La otra acción que tenemos que emprender contra la carne está dada en Colosenses 3:5: "Haced morir, pues, lo terrenal en vosotros: fornicación, impureza, pasiones desordenadas, malos deseos y avaricia, que es idolatría". El contexto precedente nos dice, nuevamente, cómo tenemos que hacer eso:

> *Si, pues, habéis resucitado con Cristo, buscad las cosas de arriba, donde está Cristo sentado a la diestra de Dios. Poned la mira en las cosas de arriba, no en las de la tierra. Porque habéis muerto, y vuestra vida está escondida con Cristo en Dios (Colosenses 3:1-30).*

Si nos enfocamos mentalmente en las cosas terrenales, probablemente vamos a satisfacer los deseos de la carne.

Una señora que fue a uno de los seminarios de Neil describió bien las luchas que podemos encontrar:

> Luché toda mi vida cristiana con pensamientos absurdos. Estos pensamientos eran demasiado vergonzosos para contárselos a alguien. ¿Cómo podía yo confesarle a alguien de la iglesia lo que acababa de pasar por mi cabeza? No sabía todavía lo que significaba llevar todo pensamiento cautivo a la obediencia de Cristo. Traté de hacerlo una vez pero fracasé porque todavía me culpaba por mis luchas. Siempre tenía una nube horrible pendiendo sobre mi cabeza debido a esto y, en consecuencia, nunca pensé que era justa porque nunca me sentía justa.
>
> Como resultado de malos tratos, me enseñaron a no pensar por mí misma. Esto me dejó lista para los juegos mentales de Satanás. Yo temía controlar mi mente porque no sabía lo que pasaría. Creía que perdería mi identidad porque no tendría a nadie que me dijera cómo vivir. Pero ahora, que he dominado mi mente, he ganado mi identidad por primera vez. Ya no creo más las mentiras de mi madre sobre mí ni la basura que Satanás me pasa. Ahora sé que soy hija de Dios. Solía preocuparme por si un pensamiento vendría de mí o del diablo. Ahora me doy cuenta que eso no es el punto. Sólo tengo que examinar el pensamiento conforme a la Palabra de Dios y, entonces, optar por la verdad.

Reemplazo de pensamientos carnales con la verdad

Fijar "nuestros ojos en Cristo, el autor y consumador de nuestra fe" (Hebreos 12:2) y aprender a disciplinar nuestras mentes para elegir la verdad, determina en gran medida nuestro progreso en la santificación. Solamente cuando conocemos la verdad y el carácter de Cristo vemos la fealdad de la carne. El corazón santificado siempre elegirá la verdad por sobre la esclavitud. Solamente entonces podemos arrancar brutalmente y terminar todas las manifestaciones de la vida egocéntrica. John Stott explica que esto es:

Ni masoquismo (tener placer en infligirse dolor) ni ascetismo (resentir y rechazar el hecho que tenemos cuerpos y apetitos corporales naturales). Más bien es un claro reconocimiento del mal como mal, que conduce a tal repudio decisivo y radical, de eso que ninguna imagen podría hacerle justicia salvo, "dar muerte".[7]

Mírelo de este modo: ¿Cómo quitarle un hueso viejo a un perro hambriento? Usted no quiere tomar el hueso porque el perro peleará por él. Se pondrá más y más protector de ese hueso. Tírele un trozo de carne y escupirá el hueso. Puede que el perro entierre el hueso viejo para tener algo a que volver si la vida se pone difícil. Puede sentirse tentado a sacarlo de nuevo para asegurarse de que todavía está disponible en caso de que vuelva a darle hambre. Como cristianos tenemos que enterrar las obras de la carne y darle una buena mirada a Jesús cuando estamos tentados a desenterrarlas. Nada más satisface como lo hace Jesús: "Bienaventurados los que tienen hambre y sed de justicia, porque ellos serán saciados" (Mateo 5:6).

Pablo nos dice en Romanos 13:14: "Sino vestíos del Señor Jesucristo, y no proveáis para los deseos de la carne". La palabra griega "proveáis" se refiere básicamente a cuidar, preocuparse por pensar en.[8] No tenemos que pensar en ni hacer nada que tienda o apunte a gratificar los deseos pecadores de la carne. Dejar que nuestros pensamientos contemplen cosas negativas o temas inmorales puede incitar actitudes carnales de ira, envidia, rencor, desesperación y conducir a acciones inmorales. Si tratamos de no pensar cosas malas habitualmente, sin embargo, terminaremos derrotados. En cambio, tenemos que pensar cosas buenas. Tenemos que vencer la mentira optando por la verdad. Solamente renunciar a la mentira no nos servirá.

Evitar situaciones carnales

Si queremos evitar el proveer para los deseos de la carne, tenemos que evitar las situaciones y los enredos que pueden estimular la conducta carnal. Tener escondida una botella de licor o unas cuantas revistas pornográficas en alguna parte de la casa es proveer para la carne. Asimismo proveemos para la carne, cuando contemplamos ideas o hacemos planes para cuando se pueda hacer las obras de la carne en secreto. Pablo dijo al joven Timoteo: "Huye también de las pasiones juveniles, y sigue la justicia, la fe, el amor y la paz, con los que de corazón limpio invocan al Señor. Pero desecha las cuestiones necias e insensatas, sabiendo que engendran contiendas" (2 Timoteo 2:22,23).

Fíjese que la exhortación de Pablo trata algo más que él sólo puede evitar: las tentaciones sensuales. También decía que en nuestras relaciones con otras personas tenemos que evitar las situaciones y las acciones que tienden a suscitar la afirmación y la defensa impropias del yo. Antes bien, tenemos que procurar las cosas del Espíritu al confraternizar con los demás. La comunión con el prójimo es importante porque somos más vulnerables a pecar cuando estamos solos. Una forma de no hacer provisión para la carne es quedarse en continua comunión con otros creyentes.

Cuando yo estaba en la Armada, vi a más de un marinero volver al barco todo golpeado y despojado de su dinero. Esto le pasaba a los marineros que se aventuraban a ir solos a un bar durante los permisos para ir a tierra. Nunca vi que eso le pasara a alguien que hubiera ido con un grupo de amigos al centro cristiano de hombres en servicio o al gimnasio de la base naval. Igualmente, como cristianos, tenemos que optar por evitar situaciones comprometedoras o evitar meternos en ellas: "No erréis; las malas conversaciones corrompen las buenas costumbres" (1 Corintios 15:33).

El mundo: La oposición exterior

Definiendo al mundo

No solamente tenemos que contender con la carne, que es el traidor interior, sino que también tenemos que contender con el mundo que representa la oposición exterior. En el Nuevo Testamento la palabra griega "mundo" (*kosmos*) significa básicamente "orden" o "sistema". *Kosmos* se usa en la Escritura para referirse a todo el universo creado (Hechos 17:24), la Tierra (Marcos 8:36; Juan 1:1) y, frecuentemente, al mundo de la humanidad (Juan 3:16,19). Además, como el mundo de la humanidad está sujeto al dominio del pecado, surge un significado más: "el mundo" es una palabra usada para hablar del complejo sistema de la humanidad apartado de Dios. Este concepto del mundo ha sido bien definido como "...todo el sistema de la humanidad (sus instituciones, estructuras, valores y costumbres) organizado sin Dios".[9]

Otra palabra griega, *aion*, que básicamente significa "un tiempo largo" o "una era" se usa en algunos casos para designar "la corriente del mundo apartado de Cristo".[10] Como tal abarca la idea de la historia humana en todas sus dimensiones bajo el dominio del pecado (*ver* el paralelo de 1 Corintios 1:20 y 3:19). Los dos vocablos griegos se unen cuando Pablo habla de "la corriente (*aion*) del mundo (*kosmos*)" (Efesios 2:2).

El carácter malo del mundo y su animosidad contra Dios y Su salvación se ve en lo que dijo Jesús a Sus discípulos: "Si el mundo os aborrece, sabed que a mí me ha aborrecido antes que a vosotros" (Juan 15:18,19). La sabiduría del mundo considera la cruz de Cristo como locura, y es la antítesis de la sabiduría de Dios (1 Corintios 1:18-24). La naturaleza mala del mundo se ve también en el hecho de que es el dominio del reino de Satanás. Él es "el príncipe de este mundo" (Juan 12:31; 16:11) y el "dios de este siglo" (2 Corintios 4:4). "Y el mundo entero está bajo el maligno" (1 Juan 5:19). No sólo se dice que el diablo sino sus aliados espirituales malignos son "los principados ... potestades ... gobernadores de las tinieblas de este mundo" (Efesios 6:12).

Los elementos de la mundanalidad

Las características verdaderas del mundo se ven en 1 Juan 2:16: "Porque todo lo que hay en el mundo, los deseos de la carne, los deseos de los ojos, y la vanagloria de la vida, no proviene del Padre, sino del mundo". Los "deseos de la carne" son los deseos pecadores de nuestra naturaleza humana caída —aquellos que dejan fuera a Dios y Su voluntad. Los "deseos de los ojos" se refieren a tomar en cuenta solamente el aspecto o apariencia exteriores de alguien o algo sin ver su valor real. Como dijo una persona, es "el amor de la belleza divorciado del amor de la bondad..."[11] En la Biblia leemos que Eva vio que el fruto prohibido "era agradable a los ojos" (Génesis 3:6). Acán "vio" el botín de guerra prohibido y lo ocultó en su tienda (Josué 7:21). David miró la belleza de Betsabé y pecó gravemente.

Finalmente, 1 Juan 2:6 menciona "la vanagloria de la vida" como característica de este mundo. La palabra griega "vanagloria" describe a "alguien que hace más de sí mismo de lo que justifica la realidad". Esta descripción del mundo connota "la actitud del hombre cósmico que no pregunta por la voluntad del Padre, sino que trata de hacer lo que él mismo puede decidir soberanamente tocante a la forma de su vida..."[12] Esta jactancia mundana se ve en aquellos que dicen: "Hoy y mañana iremos a tal ciudad, y estaremos allá un año, y traficaremos, y ganaremos" (Santiago 4:13). Enseguida Santiago dice que no podemos prever lo que pasará en el futuro. Nuestra vida no es sino "neblina que se aparece por un poco de tiempo, y luego se desvanece" (versículo 14). Así, pues, debemos decir: "Si el Señor quiere, viviremos y haremos esto o aquello" (versículo 15). La vanagloria mundana de la que habla Santiago no se limita al fanfarrón; 1 Juan 2:16 indica que es la actitud de cualquiera que viva su vida apartado del Padre.

Cuando Juan escribió sobre los deseos de la carne, los deseos de los ojos y la vanagloria de la vida, dijo que estas características no vienen del Padre sino del mundo (1 Juan 2:16). Él indicaba que el peligro de la mundanalidad en nuestra vida no es sencillamente cuestión de hacer ciertas cosas y evitar otras. Antes bien, él se refería a la actitud que tenemos en la vida. ¿Está Dios incluido en todo lo que hacemos? Si no es así, es "del mundo".

El mundo también se caracteriza por su propia "sabiduría" que se origina a la vez del arrogante razonamiento humano (1 Corintios 1:19-31) y "del diablo" (Santiago 3:15). Es una sabiduría que afirma el conocimiento pero que realmente no cambia la vida. Santiago preguntaba: "¿Quién es sabio y entendido entre vosotros? Muestre por la buena conducta sus obras en sabia mansedumbre" (3:13).

¿Amistad con el mundo o con Dios?

El peligro constante para nosotros los cristianos es que podemos dejar que nuestra afectividad sea atraída al mundo. Así, pues, se nos advierte: "No améis al mundo, ni las cosas que están en el mundo. Si alguno ama al mundo, el amor del Padre no está en él" (1 Juan 2:15). Como cristianos estamos comprometidos con Cristo como Su esposa. Pero somos tentados a cometer adulterio con el mundo: "¡Oh, almas adúlteras! ¿No sabéis que la amistad del mundo es enemistad contra Dios? Cualquiera, pues, que quiera ser amigo del mundo, se constituye enemigo de Dios" (Santiago 4:4). Demas es un caso ejemplar de alguien que falló en su camino de creyente, porque "amó a este mundo" y abandonó a Pablo (2 Timoteo 4:10).

El mundo procura constantemente sacar nuestro amor de Cristo apelando a nuestra carne que desea vivir conforme a los valores del mundo. La conexión de nuestra carne y el mundo es evidente en la descripción que hace Pablo de aquellos que "siguiendo la corriente de este mundo ... vivimos en los deseos de nuestra carne, haciendo la voluntad de la carne y de los pensamientos" (Efesios 2:2,3). Santiago nos dice que las guerras y los pleitos —que caracterizan al mundo y resultan del egoísmo— vienen desde "vuestras pasiones, las cuales combaten en vuestros miembros" (Santiago 4:1). A veces, llevamos en oración a Dios peticiones mundanas para que podamos gastar lo que tenemos en nuestros placeres (versículo 3). La gran tentación del mundo es satisfacer nuestros placeres sin buscar lo que agrada a Dios. Naturalmente sólo esto último es, en definitiva, lo que da vida y es verdaderamente satisfactorio.

Respondiendo correctamente al mundo

El sistema del mundo fomenta la autosuficiencia y este mensaje se halla en todas partes de nuestra sociedad y cultura —los medios de comunicación, el lugar de trabajo, el sistema educativo, los círculos económicos y así por el estilo. Pese a estar rodeados por el sistema del mundo y tener por dentro a la carne, que es atraída a las cosas del mundo, tenemos todos los recursos que necesitamos "en Cristo" para resistir estas amenazas.

Como cristianos podemos tener amor a Dios, debido a que en Cristo somos más que vencedores del mundo: "Pues este es el amor a Dios, que guardemos sus mandamientos; y sus mandamientos no son gravosos. Porque todo lo que es nacido de Dios vence al mundo" (1 Juan 5:3,4). En ese pasaje el verbo "vence" está en presente, indicando no que el creyente nunca sucumba a las tentaciones del mundo, sino que la vida del creyente está generalmente caracterizada por la victoria más que por la derrota.

Luego, Juan comparte que el medio del triunfo es nuestra fe en Dios: "Y esta es la victoria que ha vencido al mundo, nuestra fe. ¿Quién es el que vence al mundo, sino el que cree que Jesús es el Hijo de Dios?" (1 Juan 5:4,5). Los tiempos verbales que usa Juan en esa declaración son interesantes. En la primera frase, la oración "ha vencido" está en el tiempo aorista del griego, lo que sugiere que la acción está *finalizada*. Eso es consecuente con la verdad de que cuando fuimos a Cristo, fuimos unidos a Aquel que pudo decir: "Pero confiad, yo he vencido al mundo" (Juan 16:33). El decisivo triunfo de Cristo sobre los poderes del pecado pertenece a todo creyente "en Él". Cuando depositamos nuestra fe en Cristo, en un sentido muy real, llegamos a ser vencedores. Hemos vencido al espíritu maligno del mundo "porque mayor es el que está en vosotros [nosotros], que el que está en el mundo" (1 Juan 4:4).

En la segunda frase, el verbo "vence" está en presente, sugiriendo un vencer *continuo*, esto es, la experiencia diaria de nuestra victoria sobre el mundo porque somos en Cristo. En resumen, entonces es nuestra fe inicial en Cristo lo que nos hizo vencedores y es nuestra fe continua ("el que cree" literalmente es "el que cree continuamente") la que gana la batalla diariamente. Un comentarista de la Biblia dijo eso:

> Al hombre natural le parece incontrolable el poder del mal y al cristiano débil le parece irresistible la fuerza de la tentación. Se necesita creer firmemente en Jesús para poder descartar esta apariencia de mal irresistible, incontrolable por ser lo que es, mera apariencia...Tal fe dista mucho de ser realización de deseos o pura ilusión. Por el contrario, descansa bien en el hecho de que Jesucristo derrotó a la muerte y todo aquel que puede derrotar la muerte puede derrotar todo.[13]

El papel de la fe en vencer al mundo

Recuerde que nacimos a este mundo físicamente vivos pero espiritualmente muertos. No teníamos la presencia de Dios en nuestra vida ni el conocimiento de Sus caminos. Así que nuestra mente fue programada por el mundo que condicionó a nuestra carne para que viva nuestra vida independientemente de Dios. Debido a que como cristianos aún vivimos en el mundo, puede seguir moldeándonos. Por eso el apóstol Pablo dijo: "No os conforméis a este siglo, sino transformaos por medio de la renovación de vuestro entendimiento" (Romanos 12:2). El enfoque de la renovación de nuestra mente tiene que estar en Cristo, el autor y consumador de nuestra fe, porque Él es el camino y la verdad. Pablo advierte en otro pasaje: "Mirad que nadie os engañe por medio de filosofías y huecas sutilezas, según las tradiciones de los hombres, conforme a los rudimentos del mundo, y no según Cristo" (Colosenses 2:8). Podemos protegernos del mundo con ayuda de toda la verdad bíblica pero hay varias verdades específicas que son particularmente útiles para combatir al mundo.

Santiago apela a sus lectores haciéndoles saber que la mundanalidad es la antítesis absoluta de la relación de ellos con Dios: "¡Oh, almas adúlteras! ¿No sabéis que la amistad del mundo es enemistad contra Dios? Cualquiera, pues, que quiera ser amigo del mundo, se constituye enemigo de Dios" (4:4). No podemos servir a dos amos ni amar a dos esposas; debemos reconocer continuamente cuánto odia el mundo a Dios y Dios aborrece el pecado del mundo.

La amistad con el mundo no es solamente antítesis a Dios sino también la antítesis de nuestra identidad de creyentes. El apóstol Pablo habla por todos los creyentes cuando dice: "Pero lejos esté de mí gloriarme, sino en la cruz de nuestro Señor Jesucristo, por quien el mundo me es crucificado a mí, y yo al mundo" (Gálatas 6"14). La fe en Cristo significa fe en la cruz. El mundo odia la cruz porque revela el error final de la actitud del mundo de que el hombre es apto y capaz de hallar vida en sus propios términos. Pero el creyente ama la cruz. Su confianza está en la sola cruz y así se jacta. Por medio de la cruz llegó a ser una criatura radicalmente nueva que ya no pertenece al mundo ni vive conforme a este. Tiene una nueva identidad que no tiene absolutamente nada que ver con el mundo. Como resultado de nuestra crucifixión con Cristo, "nosotros y el mundo nos hemos separado. Cada uno ha sido 'crucificado' al otro... Previamente nosotros nos poníamos desesperadamente ansiosos por estar en el favor del mundo. Pero, ahora que nos hemos visto como pecadores y a Cristo crucificado como portador de nuestro pecado, no nos importa lo que el mundo piense o diga o haga de nosotros".[14]

Nuestra identidad nueva no está solamente separada del mundo sino también tiene nuevas propensiones, nuevos deseos, nuevas pasiones, nuevos valores. La fe en Aquel que venció al mundo nunca olvida la cruz y la identidad nueva que es hecha posible por medio de Su obra —una identidad completamente antitética con los valores y características del sistema del mundo.

En palabras sencillas, la resistencia al mundo es simplemente 'estar en su sano juicio' y la mundanalidad es el epítome de la estupidez. Amar el mundo es planear deliberadamente la condena. "Y el mundo pasa, y sus deseos; pero el que hace la voluntad de Dios permanece para siempre" (1 Juan 2:17). Jesús dijo que edificar la vida en las arenas movedizas es invitar al desastre. Hacerse tesoros donde las polillas y el orín y los ladrones pueden quitárnoslos es enfrentar la bancarrota definitiva. Así que amar las cosas que aún están en proceso de pasar es decidir anticipadamente que el corazón quedará, en última instancia, estéril y dolido.

Haciendo la elección correcta

Una pareja físicamente atractiva vino a la iglesia que yo (Neil) pastoreaba, esperando encontrar respuesta para su matrimonio que se desmoronaba. Manejaban un automóvil deportivo caro y estaban inmaculadamente vestidos. Tenían todo lo que el mundo podía brindarles. Él era un ingeniero con un título de abogado y había trepado la pirámide empresarial llegando a lo que el mundo llama éxito. Pero el matrimonio de ellos estaba encallado debido a que él se sentía sexualmente atraído a otra mujer. En el proceso de la consejería, la esposa llegó a ser cristiana pero no el marido. Para demostrar que él cooperaba con el esfuerzo de solucionar sus problemas matrimoniales, él siguió yendo a la iglesia con ella.

Entonces, hizo una cita conmigo. Me dijo que la gente de la iglesia le instaba a que se hiciera cristiano porque ¡tenía un testimonio tan bueno! ¿Un testimonio de qué? ¿De sus propios logros sin Cristo? ¿En realidad, qué le habían dado todos esos logros mundanos? El hombre sufría. Era lo bastante inteligente para darse cuenta de lo que la gente decía. Él había trepado la escalera del éxito y había descubierto que estaba apoyado en la pared equivocada. Lo que él quería hacer era empujar la escalera a la pared correcta y quedarse en el peldaño de arriba pero no podía. Quería lo mejor de ambos mundos pero no podía tenerlo. Tenía que empezar todo de nuevo, desde el primer peldaño como todos los demás. Como dijo Jesús, "es más fácil pasar un camello por el ojo de una aguja, que entrar un rico en el reino de los cielos" (Mateo 19:24). Este joven rico no estaba dispuesto a dar la falsa seguridad y los gustos carnales de este mundo. Llegó el momento en que abandonó a su esposa para satisfacer su lujuria y su seguridad siguió puesta en sus posesiones mundanas.

Cuando los discípulos le preguntaron a Jesús quién era el mayor en el reino: "Y llamando Jesús a un niño, lo puso en medio de ellos, y dijo: De cierto os digo, que sino os volvéis y os hacéis como niños, no entraréis en el reino de los cielos. Así que, cualquiera que se humille como este niño, ése es el mayor en el reino de los cielos" (Mateo 18:2-4). La humildad es la confianza apropiadamente depositada en Cristo. No tenemos que poner ninguna confianza en la carne (Filipenses 3:3).

¿Su escalera al éxito se apoya en la pared correcta? El mundo y la carne son enemigos formidables que no podemos tomar a la ligera. "Hay camino que al hombre le parece derecho; pero su fin es camino de muerte" (Proverbios 3:3).

En sus años mozos Moisés no le servía a Dios en la corte del faraón. Luego de ser humillado durante 40 años en los confines del desierto, se volvió el instrumento por el cual Dios obraría para liberar a Su pueblo. El autor y orador Charles Colson no le servía a Dios en la Casa Blanca pero se volvió útil cuando fue encarcelado. No necesitamos lo que el mundo puede ofrecer; necesitamos a Cristo. Cualquier posición del mundo palidece comparada con estar sentados con Cristo en los lugares celestes.

Lo
COMÚN
HECHO
Santo
17

La guerra de la santificación

*Pero temo que como la serpiente con su astucia engañó a Eva,
vuestros sentidos sean de alguna manera extraviados de la
sincera fidelidad a Cristo.*

2 Corintios 11:3

¡Es el tiempo de acción de gracias y yo tengo mucho porque estar agradecido! ¡Soy libre! ¡Soy libre! ¡Soy libre! Anote que este es otro pastor librado de la terrible esclavitud del engaño para la libertad en Cristo. Yo podría emparejar historia con historia, testimonio personal con testimonio personal, experiencia tremenda con experiencia tremenda, con muchas de las cartas que usted comparte. Si ayudara a otros pastores derrotados, yo estaría feliz de compartir específicamente mi libertad de pecados sexuales, desórdenes en el comer y la incapacidad de leer y concentrarme en la Palabra de Dios. Cuando leí *Victoria sobre la oscuridad*, la luz empezó a brillar y comencé a experimentar la libertad de Dios al ir entrando la verdad de Su Palabra en mi mente y expulsando las mentiras. Cuando oré dando los "Pasos a la libertad en Cristo" en su conferencia, ¡supe que estaba libre! ¡Libre del engaño satánico, libre para disfrutar mi relación con Dios como hijo suyo y libre para pensar claramente de nuevo!

Esa es sólo una de cientos de cartas, no pedidas, que recibimos de personas que se han sometido verdaderamente a Dios y resistido al diablo (Santiago 4:7) usando los "Pasos a la libertad en Cristo". Los "Pasos" no son, por supuesto, lo que le liberta. *Quien* le libera es Cristo y *lo que* le libera es su respuesta a Él en arrepentimiento y fe. Los "Pasos a la libertad" son sólo una herramienta que ayuda a la gente a resolver conflictos espirituales y personales que les impiden disfrutar una relación vibrante con Dios.[1] Esto es un proceso integral de arrepentimiento que toma en cuenta la realidad de las fuerzas espirituales del mal, el tercer enemigo, y el definitivo, de la santificación. (Vimos los otros dos enemigos —la carne y el mundo— en el capítulo anterior).

Metidos en una batalla real

Quien está detrás de usted y usa tanto al mundo como a la carne en su oposición contra el plan de Dios es "el príncipe de este mundo" (Juan 14:30), el "príncipe de la potestad del aire" (Efesios 2:2). Juan dice: "Sabemos que somos de Dios, y el mundo entero está bajo el maligno" (1 Juan 5:19).

Desafortunadamente muchos cristianos no se dan cuenta de eso. No saben quienes son en Cristo ni por qué importa saber eso, y aún menos cristianos saben prácticamente que: "no tenemos lucha contra sangre y carne, sino contra principados, contra potestades, contra los gobernadores de las tinieblas de este siglo, contra huestes espirituales de maldad en las regiones celestes" (Efesios 6:12).

La batalla real es entre Cristo y el anticristo; entre Aquel que es la verdad y el padre de mentiras; entre el reino de la luz y el reino de las tinieblas; entre el Espíritu de verdad y los espíritus engañadores; y, en última instancia, entre la vida y la muerte. Evidentemente muchos nunca recibirán la vida abundante que ofrece Jesús porque: "el dios de este siglo cegó el entendimiento de los incrédulos, para que no les resplandezca la luz del evangelio de la gloria de Cristo, el cual es la imagen de Dios" (2 Corintios 4:4).

Reconociendo al enemigo real

Decir que como cristianos creemos que el diablo es una persona, siempre ha sido parte de la declaración doctrinal de la iglesia histórica. Comentando acerca del diablo, como se le menciona en Efesios 6:11, Andrew T. Lincoln dice: "...se entiende que las fuerzas del mal que están tras la actividad humana tienen un centro personal".[2] En el comienzo del tiempo Satanás con su astucia engañó a Eva (2 Corintios 11:3) y en los postreros tiempos él será un enemigo clave, según el libro del Apocalipsis.

La realidad de este enemigo se aprecia en las palabras de Pedro: "vuestro adversario el diablo, como león rugiente, anda alrededor buscando a quien devorar" (1 Pedro 5:8). El propósito de Satanás no es nada menos que "devorar" a los creyentes. Justo antes que Jesús fuera arrestado y crucificado, Él advirtió a Pedro: "He aquí Satanás os ha pedido para zarandearos como a trigo" (Lucas 22:31). Por medio de los sucesos de la cruz y después de ella, Satanás iba a tratar de destruir la fe de los discípulos (sabemos esto porque la palabra "os" de Lucas 22:31 está en plural, refiriéndose a todos los discípulos, no solamente a Pedro). Satanás tenía la esperanza de que ellos, como Judas, serían zarandeados "como a trigo".[3]

La oposición de Satanás a Dios y Sus hijos se vuelve evidente en los nombres y descripciones adscritas a él. Además del nombre "diablo" que significa "acusador" este enemigo principal es conocido como "Satán" que significa "Adversario". Su carácter es también palpable en los nombres "el maligno" y "el gran dragón" que denota un terrible monstruo; y "serpiente" que simboliza su engañosidad astuta y seductora.

Las asechanzas de Satanás

La tentación a través del engaño

Aunque el diablo es explícitamente llamado "el tentador" en sólo dos casos (Mateo 4:3; 1 Tesalonicenses 3:5,[4] Jesús lo identifica como relacionado con toda tentación cuando enseña Su modelo de oración: "Y no nos metas en tentación, mas líbranos del mal" (Mateo 6:13; *ver también* 1 Corintios 7:5; Apocalipsis 2:10).[5] Todo creyente tiene que enfrentar y vencer al tentador puesto que es posible vencerlo, conforme a 1 Corintios 10:13:

*No os ha sobrevenido ninguna tentación que no sea huma-
na; pero fiel es Dios, que no os dejará ser tentados más de
lo que podéis resistir, sino que dará también juntamente
con la tentación la salida, para que podáis soportar.*

A comienzos de este libro aprendimos, que la vida y el crecimiento verdaderos vienen de incorporar la vida de Dios, en nuestra
vida por medio de la fe en Su Palabra, Su verdad. Lo opuesto de
eso también es cierto: la muerte y la destrucción vienen de lo que
se opone a Dios: la mentira. Si somos santificados por fe al irnos
guiando el Espíritu Santo a toda la verdad, entonces la estrategia
principal de Satanás para destruir a la humanidad es contrarrestar
la verdad de Dios con mentiras. Él sabe que la gente no siempre
vive de acuerdo con lo que *profesa* sino que de acuerdo con lo que
optan *por creer en sus corazones*. Entonces, Satanás puede triunfar
alejando a la gente de Dios y Sus principios justos al hacerles creer
una mentira. Por eso Dios mató a Ananías y Zafira cuando mintie-
ron al Espíritu Santo (Hechos 5:3). Él quería enviar un fuerte
mensaje a la iglesia de los primeros días tocante al peligro de
sucumbir a Satanás. La estrategia principal del diablo es tentarnos
para que creamos sus mentiras y, por consecuencia, las vivamos:
así es como nos conduce a nuestra destrucción.

Empezó con una mentira

El primer pecado fue el resultado de la tentación hecha por
Satanás mediante una mentira (Génesis 3:4-5). Esta mentira original nos revela la naturaleza de sus mentiras: él quiere que dudemos
del infinito amor y bondad de Dios. Él quiere que creamos que Dios
está limitando de alguna manera la plenitud de nuestra vida y que
la voluntad de Dios no es óptima para nosotros. Él quiere que
creamos que podemos tener una vida más rica y plena aparte de
Dios. Efectivamente, *toda,* tentación es un intento de hacernos vivir
nuestra vida independientemente de Dios.

Luego de declarar que es la verdad de Él lo que rompe las
cadenas del pecado y nos liberta, Jesús dice a quienes procuraban
matarlo: "Vosotros sois de vuestro padre el diablo... Él ha sido
homicida desde el principio, y no ha permanecido en la verdad,
porque no hay verdad en él. Cuando habla mentira, de suyo habla;

porque es mentiroso, y padre de mentira" (Juan 8:44). Digno de notar es que el homicidio y todos los demás pecados surgen de no conocer la verdad y optar por creer la mentira.

Que el engaño efectivamente es el arma real de todas las tentaciones que Satanás dirige a los creyentes, queda claro al final de la Escritura. Apocalipsis 20 nos cuenta de una época en que Satanás será atado y encerrado en un abismo por mil años. El resultado de su ausencia revela la naturaleza de su ataque: "para que no engañase más a las naciones, hasta que fuesen cumplidos mil años" (20:3). Luego de cumplirse los mil años, será soltado por corto tiempo y, nuevamente queda clara la naturaleza de su obra: "Satanás será suelto de su prisión y saldrá a engañar a las naciones que están en los cuatro ángulos de la tierra" (20:7,8).

No asombra pues que Jesús rogara en Su oración de sumo sacerdote:

> *Yo les he dado tu palabra; y el mundo los aborreció, porque no son del mundo, como tampoco yo soy del mundo. No ruego que los quites del mundo, sino que los guardes del mal. No son del mundo, como tampoco yo soy del mundo. Santifícalos en tu verdad; tu palabra es verdad. Como tú me enviaste al mundo, así yo los he enviado al mundo. Y por ellos yo me santifico a mí mismo, para que también ellos sean santificados en la verdad (Juan 17:14-19).*

Un enemigo astuto

Como podemos sospechar, la táctica engañosa del enemigo comprende su método de trabajo. Tenemos que ponernos la armadura de Dios para que podamos resistir las "asechanzas" del diablo (Efesios 6:11). La palabra griega traducida "asechanzas" se refiere a la astucia y el engaño. Los ataques de Satanás no siempre son ataques frontales obvios; él "emplea estratagemas astutas y seductoras concebidas para atrapar a los creyentes sin que se den cuenta".[6] Su sagacidad hizo que Pablo advirtiera contra de ser burlado (engañado, defraudado, estafado) por el diablo (2 Corintios 2:11).

En 2 Corintios 11:3 Pablo se refiere a "la astucia" de nuestro enemigo usando una palabra griega, (combinación de "todo" y "trabajo") que significa "una prontitud astuta para adoptar cualquier truco o cosa, para lograr los fines que son de todo menos altruistas".[7]

En forma muy parecida a los cazadores que usan trampas escondidas para atrapar un animal, Satanás "atrapa" creyentes por medio de sus tácticas astutas y engañosas: "el mismo Satanás se disfraza como ángel de luz" (2 Corintios 11:14).

Thomas Brooks, predicador y pastor inglés del siglo XVII, escribió sobre muchas de las estrategias astutas de Satanás en su obra clásica titulada, *Precious Remedies Against Satan's Devices*. Entre ellas él comenta que Satanás, como se lo hizo en el jardín a Eva, presenta el placer y el provecho del pecado pero esconde el dolor que seguirá. Él pinta el pecado con colores virtuosos; por ejemplo, presenta la codicia como economía buena. Disminuye el pecado diciendo "es sólo un poco de orgullo, un poco de mundanalidad"; minimiza el temor del pecado presentando solamente la gran misericordia de Dios; hace que el alma confíe en que puede andar cerca de las ocasiones de pecar sin salir herida; descorazona a la persona enfocándose en las tristezas y las pérdidas de la vida de santidad; incita a compararse con aquellos considerados peores; nos hace pensar más en nuestros pecados que en nuestro Salvador y nos hace creer que no somos buenos porque estamos acosados por la tentación y no podemos disfrutar a Dios como antes.[8]

En cuanto cedemos a la tentación Satanás cambia de inmediato su estrategia y se pone a acusar. Se le llama específicamente: "el acusador de nuestros hermanos, el que los acusaba delante de nuestro Dios día y noche" (Apocalipsis 12:10). Aunque ese versículo habla de las acusaciones llevadas ante Dios (como en el caso de Job —*Ver Job 1:6-12; 2:1-5) Satanás también lanza acusaciones a nosotros para perseguirnos con el descorazonamiento y la depresión.*

Satanás conoce nuestras debilidades

Las asechanzas de Satanás son más peligrosas de lo que nos damos cuenta porque en su conocimiento sobrehumano, él sabe donde es nuestro punto débil y usa ese conocimiento para su propia ventaja. Como lo señala Brooks:

Si David se enorgullecía de su gente, Satanás lo provocaría a contarlos para que se enorgulleciera más, 2 Samuel 24. Si Pedro estaba esclavizado al temor, Satanás lo pondría a reprender y negar a Cristo para salvar su propio pellejo, Mateo 16:22; 26:69-75. Si los profetas de Acab eran dados al halago, el diablo se volvería directamente espíritu mentiroso en la boca de cuatrocientos de ellos e iban a halagar a Acab para arruinarlo, 1 Reyes 22. Si Judas era traidor, Satanás entraría rápidamente en su corazón y le haría vender a su amo por dinero, cosa que algunos paganos nunca hubieran hecho, Juan 13. Si Ananías mentía para sacar ventajas, Satanás llenaría su corazón para que mintiera al Espíritu Santo teniendo un testigo, Hecho 5:3. Satanás ama zarpar a favor del viento y adapta las tentaciones de los hombres a sus condiciones e inclinaciones. Si ellos están prósperos, él los tentará a negar a Dios, Proverbios 30:9; si están pasando adversidad, los tentará a desconfiar de Dios; si el conocimiento de ellos es débil, él los tentará a tener pensamientos bajos de Dios; si la conciencia de ellos es sensible, los tentará a la escrupulosidad; si es amplia, a la seguridad carnal; si son de espíritu osado, los tentará a ser presuntuosos; si son timoratos, a la desesperación; si son flexibles, a la inconstancia; si son tranquilos, a ser impenitentes.[9]

Satanás tienta a los creyentes a pecar por medio de una amplia gama de variados medios. Rara vez deja ver su mano y, rara vez ataca en forma evidente. Sus demonios son como cucarachas. Salen en la noche y se escurren a esconderse cuando llega la luz. Sus actividades son mucho más encubiertas que abiertas. Como dijo Brooks: "Así Satanás hace más daño en su piel de oveja que rugiendo como león".[10]

La tentación por medio del sistema del mundo

El enfoque que Satanás empleó para tentar a Jesús, muestra que muchas de las tentaciones de Satanás son involucrando a terceras personas, con hechos e implicaciones del mundo que nos rodea.

Justo antes de que empezara el ministerio público de Jesús, Satanás lo asaltó directamente en el desierto. Después: "Y cuando el diablo hubo acabado toda tentación, se apartó de él por un tiempo" (Lucas 4:13). Evidentemente Satanás siguió tentando a Jesús cuando se presentaban las oportunidades favorables. Y como no hay otras referencias bíblicas que digan que Satanás tentó directamente a Jesús, podemos suponer que esas tentaciones vinieron a través de otros medios. Sin duda que abarcaron las preguntas que los opositores de Jesús le planteaban tratando de atraparlo (Lucas 20:20) y el intento de Pedro para disuadir a Jesús de ir a la cruz (que Jesús vio como inspirado por Satanás, Mateo 16:21-23). Muy probablemente esas tentaciones incluyeron la lucha que soportó Jesús en Getsemaní, cuando se acercaba el momento crucial de su ministerio: enfrentarse a la cruz y la muerte. Otra gran tentación era hacerlo pensar que sus discípulos en la hora decisiva, fueran tentados a huir y abandonar el camino. En todas esas situaciones y más, a Jesús se le ofreció hacer eso que sería más fácil y agradable para Él y el mundo en vez de hacer la voluntad de Su Padre. Él "fue tentado en todo según nuestra semejanza" (Hebreos 4:15) y Lucas 4:13 sugiere que el diablo estuvo metido en esas tentaciones.

La participación del diablo en las tentaciones que se originan en otras personas o fuentes se ve claramente en la advertencia de Santiago a sus lectores:

Pero si tenéis celos amargos y contención en vuestro corazón, no os jactéis, ni mintáis contra la verdad; porque esta sabiduría no es la que desciende de lo alto, sino terrenal, animal, diabólica. Porque donde hay celos y contención, allí hay perturbación y toda obra perversa (3:14-16).

No podemos eludir la conclusión de Santiago, de que las mentiras provenientes del dios de este mundo son la causa de la envidia, de la ambición egoísta y de la discordia, todas las cuales afectan nuestras relaciones con el prójimo. Recuerde lo que aprendimos en el capítulo 10: nuestras emociones son primordialmente producto de nuestros pensamientos. Esto incluye a los cristianos como dice Simón Kistemaker, comentarista de la Biblia: "La carta de

Santiago deja la impresión de que el diablo empleó a algunos de los miembros de la iglesia".[11] La reprimenda de Santiago contra la mundanalidad y el orgullo, que evidentemente producen acusaciones y juicio pecador de creyente contra creyente, también está claramente relacionada con el diablo (Santiago 4:1-12).

En Santiago 4:6,7 y 1 Pedro 5:6-8, el diablo y el orgullo son mencionados juntos. Florence Allshorn observó que el diablo, al contrario del cristiano, "toma en serio al orgullo, sabiendo que en la medida que pueda afectar al orgullo humano, puede frustrar los propósitos de Dios, aunque sea transitoriamente... para el propósito del diablo sirve mucho más un cristiano orgulloso que un ateo o un pagano".[12]

La tentación de Satanás a los creyentes usando otras personas, también queda claro en su incitación a perseguir. La advertencia de Pedro acerca del diablo, que busca devorar a los creyentes, es dada a los creyentes que estaban soportando sufrimientos por medio de la persecución: "Al cual resistid firmes en la fe, sabiendo que los mismos padecimientos se van cumpliendo en vuestros hermanos en todo el mundo" (1 Pedro 5:8,9). El apóstol Juan agrega: "El diablo echará a algunos de vosotros en la cárcel, para que seáis probados, y tendréis tribulación" (Apocalipsis 2:10).

El diablo nos tentará sea por medio del dolor físico o de las variadas formas del dolor emocional, para que neguemos o desconfiemos de Dios y lo hará por medio de la persecución de aquellos que pertenecen al sistema del mundo. Cuando usted hable con cristianos que han sido víctimas de gente impía, verá que muchos, como resultado de la persecución, luchan con pensamientos que cuestionan la existencia o el cuidado del Señor.

El engaño por medio de pensamientos directos

La Escritura también revela que Satanás puede engañarnos poniendo ciertos pensamientos en nuestra mente. Por ejemplo, en el Antiguo Testamento leemos que: "Pero Satanás se levantó contra Israel e incitó a David a que hiciese censo de Israel" (1 Crónicas 21:1). David lo hizo y contó a los israelitas aunque Joab protestó y señaló que hacerlo era pecado. Aunque David confesó después que había hecho mal, 70.000 hombres de Israel murieron aun como resultado del pecado de David.

En Juan 13:2 leemos que el diablo había impulsado a Judas Iscariote a traicionar a Jesús. Nosotros podemos ser tentados a pasar por alto la traición de Judas tomándola como una mala decisión que vino de la carne, pero la Escritura dice claramente que sus pensamientos de traicionar a Jesús se originaron en Satanás; cuando Judas se dio cuenta de lo que había hecho, se suicidó. Eso afirma el resultado final de todo lo que hace Satanás: "El ladrón no viene sino para hurtar y matar y destruir" (Juan 10:10).

En la iglesia de los primeros tiempos Satanás "llenó" el corazón de Ananías para mentirle al Espíritu Santo (Hechos 5:3). Creemos que F. F. Bruce, erudito en Nuevo Testamento, tiene razón cuando dice que Ananías era un creyente.[13] Otro comentarista de la Biblia, Ernst Haenchen, dice que Ananías era "un judío cristiano" él ofreció esta observación:

> Satanás ha llenado su corazón. Ananías ha mentido al Espíritu Santo y, puesto que el Espíritu está presente en Pedro (y en la comunidad). De ahí que, en última instancia, no se trata sencillamente de dos hombres confrontándose uno a otro, sino en ellos el Espíritu Santo y Satanás, y ellos instrumentos del uno y del otro."[14]

En relación al diablo y nuestros pensamientos, Martin Lutero dijo: "el diablo lanza pensamientos odiosos al alma —odio por Dios, blasfemias y desesperación". Tocante a él mismo, dijo:

> Cuando despierto en la noche, el diablo no tarda en buscarme. Disputa conmigo haciendo que yo dé nacimiento a toda clase de ideas raras. Pienso que, a menudo, el diablo sólo para atormentarme y vejarme, me despierta cuando yo duermo en paz. Mis combates nocturnos son mucho más duros para mí que en el día. El diablo sabe cómo suscitar discusiones que me exasperan. A veces, las ha armado tales que me hace dudar si existe o no Dios.[15]

David Powlison, que establece que los demonios no pueden
invadir a los creyentes, reconoce que Satanás puede meter ideas en
la mente de una persona:

> No son raras las "voces" en la mente: burlas blasfemas,
> arrebatos tentadores de revolcarse en fantasías o conductas
> repugnantes, renglones de incredulidad convincente. La
> guerra espiritual clásica interpreta estas cosas como proce-
> dentes del maligno...[16]

Thomas Brooks, en su estudio de los ardides de Satanás,
hablaba continuamente de que Satanás presenta pensamientos a las
almas de los creyentes.[17] Yo (Neil) he aconsejado a cientos de
creyentes que tenían dificultades con sus pensamientos. Algunos
tenían problemas para concentrarse en leer la Biblia, mientras que
otros realmente oían "voces" o luchaban con pensamientos acusa-
dores y condenadores. Con pocas excepciones, estos pensamientos
resultaron ser barreras espirituales para la mente.

Engaño por medio de los falsos maestros

Los demonios están también detrás de las doctrinas falsas que
alejan a los creyentes de la verdad. Pablo escribió en 1 Timoteo 4:1,
"Pero el Espíritu dice claramente que en los postreros tiempos
algunos apostatarán de la fe, escuchando a espíritus engañadores y
a doctrinas de demonios". Luego agregó que esas doctrinas demoníacas procedían de profesores humanos. En forma similar se dice
que los que se oponen a la verdad y se meten en doctrinas falsas
están en el "lazo del diablo" (2 Timoteo 2:25,26).

Es posible que Pablo viera a los espíritus malignos tras las
enseñanzas legalistas que mantienen esclavizada a la gente. Él
advirtió en Colosenses 2:8, "Mirad que nadie os engañe por medio
de filosofías y huecas sutilezas, según las tradiciones de los hombres, conforme a los rudimentos [griego, stoicheia del mundo, y no
según Cristo" (*ver también* Gálatas 4:9). Aunque algunos intérpretes entienden el griego *stoicheia* como referido a los "principios
básicos" (como en la Biblia NIV y la NASB) es más probable que

tengamos que entender la palabra como referencia a los espíritus malignos que ejercen poder sobre el mundo. Así es como interpretan la palabra en las Biblias RSV y la NEB:[*]"los espíritus elementales del universo".[18] En otras palabras, las enseñanzas de estos "burladores de la confianza espiritual" son realmente "una herramienta en manos de ... fuerzas demoníacas personales que procuran tiranizar las vidas de los hombres".[19]

Pedro nos advirtió que, "hubo también falsos profetas entre el pueblo, como habrá entre vosotros falsos maestros" (2 Pedro 2:1). Juan dijo que es nuestra responsabilidad probar los espíritus:

> *Amados, no creáis a todo espíritu, sino probad los espíritus si son de Dios; porque muchos falsos profetas han salido por el mundo... Ellos son del mundo; por eso hablan del mundo, y el mundo los oye" (1 Juan 4:1,5).*

Fíjese que no tenemos que probar a los falsos profetas sino probar los espíritus a los cuales están esclavizados. Esto requiere discernimiento espiritual maduro porque "éstos son falsos apóstoles; obreros fraudulentos que se disfrazan como apóstoles de Cristo" (2 Corintios 11:13). Una señal delatora que a veces exhiben estos falsos profetas es que "desprecian el señorío" (2 Pedro 2:10).

El engaño a través de ataques físicos y milagros

Al menos 25% de todas las sanidades registradas en los evangelios, son realmente el resultado de que el Señor liberó a la gente de los ataques espirituales, tal como la mujer descrita como una hija de Abraham, "que desde hacía dieciocho años tenía espíritu de enfermedad, y andaba encorvada, y en ninguna manera se podía enderezar" (Lucas 13:11). Hasta el apóstol Pablo dijo: "Me fue dado un aguijón en mi carne, un mensajero de Satanás que me abofetee" (2 Corintios 12:7). Aunque este mensajero de Satanás estaba permitido por Dios para que obrara en la carne de Pablo por su bien espiritual, impidiéndole enorgullecerse, ciertamente no era

---

* NT: todas son en inglés.

esa la meta de Satanás. Más bien, el diablo quería llevar a Pablo a la incredulidad —que fue lo que trató de hacer también con Job.

La Biblia nos dice que la venida del anticristo "es por obra de Satanás, con gran poder y señales y prodigios mentirosos, y con todo engaño de iniquidad para los que se pierden" (2 Tesalonicenses 2:9). En los postreros tiempos "se levantarán falsos profetas, y harán señales y prodigios, de tal manera que engañarán, si fuere posible, aun a los escogidos" (Mateo 24:24). Ireneo, un padre de la iglesia primitiva, decía: "Sin embargo, el diablo, como es el ángel apóstata, puede hacer solamente lo que se le permite —sin obligar al ser humano a cometer pecado, como hizo al comienzo— engañar y descarriar la mente del hombre para que desobedezca los mandamientos de Dios y, paulatinamente, entenebrecer los corazones."[20]

Satanás, la carne y el mundo

Tres fuentes de tentación

¿Cómo se relaciona la obra de Satanás con los ataques de los otros enemigos; el mundo y la carne? ¿Satanás es la causa de nuestras tentaciones, o lo es el mundo o nuestra propia carne pecadora? La Escritura revela que es muy difícil, si es que no imposible, separar las tentaciones que surgen de estas tres fuentes, y hacerlo puede ser equivocado. Hemos visto que Satanás es "el dios de este siglo, el príncipe de este mundo". El mundo está bajo su control. Algo de lo que esto significa se ve cuando el apóstol Pablo describe a Satanás como "el espíritu que ahora opera en los hijos de desobediencia".[21] —esto es, aquellos que siguen "la corriente de este mundo" (Efesios 2:2). Significativo resulta que la palabra griega "opera en" γὲ νεργεῖν que describe la actividad de Satanás en aquellos del mundo, es la misma palabra usada para hablar de que Dios obra en Su gente. Efectivamente, cada vez que el agente de "obra" es manifestado directamente, es divino o satánico, muy a menudo el primero (ver también su uso en Efesios 1:11,19). Usando ambas palabras, "espíritu" y "opera" en Efesios 2:2 Pablo sugiere intencionalmente una rivalidad entre el espíritu satánico y el Espíritu de Dios.[22]

Un interesante empleo de "opera en" se halla en Filipenses 2:13 donde Dios es Aquel que "opera en" vosotros, los creyentes, el querer como el hacer por su buena voluntad". Sin sugerir que los espíritus malignos habitan a los incrédulos exactamente en la misma forma en que el Espíritu Santo habita en los creyentes, Pablo parece decir que aquellos que están dominados por el mundo están también bajo la poderosa influencia de Satanás y los demonios.[23]

Luego de hablar sobre la inspiración satánica del sistema del mundo en los dos primeros versículos de Efesios 2, Pablo sigue uniendo esto con la carne. Hablando de antes de nuestra salvación, Pablo dice: "Entre los cuales también todos nosotros vivimos en otro tiempo en los deseos de nuestra carne, haciendo la voluntad de la carne" (versículo 3). En otras palabras, andar conforme al sistema del mundo es lo mismo que vivir de acuerdo con los deseos y las pasiones de la carne. Las intensiones de la carne en hallar vida aparte de Dios, son las mismas cosas que valora el sistema del mundo e incita a la carne para que lo siga. Así, según Efesios 2:2, el mundo y la carne operan "de acuerdo al príncipe de la potestad del aire, el espíritu que ahora opera en los hijos de desobediencia".

Una relación semejante de la carne, el mundo y lo demoníaco se ve en la epístola de Santiago. En el capítulo 1, Santiago apunta el origen de nuestro pecado como siguiendo a la tentación de la carne: "Cada uno es tentado, cuando de su propia concupiscencia es atraído y seducido. Entonces la concupiscencia, después que ha concebido, da a luz el pecado; y el pecado, siendo consumado, da a luz la muerte" (versículos 14,15). Después Santiago revela, que las potestades demoníacas están detrás de nuestros malos deseos personales. La "sabiduría" que fomenta los actos carnales de los "celos amargos y contención" y "perturbación y toda obra perversa" (3:14,16) es, en última instancia, "diabólica" o de origen demoníaco (versículo 15). Finalmente, cuando Santiago advierte contra la amistad con el mundo (4:4-6) su antídoto es "resistir al diablo" (Versículo 7). Nuevamente, el mundo, lo satánico y la carne se unen en nuestra batalla con el poder del pecado.[24]

En resumen, nuestros tres enemigos están metidos en el tirón de la tentación para que vivamos apartados de Dios. Satanás usa el poder del pecado (que también lo controla) para dominar a la humanidad, formando así un sistema del mundo estructurado en valores opuestos a los principios de justicia y rectitud de Dios. Entonces, usa ese sistema mundano, que rodea a toda la gente y los confronta por todos lados, para tironear de las viejas propensiones de la carne, que aún están en el creyente, inclinaciones que están orientadas a los valores mundanos.

¿Quién es responsable en última instancia?

Aunque estos tres enemigos estén envueltos en tratar de alejarnos de Dios, es muy importante que notemos que la responsabilidad final de nuestro pecado radica en nosotros. Nadie puede decir: "El diablo hizo que yo lo hiciera" o "la atracción del mundo fue demasiado potente; no puede evitarlo". Dios siempre nos da la salida (1 Corintios 10:13). Somos los agentes de nuestra propia opción por el pecado, A pesar de la carne, del mundo y la influencia subyacente del dios de este mundo, aquellos que optan por pecar reciben el crédito de la responsabilidad de sus acciones: "*vosotros*... estabais muertos en *vuestros* delitos y pecados, en los cuales anduvisteis en otro tiempo, siguiendo la corriente de este mundo... *todos nosotros* vivimos en otros tiempo en los deseos de *nuestra* carne, haciendo la voluntad de la carne y de los pensamientos..." (Efesios 2:1-3. énfasis del autor). En forma similar Santiago dice que pese al mundo y al diablo, el pecado nace cuando "cada uno es tentado, cuando de su propia concupiscencia es atraído y seducido" (1:14). Satanás "llenó" el corazón de Ananías para mentir pero Pedro preguntó: "¿Por qué pusiste eso en tu corazón?" (Hechos 5:4).

Por supuesto, esto no significa necesariamente que todos los pensamientos pecadores se originen en nuestro corazón. Si es verdad que Satanás puede plantar ideas en nuestra mente, entonces su fuente original es ajena. Pero cuando estos pensamientos producen pecado, se vuelven nuestros. Ellos llegan a ser nuestros propios pensamientos carnales, los cuales permitimos volverse deseos que producen un acto pecador. Como creyentes en Cristo, somos habitados por el Espíritu de Dios y liberados de la esclavitud del pecado y debemos efectuar la opción responsable de servir a nuestro Señor más que ceder a las tentaciones a pecar.

La magnitud de los ataques de Satanás

Como cristianos ya no estamos más en el reino de las tinieblas y estamos libres del poder de Satanás, pero aún podemos esclavizarnos nosotros mismos por las opciones realizadas. La Escritura nos enseña que hemos sido libertados del poder de Satanás (Hechos 26:18; Colosenses 1:12,13) tal como hemos sido liberados del poder del pecado. Nuestro Salvador ya ha derrotado al dios de este mundo (Juan 12:31; 16:11) y a todas las potestades espirituales malignas (Colosenses 2:15). Hemos sido unidos a Cristo en el reino celestial donde Él está "sobre todo principado y autoridad y poder y señorío, y sobre todo nombre que se nombra, no sólo en este siglo, sino también en el venidero" (Efesios 1:20,21). Estamos plena y adecuadamente equipados para pelear una guerra victoriosa contra Satanás y todas sus fuerzas espirituales de maldad (Efesios 6:11-18). Nada —demonios incluidos—, puede separarnos del amor de Dios que es en Cristo Jesús nuestro Señor (Romanos 8:38,39).

Abriéndonos a la influencia satánica

Habiendo dicho todo esto, no obstante, la Escritura indica que los creyentes pueden aún darse al pecado y potestades malignas y esclavizarse a ellos. La Escritura manifiesta claramente que nuestra libertad es real, pero se nos manda a hacerla real en las experiencias de nuestra vida. Eso pasa cuando ejercemos, por medio de la fe en la verdad de Dios, lo que es nuestro "en Cristo". Ya no somos esclavos pero aún podemos optar por vivir como ellos.

Pablo nos advirtió que evitemos permitir que el pecado "reine" en nuestros "cuerpos mortales" usando nuestros cuerpos como instrumentos de injusticia (Romanos 6:12-23). Ese pasaje y otros de la Escritura afirman que podemos permitir a Satanás y los demonios que ejerzan su influencia en nosotros. El cuadro bíblico básico del hombre es que él está abierto a la influencia externa que, en última instancia, es de Dios o de los espíritus malignos. El alma no fue diseñada para funcionar como su propio amo; así que serviremos a Dios o a Satanás (Mateo 6:24). Jesús y los que escribieron la Biblia veían al ser humano como un ser abierto a las fuerzas sobrenaturales externas. El Espíritu Santo y Satanás son parte de un mundo de espíritus que están activos fuera del hombre.

Comentando que Satanás llenara el corazón de Ananías, Richard Rackham, comentarista de la Biblia, dice:

El corazón de la psicología hebrea, el centro de la vida, corresponde mucho a nuestra voluntad o propósitos. El corazón del hombre no es, sin embargo, un agente absolutamente independiente y autodeterminante. Está abierto a la influencia externa o, para usar otra figura, como "una casa vacía, barrida y ordenada" puede ser ocupada por un espíritu, y lo será, sea el Espíritu de Dios o el espíritu del mal. Aquellos fuera de la esfera del Espíritu están en "el poder de Satanás". Cuando el hombre peca voluntariamente lo hace porque en el lugar del Espíritu Santo, *el corazón está lleno de Satanás* o, hablando impersonalmente, "lleno de maldad y villanía". Esta es la explicación de San Lucas y San Juan para el pecado de Judas. Pero eso no libera al hombre de su responsabilidad personal. Él es responsable de resguardar su corazón: *¿Por qué pusiste esto en tu corazón?*, pregunta San Pedro. Y sin embargo, la entrada de Satán no destruye la personalidad individual pues —*tú mentiste*.[25]

La Escritura revela que los creyentes pueden, en magnitud variada, caer bajo la influencia de Satanás y los demonios. En 2 Corintios 2:10,11 se nos insta a perdonar porque no somos ignorantes de las asechanzas de Satanás. Comentando este versículo, C. K. Barrett dijo: 'Es el propósito de Satanás agarrar a los creyentes cristianos y hacerlos suyos; él triunfaría en esto si el ofensor se *hundiera en tristeza excesiva* y se desesperara; igualmente, si Pablo y los de Corinto no perdonaran."[26] En forma similar Philip Hughes dijo: "...mostrar un espíritu que no perdona será darle acceso a Satanás para que entre donde no tiene derecho".[27]

Hasta los cristianos son susceptibles

La esperanza de Pablo para aquellos que se oponen a los siervos del Señor es que Dios "les conceda que se arrepientan para conocer la verdad, y escapen del lazo del diablo, en que están cautivos a voluntad de él" (2 Timoteo 2:25,26).

Aplicar ese pasaje a los paganos es no entender el concepto de la epístola, y negar que los cristianos —hasta lo buenos—, puedan ser engañados. J. N. D. Kelly dijo: "...Pablo tiene en mente la reeducación constructiva de los hermanos cristianos mal guiados".[28] Patrick Fairbairn también entiende que Pablo se refiere a "personas de la iglesia profesante que, asumiendo ciertas nociones falsas, o mal guiados por consejos pervertidos, se oponen a la enseñanza pura y el orden santo del reino de Cristo".[29] El comentarista George Knight ve a estos individuos 'o como falsos maestros ellos mismos o como aquellos influidos por los falsos maestros, lo que, por cierto, puede abarcar creyentes. La trampa de "el atractivo intelectual del error" puesta por el diablo realmente "los ha atrapado" expresando "el sostén decisivo que tiene el diablo".[30]

La posibilidad de que un creyente sea atrapado por el maligno se ve en 1 Timoteo 3 donde Pablo hace una lista de los requisitos del líder de iglesia que debe tener "buen testimonio de los de afuera, para que no caiga en descrédito y en lazo del diablo" (versículo 7). Fíjese que el lazo es puesto *por* el diablo, no *para* él. Como el verso anterior indica, aquellos cautivados tienen que "volver a sus sentidos" así que una persona sin un buen testimonio de los de afuera podría "perder la cabeza" (envanecerse) cuando fuera reprochado y, por ello, ser atrapado para obedecer al maligno y desobedecer a Dios".[31]

Hay afirmación adicional de que los creyentes pueden ser influidos en estas palabras de Pablo: "Airaos, pero no pequéis; no se ponga el sol sobre vuestro enojo, ni deis lugar al diablo" (Efesios 4:26,27). La palabra "lugar" (griego, τόποζ) significa literalmente "un lugar". Karl Braune dice que "dar lugar" designa, como en Romanos 12:19, darle libre juego, amplio espacio, por supuesto, en el corazón... La ira pecadora pone hasta el corazón del cristiano en poder de Satanás, de quién fue libertado, destruyendo la comunión con el Redentor y Su gracia".[32] Markus Barth dice: "La advertencia de 4:26,27 puede resumirse así: el diablo tomará posesión de su corazón si su enojo perdura".[33] Finalmente, John Eadie dice de este pasaje: "La envidia, la astucia y la malicia son los sentimientos prominentes del diablo y la ira gana el imperio del corazón, lo deja abierto a él y a esas pasiones diabólicas que se identifican con su presencia y operaciones".[34]

Claramente, entonces, el asunto del pecado del creyente no es sencillamente cuestión de la carne; también es del diablo como lo señala William Hendriksen:

El diablo se apoderará rápidamente de la oportunidad de cambiar nuestra indignación, sea justa o injusta, en rencor, resentimiento, nutriendo la ira, y falta de voluntad para perdonar. Pablo estaba muy consciente de la realidad, el poder y el engaño del diablo, como lo muestra 6:10. Por tanto, lo que él significa es que *desde el comienzo mismo* debe resistirse al diablo (Santiago 4:7). No se le debe dar *lugar* alguno, ni espacio para que entre ni se quede".[35]

Charles Hodge dijo: "cuando se atesora la ira se da gran poder al tentador sobre nosotros, pues le entrega un motivo para rendirse a sus malignas sugerencias".[36]

Algunas distinciones cruciales

¿Cuán lejos puede llegar la esclavitud de los creyentes? ¿Puede abarcar su endemoniamiento real? Antes de discutir esta cuestión, se necesita decir algo sobre la terminología.

Definiendo las palabras

La palabra tradicional para designar lo que estamos tratando ha sido "posesión demoníaca". El diccionario inglés tiene algunos significados muy válidos para describir esta realidad: "entrar en y controlar firmemente: dominar..." Efectivamente, el diccionario Webster da como primera acepción del adjetivo 'poseído' "influido o controlado por algo (como un espíritu maligno o una pasión)".[37]

Pero debido a la confusión a menudo introducida por el hecho de que la palabra *poseso* también connota el significado de propiedad, es mejor no usarla tocante a los demonios y los creyentes. Aquellos que son creyentes han sido comprados por Dios con la preciosa sangre de Cristo (Hechos 20:28; Apocalipsis 5:9). Ni siquiera se pertenecen a sí mismos (1 Corintios 6:19) mucho menos a Satanás o a los demonios. Ellos pertenecen a Dios. Bíblicamente es imposible que Satanás posea a un creyente en el sentido de propiedad.

Lo que tradicionalmente se llama "posesión demoníaca" es, en la Escritura, sencillamente "endemoniado" (griego, *daimonizomai* o "tener un demonio".[38] El uso bíblico de esas palabras está reservado para aquellas personas que están gravemente influidas o controladas por fuerzas demoníacas. Quizá sea mejor usar sencillamente la palabra endemoniado para tales personas. Importa, sin embargo, reconocer que el grado de control sobre estas mismas personas varía mucho. En algunos casos, como con el gadareno endemoniado, los demonios ejercían un control casi total de su víctima de modo que él recupera su juicio cabal después que Jesús los expulsa (Marcos 5:1-15). Por otro lado, se dice que Satanás ha "entrado" en Judas (Lucas 22:3) pero sin que se indique que esto hizo que él actuara por fuera en forma radicalmente diferente. De hecho, Jesús y Juan el Bautista fueron acusados de "tener demonios" (Jesús: Marcos 3:22; Juan 7:20; 8:48,52; Juan: Mateo 11:18), lo que señala claramente que estar endemoniado no siempre era acompañado por una pérdida evidente del dominio propio o conducta demoníaca franca.

Respondiendo a una objeción

Algunos cristianos objetan la idea de que los creyentes puedan ser afectados internamente por un demonio. Su objeción es que los creyentes son habitados por el Espíritu que, por virtud de Su santidad, no puede compartir la residencia con un demonio pecador. Sin embargo, esta objeción se ve minada cuando nos damos cuenta de que el Espíritu vive con nuestro propio espíritu humano que aún puede cometer pecados graves que producen profunda pena y dolor al Espíritu Santo pero no Su partida (*ver* Efesios 4:30).

Una segunda respuesta a esa objeción es que los demonios no tienen que entenderse como que habitan en el mismo lugar y en la misma forma que el Espíritu Santo. Aun en casos en que un demonio tome el control del cuerpo de una persona, y lo use para expresar su propia voluntad, no tiene que entenderse que el demonio reside en el centro mismo de la persona. Franz Delitzsch, comentarista de la Biblia, describe la manera en que el endemoniamiento sencillamente involucra a demonios que se entrometen entre el espíritu y el cuerpo propios de la persona, tomándose el sistema nervioso de la persona para expresar sus acciones demoníacas, limitando por ello la expresión del yo real de la persona.[39]

Examen de las posibilidades

Según las Escrituras, el Espíritu Santo viene al núcleo mismo del creyente, a saber, a su corazón (Gálatas 4:6). Así que cualquier invasión demoníaca no es una residencia a la misma profundidad que el Espíritu Santo. Además, como el Espíritu Santo vive en el corazón, siempre tendrá el poder mayor sobre el creyente —pues del corazón sale la vida (Proverbios 4:23).

La cuestión entonces es esta: ¿Cuánto puede el creyente permitir que el pecado domine su vida, sus pensamientos y acciones, aun con la presencia del Espíritu Santo en su corazón? Sabemos por la Escritura y la experiencia personal que la presencia del Espíritu Santo no impide que el creyente peque. Efectivamente, es difícil trazar la línea de qué pecado o cuál profundidad de pecado no se le permite al creyente cruzar —salvo el pecado de la apostasía o el rechazo tajante de Cristo desde el corazón. Lo que sabemos es que los creyentes pueden permitir que las costumbres pecadoras dominen sus vidas. Si aceptamos la posibilidad de que el creyente puede realmente suicidarse, esto sería un dominio definitivo del pecado. Hay muchas clases de adicciones, incluyendo el alcoholismo y las drogas, que han ejercido fuerte poder sobre la vida del creyente. Eso pareciera permitir la posibilidad de que un creyente pueda entregar pecadoramente el control de su vida al poder del pecado en varias formas.

¿No comprendería esto también la posibilidad del control por parte de un espíritu maligno —control ejercido desde dentro del cuerpo en alguna forma? Como hemos visto, lo demoníaco generalmente se relaciona a nuestra propia carne pecadora. Podemos dar lugar al diablo por nuestras propias acciones carnales y permitirle ejercer su influencia y sacar ventaja de nosotros.

Tocante a que el diablo obre dentro de nosotros, cuesta limitar un espíritu a una localización específica dentro de nosotros. Sabemos que puede poner ideas en nuestra mente. Eso parece involucrar una acción interna aunque podría discutirse que esto es diferente de residir. Quizás más al punto sea el asunto de la falsa profecía y otras formas de hablar que son de inspiración demoníaca. En 1 Corintios 12:3 Pablo advierte, "nadie que hable por el Espíritu de Dios llama anatema a Jesús; y nadie puede llamar a Jesús Señor, sino por el Espíritu Santo" (1 Corintios 12:3). Aunque algunos intérpretes de la Biblia rechazan la posibilidad de que los creyentes puedan realmente decir "maldito sea Jesús" muchos ven esto con una gran probabilidad de haber ocurrido en Corinto.

Ellis explica esta posibilidad mirando la costumbre de decir profecías —esto es, decir cosas transmitidas por medio de un ser humano e inspirada por un espíritu externo:

> Ambas afirmaciones se refieren a emisiones neumáticas, es decir, "proféticas" y, evidentemente presupone que una persona neumática puede dar voz a, por lo menos, dos clases de espíritus, malignos y buenos. El don del "discernimiento" (...$\delta\iota\alpha\kappa\rho\iota\sigma\epsilon\iota\zeta$) de espíritus" que es mencionado unos versículos después (1 Corintios 12:10) probablemente deba entenderse dentro de este contexto. Esto es, el plural se refiere (por lo menos) a un espíritu bueno y a uno maligno. Esta interpretación encuentra cierto apoyo en Tesalonicenses donde, con referencia a las manifestaciones del Espíritu, Pablo instruye a sus lectores a que prueben todas las cosas ($\xi\pi\acute{\alpha}\nu\tau\alpha\ \delta o\kappa\iota\mu\acute{\alpha}\zeta\epsilon\tau\epsilon$) , 1 Tesalonicenses 5:12) y que desechen toda profecía a través de un espíritu ($\delta\iota\acute{\alpha}\ \pi\nu\epsilon\acute{\upsilon}\mu\alpha\tau o$) de que el día del Señor ha venido (2 Tesalonicenses 2:2).40

La posibilidad de que 1 Corintios 12:3 se refiera a inspiración demoníaca también es expresada por James Dunn:

> Podemos suponer de la reprimenda táctica de 12:2 que esto envolvía frecuentemente a la asamblea (o a ciertos miembros) que se ponían en un estado de excitación espiritual, dejándose abiertos a las pasiones y el poder (¿espíritus?) que los barrían... en un derramamiento de éxtasis glosolálico...[41]

En forma similar Aust y Mueller expresan:

En 1 Corintios 12:3 el punto es distinguir entre el éxtasis, que es obra del Espíritu de Dios y el éxtasis que surge de la influencia demoníaca. Las personas en éxtasis que digan la *maldición* para Jesús, que al emitir la prohibición dejan a Jesús librado a la aniquilación por parte de Dios, no pueden hablar por el Espíritu Santo. Tales personas se han vuelto bocas e instrumentos de potestades demoníacas.[42]

Todo eso debiera hacernos cautelosos al buscar poder o experiencia espirituales. Si está presente la actividad demoníaca dentro de la iglesia de 1 Corintios 12:3, ¿cuánto más sería posible que estuviera presente en el caso de los creyentes que deliberadamente se meten en el ocultismo?

Toda nuestra discusión del ataque de Satanás a los creyentes ha demostrado que este ataque de espíritus malignos personales, suele relacionarse con los pecados que surgen de los deseos malos de nuestra propia carne. Satanás se aprovecha de nuestra carne débil y pecadora para imponernos su influencia. Así que rendirse a la carne es también rendirse a la influencia de Satanás y sus demonios. Que esa influencia pueda llegar al extremo de la esclavitud es algo también enseñado en la Escritura. Sin embargo, el cómo lo hace no está totalmente claro para nosotros.

Responder correctamente a los ataques satánicos

Arrepentirse de nuestros pecados

Si hallamos que hemos sucumbido a la influencia de Satanás, nuestra primera respuesta tiene que ser el arrepentimiento, como lo indicó Pablo en 2 Timoteo 2:25,26, "con mansedumbre corrija a los que se oponen, por si quizá Dios les conceda que se arrepientan para conocer la verdad, y escapen del lazo del diablo, en que están cautivos a voluntad de él". Esto puede requerir la ayuda de otra persona (como lo dice Neil en su libro *Ayudando a otros a encontrar la libertad en Cristo*. Una persona que no se arrepiente es como una casa en que la basura se ha acumulado por meses. Esto atraerá muchas moscas. La respuesta básica no es, no obstante, desembarazarse de las moscas sino, más bien, de la basura. No es necesario que estudiemos el patrón de vuelo de las moscas o que determinemos sus nombres y la estructura de rangos que tengan. La respuesta siempre ha sido y será el arrepentimiento y la fe en Dios.

Firmes en la fe

Cuando estamos enfrentados con ataques satánicos el asunto crítico es nuestra relación con Dios. Una vez que esté establecida, podemos estar firmes contra el maligno. "Someteos, pues, a Dios; resistid al diablo, y huirá de vosotros" (Santiago 4:7). "Sed sobrios, y velad; porque vuestro adversario el diablo, como león rugiente, anda alrededor buscando a quien devorar; al cual resistid firmes en la fe, sabiendo que los mismos padecimientos se van cumpliendo en vuestros hermanos en todo el mundo" (1 Pedro 5:8,9). En el griego por "resistid" en ambos versículos es literalmente, "oponerse; afirmarse contra". Tenemos que ponernos firmes en Cristo contra el diablo y sus demonios.

Estar firmes en la fe (1 Pedro 5:9) no es tanto cuestión de sostener la sana doctrina como, más bien, "compromiso personal o comunitario".[43] "Aquí él pide una resolución firme como roca".[44] No cabe la pasividad en el camino de Cristo. Debemos tomar activamente nuestro lugar en Cristo.

Usted no se puede poner pasivamente la armadura de Dios:

Por tanto, tomad toda la armadura de Dios, para que podáis resistir en el día malo, y habiendo acabado todo, estar firmes. Estad, pues, firmes, ceñidos vuestros lomos con la verdad, y vestidos con la coraza de justicia, y calzados los pies con el apresto del evangelio de la paz (Efesios 6:13-15).

Ponerse la armadura de luz (Romanos 13:12) es lo mismo que vestirse del Señor Jesucristo (Romanos 13:14). El único santuario que tenemos es "en Cristo". Comentando Santiago 4:7, Peter Davids dice "resistir al diablo es consagrarse a seguir o acercarse a Dios".[45]

Optando por la verdad

Optar por la verdad es nuestra primera línea de defensa; por tanto, "llevando cautivo todo pensamiento a la obediencia de Cristo" (2 Corintios 10:5). No se espera de nosotros que tratemos de analizar si el pensamiento provino del televisor, de otra persona, de nuestros propios recuerdos o del abismo. Tenemos que llevar "todo pensamiento" cautivo. ¿Significa esto que debamos reprender todo pensamiento negativo? No, porque nos hallaremos haciendo eso por el resto de nuestra vida. En cambio, tenemos que vencer al padre de mentira optando por la verdad. No somos llamados a disipar la oscuridad; somos llamados a encender la luz.

Humillándonos

La consagración a Dios significa hacernos humildes ante Él. Tanto Santiago 4:6 como 1 Pedro 5:5 dicen: "Dios resiste a los soberbios, y da gracia a los humildes". La humildad es la confianza apropiadamente depositada. Como Pablo no debemos tener "confianza en la carne" (Filipenses 3:3). Antes bien, debemos confiar totalmente en Dios. El orgullo nos hace vulnerables al diablo; es su propio pecado. Thomas Brooks, predicador inglés, dijo:

> La humildad mantiene al alma libre de muchos dardos que arroja Satanás y de las trampas que él instala; así como los arbustos bajos están libres de muchas fuertes ráfagas y golpes de viento, que hacen temblar y desgarran a los árboles más altos. El diablo tiene menos poder para tentar al que es más humilde. El que tiene una graciosa medida de humildad no es ni afectado por lo que diga Satanás ni aterrados por sus amenazas.[46]

La exhortación a que meramente *resistamos* al diablo significa que no debemos andar buscándolo para romper hostilidades con él. Nunca debemos dejar que el diablo establezca la tabla de orden del día. El Espíritu Santo es nuestra guía, no el diablo. Pero, al mismo tiempo, debemos ser "sobrios y velad" (1 Pedro 5:8). Tenemos que estar alertas a las asechanzas del diablo (2 Corintios 2:11). La ignorancia no es bendición, es derrota.

Armándonos con armas espirituales

La guerra espiritual contra un enemigo espiritual requiere armas espirituales. Pablo dice: "Las armas de nuestra milicia no son carnales, sino poderosas en Dios para la destrucción de fortalezas" (2 Corintios 10:4). En otro pasaje se nos dice que nos pongamos "toda la armadura de Dios" (Efesios 6:11). El mismo Señor usó solamente armas espirituales (esto es, la Palabra de Dios) contra el diablo. Podemos estar firmes contra el poder de Satanás solamente por el poder de Aquel que lo venció, a saber, Cristo. Así que es necesario permanecer en Cristo y andar en el Espíritu para triunfar en la guerra espiritual contra el enemigo demoníaco.

La guerra espiritual descansa en la comunión inmediata con Dios para tener poder fresco. Thomas Brooks dice: "¡Ah, almas! Recuerden esto, que su fortaleza para oponerse y vencer no debe esperarse de gracias recibidas sino de las influencias frescas y renovadas del cielo".[47] Al mismo tiempo que estamos vigilantes y resistiendo al diablo y luchando con armas espirituales, tenemos que rogar a Dios que nos ayude: "Y no nos metas en tentación, mas líbranos del mal" (Mateo 6:13). En forma similar Pablo concluye sus palabras sobre estar firmes contra el enemigo, teniendo puesta la armadura de Dios, diciendo, "orando en todo tiempo con toda oración y súplica en el Espíritu, y velando en ellos con toda perseverancia y súplica por todos los santos" (Efesios 6:18). La estructura gramatical del texto griego muestra que las exhortaciones a orar en el Espíritu (literalmente, "orando en todo momento en el Espíritu") y "velando" se conectan a la orden principal de "estar firmes" (versículo 14).[48] Nuestro estar firmes tiene que ser constantemente ceñido por la oración y la vigilancia.

Recuerde que la victoria está asegurada

Debemos consolarnos sabiendo que los ataques de Satanás tienen limitaciones. Como lo dice Brooks: "Satanás debe tener doble permiso antes de poder hacer algo contra nosotros. Él debe tener permiso de Dios y permiso de nosotros mismos antes de poder actuar contra nuestra felicidad".[49] Satanás puede hacer solamente lo que Dios le permite (ver Job 1:11,12; 2:3-5; Lucas 22:31) y *"de Jehová es la batalla"* (1 Samuel 17:47). No es nuestra batalla personal. Es parte de una guerra continua entre el bien y el mal. Y nosotros somos guiados por el Invencible que ya ha ganado la batalla decisiva. El mismo Cristo dijo: "Confiad, yo he vencido al mundo" (Juan 16:33). Alabándole Pablo exclamó: "Mas gracias sean dadas a Dios, que nos da la victoria por medio de nuestro Señor Jesucristo" (1 Corintios 15:57).

Al estar firmes en nuestra fe, a fines del siglo XX, estamos firmes junto con los padres de la iglesia que lucharon la misma lucha de la fe. Escribiendo a quienes cuestionan la realidad del mundo espiritual, Tertuliano, padre de la iglesia de los primeros tiempos, escribía:

> Búrlense como les guste, pero quédense con los demonios, si quieren, que se unan a su burla; déjenles negar que Cristo viene a juzgar a toda alma humana... Déjenles que nieguen que, por su maldad ya condenados, son guardados para ese mismo día del juicio, con todos sus adoradores y sus obras. Vaya, toda la autoridad y poder que tenemos sobre ellos es por nombrar el nombre de Cristo y hacerles recordar los ayes con que Dios los amenaza... Temiendo a Cristo en Dios, y a Dios en Cristo, ellos se sujetan a los siervos de Dios y Cristo. Así que, a nuestro roce y respiración, abrumados por el pensamiento y la conciencia de esos fuegos del juicio, ellos dejan a nuestra orden los cuerpos en que han entrado, sin quererlo y molestos.[50]

El sufrimiento y el triunfo
de la santificación

*De cierto, de cierto os digo, que si el grano de trigo no cae en
la tierra y muere, queda solo; pero si muere, lleva mucho fruto.*

Juan 12:24

Para practicar la vida cristiana, hay que empezar por ser un buen mayordomo de todo lo que Dios nos ha confiado, incluyendo nuestra propia vida. Por supuesto que podemos encomendar a Dios solamente lo que sabemos de nosotros, pues muchas veces lo que sabemos que tenemos, no es todo lo que realmente tenemos. Pablo dice en 1 Corintios 4:1-5:

Así, pues, téngannos los hombres por servidores de Cristo, y administradores de los misterios de Dios. Ahora bien, se requiere de los administradores, que cada uno sea hallado fiel. Yo en muy poco tengo el ser juzgado por vosotros, o por tribunal humano; y ni aun yo me juzgo a mí mismo. Porque aunque de nada tengo mala conciencia, no por eso soy justificado; pero el que me juzga es el Señor. Así que, no juzguéis nada antes de tiempo, hasta que venga el Señor, el cual aclarará también lo oculto de las tinieblas, y manifestará las intenciones de los corazones; y entonces cada uno recibirá su alabanza de Dios.

Este pasaje que nos dice que Dios revelará nuestros corazones en el juicio final del Día del Señor, claramente señala que no conocemos todo de nosotros. Respondiendo a las palabras de Pablo, el profesor Gerd Thiessen, de la Universidad de Heidelberg, dice:

> Si se toma literalmente el texto, permite la posibilidad de fuerzas e impulsos inconscientes dentro de nosotros... Esta exégesis tiene una larga tradición... Precisamente los tres elementos básicos de los seres humanos están combinados en este texto: El conocimiento que Dios tiene del corazón; la naturaleza limitada del conocimiento humano de sí mismo; y el significado de la realidad interior.[1]

Otros pasajes de la Biblia muestran que la revelación de nuestro corazón tiene lugar no sólo en el día final sino también en nuestra vida actual. El salmista rogaba: "Examíname, oh Dios, y conoce mi corazón; pruébame y conoce mis pensamientos; y ve si hay en mí camino de perversidad, y guíame en el camino eterno" (Salmo 139:23,24). Un pedido similar se encuentra en el Salmo 26:2: "Escudríñame, oh Jehová, y pruébame; examina mis íntimos pensamientos y mi corazón". David le pedía a Dios que "probara el estado de su mente y, si no era como le parecía conscientemente, que se lo aclarara......"[2]

Dios también usó a Sus profetas para revelar "los secretos" de los corazones de la gente (1 Corintios 14:24,25). El efecto de la revelación profética es, como lo explica Charles Hodge, "que el carácter y el estado moral reales de la persona le son dados a conocer tocante a eso que antes ignoraba...".[3] La Palabra de Dios indudablemente revela los corazones de la gente:

> *Porque la palabra de Dios es viva y eficaz, y más cortante que toda espada de dos filos; y penetra hasta partir el alma y el espíritu, las coyunturas y los tuétanos, y discierne los pensamientos y las intenciones del corazón. Y no hay cosa creada que no sea manifiesta en su presencia; antes bien*

todas las cosas están desnudas y abiertas a los ojos de aquel a quien tenemos que dar cuenta (Hebreos 4:12,13).

La madurez cristiana comprende, así, el proceso de Dios que nos revela los pensamientos inconscientes o los contenidos inconscientes del corazón. Agustín dijo que Dios revela las cosas del corazón de un hombre, de las cuales él está inconsciente e inadvertido.[4] Ireneo, padre de la iglesia primitiva, hablaba del Espíritu que revela beneficiosamente las cosas ocultas de los corazones humanos.[5]

Crecimiento y transparencia

En palabras de Thiessen, la Escritura enseña "un concepto de la dimensión inconsciente interior del ser humano. Dentro de esa dimensión están no sólo las obras inconscientes reprimidas sino también los planes y los motivos inconscientes".[6] Teniendo presente esto uno puede dividir al cristiano en cuatro cuadrantes, como sigue (al estudiar este gráfico, recuerde que hablamos del carácter —esto es, *quiénes* somos más de lo que hacemos):

	Tú ves	Tú no ves
Yo veo	Parte transparente	Orgullo
Yo no veo	Puntos ciegos	Parte secreta

En cada uno de nosotros hay una parte que es totalmente transparente. Esta es la parte de nuestra vida que conocemos y también el resto del mundo. Luego, está la parte de nosotros que conocemos pero que no queremos que conozca el prójimo. Esta es una máscara consciente de nosotros mismos. Como ejemplo, supongamos que alguien reconoce a una celebridad de Hollywood cuando entra a un ascensor. La persona pregunta: "¿Es usted el (nombre) real" Al cerrarse las puertas del ascensor, la celebridad contesta: "Sólo cuando estoy a solas".

Igual como la celebridad tiene un lado escondido que nadie conoce, también nosotros tenemos un lado escondido. Hay algunas cosas de nosotros que no queremos compartir con el prójimo. ¿Qué nos impide ser gente totalmente transparente? Probablemente el miedo al rechazo o, quizá, el orgullo. Cualquiera sea el caso, tratamos habitualmente de proyectar una imagen de nosotros que no indica quiénes somos en realidad.

Nuestro crecimiento cristiano siempre se inhibirá según el grado en que enmascaremos quiénes somos realmente. Eso se debe a que nos permitimos preocuparnos más por cómo lucimos para los demás, que para Dios. Sin embargo, Dios nos pide que andemos "en luz como él está en luz" (1 Juan 1:7) y quiere que dejemos de lado la falsedad y hablemos la verdad con nuestro prójimo porque somos miembros unos de otros (Efesios 4:25). "Sino que siguiendo la verdad en amor, crezcamos en todo en aquel que es la cabeza, esto es, Cristo" (Efesios 4:15). Todo cristiano debe esforzarse conscientemente para vivir de esta manera en todo aspecto de su vida; decepciona mucho ver una persona que aparentemente tiene buen testimonio público y en su casa es un monstruo.

Somos conscientes de todo lo que esté por sobre la línea media del gráfico de la página anterior pero hay algunas cosas debajo de esa línea que otros saben de nosotros aunque nosotros mismos ni siquiera tengamos conciencia de ellas. Estos son nuestros puntos ciegos y todos los tenemos. No se necesita mucha madurez para que veamos los defectos del carácter del prójimo pero no se supone que juzguemos el carácter de los demás; efectivamente se nos manda no juzgarlo. Se supone que nos aceptemos unos a otros como Cristo nos aceptó (Romanos 15:7). Nada libera más a una persona para crecer que el amor y la aceptación de los demás. Sin embargo, *no* confunda el juicio con la disciplina. Hay una diferencia: la disciplina siempre se basa en la conducta observada, mientras que el juicio siempre se relaciona con el carácter.

El último cuadrante del gráfico es aquel que solamente Dios conoce. Él nos conoce por completo; hasta sabe cuántos pelos tenemos en nuestra cabeza.

Ahora bien, juntemos todo esto en su relación con el crecimiento del cristiano. Mire cuidadosamente el siguiente gráfico.

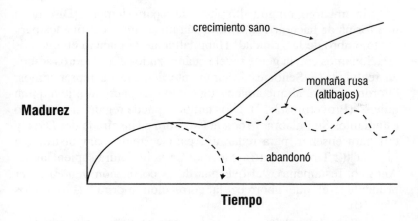

En 1 Corintios 4:3-5 Pablo dijo que hay ocasiones en que podemos decir: "Yo en muy poco tengo el ser juzgado por vosotros, o por tribunal humano; y ni aun yo me juzgo a mí mismo. Porque aunque de nada tengo mala conciencia, no por eso soy justificado; pero el que me juzga es el Señor. Así que, no juzguéis nada antes de tiempo, hasta que venga el Señor, el cual aclarará también lo oculto de las tinieblas, y manifestará las intenciones de los corazones; y entonces cada uno recibirá su alabanza de Dios".

Pablo decía que no debemos preocuparnos por lo que piensen los demás de nosotros porque Aquel que nos examina es el Señor. Pablo ya se había examinado y no sabía de nada en contra suya. En cuanto a su conocimiento no tenía conflictos sin resolver. No tenía nada más que confesar y no había nadie a quien tuviera que perdonar o de quien pedir perdón. Aun a la luz de todo eso, decía todavía que "no por eso soy justificado". Aunque a esas alturas había llegado a un alto plano de su camino cristiano (como todos a veces), sabía que aún no había llegado. Esos altos planos son los buenos tiempos del proceso de ser santificado. No nos sentimos acusados de nada y nuestra conciencia está limpia.

Crecimiento y sufrimiento

Sin embargo, ningún alto plano dura para siempre. ¡Dios tiene una forma de hacernos saber que aún no estamos calificados para ser miembro de la Trinidad! Habitualmente la manera en que nos relacionamos con la gente revela cuán tozudos e inmaduros somos en realidad. El Señor está claramente dedicado a reprendernos: "Porque Jehová al que ama castiga, como el padre al hijo a quien quiere" (Proverbios 3:12). Dios también puede regañarnos cuando estudiamos Su Palabra: "Toda la Escritura es inspirada por Dios, y útil para enseñar, para redargüir, para corregir, para instruir en justicia" (2 Timoteo 3:16) y, leemos en la literatura sapiencial del Antiguo Testamento, "el que guarda la corrección vendrá a ser prudente... el que aborrece la corrección morirá" (Proverbios 15:5,10).

Hay tres respuestas básicas a las reprobaciones de la vida. Una opción es la del abandono, que es lo que hace la gran mayoría. No van a la iglesia porque no quieren oír la verdad. No quieren ser acusados, ni quieren cambiar sus estilos de vida. Así que se quedan lejos de todo lo que les haga sentirse culpables.

Otra opción es quedarse ahí pero sin crecer nunca. Esta es la montaña rusa clásica de los cristianos. Dios parece decir a este creyente, "no aprendiste de esa experiencia así que tendré que hacerte pasar de nuevo por la situación ¿Todavía no aprendiste? De nuevo a la situación... y de nuevo... Y ¡una vez más!"

¿Qué debemos hacer cuando hallamos que no estamos cumpliendo los requisitos para alcanzar la gloria de Dios? Esto nos trae a la tercera opción: Cuando se sienta acusado mientras viva, acepte entonces su "carácter no es como el de Cristo". Cuando se dé cuenta de haber reaccionado con impaciencia o que haya tratado mal a una persona, admítalo. No le eche la culpa a alguien ni racionalice su actitud o conducta. Sencillamente ande en la luz poniéndose de acuerdo con Dios de que la perfección todavía se le escapa. Admita lo que hizo, discúlpese, pida perdón, perdone o haga lo que las Escrituras le piden hacer; lo más importante de todo, sea honesto con Dios y para con la gente que le rodee. Un error nunca es un fracaso a menos que usted no aprenda de eso. Una vez alguien dijo que tropezar y caer no es fracasar. Aunque vuelva a tropezar y caer eso no es fracasar. El fracaso ocurre cuando usted dice que le empujaron, y que por eso cayó. En otras palabras, las reprobaciones de la vida no nos hacen caer sino que, más bien, revelan quienes somos en realidad.

El designio de Dios en el sufrimiento

La actitud de Pablo para con las pruebas y las tribulaciones de la vida se ve en Romanos 5:3-5:

> *También nos gloriamos en las tribulaciones, sabiendo que la tribulación produce paciencia; y la paciencia, prueba; y la prueba, esperanza; y la esperanza no avergüenza; porque el amor de Dios ha sido derramado en nuestros corazones por el Espíritu Santo que nos fue dado.*

Tenemos un Dios de esperanza pero, desafortunadamente, la gente tiende a decir "este trabajo o ministerio o matrimonio no tiene esperanza" y piensan que la solución es cambiar de trabajo o cambiar de ministerio y hasta de cónyuge. ¡En cambio, lo que debiéramos hacer es soportar ahí y crecer! Puede haber ocasiones en que sea apropiado cambiar trabajos o ministerio pero si nuestra motivación es evitar nuestras pruebas y tribulaciones actuales, entonces el cambio no nos servirá para nada. Nuestros problemas seguirán siempre sin que importe dónde vayamos.

Cuando estamos frente a las dificultades, nuestra esperanza está muchas veces en cómo vamos a reaccionar de acuerdo a nuestro carácter. La intención de Dios es que salgamos de las pruebas y tribulaciones de la vida como mejor persona de lo que éramos antes. ¡Nada puede impedirnos llegar a ser la persona que Dios quiere que seamos!

La manera humilde de producir esta clase de crecimiento es negarse a uno mismo, tomar la cruz y seguirle (Mateo 16:24) y la clave es hacerlo diariamente. Ilustremos: en el sur de California donde llevamos mucho tiempo dando clases, hay muchas fallas sísmicas. La mayoría de ellas, como la célebre Falla de San Andres, corren en sentido norte-sur por debajo de la superficie de la tierra. Debido a que las gigantescas placas subterráneas del planeta se mueven lentamente bajo la corteza, con frecuencia tenemos temblores mínimos que reflejan pequeños ajustes que se hacen a lo largo de las líneas afectadas de la falla. Habitualmente estremecen un poco a la población, recordándonos la soberanía de Dios o nuestra condición de mortales pero hacen muy poco daño. En los lugares donde las líneas de la falla no se ajustan a los movimientos de las placas subterráneas, se crea una gran presión. Llega el momento en que la presión se vuelve tan grande que la falla salta —creando así un temblor grande. Usualmente mientras más tiempo haya estado subiendo la presión, mayor puede ser el temblor.

Eso pasa con nosotros los cristianos. Dios no tiene otro plan más importante para nosotros que nuestra santificación. Si dejamos de crecer normalmente en tiempo, cada día, podemos ser llevados a un ajuste grande que Dios usa para llamarnos la atención. Él puede ir al extremo de sacrificar nuestra carrera (profesión, ocupación) si fallamos en conformarnos a Su imagen. El Señor tuvo paciencia con David después que él pecó con Betsabé. Dios le dio, por lo menos, nueve meses para que reconociera su pecado. David estuvo bajo tremenda acusación, pero no reconoció su pecado de modo que el Señor le habló por medio de un profeta. ¿Resultado final? David perdió el hijo que tuvo con Betsabé y sus hijos durmieron con las esposas de David en los techos de Israel. Mirando retrospectivamente David nos da este consejo: "Te haré entender, y te enseñaré el camino en que debes andar; sobre ti fijaré mis ojos. No seáis como el caballo, o como el mulo, sin entendimiento, que han de ser sujetados con cabestro y con freno" (Salmo 32:8,9).

Aunque muchos de nosotros enfrentan ajustes mayores en la vida y, en uno u otro momento, no siempre se entienden fácilmente estos ajustes. Son más evidentes en casos extremos como el de alguien que luche con el alcohol. Digamos que esta persona se volvió alcohólica como forma de manejarse con las presiones de la vida o de tratar el dolor. Esto sofoca su crecimiento espiritual y en el proceso halla que necesita más y más alcohol, pues su nivel de tolerancia aumenta. Al seguir desintegrándose su vida, rehusa admitir que tiene un problema. Finalmente llega el gran ajuste. Dios le permite perder su salud, su familia o su trabajo. Dios sabe que no bastará que esta persona deje de beber alcohol pues sus necesidades espirituales se han vuelto tan grandes. Esta persona tiene necesidades abrumadoras que solamente Cristo puede satisfacer y tiene que volver al camino de ser formado a imagen de Dios.

Cuando Pablo reprendió a los corintios por su conducta mundana, concluyó diciendo: "¿Qué queréis? ¿Iré a vosotros con vara, o con amor y espíritu de reconciliación?" (1 Corintios 4:21). Si usted es padre o madre ¿no prefiere disciplinar a sus hijos hablándoles en vez de tener que usar vara? (Proverbios 22:15). Los padres buenos no evitan la vara si tienen que usarla pero la mayoría de los padres —como Dios—, prefieren disciplinar con amor y espíritu de bondad. Cuando nosotros mismos tenemos que ser regañados, ¿querríamos que Dios use la vara o nos discipline suavemente? La elección es nuestra.

Inevitable es el sufrimiento que enfrentamos al crecer desde el pecado a la santidad, pero podemos consolarnos al saber que uno de los grandes temas de la Escritura es la gloria por medio del sufrimiento. Jesús caminó por la senda del sufrimiento a la gloria y también Sus discípulos. El apóstol Pablo sabía que si quería experimentar el poder de la resurrección de Cristo como la fuerza dinámica que transformaría su vida, entonces tenía que soportar, "la participación de sus padecimientos, llegando a ser semejante a Él en su muerte" (Filipenses 3:10). Pablo dijo a los creyentes de Colosia, "y cumplo en mi carne lo que falta de las aflicciones de Cristo" (1:24). Él decía que sus sufrimientos eran parte de la medida de sufrimientos que deben ser soportados en ruta al estado final de la perfección. Todo creyente participa en este gran drama de sufrimiento que lleva a la gloria.

La santificación comprende guerra y la guerra siempre significa que sufriremos. Sufrir, para el creyente, siempre se relaciona con la lucha cósmica entre Dios y Satanás. Sin embargo, no debemos desesperarnos; podemos tener la misma actitud que los apóstoles de la iglesia de los primeros tiempos, que se regocijaban "de haber sido tenidos por dignos de padecer afrenta por causa del Nombre" (Hechos 5:41).

La necesidad de sufrir

Hay muchas palabras usadas en la Escritura para hablar de sufrir: "aflicción', "angustia", "malestar", "pena" "miseria", "dolor", "tribulación", "castigo" y así por el estilo. Varias metáforas pintan también el sufrimiento incluyendo el fuego refinador (Isaías 48:10; 1 Pedro 1:6,7); las aguas que inundan (Isaías 43:2) y los dolores de parto (Juan 16:20-22; Romanos 8:18-22). Todo esto nos sucede al experimentar sufrimiento, el que fue concisamente bien definido por el teólogo J. I. Packer como "recibir lo que uno no quiere mientras que se quiere lo que no se recibe...[7] Tal experiencia es la suerte de todos en esta vida y, conforme a la Escritura, desempeña un papel importante en ayudarnos a crecer en santidad.

La necesidad de sufrir nos es aclarada por la Escritura. Participaremos de la gloria de Cristo solamente "si es que padecemos juntamente con él" (Romanos 8:17), "si soportamos [el padecimiento] (2 Timoteo 2:9,10), "si sufrimos, también reinaremos con Él" (2 Timoteo 2:12). "Porque de la manera que abundan en nosotros las aflicciones de Cristo, así abunda también por el mismo Cristo nuestra consolación" (2 Corintios 1:5).

Gran parte del sufrimiento enfrentado por los creyentes resulta de vivir por Cristo en un mundo hostil. Las "pruebas" están destinadas a "difundir el evangelio de Cristo (1 Tesalonicenses 3:2,3) (ver también Filipenses 1:12). Las variadas pruebas que producen sufrimiento al cristiano no deben sorprender ni ser consideradas "como algo extraño" (1 Pedro 4:12). Hechos 14:22 nos dice, "es necesario que a través de muchas tribulaciones entremos en el reino de Dios".

Como vimos, el sufrimiento puede venir en forma de castigo de Dios cuando estamos pecando. Cuando David pecó sintió la pesada mano de Dios en el sufrimiento mental y físico (Salmo 32:3-5). Aun aparte del pecado nuestro Padre nos pondrá en disciplina para ayudarnos a crecer. Cristo aunque era sin pecado, fue de todos modos perfeccionado por lo que padeció (Hebreos 2:9.10; ver también 5:8).

Por último, el sufrimiento puede proceder sencillamente de nuestra fragilidad humana como parte del mundo caído. Un comentarista de la Biblia dice que cuando Pablo habló del deterioro del "hombre exterior" y las aflicciones que a diario nos acompañan, se refería a su existencia moral en la vida presente "sujeta a miles de problemas y bajo sentencia de muerte".[8] Uno de los sufrimientos más profundos de esta clase es el dolor del amor roto. Los lazos de la intimidad, si no son rotos por el pecado, ciertamente son rotos por la muerte.

A pesar de nuestra aversión natural por el sufrimiento la Escritura nos dice que podemos esperarlo y que, efectivamente, es una necesidad del crecimiento espiritual. En palabras de J. I. Packer, "sufrir cristianamente es un aspecto integral de la santidad bíblica y parte habitual de la cosa de costumbre para el creyente".[9]

El valor del sufrimiento

Sufrir motiva a cambiar

El dolor físico es una señal de advertencia necesaria. Como dice un médico, "el dolor es una señal de que algo debe hacerse; implica que si no se hace algo, las posibilidades de sobrevivir del organismo van a disminuir".[10] Hasta la falta de la alimentación corporal adecuada se siente como dolor. En forma similar, el dolor (o sufrimiento) de la vida cristiana puede ser señal de enfermedad espiritual y sirve como advertencia de la inevitabilidad del deterioro futuro a menos que algo sea cambiado. Dios puede permitir el sufrimiento para motivarnos a cambiar, como sugiere la bien conocida frase de C. S. Lewis: "Dios nos susurra en nuestros placeres, nos habla en nuestra conciencia pero nos grita en nuestros dolores".[11]

A veces hay que sufrir mucho para prestar atención. "Las pruebas pequeñas nos ponen *fuera de sí* pero las pruebas grandes nos devuelven a sí". Eso le pasó al hijo pródigo. Fue sólo después de quedarse sin comida que, "volviendo en sí, dijo: ¡yo aquí perezco de hambre!" (Lucas 15:17-20) y se arrepintió y volvió a su padre.

El sufrimiento edifica carácter justo

Una de las verdades más claras de la vida y la Escritura es que el sufrimiento es necesario para edificar el carácter. El mismo Jesús es el ejemplo más grande. Aparte del sufrimiento que tuvo que soportar para pagar las consecuencias de nuestro pecado, Él conoció el sufrimiento que sirvió para producir algo en Su propia vida. Él fue perfeccionado por lo que padeció (Hebreos 2:9,10) y "por lo que padeció aprendió la obediencia" (5:8). Estas declaraciones no sugieren que Cristo fuera de alguna manera desobediente o pecador. Más bien, el crecimiento que Él conoció por medio de padecer fue un crecimiento de la inmadurez a la madurez. Su experiencia le hizo un Sumo Sacerdote compasivo que podía identificarse con —el ir a socorrer a—, la gente sufriente (Hebreos 4:15,16). El sufrimiento también enseñó a Cristo la plenitud de lo que significa obedecer y decidir hacer la voluntad de Su Padre sin que importase lo elevado del precio. Jesús, como ser humano, tuvo que aprender la cadena de valores morales que se desarrolla como resultado de la adversidad "sabiendo que la tribulación produce paciencia; y la paciencia, prueba; y la prueba, esperanza" (Romanos 5:3,4). "Porque convenía...que perfeccionase por aflicciones al autor de la salvación de ellos" (Hebreos 2:10), y en ese caso, cuánto más conviene que Él nos perfeccione por sufrimientos. Hebreos 12:10,11 nos dice:

> *Y aquéllos, ciertamente por pocos días nos disciplinaban como a ellos les parecía, pero éste para lo que nos es provechoso, para que participemos de su santidad. Es verdad que ninguna disciplina al presente parece ser causa de gozo, sino de tristeza; pero después da fruto apacible de justicia a los que en ella han sido ejercitados.*

Todo carácter humano santo está, de alguna forma, resumido en el amor, conforme a la descripción que Pablo da del amor en 1 Corintios 13. Y el amor fluye solamente de aquellos que han muerto al egocentrismo y viven para otros. Cuando matamos al viejo yo, sentimos dolor. El viejo yo, no muere con facilidad y no hay forma sino bien dolorosa de morir a nosotros mismos. El crecimiento del verdadero carácter, que es la expresión del amor, inevitablemente comprende sufrimiento. C. S. Lewis dijo que "rendir la voluntad que por tanto tiempo hemos clamado propia, es en sí un grave dolor donde y comoquiera se haga".[12]

El sufrimiento nos acerca a Dios

La santidad completa —que es lo mismo que humanidad y plenitud de vida completas— es amar a Dios mismo con todo nuestro corazón. Sin embargo, nuestro amor por Dios está a menudo matizado con nuestro amor por las cosas buenas que Él nos da. El sufrimiento nos ayuda a despojarnos de toda pretensión de nuestra relación con Dios. Nos quita todo lo que no es de Dios, para que podamos aprender a amarle por Quien es y no por lo que nos da.

Agustín dijo: "Dios quiere darnos algo pero no puede porque nuestras manos están llenas —no hay lugar para que Él lo ponga". Sufrir vacía nuestras manos de modo que Dios puede dársenos a Sí mismo, el tesoro verdadero de la vida. C. S. Lewis dijo:

> Ahora bien, Dios, que nos hizo, sabe lo que somos y que nuestra felicidad reside en Él. Pero no la buscaremos en Él en la medida que Él nos deje cualquier otro recurso donde pudiéramos buscarla. Mientras que eso que llamamos "nuestra propia vida" sigue agradable, usted no se la rendirá a Él. Entonces ¿qué puede Dios hacer en nuestro interés sino hacer que "nuestra propia vida" no sea menos agradable y quitarnos las fuentes posibles de felicidad falsa?[13]

Sufrir nos sirve para entender a Dios

Vivimos en un mundo de conflicto moral. La batalla entre el bien y el mal, que es el tema de la historia bíblica, revela que el mal trajo un sufrimiento que hasta Dios comparte. Él sufre por lo que el pecado ha hecho a Su creación. Isaías dijo que Dios también sufre en el sufrimiento de Su pueblo: "En toda angustia de ellos Él fue angustiado" (63:9). Esta realidad del mal y la verdadera naturaleza del amor de Dios por nosotros no sería conocida sino por medio de la experiencia del sufrimiento: "...la única forma en que el mal moral puede entrar a la conciencia del que es moralmente bueno, es como sufrimiento".[14] Lewis dice: "Un hombre malo y feliz es un hombre sin el menor indicio de que sus acciones no 'corresponden', que no están de acuerdo con las leyes del universo".[15]

Sufrir fomenta el ministerio y la unidad

Sea nuestro sufrimiento dolor físico, pobreza o trastorno espiritual, todos proveen oportunidades para que nos ministremos los unos a los otros y solamente demos bendición sino también recibamos bendición por medio del servicio (por ejemplo, ver 2 Corintios 1:5-7, donde el sufrimiento proporciona la oportunidad de ministrar consuelo). Tal ministerio sirve para unir a la gente y fomentar la unidad de los creyentes que, como vimos, es la meta de la santificación. Sufrir también es una forma de unir gente, esto es, compartir el sufrimiento crea lazos comunitarios quizá como pocas otras cosas puedan.

Nuestro sufrimiento también puede servir a Dios en formas que nunca sabremos en esta vida. Por ejemplo, en ninguna parte del libro de Job vemos que él supiera alguna vez exactamente por qué sufrió. Sin embargo, desde nuestro punto de vista, conociendo toda la historia completa, sabemos que su sufrimiento dio gloria a Dios. Nuestro sufrimiento también puede darnos la oportunidad de dejar que otras personas vean que nos sustenta la gracia de Dios en nuestra vida. Tanto creyentes como incrédulos que ven el sostén de Dios, pueden terminar acercándose más a Dios. Quizá usted haya oído de médicos y enfermeras cuyas vidas fueron tocadas por pacientes santos que resistieron bien el sufrimiento y se enfrentaron a la muerte sin miedo.

Nuestra respuesta al sufrimiento

Sufrir es inevitable. Puede venir del antagonismo y hostilidad del mundo anticristiano que nos rodea. Si somos discípulos de Cristo podemos esperar ser perseguidos: "Si a mí me han perseguido, también a vosotros os perseguirán" (Juan 15:20). Así Pedro habla a la iglesia sufriente de su época: "Amados, no os sorprendáis del fuego de prueba que os ha sobrevenido, como si alguna cosa extraña os aconteciese" (1 Pedro 4:12).

Vivimos en un mundo condicionado por el pecado. La creación de la buena mano de Dios fue una creación con orden y armonía.

Todos los elementos de los mundos espiritual y material, estaban en la relación adecuada. Pero el pecado ha infestado todo reino con desorden y relaciones inapropiadas con el resultado del dolor físico, emocional y espiritual. Así, pues, podemos esperar dolor en esos tres ámbitos.

Tres verdades clave

La Escritura nos dice que no podemos escapar del sufrimiento en esta vida. "Y también todos los que quieren vivir piadosamente en Cristo Jesús padecerán persecución" (2 Timoteo 3:12). Nuestra respuesta apropiada es, entonces, deja que el sufrimiento obre para nuestra santificación. Siempre debemos ver el sufrimiento bajo la luz de nuestro Padre celestial, que nos ama. Y esto es muy seguro, cuando tenemos presente tres verdades clave sobre el sufrimiento.

1. *Dios siempre está controlando nuestro sufrimiento.* No importa cuál sea la fuente de nuestro sufrimiento —directamente de la disciplina de Dios o de la mano de otra persona o, sencillamente del mal que es parte del mundo caído todo está bajo el control de Dios. Él permite en Su sabiduría omnisciente e infinito amor que suframos, sea para nuestra transformación o para que Él pueda glorificarse ante otras personas. Peter Kreeft sugiere algunas posibilidades que podrían servirnos recordar cuando sufrimos:

> Quizá sufrimos tan desmezuradamente porque Dios nos ama de esa misma forma y nos está domando. Quizá la razón de compartir un sufrimiento que no entendemos se deba a que somos objetos de un amor que no comprendemos...Quizá estemos poniéndonos aún más reales al participar de sufrimientos, que son padecimientos de Dios tanto en la tierra como parte de la obra salvadora de Cristo y en el cielo como parte de la vida eterna de la Trinidad, que es la muerte extática al yo que es la esencia de ambos, sufrimiento y gozo.[16]

Puede que nunca sepamos totalmente las razones de todos los sufrimientos que soportamos en esta vida. Pero cuando reconocemos que Dios puede usar nuestro sufrir, para nuestro bien o el Suyo,

entonces podemos dejar que el sufrimiento aporte a nuestro crecimiento y, en última instancia, a la perfecta gloria de Dios.

2. *Dios siempre tiene un límite para el monto de sufrimiento
que permite para cada uno de nosotros.* Tal como Dios puso claros
límites al sufrimiento que Satanás podía infligir a Job, así también
establece límites para nuestro sufrir. Algunos santos tienen, obviamente, espaldas más fuertes que les capacitan para sufrir más en
aras de la justicia, tal como Job y Pablo.

Cuando sufrimos somos habitualmente tentados a responder
con depresión diciendo: "Dios me ha abandonado y no hay esperanza" o con enojo diciendo: "Dios, te odio por dejar que esto pase,
así que ¡olvídate! De ahora en adelante iré por mi propio camino".

Pero nuestro Padre celestial nos asegura que Él no permitirá
que suframos lo que no podemos tolerar.

*No os ha sobrevenido ninguna tentación que no sea
humana; pero fiel es Dios, que no os dejará ser tentados
más de lo que podéis resistir, sino que dará también
juntamente con la tentación la salida, para que podáis soportar (1 Corintios 10:13).*

Esta promesa nos asegura que Dios limita nuestro sufrir. Él
sabe cuánto podemos soportar en cada circunstancia. Él conoce los
lados fuertes y los débiles de cada aspecto de nuestra vida: corporal,
emocional y espiritualmente, y dice que no permitirá ningún sufrimiento en ninguna ocasión que no podamos manejar con Su gracia.
Así, pues, podemos tener confianza de que la voluntad de Dios
nunca nos llevará donde la gracia de Dios no nos sustente.

3. *Dios siempre da "la salida" de modo que podamos "soportar" nuestro sufrimiento.* El verbo "soportar" nos dice que Dios
sencillamente no produce la cesación inmediata de los sufrimientos.
Podemos contar con que Dios nos dará la gracia que necesitamos
para soportar nuestro sufrimiento hasta que sea quitado. Nuestra
confianza en la fidelidad de Dios y Su promesa de darnos la salida
es lo que nos da la fuerza para soportar el sufrimiento.

Ningún pasaje de la Escritura nos ha prometido que Dios
impida que suframos o que termine el sufrimiento rápidamente
cuando llega. Antes bien, Él promete suplir la gracia que nos

capacita para soportarlo fielmente. El salmista no dijo: "Echa tus cargas sobre el Señor y vete libre de problemas" sino: "Echa sobre Jehová tu carga, y Él te sustentará" (Salmo 55:22). En forma similar Pablo no nos dice que las causas de nuestras ansiedades será eliminadas, sino que en medio de ellas seremos resguardados con la paz de Dios (Filipenses 4:6,7). Cuando Pablo estaba en la cárcel y enjuiciado, testificó: "Pero el Señor estuvo a mi lado y me dio fuerzas" (2 Timoteo 4:17).

Una promesa clave

El consuelo de Dios es puesto a nuestra disposición en nuestros sufrimientos. Él es: "Dios de toda consolación, el cual nos consuela en todas nuestras tribulaciones" (2 Corintios 1:3,4). La palabra en griego, "consuelo" puede traducirse también como "exhortación". Aquí se usa en su sentido básico de "estar detrás de una persona para darle ánimo cuando está pasando por una prueba severa".[17] El tiempo presente del verbo nos dice que nuestro Dios nos consuela en *todo* momento, constantemente sin fallar, de *todos* nuestros sufrimientos. Considere estas palabras del himno "Solo no estoy":

Solo no estoy, Jesús está a mi lado,
Amigo fiel que no me dejará.
Solo no estoy en tempestad o en calma,
Mi buen Jesús, su protección me da.
Aunque la tempestad me azote,
Y el mundo me desprecie,
No temeré llevar la cruz,
Pues me guía con su amor.
Así camino con pleno gozo,
Solo no estoy, Jesús conmigo está.

Regocijarnos en nuestros sufrimientos

Santiago nos da una de la declaraciones más profundas de la Escritura tocante al sufrimiento, la cual, a menudo, resulta difícil obedecer: "Hermanos míos, tened por sumo gozo cuando os halléis en diversas pruebas" (1:2). Ahora bien, la idea del gozo resultante de las pruebas y del sufrimiento no es exclusiva de este versículo. En Romanos 5:3 Pablo dice, "también nos gloriamos en las tribulaciones". En forma similar Pedro dice: "Gozaos por cuanto sois participantes de los padecimientos de Cristo, para que también en la revelación de su gloria os gocéis con gran alegría" (1 Pedro 4:13). Todos estos versículos comparten algo de la declaración hecha por Jesús tocante al estado de bienaventuranza para el pobre, el doliente, el hambriento y el perseguido (Mateo 5:3,4,6,10-12).

Es muy importante reconocer que tenemos que expresar gozo o experimentar bendición en las pruebas —no por el sufrimiento mismo, sino debido a los resultados que habitualmente se asocian con el sufrir. Por ejemplo, los variados sufrimientos soportados por los que escuchaban las bienaventuranzas de Jesús, demuestran que ellos estaban correctamente relacionados a Dios y, así, podían conocer el gozo que viene de ser parte del reino eterno de Dios. Esto los hace "bienaventurados" aun en medio de sus sufrimientos. En 1 Pedro 4:13 Pedro habló de tener gozo en nuestros sufrimientos presentes sabiendo que un goce futuro aún mayor nos está reservado.

El gozo en las tribulaciones es posible porque tenemos que saber que "la prueba [de nuestra fe produce], paciencia". Sabiendo esto, tenemos que dejar que "tenga la paciencia su obra completa, para que seáis perfectos y cabales, sin que os falte cosa alguna" (Santiago 1:3,4, *ver también* Romanos 5:3). Pedro nos dice que las pruebas producen una fe auténtica como el oro del fuego del refinador, lo que resultará en "alabanza, gloria y honras cuando sea manifestado Jesucristo" (1 Pedro 1:6,7).

Para que conozcamos el gozo en nuestro sufrimiento, debemos apreciar, y hasta agradecer, lo que Dios está haciendo. John White dice:

> Uno debe agradecer a Dios en medio del dolor. Dígale que confía en Él. Alábele por lo que Él puede hacer, por lo que está haciendo. Al hacerlo las presiones se aliviarán. A usted se le dará un manto de alabanza para que reemplace el espíritu de pesadumbre.[18]

Podemos sentir un gozo profundo en medio de nuestras pruebas, no sólo porque sabemos que ellas aportan muchas características santas dentro de nosotros, sino también porque sabemos que el poder de Dios está obrando en nosotros. Fíjese lo que dice Pablo sobre el poder de Dios relacionado con el aguijón en su carne:

> *De buena gana me gloriaré más bien en mis debilidades, para que repose sobre mí el poder de Cristo. Por lo cual, por amor a Cristo me gozo en las debilidades, en afrentas, en necesidades, en persecuciones, en angustias; porque cuando soy débil, entonces soy fuerte (2 Corintios 12:9,10).*

Pablo no se regocijaba por sufrir en el sentido de que buscara más sufrimiento. Antes bien, él se regocijaba porque sabía que, por medio de sus sufrimientos, el poder de Dios era desplegado. Los sufrimientos revelan nuestras debilidades y, de este modo, son oportunidades para que Dios exhiba Su fuerza y consuelo sustentadores.

No hace falta decir que no podemos hallar gozo en medio de las pruebas, a menos que tengamos esperanza. Pablo, Pedro y Santiago indicaron, todos, que el gozo puede estar presente en nuestras tribulaciones porque tenemos la promesa de la gloria futura. La actitud correcta al sufrir es, entonces, enfocarse en la esperanza que está ante nosotros.

Algunas personas piensan que la esperanza, es una expresión de deseos. Actualmente es la seguridad presente de un bien futuro. Aunque vivamos en el valle de lágrimas, podemos tener esperanza porque sabemos que esto no es el final. Hay un día nuevo que viene para el cristiano: día descrito como gozo pleno, donde "enjugará Dios toda lágrima de los ojos de ellos; y ya no habrá muerte, ni habrá más llanto, ni clamor, ni dolor; porque las primeras cosas pasaron" (Apocalipsis 21:4).

El sufrimiento mismo es lo que nos ayuda a cultivar la perspectiva de la esperanza, que es tan útil en medio del sufrir. Permítame (Robert) ilustrar: Hace varios años mi esposa Nancy y yo perdimos a nuestra hija menor. Lo recuerdo vívidamente. Sin indicación de problemas de salud, ella tuvo un colapso repentino y murió de una falla cardíaca cuando sólo tenía 28 años. Como me lo dijo Neil un día, fue como ser impactado por un proyectil. Si yo hubiera visto que esto le pasaba a otra familia, me hubiera dicho, como lo hice en varias ocasiones: "no creo que yo podría soportarlo si esto me pasara a mí". Pero ahora que me pasó, la gracia de Dios fue suficiente. Contra las tinieblas del sufrimiento la luz de esperanza que la Escritura me ofreció era casi tangible. El cielo se me hizo más real, con una realidad que, lamento decirlo, no tenía antes. Y esa esperanza ha seguido formando mi vida desde entonces. Sí, hubo dolor en mi corazón, pero en lo profundo de ese dolor también hallé cierta dulzura del gozo, que sé fue puesta ahí por Dios como resultado de meditar en la esperanza que Él ofrece a todos los creyentes. Dios verdaderamente prepara una mesa de bendición para nosotros aun en medio de nuestros enemigos (*ver* Salmo 23:5).

Pablo presenta en Romanos 5 esta conexión doble de la esperanza en relación a nuestro sufrimiento. Debido a la salvación en Cristo él declara, "...y nos gloriamos en la esperanza de la gloria de Dios" (versículo 2). Como creyentes estamos armados con esperanza al entrar a tener pruebas y sufrimiento. Pero entonces Pablo prosigue diciendo: "Y no sólo esto, sino que también nos gloriamos en las tribulaciones, sabiendo que la tribulación produce paciencia; y la paciencia, prueba; y la prueba, esperanza" (versículos 3,4). La esperanza no sólo ciñe nuestra paciencia en las pruebas y nos permite gozar sino que también es fortalecida en tales pruebas. Como dice John Murray, "nos gloriamos en las tribulaciones porque tienen una orientación escatológica: ellas sirven el interés de la esperanza".[19] Podemos aceptar con mayor facilidad los sufrimientos que nos salgan al camino, si entendemos que sirven un propósito y si sabemos que Dios enderezará todo al final.

Cuando llega el sufrimiento

¿Qué haría usted si, por alguna razón, no pudiera sentir más la presencia de Dios y, por alguna razón Él suspendiera Sus bendiciones visibles en su vida? ¿Qué haría usted si, en el curso de seguir fielmente a Dios, todas sus circunstancias externas se volvieran malas? Job estaba disfrutando los beneficios de vivir rectamente y, entonces, un día todo lo que tenía le fue quitado. Salud, riqueza y hasta su familia le fueron quitados. Si estuviéramos en las circunstancias de Job, nuestra mente no se arremolinaría con preguntas: ¿qué hice para merecer esto? ¿me pasé por alto una curva del camino? ¿esto es lo que consigo por llevar una vida recta? ¿Dónde está Dios? Dios, ¿por qué me haces esto? Como Job usted sería tentado a maldecir el día en que nació.

Esto me ha pasado dos veces (Neil) y a mi familia. Si no hubiéramos sabido la verdad dicha en Isaías 50:10,11, no estoy seguro de que hubiéramos sobrevivido esas pruebas:

> *¿Quién hay entre vosotros que teme a Jehová, y oye la voz de su siervo? El que anda en tinieblas y carece de luz, confíe en el nombre de Jehová, y apóyese en su Dios. He aquí que todos vosotros encendéis fuego, y os rodeáis de teas; andad a la luz de vuestro fuego, y de las teas que encendisteis. De mi mano os vendrá esto; en dolor seréis sepultados.*

En ese pasaje Isaías hablaba de un creyente que obedece a Dios pero anda en tinieblas. Él no hablaba de las tinieblas del pecado ni siquiera del reino de las tinieblas. Antes bien, hablaba de las tinieblas de la incertidumbre: un manto de inseguridad que se instala como si fuera una nube negra que ha llegado, desanimando, al ser mismo del creyente. La seguridad del ayer ha sido cubierta por las incertidumbres del mañana. Dios ha suspendido Sus bendiciones conscientes. Hasta ir a la iglesia puede ser una experiencia que hace desmayar. Los amigos pueden haberse vuelto más una molestia que una bendición.

¿Qué debemos entonces hacer cuando nos hallemos en circunstancias tan opresivas?

Seguir caminando

Primero, seguir caminado por fe en la luz de la revelación previa de Dios. Esta luz viene de Dios y nos sirve para ver el próximo paso, para ver que la senda está clara por delante. Esa luz nos ayuda a discernir un amigo del enemigo, y determina dónde están los obstáculos. Aunque nuestros instintos naturales nos digan que abandonemos todo, que nos sentemos o nos paremos, sigamos caminando, como nos dice Isaías. Nunca dude en las tinieblas lo que Dios ya le ha mostrado claramente en la luz.

Eso me recuerda (Neil) el primer período de tinieblas para mi familia.[20] Cuando yo era pastor, nuestra iglesia se metió en un emocionante programa de construcción. Dios nos había guiado claramente a una nueva propiedad y nos había capacitado para construir nuevos edificios. A los pocos meses de haberse terminado esos edificios, yo me acercaba a la finalización de mis estudios de doctorado y enfrentado a la enorme tarea de escribir mi tesis. En ese año tomé un trabajo de media jornada en la Escuela Talbot de Teología. Empezamos ese año con la seguridad de que dispondríamos de $20.000 como préstamos sin intereses. Yo confiaba que todo saldría bien y que, al terminar mi educación, Dios tendría un lugar para nosotros en los planes de Su reino. En los seis meses que siguieron todos los planes de nuestra vida salieron bien y, entonces, Dios apagó la luz.

Se nos dijo que la segunda mitad del préstamo de $20.000 no nos sería entregada. No teniendo otra fuente de ingresos, se vaciaron nuestros estantes. Yo no tenía trabajo y, en esa época, mis metas educacionales estaban a medio terminar. Siempre me había propuesto cuidar fielmente a mi familia pero ahora estaba al borde de no poder hacerlo así. Yo había estado tan seguro del llamamiento de Dios hacía seis meses pero, ahora, mi confianza estaba siendo zarandeada.

Consideré un par de oportunidades para el ministerio pero no eran para mí y sabía que no podía aceptarlas. El problema no era la falta de voluntad para trabajar; hubiera vendido salchichas para abastecer a mi familia. Pero sabía que tenía que esperar la voluntad de Dios. La tensión por crear mi propia luz durante esa época fue abrumadora. Era como si Dios me hubiera tirado a un embudo y las cosas se pusieran cada vez más negras a medida que bajaba. Cuando pensé que mis circunstancias no podían ponerse peores, llegué a la parte estrecha del embudo. En nuestra hora más negra, Dios nos sacó del fondo del embudo y todo se aclaró.

Nada cambió circunstancialmente pero todo cambió por dentro. Me desperté una medianoche con tal sensación de gozo y paz que supe que se había terminado la prueba. Me daba cuenta conscientemente de Dios en forma notable. No hubo voces audibles ni visiones, solamente Dios en Su manera queda y suave de renovar mi mente. Los pensamientos que Él traía a mi mente eran algo como esto: "Neil, ¿andas por fe o andas por vista? ¿Puedes andar por fe ahora? Me creíste el verano pasado, ¿puedes creerme ahora? Neil, ¿me amas o amas Mis bendiciones? ¿Me adoras por Quién soy Yo o me adoras por las bendiciones que Yo te doy? Aun si yo suspendiera mi presencia consciente de tu vida, ¿seguirías creyendo en Mí?"

Sabía que podía. En mi espíritu respondí: "Señor, sabes que te amo y que ando por fe, no por señales. Señor, te adoro por Quien eres, y sé que nunca me dejarás ni me abandonarás. Perdóname Señor por haber dudado de Tu lugar en mi vida o por haber cuestionado Tu habilidad de proveer todas nuestras necesidades".

Esos momentos preciosos no pueden planearse ni predecirse. Nunca se repiten. Lo que hemos aprendido previamente de la Biblia se encarna en esos momentos. Nuestra adoración es purificada y nuestro amor, esclarecido. La fe se mueve desde ser una definición de texto, a ser una realidad viva. La confianza es profundizada cuando Dios nos pone en una posición en que no tenemos otra opción sino confiar. Confiamos en Él o transamos nuestra fe. La Biblia nos da las reglas infalibles de fe y nos da conocimiento de Aquel en quien debemos poner nuestra fe: pero aún tenemos que aprender a vivir por fe en el circo de la vida. Eso es especialmente cierto cuando nuestras circunstancias no están obrando favorablemente para nosotros.

Al día siguiente me llamó el decano de la Escuela Talbot de Teología para preguntarme si yo tenía otro trabajo en otra parte. No era así y ese viernes por la tarde me ofreció la cátedra que tuve antes por más de diez años. Esa misma noche vino a visitarnos un hombre de mi ministerio anterior. Medio en broma le pregunté si querría comprar nuestra casa y dijo "quizá sí". El martes siguiente, él y sus padres me hicieron una oferta por la casa, la que aceptamos. Nuestra crisis financiera había terminado y con mi cátedra en la facultad asegurada, sabíamos el destino de nuestra próxima mudanza.

Dios puede cambiar en un momento lo que las circunstancias nunca pueden cambiar. Esa es una razón por la cual mi esposa y yo nos hemos comprometido a no decidir nunca nada importante cuando estamos deprimidos. Ese solo compromiso me ha impedido renunciar a mi ministerio, luego de encarar reuniones difíciles de la junta o de predicar mensajes que explotaron.

Repito, nunca debemos dudar en las tinieblas lo que Dios nos ha mostrado claramente en la luz. Tenemos que seguir andando a la luz de la revelación anterior de Dios. Si lo que Él me mostró era cierto seis meses atrás, sigue siendo verdad hoy. Si somos serios tocante a nuestro caminar con Dios, Él nos probará para determinar si le amamos a Él o a Sus bendiciones. Él puede anular intencionalmente nuestro futuro para que aprendamos a andar por fe en lugar de la vista o de los sentimientos.

Caminar solamente a la luz de Dios

Volviendo a lo que dijo Isaías sobre el manejo de las circunstancias opresivas, el segundo principio es que no tenemos que encender nuestro propio fuego. No tenemos que crear nuestra propia luz. La tendencia natural cuando no vemos las cosas como las ve Dios es hacerlas a nuestra manera. Pero Isaías dijo: "He aquí que todos vosotros encendéis fuego, y os rodeáis de teas; andad a la luz de vuestro fuego, y de las teas que encendisteis" Él no hablaba del fuego del juicio; hablaba de un fuego que crea luz. Fíjese qué pasa cuando la gente crea su propia luz: "Andad a la luz de vuestro fuego, y de las teas que encendisteis. De mi mano os vendrá esto; en dolor seréis sepultados". Adelante, háganlo a su modo. Dios lo permitirá pero seguirá el dolor.

Para ilustrarlo: Dios mandó a Abraham a que se fuera de Ur a la Tierra Prometida. Dios hizo un pacto prometiendo a Abraham que sus descendientes serían más numerosos que las arenas del mar o las estrellas del cielo (Génesis 12). Abraham vivió su vida a la luz de esa promesa, y entonces Dios apagó la luz. Pasaron tantos meses y años que Sara, la esposa de Abraham, no podía ya tener un bebé por medios naturales. La guía de Dios había sido clara antes pero, ahora, parecía como que Abraham tendría que ayudar a Dios a cumplir Su promesa. Abraham creó su propia luz y Sara puso el fósforo ofreciendo su doncella a Abraham. Debido a esa unión todo el mundo vive atormentado. Judíos y árabes no han sido capaces de coexistir pacíficamente hasta el día de hoy.

Encontramos otro ejemplo en Moisés. Dios supervisó el nacimiento de Moisés y proveyó para su preservación. Moisés fue criado en la casa del faraón, y tuvo la segunda posición más importante de Egipto. Pero Dios había puesto en el corazón de Moisés una carga por liberar a sus congéneres israelitas. Moisés sacó impulsivamente su espada y Dios apagó la luz. Abandonado en los confines remotos del desierto, Moisés se pasó 40 años cuidando las ovejas de su suegro. Entonces, un día, Moisés se dio vuelta para mirar una zarza incandescente que no era consumida (por el fuego) y Dios volvió a encender la luz.

Pues bien, no sugiero que tengamos que esperar 40 años para salir por la otra punta del período de tinieblas. En la vida más corta de ahora eso sería más tiempo de lo que podría soportar la fe de una persona promedio. Pero es posible que las tinieblas duren semanas, meses y, posiblemente, hasta años. Dios se encarga y sabe exactamente cuál es la dimensión del agujero por el cual Él puede pasarnos. Cuando estamos en nuestro límite, Él nos saca al otro lado. Nunca volveremos a tener la forma que tuvimos antes. Dios nos dice en Isaías 45:7, "que formo la luz y creo las tinieblas, que hago la paz y creo la adversidad. Yo Jehová soy el que hago todo esto".

Nuestro segundo período de tinieblas fue mucho más difícil que el primero. Hace unos cuantos años mi esposa Joanne tuvo cataratas en los dos ojos y perdió lentamente la vista. En aquellos tiempos los médicos no implantaban lentes a menos que uno fuera mayor de 60. Así que a ella le hicieron lentes para las cataratas y, por último, lentes de contacto. Cinco años después ella supo que podía hacerse implantes debido a los adelantos de los materiales usados. La cirugía tuvo éxito pero Joanne despertó de la anestesia con trastornos emocionales. Ella se puso temerosa y depresiva. Por meses fue de médico en médico. Como tenía 45 años, la mayoría de los médicos querían hacer de ella un caso mental u hormonal. Ella no era ninguna de esos dos. Ella estaba enferma y estuvo hospitalizada cinco veces, pero no se pudo averiguar la causa de su enfermedad.

Nuestro seguro médico expiró y tuvimos que vender la casa para pagar las cuentas médicas. Yo luché con mi papel en el conflicto de Joanne. ¿Era su pastor o consejero y/o su marido? Decidí que había sólo un papel que yo podía desempeñar para ella y ese era ser su esposo. Si alguien iba a restaurar a mi esposa tenía que ser otra persona, no yo. Mi papel era apoyarla a diario diciendo: "Joanne esto pasará algún día". Pensé que su prueba terminaría en cuestión de semanas o meses pero resultó ser una ordalía larga de

15 meses. El embudo se angostaba y oscurecía más y más. Durante esos días Isaías 21:11,12 cobró mucho significado para mí.

> *¿Me dan voces de Seir: Guarda, ¿qué de la noche? Guarda ¿qué de la noche? El guarda respondió: La mañana viene, y después la noche".*

Yo baso mi ministerio en la esperanza de que "la mañana viene". No importa cuán oscura sea la noche, la mañana viene. Y siempre está más oscuro justo antes de amanecer.

En nuestro momento más negro, cuando ni siquiera estaba seguro de que Joanne iba a salir de esto, tuvimos un día de oración en la Universidad Biola de Los Ángeles. Yo no tenía nada que ver con el programa salvo de apartar momentos especiales para orar en mis propias clases. Nuestros estudiantes universitarios tenían un servicio de comunión esa noche. Yo no hubiera ido normalmente al servicio pero como el trabajo me había detenido en los predios universitarios, decidí participar. Me senté en el piso del gimnasio con los estudiantes y tomé la comunión. No estaba seguro de que alguno de los estudiantes supiera que yo estaba pasando por una de las épocas más solitarias y oscuras de mi vida. Sin embargo, estaba profundamente consagrado a hacer la voluntad de Dios y estaba andando lo mejor que podía a la luz de la revelación previa: aunque me sintiera abandonado.

Puedo decir con toda honestidad que durante esos meses, nunca cuestioné a Dios ni me amargué por mis circunstancias. De alguna manera sabía que la naturaleza de mi ministerio, estaba relacionada con lo que estaba pasando mi familia, pero no sabía qué hacer al respecto. ¿Debía salirme de ese ministerio para salvar a mi familia? Dios estaba bendiciendo mi ministerio pero no a mí. Él nos había despojado, a Joanne y a mí, de todo lo que poseíamos. Todo lo que nos quedó fue el uno para el otro y nuestra relación con Dios. Y cuando no hubo ya más donde volverse, ¡llegó la mañana!

Dios habló a mi corazón en ese servicio de comunión. Sus palabras no vinieron por medio del mensaje del pastor o los testimonios de los estudiantes, sino en el contexto de tomar la comunión. Mis pensamientos, guiados por el Espíritu Santo, eran algo así: "Neil, hay un precio que pagar por la libertad. Me costó la vida de Mi Hijo. ¿Estás dispuesto a pagar el precio?"

Respondí: "Amado Dios, si esa es la razón, estoy dispuesto pero si es algo estúpido que yo estoy haciendo, entonces no quiero participar más en eso". Dejé el servicio de comunión con la seguridad interior de que nuestra ordalías se había acabado. Nuestras circunstancias no habían cambiado pero en mi corazón sabía que había venido la mañana.

A la semana Joanne despertó una mañana y dijo: "Neil, dormí profundo anoche". Dieciséis días antes ella había visto a un médico especialista en tratar la depresión clínica. Él le quitó a Joanne todos los remedios que habían sido recetados por los otros médicos y le trató su desequilibrio químico con nutrición adecuada y remedios. Desde entonces en adelante, ella supo que iba por la senda de la recuperación. Nunca miró atrás pero siguió recuperando su salud plena. Al mismo tiempo, nuestro ministerio dio un tremendo salto adelante.

¿Cuál fue el propósito de todo aquello? Uno aprende mucho de uno mismo en el ministerio de las tinieblas de Dios. Me fue quitado misericordiosamente todo lo que quedaba de la inclinación de mi vieja naturaleza a darle consejo simplista a las personas, como: "¿Por qué no lee su Biblia?" o "Sólo trabaje más fuerte" u "Ore más". La gente que pasa por tiempos de tinieblas no necesita simplismos piadosos. Necesitan alguien que los abrace y sólo esté ahí.

Aprendemos compasión en el ministerio de las tinieblas de Dios. Aprendemos a esperar con paciencia con la gente y llorar con los que lloran. Aprendemos a responder a las necesidades emocionales de las personas que han perdido la esperanza, sabiendo que el momento de instruirles vendrá más tarde.

Job necesitó en su hora de tinieblas unos pocos amigos que sólo se sentaran a su lado. Tres de sus así llamados amigos lo visitaron durante una semana y, luego, se les acabó la paciencia. Joanne y yo tuvimos también amigos así, que trataron de aconsejarnos en nuestra hora de tinieblas y, puedo decírselo, eso duele. La ayuda más significativa para nosotros fue la que recibimos de ciertas personas de nuestra iglesia: gente que sólo estuvo a nuestro lado y oraba. Aunque Dios había quitado todas nuestras bendiciones externas, aún teníamos algunas relaciones significativas y, como resultado de nuestra experiencia, ahora tenemos un gran aprecio por los buenos amigos. Finalmente, Dios reemplazó todo lo que perdimos, sólo que en esta ocasión nuestras bendiciones fueron mucho mejores en términos de casa, familia y ministerio. Anímese, que Dios arregla todo al final.

Otra razón por la que Dios permite tiempos tenebrosos en nuestra vida es para terminar nuestros recursos de modo que podamos descubrir los Suyos. Desafortunadamente en esta época no se escuchan muchos sermones sobre el quebrantamiento en nuestras iglesias. Es la gran omisión y por eso no podemos cumplir la gran comisión. En los cuatro evangelios Jesús nos enseñó a negarnos, a tomar nuestra cruz diariamente y seguirle a Él. Cuando llegó el tiempo para que el Hijo del Hombre fuera glorificado, Él dijo: "De cierto, de cierto os digo, que si el grano de trigo no cae en la tierra y muere, queda solo; pero si muere lleva mucho fruto" (Juan 12:24).

No conozco ninguna manera de morir a nosotros mismos que no cause grandes dolores. Pero sí sé que es necesario y que es lo mejor que nos podría ocurrir. Pablo confirmó eso cuando dijo: "Porque nosotros que vivimos, siempre estamos entregados a muerte por causa de Jesús, para que también la vida de Jesús se manifieste en nuestra carne mortal" (2 Corintios 4:11).

"No dolor, no ganancia", dice el interesado por desarrollar su cuerpo. ¿Podría tener valor esta frase en el ámbito espiritual? "Es verdad que ninguna disciplina al presente parece ser causa de gozo, sino de tristeza; pero después da fruto apacible de justicia a los que en ella han sido ejercitados" (Hebreos 12:11). El carácter perfecto viene de perseverar por medio de las tribulaciones de la vida.

Confíe completamente en Dios

El tercer punto de Isaías (50:10,11) se ve en el versículo 10, "confíe en el nombre de Jehová, y apóyese en su Dios". Aun otra razón de que Dios nos permita andar en tinieblas es ayudarnos a aprender a confiar en Él. Todo gran período de crecimiento personal en mi propia vida y ministerio siempre fue precedido por una época de grandes pruebas.

Generalmente nuestras épocas de prueba serán seguidas por un tiempo de recompensas o bendiciónes. De todos modos debemos agradecer nuestras pruebas, no por lo que podríamos recibir al final, sino porque ayudan a fortalecer nuestro carácter. Efectivamente es posible que el mayor signo de madurez espiritual sea la habilidad para postergar las recompensas. La prueba definitiva sería no recibir nada en esta vida y esperar recibir nuestra recompensa en la vida venidera. Hebreos 11:13 habla de eso en relación a muchos grandes santos de la época del Antiguo Testamento:

Conforme a la fe murieron todos éstos sin haber recibido lo prometido, sino mirándolo de lejos, y creyéndolo, y saludándolo, y confesando que eran extranjeros y peregrinos sobre la tierra. Porque los que esto dicen, claramente dan a entender que buscan una patria.

El versículo 39 agrega: "Y todos éstos, aunque alcanzaron buen testimonio mediante la fe, no recibieron lo prometido; proveyendo Dios alguna cosa mejor para nosotros, para que no fuesen ellos perfeccionados aparte de nosotros".

El crecimiento y la recompensa de Dios

Si yo hubiera sabido de antemano lo que tendría que pasar mi familia para llegar donde estamos hoy, probablemente no hubiera ido por ese camino. Pero mirando atrás, todos decimos, "estamos contentos de que Dios nos llevara por las sendas por donde nos llevó". Dios no nos muestra lo que hay al otro lado de la puerta por ese motivo. Recuerde, Dios hace todo bien al final pero nuestra recompensa puede no ser en esta vida, como no lo fue para los héroes mencionados en Hebreos 11. Yo creo con todo mi corazón que cuando se termine nuestra vida en la tierra, todos los que han permanecido fieles dirán que la voluntad de Dios es buena, aceptable y perfecta (Romanos 12:2).

El sufrimiento es el crisol en que la fe y la confianza en Dios se desarrollan. Sufrir en aras de la justicia es algo concebido para hacernos las personas que Dios quiere que seamos. Recordar las épocas de tinieblas en que Dios estuvo con nosotros y, por fin, dio la salida, es una fuente de alimento para seguir en la fe. Efectivamente, Hebreos 10:32-39 nos anima a pensar en épocas pasadas de sufrimiento en que nos encontramos pasando dificultades:

> *Pero traed a la memoria los días pasados, en los cuales, después de haber sido iluminados, sostuvisteis gran combate de padecimientos; por una parte, ciertamente, con vituperios y tribulaciones fuisteis hechos espectáculo; y por otra, llegasteis a ser compañeros de los que estaban en una situación semejante. Porque de los presos también os compadecisteis, y el despojo de vuestros bienes sufristeis con gozo, sabiendo que tenéis en vosotros una mejor y perdurable herencia en los cielos. No perdáis, pues, vuestra confianza, que tiene grande galardón; porque os es necesaria la paciencia, para que habiendo hecho la voluntad de Dios, obtengáis la promesa. Porque aún un poquito, y el que ha de venir vendrá, y no tardará. Mas el justo vivirá por fe; y si retrocediere no agradará a mi alma. Pero nosotros no somos de los que retroceden para perdición, sino de los que tienen fe para preservación del alma.*

Sin duda que somos de aquellos que aceptan voluntariamente el fuego del Refinador... para que nosotros que somos comunes podamos ser hechos santos.

Como Él.

Lo
COMÚN
HECHO
Santo

Notas

Capítulo 1

1. Aunque esta referencia describe la meta de la comunidad colectiva de creyentes se aplica obviamente al creyente individual. Compare esto con Colosenses 1:28, donde el apóstol expresa una meta parecida de madurez para cada creyente.

2. Thomas E. McComiskey, "קָדַשׁ"; (*qadash*) ser bendecido, santo, santificado; consagrar, santificar, preparar, dedicar. *Theological Wordbook of the Old Testament*, vol. 23, publicado por R. Laird Harris, Gleason L. Archer, Jr., y Bruce K. Waltke (Chicago Moody Press, 1980), pp. 786-788.

3. Es evidente que "santo" no connota pureza moral al comienzo por su empleo para designar a las personas dedicadas a los dioses y religiones paganas. Por ejemplo, "ramera" en Deuteronomio 23:17 literalmente dice "la santa" (*también* Génesis 38:21,22; 1 Reyes 14:24; Oseas 4:14).

4. Eugene Peterson, *The Message* (Colorado Springs: NavPress, 1995), p. 663.

Capítulo 2

1. Neil T. Anderson, "Viviendo libre en Cristo", Editorial Unilit, 1994.)

2. Georg Fohrer, "לחכ ושׁסׁ" *Theological Dictionary of the New Testament* editado por Gerhard Friedrich, vol. 7 (Grand Rapids: Eerdmans, 1971), p. 973.

3. Charles Hodge, *The Way of Life*, editado por Mark A. Noll (Mahwah, NJ: Paulist Press, 1987), pp. 218-218.

Capítulo 3

1. Ver el artículo de Karl Heinrich Rensstorf en *The Theological Dictionary of the New Testament*, vol. 1, editado por Gerhard Kittel (Grand Rapids, Eerdmans, 1964), pp. 327-328 y el comentario de George W. Knight, *The Pastoral Epistles* (Grand Rapids, Eerdmans, 1992) p. 102.

2. George W. Knight, *The Pastoral Epistles*, (Grand Rapids, Eerdmans, 1992) p. 102.

3. La confrontación con la rectitud y la santidad de Dios conllevaba frecuentemente el reconocimiento profundo de la condición pecadora propia de la persona. Pedro se confiesa ante el Señor como "hombre pecador" lo que no es raro entre los santos (Lucas 5:8; *ver también* Génesis 18:27; Job 42:6; Isaías 6:5; Daniel 9:4). Aunque el creyente es pecador, la Escritura no parece definir su identidad como pecador.

4. Louis Berkhof, *Systematic Theology* (Grand Rapids, Eerdmans, 1941), p. 527. Hay versión en español.

5. Máximo el Confesor, según paráfrasis de John Meyerdoff en *Christ in Eastern Christian Thought<D, p. 210, citado por Michael C.D. McDaniel, "Salvation as Justification and Theosis"* en *Salvation in Christ: A Lutheran-Orthodox Dialogue,* editado por John Meyerdoff y Robert Tobias (Minneapolis: Augsburg Press, 1992), p. 80.

6. F. J. I. Packer, *Rediscovering Holiness* (Ann Arbor, MI: Servant Publications, 1992), p. 26.

7. Chris Brain y Robert Warren, "Why Revival Really Tarries –Holiness", *Renewal* (Junio 1991), p. 35; citado por J. I. Packer, *Rediscovering Holiness,* p. 27-28.

8. Hodge, *The Way of Life,* p. 211.

Capítulo 4

1. Horatius Bonar, *God's Way of Holiness* (New York: Robert Carter & Brothers, 1865), p. 23.

2. C. David Needham, *Alive For The First Time* (Sisters, OR: Multnomah Books, 1995), p. 34.

3. Christian Mauer "ὑπόδικõ" *Theological Dictionary of the New Testament* vol. 8, editado por Gerhard Friedrich (Grand Rapids: Eerdmans, 1972), p. 558.

4. Bonar, *God's Way of Holiness,* p. 93.

5. El "serán constituidos justos" de este versículo puede referirse a la ratificación final futura de la situación de justicia del creyente. Pero, presente o futura, nuestra justificación siempre se basa finalmente en la obediencia o justicia de Cristo y no en nuestras obras de obediencia.

6. Bonar, *God's Way of Holiness,* pp. 56-57.

7. Neil Anderson, *Viviendo libre en Cristo,* Editorial Unilit, 1994) pp. 37-38.

8. Bonar, *God's Way of Holiness,* pp. 69-70.

9. Ibid, p. 71.

10. Ibid.

11. Ver John Murray, "Definitive Sanctification" y "The Agency in Definitive Sanctification" en *Collected Writings of John Murray,* 2 tomos (Carlisle, PA: Banner of Truth Trust, 1977), 2:227-229.

12. Bonar, *God's Way of Holiness,* p. 52.

13. Ibid, p. 58.

Capítulo 5

1. Las otras formas de uso de a]nwqen (Juan 3:31; 19:11,23) conllevan todas el significado de "desde arriba". Juan tiende a describir el nacimiento del hombre en términos de su origen y no sencillamente como la idea de otro nacimiento. El

nacimiento es de Dios (del Espíritu) o de la carne (*ver* Juan 1:13; 1 Juan 2:29; 3:9; 4:7; 5:18).

2. E. K. Simpson, y F. F. Bruce, *Commentary on the Epistles to the Ephesians and the Colossians* (Grand Rapids: Eerdmans, 1957), p. 273.

3. Colosenses 3:11 empieza, en el griego, con una palabra que significa "lugar". Por tanto, es más fácil entender el "nuevo hombre" como la "nueva humanidad" o la esfera de Cristo en que se han eliminado todas las distinciones más que como el nuevo cristiano individual o su naturaleza nueva, como lo expresan algunas versiones de la Biblia, como la NIV, la RSV.

4. Ver los variados significados del vocablo griego usado en D. G. James Dunn, *Romanos 1-8* Word Biblical Commentary, vol, 38A (Dallas: Word Books, 1988), p. 319.

5. Peter T. O'Brien, *Colossians, Philemon,* Word Biblical Commentary, vol, 44 (Waco, TX: Word Books, 1982) pp. 27-28.

6. Según Hans Wolff, "la palabra más importante del vocabulario de la antropología veterotestamentaria suele traducirse generalmente como 'corazón'". *Anthropology of the Old Testament* (Philadelphia: Fortress, 1974), p. 40.

7. Bernard Ramm, *Offense to Reason: The Theology of Sin* (San Francisco: Harper & Row, 1985) p. 41.

8. Robert Jewett, *Paul's Anthropological Terms* (Leiden, E. J. Brill, 1971), p. 313. Compare también la descripción del corazón, de Laidlaw, como "el lugar de trabajo para la apropiación y asimilación personales de toda influencia" (John Laidlaw, *The Bible Doctrine of Man* (Edimburgo: T. & T. Clark, 1895), p. 122.

9. D. A. Carson, "Matthew" en *The Expositor's Bible Commentary,* editado por Frank. E. Gaebellein, vol, 8 (Grand Rapids: Zondervan, 1984), p. 177.

10. O'Brien, *Colossians, Philemon,* p. 28.

11. Jewett, *Paul's Anthropological Terms,* pp. 322-323. 12.

12. Juan Calvino, *Institutes of the Christian Religion* 11, iii,6. (Hay versión en español)

13. Franz Delitzsch, *A System of Biblical Psychology* (Grand Rapids: Baker, 1966, rpt.), p. 416.

14. J. Pedersen, *Israel: Its Life and Culture,* vol 1-2 (Londres: Oxford University Press, rpt., 1973), p. 166.

15. D. G. James Dunn, "Romans 7:14-25 in the Theology of Paul" *Theologische Zeitschrift* (Septiembre /Octubre 1975) 31:257-273.

16. Para un breve esbozo de esta última interpretación, vea N. T. Wright, *The Climax of the Covenant* (Minneapolis: Fortress, 1992), p. 196-200.

17. C.E.B. Cranfield, *A Critical and Exegetical Commentary on the Epistle to the Romans,* vol 1 (Edinburgh: T. &n T. Clark, 1975), pp. 358-359.

18. D. G. James Dunn, Romans 11-8, Word Biblical Commentary, vol, 38A (Dallas, Word Books, 1988), p. 189.

19. Delitzsch, A System of Biblical Psychology, p. 438. Delitzsch procede a dar una descripción útil de la interacción del ego creyente opuesto al pecado y al poder del pecado. Refiriéndose al pecado de la fornicación dice que este pecado "es posible solamente cuando la fuerza de la tentación logra dominar o interesar al ego del hombre. A veces, en la gama de pensamientos del hombre se mezclan pensamientos impuros que él reconoce no menos pensados por su ego que los puros, los que opone

para desalojarlos (a los impuros). A veces, la tentación logra atraer el ego del hombre a sí pero, en medio del acto pecador, el hombre se retracta de ello, lleno de odio por ello. A veces, además, el ego, para completar el acto pecador sin restricciones, es voluntariamente absorbido en el inconsciente y no regresa sino después de haberlo completado, horrorizado a recuperarse a sí mismo; y el espíritu avergonzado toma conciencia de haber sido velado por su propia responsabilidad".

20. Knox Chamblin, Paul and the Self (Grand Rapids, Baker, 1993), pp. 173-174.

21. Charles Hodge, The Way of Life, editado por Mark. A. Noll (Mahwah, NJ: Paulist Press, 11987), pp. 211-212.

Capítulo 6

1. Algunos comentaristas entienden que la referencia a "pecado" del versículo 8 significa "naturaleza de pecado" pero lo que sigue sobre la necesidad de confesar "pecados" (versículo 9) sugiere, no obstante, que "no tenemos pecado" (versículo 8) se refiere a pecados actuales (cf. I. Howard Marshall, The Epistles of John New International Commentary on the New Testament (Grand Rapids: Eerdmans, 1978), pp. 114-115.

2. Juan Calvino, *The Institutes of the Christian Religion*, III, iii, 10.

3. Ibid.,III, iii, 11.

4. La forma verbal de participios aoristas que tienen las palabras griegas traducidas como "despojado" y "revestido" pueden usarse como imperativos lo que significa que Pablo manda aquí a los creyentes de Colosia a "desvestirse del viejo hombre" y "vestirse con el nuevo".

5. El despojarse y vestirse de Efesios 4:22-24 puede interpretarse también como Romanos 6:6 y Colosenses 3:9,10, en el sentido de que estas acciones ya tuvieron lugar en el pasado. Los infinitivos griegos que se traducen "despojaos" (versículo 22) y "vestíos" (versículo 24) pueden entenderse como "infinitivos explicativos" que expresan el contenido y el resultado de aquello que se ha "enseñado" antes a los creyentes (versículo 21). Van Roon dice: 'Para el creyente el hecho que ha rechazado al viejo hombre y aceptado al nuevo es un hecho real. Los infinitivos aoristas de 4:22 y 24 ofrecen una sugerencia secundaria de cumplimiento instantáneo y caracterizan la acción como que tuvo lugar en el pasado. No registran (indirectamente) una exigencia para el fiel. La frase de 4:20-24 tiene la fuerza motivadora de una amonestación pero, efectivamente, no es amonestación ni orden. Se presume de la frase que cuando Cristo fue presentado a ellos y les enseñaron de Él, ellos tomaron conciencia de que se habían despojado del viejo hombre y vestido del nuevo.
"El acto de despojar al hombre viejo y poner al nuevo es verdad ἐν τω Ιηςοῦ solamente cuando las personas han sido instruidas "como la verdad que es en Jesús" que ellos han aprendido de la manera correcta. En 4:21 el autor enlaza esto en τὸν Χριστὸν y ἐν τω Ινςοῦ no sólo la proclamación de Cristo, sino también el acto de despojar al hombre viejo y poner al nuevo". A. Van Roon, *The Authenticity of Ephesians* (Leiden: E. J. Brill, 1974), p. 336; cf. también John Murray, *Principles of Conduct* (Grand Rapids: Eerdmans, 1957), pp.214-19.

6. Andrew T. Lincoln, *Ephesians*, Word Biblical Commentary, vol. 41 (Dallas: Word Books, 1990), pp. 285-286.

7. Richard N. Longenecker, *Galatians* Word Biblical Commentary, vol 41 (Dallas: Word Books, 1990), p. 156.

8. D. G. James Dunn, *Romans 9-16*, Word Bible Commentary, vol 38b (Dallas: Word Books, 1988), p. 791.

9. F. F. Bruce, *The Epistle to the Galatians*. The New International Greek Testament Commentary, (Grand Rapids: Eerdmans, 1982), p. 186.

10. Neil T. Anderson, *Victoria sobre la oscuridad*, Editorial Unilit, 1994), pp. 41-43.

11. Werner Foerster, *Theological Dictionary of the New Testament*, editado por Gerhard Kittel (Grand Rapids: Eerdmans, 1964), pp. 379-380.

12. Lincoln, *Ephesians*, p. 59.

13. Ibid., p. 235.

14. Markus Barth, *Ephesians 4-6*, The Anchor Bible (Garden City, NY: Doubleday & Co., 1974), p. 454.

15. J. Behm, *Theological Dictionary of the New Testament*, vol. 4, editado por Gerhard Kittel. (Grand Rapids: Eerdmans, 1967), p. 759.

16. Citado por Dunn, *Romans 9-16*, pág 712.

17. Juan Calvino, *Institutes of the Christian Religion*, III, iii, 20.

18. Glenn E. Hinson, "The Contemplative View" en *Christian Spirituality*, editado por Donald L. Alexander (Downers Grove, IL: InterVarsity Press, 1988), p. 117.

19. Henry Scougal, *The Life of God in the Soul of Man (Filadelfia: Westminster Press, 1948), p. 49.*

20. Peter Kreeft, The God Who Loves You (Ann Arbor, MI: Servant Books, 1988), p. 50.

21. Ibid.,pp. 50-51.

22. Scougal, The Life of God, p. 38.

23. Kreeft, The God Who Loves You, pp. 140-141.

24. Ibid., p. 112.

25. Scougal, The Life of God, p. 38.

26. Ibid., p. 52.

Capítulo 7

1. Richard N. Longenecker, *Galatians*. Word Biblical Commentary, vol. 41 (Dallas: Word Books, 1990), p. 93.

2. Robert C. Tannehill, *Dying and Rising with Christ* (Berlin: Alfred Toepelmann, 1967), p. 19.

3. D. G.James Dunn, *Jesus and the Spirit* (Philadelphia: Westminster Press, 1975), p. 342.

4. F. F. Bruce, *1 & 2 Thessalonians*, Word Biblical Commentary, vol, 45, (Waco, TX: Word Books, 1982), p. 191.

5. Walter Bauer, *A Greek-English Lexicon of the New Testament and Other Early Christian Literature*, traducido por W. F. Arndt y F. W. Gingrich, 2da. Edición revisada y aumentada por F. W. Gingrich y F. W. Danker, de la 5ta. Edición de Bauer (1958) (Chicago: University of Chicago Press, 1979), p. 421.

6. Moses Silva, *Philippians* (Grand Rapids: Baker Book House, 1992), p. 139.

7. Ibid., p. 202.

8. John Murray, *Redemption: Accomplished and Applied* (Londres: Banner of Truth, 1961), pp. 148-149.

9. En Andrew T. Lincoln, *Ephesians*, Word Biblical Commentary, vol. 42 (Dallas: Word Books, 1990), p. 116.

10. H.Wheeler Robinson, *The Christian Doctrine of Man* (Edinburgo: T. & T. Clark, 1926), p. 22.

11. Hans Wolff, *The Anthropology of the Old Testament* (Philadelphia: Fortress, 1974), p. 46.

12. *Ver también.* Salmo 73:21,22; Proverbios 6:32; Oseas 4:11.

13. Wolff, *The Anthropology*, p. 47.

14. *ver también* Proverbios 14:33: 16:21,23.

15. Según Harder, *nous*, mente, razón intelecto, se encuentra sólo 24 veces; *noeo*, aprehender, percibir, captar, entender, y *katanoeo*, notar, considerar, contemplar, 14 veces cada una, y los otros términos asociados son aún menos frecuentes" (G. Harder, "Reason, Mind, Understanding", *New International Dictionary of New Testament Theology*, editado por Colin Brown, vol. 3 (Grand Rapids: Zondervan, 1978) p. 126.

16. Ibid, pp. 124,127.

17. Robert Jewett, *Paul's Anthropological Terms* (Leiden: E.J. Brill, 1971), p. 327.

18. *Ver también* Salmo 119:36, inclinar=tener deseo de; Romanos 1:24; 10:1, resuelve, planea, etc. Génesis 6:5; Éxodo 35:5; 1 Crónicas 29:16-18; Isaías 10:7; Juan 13:2; Hechos 5:4; 1 Corintios 4:5; 2 Corintios 9:7.

19. Más ejemplos del uso de "corazón" relacionado con varias emociones son: amor u odio (Deuteronomio 19:6; Levítico 19:17; 2 Samuel 6:16; Romanos 5:5; Filipenses 1:7; 2 Corintios 7:3; 1 Timoteo 1:5); gozo o pena (Deuteronomio 28:47; Salmo 13:2; 109:22; Proverbios 25:20; Juan 16:6; Hechos 2:46; 14:17; Romanos 9:2; 2 Corintios 2:4); paz (Proverbios 15:30); valor o su falta (Deuteronomio 20:8; 2 Samuel 7:17; Daniel 11:25); ansiedad (Proverbios 12:25); miedo (Deuteronomio 28:67).

20. J. Pedersen, *Israel: Its Life and Culture*, vol. 1-2 (Londres: Oxford University Press, rpt., 1973), p. 106.

21. O. A. Piper, *The Interpreter's Dictionary of the Bible* (Nashville: Abingdon, 1962), 3:43. Para otros ejemplos que muestran la relación del conocimiento con la conducta, vea Jeremías 4:22; Oseas 4:1-2.

22. Pedersen, *Israel: Its Life and Culture*, p. 125.

23. Robert Durback, editor *Seed of Hope: A Henri Nouwen Reader* (New York: Bantam Books, 1990), p. 197.

Capítulo 8

1. La teología y la aplicación práctica de "Los Pasos a la libertad en Cristo" se entregan en el libro del autor, *Ayudando a otros a encontrar libertad en Cristo* publicado por Editorial Unilit. Este es un proceso integral de arrepentimiento y consejería que discipula tomando en cuenta la realidad del mundo espiritual.

2. Esta ilustración del computador no está concebida para negar que todos nacemos con una inclinación contraria a Dios. Tenemos una entrada vacía solamente en lo que a información desde afuera se refiere. Pero nacemos con un programa que estructura el ingreso de datos hecho en nuestros años de desarrollo, en hábitos y pautas de vivir para uno mismo independientemente de Dios.

Notas

Capítulo 9

1. Andrew T. Lincoln, *Ephesians* Word Biblical Commentary, vol. 42 (Dallas, Word Books, 1990), p. 288.

2. John Eadie, *Commentary on the Epistle to the Ephesians* (Grand Rapids: Zondervan, n.d., rpt. de la edición de 1883, T. & T. Clark), p. 346.

3. Jerome Murphy-O'Connor, "Truth: Paul and Qumran", en *Paul and Qumran: Studies in New Testament Exegesis* (Londres: Geoffrey Chapman, 1968), p. 206.

4. Frederick Dale Bruner, *Matthew* vol. 2 (Dallas: Word Books, 1990), p. 548.

5. Dallas Willard, *In Search of Guidance*, (San Francisco: Harper, 1993), p. 141.

6. Horatius Bonar, *God's Way of Holiness* (New York: Robert Carter & Brothers, 1865), pp. 41-42.

7. Henry Scougal, *The Life of God in the Soul of Man* (Philadelphia: Westminster Press, 1948), p. 38.

8. Sinclair Ferguson, "The Reformed View", en *Christian Spirituality* editado por Donald L. Alexander (Downers Grove, IL: InterVarsity Press, 1988), p. 60.

9. Neil T. Anderson, *Victoria sobre la oscuridad*, Editorial Unilit, 1994) pp. 52-53.

10. Peter Kreeft, *Heaven: The Heart's Deepest Longing* (San Francisco: Ignatius, 1989), p. 183.

Capítulo 10

1. Trent C.Butler, *Joshua*, Word Biblical Commentary, vol. 7 (Waco, TX: Word Books, 1983), p. 3.

2. H. Ringgren, "הגה" haghah". Theological Dictionary of the Old Testament, vol. 3, editado por G. Johannes Botterweck y Helmeer Ringgren. (Gran Rapids: Eerdmans, 1978), p. 321.

3. Ibid, "הגה" *haghah*", p. 323.

4. A. Negoita, "הגה" *haghah*", Theological Dictionary of the Old Testament, vol. 3, editado por G. Johannes Botterweck y Helmer Ringgren, (Gran Rapids: Eerdmans, 1978), p. 323; citando a H. J. Franken, *The Mystical Communion with JHWH in the Book of Psalms* (Kleiden, 1954), p. 21.

5. Franz Delitzsch, *Biblical Commentary on the Psalms*, (Grand Rapids, Eerdmans, 1959, rpt.) III,259.

6. W. E. Vine, *An Expository Dictionary of New Testament Words* (Old Tappan, NJ: Fleming H. Revell, 1966) vol. 3, p. 70.

7. Wolfhart Pannenberg, *Anthropology in Theological Perspective*, (Philadelphia: The Westminster Press, 1985), p. 259 refiriéndose a Agustín, *Enarr. In Ps. 94.2*.

8. Jonathan Edwards *Religious Affections* en *The Works of Jonathan Edwards* vol. 2, editado por John E. Smith, editor general Perry Miller, (New Haven: Yale University Press, 1959), pp. 101-102.

9. Ibid, p. 97.

10. Evelyn Underhill, "The Place of Will, Intellect, and Feeling in Prayer" en *The Essentials of Mysticism* de *The Fellowship of Saints*, recopilación de Thomas S. Kepler (New York: Abingdon-Cokesbury, 1948), p. 626.

11. Robert Law, *The Emotions of Jesus* (New York: Charles Scribner & Sons, 1915), pp. 90-91.

12. Dietrich Bonhoeffer, *Meditating on the Word*, traducción y edición de David Gracie (Cambridge, MA: Cowley Publications, 1986), p. 19.

13. Richard Benson, *The Way of Holiness: An Exposition of the Psalm CXIX Analytical and Devotional*, p. vi; citado por Bonhoeffer, *Meditating on the Word*, p. 19.

14. G. Fred Bergin (recopilador) *Autobiography of George Mueller* (Londres: J. Noisbet and Co., 1905), pp. 152-153.

15. Paul Meier, "Spiritual and Mental Health in the Balance" en *Renewing Your Mind in a Secular World*, edición de John D. Woodbridge (Chicago: Moody Press, 1985), pp. 26-28.

16. Horatius Bonar, *God's Way of Holiness* (Nueva York: Robert Carter & Brothers, 1865), pp. 197-198.

Capítulo 11

1. Peter T. O'Brien, *Colossians, Philemon*, The Word Biblical Commentary, vol. 44 (Waco, TX: Word, 1982), p. 23.

2. Gary A. Anderson, *A Time to Mourn, A Time to Dance: The Expression of Grief and Joy in Israelite Religion*, (University Park, PA: Pennsylvania University Press, 1991), p. 14.

3. Ibid., p. 20.

4. Ibid, *ver* Deuteronomio 14:26; 16:11,14-15; 26:11; 27:7.

5. Para otras ocasiones en que se asocian comer y regocijarse, ver 2 Samuel 6:12; 1 Crónicas 12:41; 2 Crónicas 30:21,23,25; Esdras 6:22; Nehemías 12:43; Ester 8:15-17; 9:17-19,22; Joel 1:16.

6. *Ver* Anderson, *A Time To Mourn* pp. 37-45.

7. Ibid, p. 48.

8. Ibid, p. 49.

9. Martin Bolt y David Myers, *The Human Connection* (Downers Grove, IL: InterVarsity Press, 1984), p. 13.

10. La siguiente evidencia procede de David G. Myers, *The Human Puzzle* (San Francisco, Harper & Row, 1978), pp. 94-104.

11. Ibid, p. 97.

12. O.A. Piper, "Knowledge". *The Interpreter's Dictionary of the Bible*, edición de George Arthur Buttrick (Nashville: Abingdon Press, 1962), 3:44.

13. Citado en Bolt y Myers, *The Human Connection*, p. 19.

14. Dietrich Bonhoeffer, *The Cost of Discipleship* (Nueva York: Macmillan, 1963), pp. 69, 86.

15. J. Goetzmann, "Mind", *The New International Dictionary of New Testament Theology*, vol. 2 (Grand Rapids: Zondervan, 1976), p. 617.

16. Peter T. O'Brien, *The Epistle to the Philippians* (Grand Rapids: Eerdmans, 1991) p. 507, citando V. P. Furnish, *Theology and Ethics in Paul* (Nashville: Abingdon Press, 1968), p.89.

17. George Fohrer, "σοφία κτλ, *Theological Dictionary of the New Testament*, vol. 7, edición de Gerhard Friedrich (Grand Rapids: Eerdmans, 1971), p. 487.

18. Johannes Pedersen, *Israel (I-VI) Its Life and Culture*, vol. 1-2 (Londres: Oxford University Press, rpt., 1973), pp. 126-127.

19. Gerhard Wallis, "אָהֵב" 'ahabh; אַהֲבָה" 'ahbhah; "אָהַב"' 'ahabh "אֹהֵב " 'ohabh; *The Theological Dictionary of the Old Testament*, vol. 1, edición de G. Johannes Botterweck y Helmer Ringgren (Grand Rapids: Eerdmans, 1974), p. 105.

20. Ibid., p. 115.

21. Derek Kidner, *The Proverbs*, Tyndale Old Testament Commentaries (Downers Grove, IL" InterVarsity Press, 1969), p. 68.

22. Georg Fohrer, "σοφία κτλ" *The Theological Dictionary of the New Testament*, vol. 7, edición de Gerhard Friedrich (Grand Rapids: Eerdmans, 1971), p. 487.

23. James Adamson, *The Epistle of James* (Grand Rapids: Eerdmans, 1976), p. 130.

24. Citado por Bruce Larson, *A Call to Holy Living*.

25. Bob Benson, *Laughter in the Walls* (Nashville: Impact Books, 1969), p. 46.

Capítulo 12

1. Ver Horatius Bonar, *God's Way of Holiness* (Nueva York: Robert Carter & Brothers, 1865), pp. 115-160.

2. A. van Selms, "Law" *The New Bible Dictionary* edición de J. D. Douglas (Grand Rapids: Eerdmans, 1962), p. 718.

3. W. J. Harrelson, "Law in the OT", *The Interpreter's Dictionary of the Bible*, edición de George A. Buttrick (Nashville: Abingdon, 1976), 3:77

4. Jerome Murphy-O'Connor, "Truth: Paul and Qumran": en *Paul and Qumran: Studies in New Testament Exegesis.* (Londres: Geoffrey Chapman, 1968) pp. 189-190.

5. Peter C. Craige, *The Book of Deuteronomy* New International Commentary on the Old Testament (Grand Rapids: Eerdmans, 1976), p. 170.

6. Mientras que "la Ley" en Mateo 5:17 se refiere a la ley del Antiguo Testamento, el significado de Cristo como cumplimiento de la ley del Antiguo Testamento, también abarca toda la ley de Dios, incluyendo aquella escrita en los corazones de toda la gente, aun de aquellos que no tenían ley escrita (*Ver* Romanos 2;15). Para una discusión, buena y breve, del significado de Cristo como "el cumplimiento" y "fin" de la ley, vea Douglas J. Moo, "The Law of Moses or the Law of Christ", en *Continuity and Discontinuity*, edición de John S. Feinberg, (Westchester, IL: Crossway Books, 1988), pp. 203-218.

7. Richard N. Longnecker, *Galatians* Word Biblical Commentary, vol. 41 (Dallas: Word Books, 1990), p. 148.

8. Richard N. Longnecker, *Paul, The Apostle of Liberty* (New York: Harper andRow, 1964) pgs. 125-126.

9. Bonar, *God'S Way of Holiness*, p.120.

10. W. F. Lofthouse, "The Old Testament and Christianity" en *Record and Revelation*, edición de H. W. Robinson (Oxford: Clarendon Press, 1938), p. 467.

11. Bonar, *God'S Way of Holiness*, pp. 41-42.

12. Douglas J. Moo, "The Law of Moses or the Law of Christ" en *Continuity and Discontinuity* edición de John S. Feinberg (Westchester, IL: Crosway Books, 1988), p. 217.

13. Herman N. Ridderbos, *Paul: An Outline of His Theology* (Grand Rapids: Eerdmans, 1975), p. 285.

Capítulo 13

1. Los libros de Neil, *Ayudando a otros a encontrar la libertad en Cristo*, *El matrimonio cristocéntrico*, y *Libertando a su iglesia*, están planeados para ayudar a las personas, los matrimonios y las iglesias a volverse libres en Cristo por medio del arrepentimiento personal y colectivo para que Él pueda ser el centro de la vida, matrimonios y ministerios de las personas. Todos han sido publicados por Editorial Unilit.

2. Juan Calvino, *Institutes of the Christian Religion*, editado por John T. McNeil (Philadelphia: Westminster Press, 1960), III, i, 1.

3. Andrew T.Lincoln, *Ephesians*, Word Biblical Commentary, vol. 42 (Dallas: Word Books, 1990), p. 206. Más que entender que Cristo habite en nuestros corazones como resultado del poder que da el Espíritu, (como lo traducen la NIV y la NASB), algunos intérpretes entienden el que Cristo (nos) habite como una idea paralela que elabora sobre el hecho que el poder nos es dado por el Espíritu. En todo caso el pensamiento es similar.

4. Frederick Louis Godet, *Commentary on the Gospel of John*, (Grand Rapids, Zondervan, rpt., del original de 1893), II. 282.

5. Preferimos usar la NASB en este análisis del permanecer en Cristo porque emplea la palabra "permanecer" más que "quedarse" como en la NIV. "Permanecer" es más exacto en este punto y agrega algo de intimidad y dinámica que no están claro en "quedarse".

6. Raymond E.Brown, *The Gospel According to John, (i-xii)*. The Anchor Bible, vol. 29 (Garden City, NY: Doubleday, 1966), pp. 510-511. Karlfried Munzer, "Remain", *The New International Dictionary of New Testament Theology*, vol, 3, edición de Colin Brown. (Grand Rapids: Zondervan, 1971), p. 225.

7. Rudolph Bultmann, *The Gospel of John*, (Filadelfia: Westminster Press, 1971), pp. 535-536.

Capítulo 14

1. Adaptado de Neil T. Anderson, *Caminando en la Luz*, (Miami: Editorial Unilit, 1993), pp. 175-176.

2. F. J. Helfmeyer, "הָלַךְ"; *"halakh"*. Theological Dictionary of the Old Testament, edición de G. Johannes Botterweck y Helmer Ringgren, vol. 3 (Grand Rapids: Eerdmans, 1978), p. 390.

3. Claus Westermann, *Genesis 12-15: A Commentary* (Minneapolis: Augsburg Publishing House, 1985), p. 259.

4. E. Edmond Hiebert, *The Thessalonian Epistles* (Chicago: Moody Press, 1971), p. 244. Para más información sobre la aplicabilidad general de este mandamiento, *ver también* Leon Morris, *The First and Second Epistles to the Thessalonians* edición revisada (Grand Rapids: Eerdmans, 1991), p. 176.

5. Gerhard Delling "πλήρησ, κτλ" vol. 6 *Theological Dictionary of the New Testament*, edición de Gerhard Friedrich (Grand Rapids: Eeerdmans, 1968), p. 291.

6. A. W. Tozer, *Gems from Tozer*, (Camp Hill, PA: Christian Publications, 19969), pp. 68-69.

7. Walter Marshall, *The Gospel-Mystery of Sanctification* (Grand Rapids: Zondervan, 1954), p. 156

8. John White, *The Fight* (Downers Grove, IL: InterVarsity Press, 1976), p. 98.

9. Marshall, *The Gospel-Mystery*, p. 171.

10. Ibid., p. 172.

11. Para leer una discusión fascinante de cómo vivir en la práctica quienes somos en cuanto a cristianos, 'pretendiendo' tanto de nuestra parte como de la de Dios, vea C. S. Lewis *Mere Christianity* (Nueva York: Macmillan, 1960), pp. 146-151.

12. White, *The Fight*, p. 108.

Capítulo 15

1. J. Knox Chamblin, *Paul and the Self* (Grand Rapids: Baker, 1993), p. 168. Más información sobre el lugar de "el pueblo de Dios" en el proceso de santificación, *ver también* Larry Crabb, *De adentro hacia afuera* (Miami, Editorial Unilit, 1993).

2. G. Ernest Wright, *The Challenge of Israel's Faith* (Londres: SCM Press, 1946), p. 92.

3. G. Ernest Wright, *The Biblical Doctrine of Man in Society*, (Londres: SCM Press, 1954), p. 51.

4. F. L. Pedersen, *Israel: Its Life and Culture* vol 102 (Londres: Oxford University Press, 1926), p. 308.

5. L. Koehler, *Theologie des Alten Testaments* [Old Testament Theology] (Tuebingen, 1947), p. 113; citado por G. Ernest Wright, *The Biblical Doctrine of Man in Society*, p. 47.

6. Erich Fromm, *The Art of Loving* (Nueva York: Harper & Row, 1956), pp. 6-7.

7. J. Armitage Robinson, *St. Paul's Epistle to the Ephesians* (Londres: James Clarke & Co, n.d.) p. 183).

8. La versión NASB sea probablemente la correcta, al contrario de la NIV,(ambas en inglés). Como comenta O'Brien, el apóstol no dice en ninguna otra parte que el amor enlace otras virtudes. Más bien, el amor es lo que une a los creyentes en el cuerpo de Cristo. "Pablo se preocupa de la vida corporativa de los lectores y la perfección que les pone por delante no es algo estrechamente individual. Se obtiene solamente como cristianos que se demuestran amor unos a otros al confraternizar". (Peter T. O'Brien, *Colossians, Philemon* Word Biblical Commentary, vol. 44 (Waco, TX: Word Books, 1982), p. 204.

9. Michael Griffiths, *God's Forgetful Pilgrims* (Grand Rapids: Eerdmans, 1975), p. 37.

10. Ibid., p. 65.

11. John R. W. Stott, *God's New Society* (Downers Grove, IL: InterVarsity Press, 1979) p. 137.

12. Charles Hodge, *A Commentary on the Epistle to the Ephesians* (Filadelfia: Presbyterian Board of Publication, 1856), p. 84.

13. George T. Montague, *Growth in Christ* (Kirkwood, MO: Maryhurst Press, 1961), p. 158.

14. Ibid.

15. Andrew T. Lincoln, *Ephesians*, Word Biblical Commentary, vol. 42 (Dallas: Word Books, 1990), p. 262.

16. En George T, Montague, *Growth in Christ*, p. 160.

17. Ibid., p. 161.

18. Dietrich Bonhoeffer, *Life Together* (San Francisco: Harper & Row, 1954), p. 112.

19. Larry Crabb, *De adentro hacia afuera* (Miami: Editorial Unilit, 1993).

20. Griffiths, *God's Forgetful Pilgrims*, p. 65.

Capítulo 16

1. Markus Barth, *Ephesians 4-6-*, The Anchor Bible, vol. 34A (Garden City, NY: Doubleday, 1974), p. 763.

2. C. E. B. Cranfield, *A Critical and Exegetical Commentary on the Epistle to the Romans*, vol. 1 (Edimburgo: T. & T. Clark, 1975), págs, 341-342.

3. Hans Walter Wolff, *Anthropology of the Old Testament* (Filadelfia: Fortress Press, 1974), pp. 30-31.

4. Durante el período anterior a Cristo, los creyentes como Abraham, Moisés y David estaban ciertamente relacionados a la "carne" en forma algo diferente de los que vivieron rebelados contra Dios. Pero no estaban libres del dominio del pecado en la misma forma que nosotros hoy, por medio de la participación en la muerte y resurrección de Cristo y la regeneración perteneciente al nuevo pacto de la salvación final, inaugurado por medio de la obra de Cristo (ver el estudio del cambio de dominios en el capítulo 4.

5. John R. W Stott, *The Message of Galatians* (Londres: InterVarsity Press, 1968), p. 151.

6. J. Knox Chamblin, *Paul and the Self* (Grand Rapids: Baker, 1993), p. 50.

7. John R. W. Stott, *Romans: God's Good News for the World* (Londres: InterVarsity Press, 1994), p. 228.

8. J. Behm "προνοέω" *Theological Dictionary of the New Testament* vol. 4 edición de Gerhard Kittel. (Grand Rapids: Eerdmans, 1967), p. 1010.

9. Peter H. Davids, *The Epistle of James* (Gran Rapids: Eerdmans, 1982), p. 161.

10. Joachim Guhrt, "Time", *The New International Dictionary of New Testament Theology*, vol. 3, edición de Colin Brown (Grand Rapids: Zondervan, 1978), p. 831.

11. Robert Law, *The Tests of Life: A Study of the First Epistle of St. John*, 3ª edición (Grand Rapids: Baker Books, rpt., 1968), p. 151.

12. Gerhard Delling, "ἀλαζών, ἀλαζονεία" *Theological Dictionary of the New Testament*, vol. 1, edición de Gerhard Kittel, (Grand Rapids: Eerdmans, 1964), pp. 226-227.

13. I. Howard Marshall, *The Epistles of John* (Grand Rapids: Eerdmans, 1978), p. 229.

14. Stott, *The Message of Galatians*, p. 180.

Capítulo 17

1. La teología y aplicación práctica de este proceso de consejería discipuladora están dados en el libro de Neil, *Ayudando a otros a encontrar la libertad en Cristo* (Miami, Fl: Editorial Unilit, 1997).

2. Andrew T. Lincoln, *Ephesians* World Biblical Commentary, vol. 42 (Dallas: Word Books, 1990), p. 443.

3. Norval Geldenhuys, *Commentary on the Gospel of Luke* (Grand Rapids: Eerdmans, 1951), p. 566.

4. Hiebert dice "el participio presente ["el tentador" de 1 Tesalonisenses 3:5] lo pinta como persistentemente metido en el esfuerzo para destruir la fe de los tesalonisenses por medio de la tentación. Él nunca se rinde en sus esfuerzos siniestros" [D. Edmond Hiebert, *The Thessalonian Epistles* (Chicago: Moody Press, 1971), p. 142.

5. La mayoría de los intérpretes consideran el "mal" como persona, esto es "el malo". En Mateo esto se asocia naturalmente con Satanás llamado "el tentador" (4:3).

6. Lincoln, *Ephesiasn*, p. 443).

7. Philip Edgcumbe Hughes, *Paul's Second Epistle to the Corinthians* (Gran Rapids: Erdmans, 1962), p. 123.

8. Thomas Brooks, *Precious Remedies Against Satan's Devices* con *The Covenant of Grace* (N. p.: Sovereign Grace Publishers, 1960) pp. 12-113. Ver todo el libro que tiene una discusión excelente de estas y otras tretas que usa Satanás para atacar a los creyentes.

9. Ibid., pp.3-4.

10. Ibid., p. 12.

11. Simon J. Kistemaker, *James and I-III John* New Testament Commentary (Grand Rapids: Baker Books, 1986), p. 120.

12. En James B. Adamson, *The Epistle of James* (Grand Rapids: Eerdmans, 1976), p. 174.

13. F. F. Bruce, *Commentary on the Book of Acts* (Grand Rapids: Eerdmans, 1954), p. 114.

14. Ernst Haenchen, *The Acts of the Apostles* (Philadelphia: Westminster Press, 1971), p. 237.

15. Martin Lutero, *Table Talk* IV, 5097 (citado por el padre Louis Coulange, pseudónimo de Joseph Turmell), *The Life of the Devil* (Londres; Alfred A. Knopf, 1929), pp. 147-148; para otras referencias sobre el diablo que pone pensamientos en la mente de santos famosos, ver pp. 150 y siguientes.

16. David Powlison, *Power Encounters: Reclaiming Spiritual Warfare* (Grand Rapids: Baker Books, 1995), p. 135.

17. Brooks, *Precious Remedies Against Satan's Devices*.

18. Para apoyar la idea de *stoicheia* como espíritus personales, vea Clint Arnold, *Powers of Darkness: Principalities and Powers in Paul's Letters* (Downers Grove, IL: InterVarsity Press, 1992), pp. 53-54.

19. Peter T. O'Brien, *Colossians, Philemon*, Word Biblical Commentary, vol. 44 (Waco, TX: Word Books, 1982), pp. 132-133.

20. Ireneo, *Contra Las Herejías* BAC, España, 1955.

21. El término espíritu en Efesios 2:2 está tomado para referirse directamente a Satanás (*ver* Marcus Barth, *Ephesians 1-3*, Anchor Bible (Garden City NY: Doubleday, 1974), pp. 228-229 o al poder espiritual maligno sobre el cual manda Satanás (Lincoln, *Ephesians*, pp. 96-97) o como "término descriptivo del imperio de los espíritus sobre los cuales preside Satanás" (John Eadie, *Commentary on the Epistle to the Ephesians*, 1883 (Grand Rapids: Zondervan, rpt., 1983) p. 123). En todo caso, se refiere al poder espiritual maligno que obra en aquellos que pertenecen al mundo.

22. J. Armitage Robinson, *St. Paul's Epistle to the Ephesians* (Londres: James Clarke, n.d.) p. 155.

23. Fíjese también en 1 Corintios 2:12, donde el espíritu del mundo es contrastado con el Espíritu de Dios.

24. Otros pasajes que conectan la carne y la influencia demoníaca se ven en toda la Escritura. Los pensamientos malos vienen desde nuestro propio corazón (Mateo 15:19) pero también surgen de Satanás, como vimos en el caso de David y Ananías. Satanás tienta al creyente a descontrolarse en el área de la sexualidad que, en algunos pasajes, se refiere a los deseos de la carne (por ejemplo, 1 Corintios 7:5). Como explica Grosheide, "...la incontinencia siempre existe en todas partes y procura expresarse. Satanás la usa instando a la gente a darle una expresión ilícita. Y entonces el pecado está cerca" (F. W. Grosheide, *Commentary on the First Epistle to the Corinthians* (Grand Rapids: Eerdmans, 1953), p. 158. David Powlison comenta: "La congruencia de Satanás con el caído corazón humano opera en cada pasaje que trate del mal moral". Ver Efesios, 1 Pedro, 1 Timoteo 3:6, 1 Corintios 10:6-11, y 1 Juan 3:10 y 5:16-21. (Powlison, *Power Encounters*, p. 159, n. 17.

25. Richard Belward Rackham, *The Acts of the Apostles* (Londres: Methuen & Co., 1922), p. 66.

26. C. K. Barrett, *A Commentary on the Second Epistle to the Corinthians* (Nueva York: Harper & Row, 1973) p. 93.

27. Hughes, *Paul's Second Epistle to the Corinthians*, p. 72.

28. J. N. D. Kelly, *A Commentary on the Pastoral Epistles*, (Londres: Adam & Charles Black, 1963), p. 190.

29. Patrick Fairbairn, *A Commentary on the Pastoral Epistles*, (Grand Rapids: Zondervan, 1874, rpt 1956), p. 358.

30. George W. Knight III, *The Pastoral Epistles*, New International Greek Testament Commentary (Grand Rapids: Eerdmans, 1992), pp. 424, 426.

31. Ibid., p. 166.

32. Karl Braune, "The Epistle of Paul to the Ephesians" en *Commentary on the Holy Scriptures Critical, Doctrinal and Homiletical - Galatians* vol. 11, de John Peter Lange (Grand Rapids: Zondervan, 1960 rpt.) p. 170.

33. Markus Baarth, *Ephesians 4-6* The Anchor Bible, vol. 34A (Garden City, NY: Doubleday, 1974), p. 515.

34. John Eadie, *Commentary on the Epistle to the Ephesians*, (Grand Rapids: Zondervan, n.d.), p. 350.

35. William Hendriksen, *Ephesians*, New Testament Commentary (Grand Rapids: Baker Books, 1967), s.v. *possessed* (poseído,a, poseídos,as).

36. Charles Hodge, *An Exposition of Ephesians* (Wilmington, DE: Associated Publishers and Authors, Inc., n.d.) p. 94.

37. *Webster's New Collegiate Dictionary* (Springfield, MA: B. & C. Merriam Co., 1980), ss.v. *poseído,a,os,as*.

38. El uso paralelo de "tener un demonio" (Juan 10:20) y "endemoniado" (Juan 10:21) muestra que el significado de ambas palabras es, esencialmente, el mismo.

39. Delitzsch describe la posesión demoníaca de este modo: "El carácter específico de la posesión consiste en esto: que los demonios se entrometen entre la corporeidad —más estrictamente, el cuerpo nervioso— y a la fuerza encadenan el alma con el espíritu, haciendo de los órganos corporales un medio de su autoafirmación llena de tormento para el hombre" [Franz Delitzsch, *A System of Biblical Psychology*, (Grand Rapids: Baker, 1966, rpt. de la edición de 1899), p. 354.

40. E. Earl Ellis, *Prophecy and Hermeneutic in Early Christianity* (Tubingia: J. C. B. Mohr [Paul Siebeck]], 1978) p. 29.

41. D. G. James Dunn, *Jesus and the Spirit*. (Filadelfia: Westminster Press, 1975), p. 234. Dunn sigue diciendo: "Sería difícil negar que este versículo (1 Corintios 12:3) da una regla de sentido común en particular para evaluar el habla espiritual. A pesar de que muchos disienten es muy probable que, durante el servicio de adoración de los corintios, algunos miembros de la asamblea haya gritado, inspirado, "¡maldito sea Jesús!" Posiblemente había gente en Corinto que estaba influida por las ideas gnósticas de la impureza fundamental de la materia y, consecuentemente, mantenían una distinción entre el hombre Jesús y el ser espiritual célico Cristo: identificar este Cristo con el ser humano Jesús era algo que deshonraba gravemente a Cristo y cuestionaba todo el camino (gnóstico) de salvación; de ahí que "¡maldito sea Jesús!" (p. 234).

42. Hugo Aust y Dietrich Mueller, "Curse" en *The New International Dictionary of the New Testament*, vol. 1, edición de Colin Brown (Grand Rapids: Zondervan, 1975).

43. J. Ramsey Michaels, *1 Peter*, Word Biblical Commentary, vol. 49 (Waco, TX: Word Books, 1988), p. 300.

44. Edward Gordon Selwyn, *The First Epistle of St. Peter* (Londres: Macmillan, 1961), p. 238.

45. Peter H. Davids, *The Epistle of James* New International Greek Testament Commentary (Grand Rapids: Eerdmans, 1982), p. 166.

46. Brooks, *Precious Remedies Against Satan's Devices*, p. 159.

47. Ibid., p. 162.

48. Lincoln, *Ephesians* Word Biblical Commentary, vol. 42, p. 451.

49. Brooks, *Precious Remedies Against Satan's Devices*, p. 153.

50. En Everett Ferguson, *Demonology of the Earlier Christian World* (Nueva York: The Edwin Mellen Press, 1984), pp. 130-131.

Capítulo 18

1. Gerd Thiessen, *Psychological Aspects of Pauline Theology* (Philadelphia: Fortress, 1983), pp. 61-62.

2. Franz Delitzsch, *Biblical Commentary on the Psalms*, vol. 1 (Grand Rapids: Eerdmans, 1959), p. 350.

3. Charles Hodge, *An Exposition of the First Epistle to the Corinthians* (Grand Rapids: Eerdmans, 1953), p. 298.

4. William Watts, *St. Augustine's Confessions* vol. 2 (Cambridge, MA: Harvard University Press, 1921), p. 85.

5. A. Roberts y J. Donaldson, *Ante-Nicene Fathers*, 1:531.

6. Thiessen, *Psychological Aspects*, p. 66.

7. J. I. Packer, *Rediscovering Holiness*, p. 250.

8. C. K. Barrett, *A Commentary on the Second Epistle to the Corinthians* (New York: Harper & Row, 1973), p. 146.

9. Packer, *Rediscovering Holiness*, p. 250.

10. Gordon R. Lewis, "Suffering and Anguish" en *Zondervan Pictorial Encyclopedia of the Bible*, edición de Merrill C. Tenney (Grand Rapids: Zondervan, 1976) 5:532.

11. C. S. Lewis, *The Problem of Pain*, p. 93.

12. Ibid., p. 91.

13. C. S. Lewis, *The Joyful Christian: 127 Reading from C. S. Lewis* (New York: Macmillan. 1977), p. 210.

14. H. W. Robinson, *Suffering: Human and Divine* New York: Macmillan 1939) p. 139.

15. C. S. Lewis, *The Problem of Pain*, p. 93.

16. Peter Kreeft, *Making Sense Out of Suffering* (Ann Arbor, MI: Servant Books, 1986), p. 78.

17. Philip Edgcumbe Hughes, *Paul's Second Epistle to the Corinthians* (Grand Rapids: Eerdmans, 1962), p. 11.

18. John White, *The Fight* (Downers Grove, IL: InterVarsity Press, 1976), p. 116.

19. John Murray, *The Epistle to the Romans*, vol. 1 (Grand Rapids: Eerdmans, 1959), p. 164.

20. La historia que sigue está condensada del capítulo 14 de mi libro (de Neil) *Caminando en la Luz* (Miami, FL: Editorial Unilit, 1993).